新工科·普通高等教育电气工程/自动化系列教材

PLC 电气控制技术

第 4 版

漆汉宏　主　编

王　宁　杨秋霞　副主编

郭忠南　王德玉　参　编

机械工业出版社

本书从电气控制常用低压电器的工作原理和应用方法入手，介绍了有关电气图的基本知识，系统地介绍了常规电气控制电路的基本控制原则和基本控制环节，详细地分析了几种典型生产机械的电气控制电路，结合实例介绍了电气控制电路的设计方法。在介绍可编程序控制器（PLC）工作原理的基础上，详细叙述了西门子S7-1200系列PLC的硬件模块、数据类型、应用程序、指令系统及其应用示例。在介绍PLC电气控制系统的设计原则与内容的基础上，结合工程应用，介绍了几个PLC电气控制技术应用实例。另外，为突出本门课程的实践性教学环节，结合实例详细介绍了PLC电气控制技术课程设计的方法和内容，给出了几个课程设计选题。

　　本书的特点是：把握专业技术课程密切结合工程应用的教学原则，层次清晰地构建了电气控制技术从常规继电器接触器控制到微机化PLC控制的完整体系。内容上循序渐进、由浅入深、结合实际、突出应用。阐述上简明扼要、图文并茂及通俗易懂，便于教学和自学。

　　本书可作为普通高校电气、自动化、机械、仪器等专业的教材，也可供机电行业相关工程技术人员作为参考书或培训教材。

　　本书配有免费电子课件，欢迎选用本书作教材的教师登录www.cmpedu.com注册后下载。

图书在版编目（CIP）数据

PLC电气控制技术 / 漆汉宏主编. -- 4版. -- 北京：
机械工业出版社，2025.1. --（新工科·普通高等教育
电气工程/自动化系列教材）. -- ISBN 978-7-111-77825-7

Ⅰ. TM571.61

中国国家版本馆CIP数据核字第2025ZP6905号

机械工业出版社（北京市百万庄大街22号　邮政编码100037）
策划编辑：吉　玲　　　　　　责任编辑：吉　玲　赵晓峰
责任校对：张昕妍　牟丽英　　封面设计：张　静
责任印制：常天培
河北虎彩印刷有限公司印刷
2025年9月第4版第1次印刷
184mm×260mm·17印张·418千字
标准书号：ISBN 978-7-111-77825-7
定价：59.00元

电话服务　　　　　　　　　　　网络服务
客服电话：010-88361066　　　机　工　官　网：www.cmpbook.com
　　　　　010-88379833　　　机　工　官　博：weibo.com/cmp1952
　　　　　010-68326294　　　金　书　网：www.golden-book.com
封底无防伪标均为盗版　　机工教育服务网：www.cmpedu.com

可编程序控制器（PLC）是综合了计算机技术、自动控制技术和通信技术的一门新兴技术，是实现工业生产、科学研究以及其他各个领域自动化的重要手段之一，应用十分广泛，是现代工业控制的三大支柱之一。

可编程控制技术源于传统基于继电器接触器的电气控制，是电气控制技术的最新发展阶段，它们在理论和应用上是一脉相承的，因此本书将电气控制技术和可编程序控制器应用技术等内容编写在一起，更好地体现出它们之间的内在联系，使本书的结构和理论基础更加系统。本书在内容上结合实际及突出应用，在编排上循序渐进、由浅入深，在阐述上力求简明扼要、图文并茂及通俗易懂，便于教学和自学。另外，由于本课程的实践性强，本书在编写上还安排了包含电气控制与可编程序控制器课程设计的综合实训相关内容。

本书由三篇组成：第一篇电气控制，介绍了电气控制中的常用低压电器、电气图及电气控制基本控制电路、电气控制电路实例分析与设计；第二篇可编程序控制器，阐述了可编程序控制器的基本工作原理，详细介绍了西门子S7-1200 PLC的硬件模块、数据类型、用户程序、指令系统及其应用示例。第三篇应用与实践，结合工程实际，介绍了PLC电气控制系统设计、电气控制与PLC课程设计，以加强工程实践应用能力的培养，可以在课程设计、综合实验和毕业设计时作为参考。

本书可作为高等学校自动化、电气工程及其自动化、机械设计制造及其自动化等相关专业的本科、专科教材，也可供相关工程技术人员参考。

本书部分章节在修订时做了较大幅度的修改，主要是为了适应PLC的发展，并根据本门课程的教学实践需要而改进的。本书由燕山大学电气工程学院漆汉宏、王宁、杨秋霞、郭忠南和王德玉编写，其中漆汉宏编写了前言、第五章，王宁编写了第一～三章，杨秋霞编写了第四章，王德玉编写了第六章，郭忠南编写了第七、八章。全书由漆汉宏组织、统稿。

由于编者水平有限，书中不足之处在所难免，敬请广大读者予以批评指正。

漆汉宏

目 录

IV

第二篇　可编程序控制器

第三篇　应用与实践

第一篇 电气控制

第一章 常用低压电器

第一节 概　述

电器对电能的生产、输送、分配与应用起着控制、调节、检测和保护的作用，在电力输配电系统和电力拖动自动控制系统中应用极为广泛。随着电子技术、自动控制技术和计算机应用技术的迅猛发展，一些电气元器件可能被电子电路所取代。但是由于电气元器件本身也朝着新的领域扩展，例如电气元器件性能的提高，新型电气元器件的产生，机、电、仪一体化电气元器件的实现，电气元器件应用范围的扩展等，而且有些电气元器件有其特殊性，因此电气元器件是不可能完全被取代的，以继电器、接触器等工业电器为基础的电气控制技术仍占有相当重要的地位。另一方面，可编程序控制器（PLC）是计算机技术与继电器接触器控制技术相结合的产物，PLC 的输入、输出与低压电器密切相关，因此掌握继电器接触器控制技术也是学习和掌握 PLC 应用技术所必需的基础。

电气元器件的品种规格繁多，功能及用途也很广泛，为了系统地掌握，必须加以分类。

1. 按工作电压等级分类

1）高压电器，用于交流电压 1200V 及以上、直流电压 1500V 及以上电路中的电器，例如高压断路器、高压隔离开关和高压熔断器等。

2）低压电器，用于交流 50Hz（或 60Hz）、额定电压 1200V 以下及直流额定电压 1500V 以下的电路内起通断、保护、控制或调节作用的电器，例如接触器、继电器、熔断器等。

2. 按动作原理分类

1）手动电器，通过人的操作发出动作指令的电器，例如刀开关、按钮等。

2）自动电器，产生电磁吸力而自动完成动作指令的电器，例如接触器、继电器和电磁阀等。

3. 按用途分类

1）控制电器，用于各种控制电路和控制系统的电器，例如接触器、继电器和电动机起动器等。

2）配电电器，用于电能的输送和分配的电器，例如高压断路器、低压断路器等。

3）主令电器，用于自动控制系统中发送动作指令的电器，例如按钮、转换开关等。

4）保护电器，用于保护电路及用电设备的电器，例如熔断器、热继电器等。

5）执行电器，用于完成某种动作或传送功能的电器，例如电磁铁、电磁离合器等。

本章主要介绍电气控制系统中常用的各种低压电气元器件的结构、工作原理和技术规格，不涉及元器件的设计，而着重于元器件的应用。

第二节　接　触　器

接触器是电力拖动和自动控制系统中使用量大、涉及面广的一种低压控制电器，用来频繁地接通和分断交直流主回路和大容量控制电路。

一、结构和工作原理

最常用的接触器是电磁接触器，一般由电磁机构、触点、灭弧装置、复位弹簧机构、支架与底座等几部分组成，其部分结构示意图如图 1-1 所示。

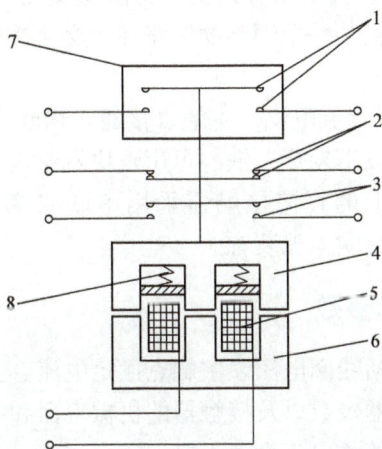

图 1-1　电磁接触器部分结构示意图

1—主触点　2—常闭辅助触点　3—常开辅助触点　4—动铁心
5—电磁线圈　6—静铁心　7—灭弧罩　8—复位弹簧

1. 电磁机构

电磁机构包括动铁心（衔铁）、静铁心和电磁线圈三部分，其作用是将电磁能转换成机械能，产生电磁吸力带动触点动作。

2. 触点

触点是接触器的执行元件，用来接通或断开被控制电路。触点的结构形式很多，按其所控制的电路可分为主触点和辅助触点。主触点用于接通或断开主电路，允许通过较大的电流；辅助触点用于接通或断开控制电路，只能通过较小的电流。触点按其原始状态可分为常开触点（动合触点）和常闭触点（动断触点）。原始状态时（即线圈未通电）断开，线圈通电后闭合的触点叫常开触点；原始状态时闭合，线圈通电后断开的触点叫常闭触点。线圈断电后所有触点复位，即回复到原始状态。

3. 灭弧装置

触点在分断电流瞬间，在动、静触点间的气隙中会产生电弧，电弧的高温能将触点烧损，并可能造成其他事故，因此，应采用适当措施迅速熄灭电弧，常采用灭弧罩、灭弧栅和

3

磁吹灭弧装置。

接触器根据电磁原理工作：当电磁线圈通电后，线圈电流产生磁场，使静铁心产生电磁吸力吸引动铁心，并带动动触点动作，使常闭触点断开、常开触点闭合，两者是联动的。当线圈断电时，电磁力消失，动铁心在复位弹簧的作用下释放，使触点复原，即常开触点断开、常闭触点闭合。

二、接触器的分类及特点

接触器按其线圈的电源类型以及主触点所控制主电路电流的种类，可分为交流接触器和直流接触器。

1）交流接触器，线圈通以交流电流，主触点接通、切断交流主电路。当交变磁通穿过铁心时，将产生涡流和磁滞损耗，使铁心发热。为减少铁损，铁心用硅钢片冲压而成。为便于散热，线圈做成短而粗的圆筒状绕在骨架上。为防止交变磁通使衔铁产生强烈振动和噪声，交流接触器铁心端面上都安装一个铜制的短路环。交流接触器的灭弧装置通常采用灭弧罩和灭弧栅。

2）直流接触器，线圈通以直流电流，主触点接通、切断直流主电路。直流接触器铁心中不产生涡流和磁滞损耗，所以不发热。铁心可用整块钢制成，为便于散热，通常将线圈制成长而薄的圆筒状。250A 以上的直流接触器采用串联双绕组线圈。直流接触器灭弧较难，一般采用灭弧能力较强的磁吹灭弧装置。

三、接触器的主要技术参数

接触器的主要技术参数包括线圈电压、主触点额定电流、主触点额定电压、辅助触点额定电流、辅助触点个数、接触器极数以及接触器的机械寿命和电寿命等。不同接触器的种类及其相应的技术参数可以查阅相关电气设备手册。

选择接触器时应从其工作条件出发，主要考虑下列因素：

1）接触器的使用类别应与负载性质相一致，控制交流负载应选用交流接触器，控制直流负载则选用直流接触器。

2）主触点的额定工作电压应高于或等于负载电路的电压。

3）主触点的额定工作电流应大于或等于负载电路的电流。

4）接触器主触点的额定工作电流是在规定条件下（额定工作电压、使用类别和操作频率等）能够正常工作的电流值，当实际使用条件不同时，这个电流值也将随之改变。

5）吸引线圈的额定电压应与控制回路电压相一致，接触器在线圈额定电压的 85% 及以上时应能可靠地吸合。

6）主触点和辅助触点的数量应能满足控制系统的需要。

第三节　继　电　器

继电器主要用于控制与保护电路中作信号转换用。它具有输入电路（又称感应元件）和输出电路（又称执行元件），当感应元件中的输入量（如电流、电压、温度和压力等）变化到某一定值时继电器动作，执行元件便接通和断开控制回路。

　　控制继电器种类繁多，常用的有电流继电器、电压继电器、中间继电器、固态继电器、时间继电器、热继电器，以及速度、温度、压力、计数和频率继电器等。

　　电压、电流继电器和中间继电器属于电磁式继电器，其结构、工作原理与接触器相似，由电磁机构、触点和释放弹簧等组成。由于继电器用于控制电路，流过触点的电流小，故不需要灭弧装置。

　　电磁式继电器的主要特性是输入/输出特性，又称继电特性，继电特性曲线如图 1-2 所示。继电器输入量 x 由 0 增至 x_2 以前，输出量 y 为 0。当输入量增加到 x_2 时，继电器吸合，输出量为 y_1；若 x 再增大，y_1 值保持不变。当 x 减小到 x_1 时，继电器释放，输出量 y 降到 0；x 再减小，y 值均为 0。

　　图 1-2 中，x_2 称为继电器吸合值，欲使继电器吸合，输入量必须大于或等于 x_2；x_1 称为继电器释放值，欲使继电器释放，输入量必须小于或等于 x_1。$k = x_1/x_2$ 称为继电器的返回系数，它是继电器重要参数之一。k 值是可以调节的，可通过调节释放弹簧的松紧程度（拧紧时，x_1 与 x_2 同时增大，k 也随之增大；放松时，k 减小）或调整铁心与衔铁间非磁性垫片的厚薄（增厚时 x_1 增大，k 增大）来实现。不同场合要求不同的 k 值，例如一般继电器要求低的返回系数，k 值应在 0.1~0.4 之间，这样当继电器吸合后，输入量波动较大时不致引起误动作；欠电压继电器则要求高的返回系数，k 值应在 0.6 以上，如某继电器 $k = 0.66$，吸合电压为额定电压的 90%，则电压低于额定电压的 60% 时，继电器释放，起到欠电压保护作用。

　　继电器的其他重要参数是吸合时间和释放时间。吸合时间是指从线圈接收电信号到衔铁完全吸合所需的时间，释放时间是指从线圈失电到衔铁完全释放所需的时间。一般继电器的吸合时间与释放时间为 0.05~0.15s，快速继电器为 0.005~0.05s。

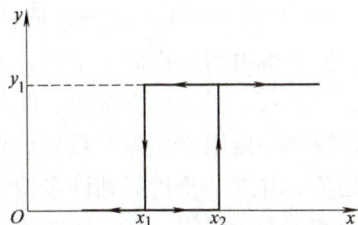

图 1-2　继电特性曲线

一、电流继电器、电压继电器

　　根据输入（线圈）电流大小而动作的继电器称为电流继电器，按用途还可分为过电流继电器和欠电流继电器。过电流继电器的任务是当电路发生短路及过电流时立即将电路切断，因此过电流继电器线圈通过的电流小于整定电流时继电器不动作，只有超过整定电流时，继电器才动作。过电流继电器的动作电流整定范围，交流为（110%~350%）I_N，直流为（70%~300%）I_N。欠电流继电器的任务是当电路电流过小时立即将电路切断，因此欠电流继电器线圈通过的电流大于或等于吸合整定电流时，继电器吸合，只有电流低于释放整定电流时，继电器才释放。欠电流继电器动作电流整定范围，吸合电流为（30%~50%）I_N，释放电流为（10%~20%）I_N，欠电流继电器一般是自动复位的。

　　电压继电器是根据输入电压大小而动作的继电器，过电压继电器动作电压整定范围为（105%~120%）U_N，欠电压继电器吸合电压调整范围为（30%~50%）U_N，释放电压调整范围为（7%~20%）U_N。

二、中间继电器及固态继电器

　　中间继电器在本质上是一种电压继电器，工作原理与接触器相同，只是其触点系统中没有主、辅触点之分，触点容量相同。中间继电器的触点容量较小，对于电动机额定电流不超过 5A 的电气控制系统，也可代替接触器来控制，所以，中间继电器也是小容量的接触器。另一方面，中间继电器的触点数量较多，能够将一个输入信号变成多个输出信号。因此，中间继电器的作用主要有以下两方面：

1）当电压或电流继电器触点容量不够时，可借助中间继电器来控制，用中间继电器作为执行元件，这时中间继电器被当作一级放大器使用。

2）当其他继电器或接触器触点数量不够时，可利用中间继电器来切换多条控制电路。

固态继电器是由固体半导体元件组成的无触点开关器件，它较之电磁继电器具有工作可靠、寿命长、对外界干扰小、能与逻辑电路兼容、抗干扰能力强、开关速度快、无火花、无动作噪声和使用方便等一系列优点，因而具有很宽的应用领域，有逐步取代传统电磁继电器的趋势，并进一步扩展到许多传统电磁继电器无法应用的领域，如计算机的输入输出接口、外围和终端设备等。在一些要求耐振、耐潮、耐腐蚀和防爆等特殊工作环境中以及要求高可靠性的工作场合，都较之传统的电磁继电器有无可比拟的优越性。固态继电器的缺点是过载能力低、易受温度和辐射影响、通断阻抗比小。

固态继电器为 4 端有源器件，其中两个端子为输入控制端，另外两端为输出受控端。为实现输入和输出之间的电气隔离，器件中采用了耐高压的光电耦合器。在施加输入信号后，其输出呈导通状态，无信号时呈阻断状态。

固态继电器分为直流固态继电器和交流固态继电器，前者的输出采用晶体管，后者的输出采用晶闸管。固态继电器的主要参数有输入电压、输入电流、输出电压、输出电流和输出漏电流等。

三、时间继电器

当继电器感应元件接收外界信号后，经过设定的延时时间才使执行部分动作的继电器称为时间继电器。时间继电器按延时的方式可分为通电延时型、断电延时型和带瞬动触点的通电（或断电）延时型继电器等，相应的时间继电器触点分为常开延时闭合触点、常闭延时断开触点、常开延时断开触点和常闭延时闭合触点 4 类。

时间继电器按工作原理可分为空气阻尼式、电动式和电子式等。

1. 空气阻尼式时间继电器

它由电磁机构、工作触点及气室三部分组成，它的延时是靠空气的阻尼作用来实现的。空气阻尼式时间继电器延时时间有 0.4～180s 和 0.4～60s 两种规格，具有延时范围较宽、结构简单、工作可靠、价格低廉和寿命长等优点，是机床交流控制电路中常用的时间继电器。

2. 电动式时间继电器

它由同步电动机、减速齿轮机构、电磁离合系统及执行机构构成。电动式时间继电器延时时间长，可达数十小时，延时精度高，但结构复杂，体积较大。

3. 电子式时间继电器

早期产品多是阻容式，近期开发的产品多为数字式，又称计数式，其结构是由脉冲发生器、计数器、数字显示器、放大器及执行机构组成，具有延时时间长、调节方便和精度高的优点，有的还带有数字显示，应用很广，可取代阻容式、空气阻尼式和电动式等时间继电器。

四、热继电器

热继电器是专门用来对连续运行的电动机进行过载及断相保护，以防止电动机过热而烧毁的保护电器，它主要由双金属片、加热元件、动作机构、触点系统、整定调整装置及手动复位装置等组成。三相热继电器结构如图1-3所示。

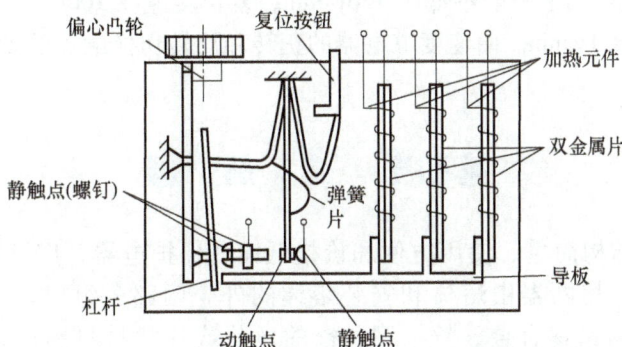

图 1-3　三相热继电器结构示意图

双金属片作为温度检测元件，由两种膨胀系数不同的金属片压焊而成，它被加热元件加热后，因两层金属片伸长率不同而弯曲。加热元件串接在电动机定子绕组中，在电动机正常运行时，加热元件产生的热量不会使触点系统动作；当电动机过载，流过加热元件的电流加大，经过一定的时间，加热元件产生的热量使双金属片的弯曲程度超过一定值，通过导板推动热继电器的触点动作（常开触点闭合，常闭触点断开）。通常用其串接在接触器线圈电路的常闭触点来切断线圈电流，使电动机主电路失电。故障排除后，按手动复位按钮，热继电器触点复位可以重新接通控制电路。

热继电器主要参数有热继电器额定电流、相数、加热元件额定电流、整定电流及调节范围等。热继电器的额定电流是指热继电器中可以安装的加热元件的最大整定电流值。加热元件的额定电流是指加热元件的最大整定电流值。热继电器的整定电流是指加热元件能够长期通过而不致引起热继电器动作的最大电流值。通常热继电器的整定电流是按电动机的额定电流整定的。对于某一加热元件的热继电器，可手动调节整定电流旋钮，通过偏心轮机构，调整双金属片与导板的距离，能在一定范围内调节其电流的整定值，使热继电器更好地保护电动机。

五、速度继电器

速度继电器用于转速的检测，常用在三相交流异步电动机反接制动转速过零时，自动切除反相序电源。速度继电器主要由转子、圆环（笼型空心绕组）和触点三部分组成，其结构如图1-4所示。转子由一块永

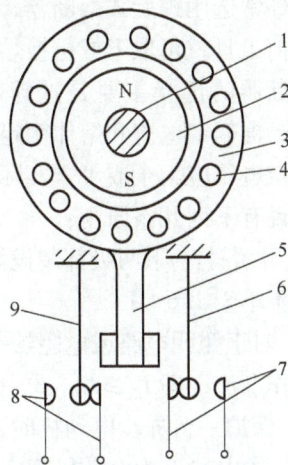

图 1-4　速度继电器结构示意图

1—转轴　2—转子　3—定子　4—绕组
5—摆锤　6、9—簧片和动触点　7、8—静触点

7

久磁铁制成，与电动机同轴相连，用以接收转动信号。当转子（磁铁）旋转时，笼型绕组切割转子磁场产生感应电动势，形成环内电流，此电流与磁铁磁场相作用，产生电磁转矩，圆环在此力矩的作用下带动摆锤，克服弹簧力而顺转子转动的方向摆动，并拨动触点改变其通断状态（在摆锤左右各设一组切换触点，分别在速度继电器正转和反转时发生作用）。当调节弹簧弹力时，可使速度继电器在不同转速时切换触点改变通断状态。

速度继电器的动作转速一般不低于 120r/min，复位转速在 100r/min 以下，工作时，允许的转速为 1000~3600r/min。由速度继电器的正转和反转切换触点的动作，来反映电动机转向和速度的变化。

第四节　熔　断　器

熔断器是一种结构简单、使用方便和价格低廉的保护电器，广泛用于供电电路和电气设备的短路保护。熔断器由熔体和安装熔体的外壳两部分组成。熔体是熔断器的核心，通常用低熔点的铅锡合金、锌、铜、银的丝状或片状材料制成，新型的熔体通常设计成灭弧栅状和具有变截面片状结构。当通过熔断器的电流超过一定数值并经过一定的时间后，电流在熔体上产生的热量使熔体某处熔化而切断电路，从而保护了电路和设备。

使熔断器熔体熔断的电流值与熔断时间的关系称为熔断器的保护特性曲线，也称为熔断器的安-秒特性，如图 1-5 所示。由特性曲线可以看出，流过熔体的电流越大，熔断所需的时间越短。熔体的额定电流 I_{fN} 是熔体长期工作而不致熔断的电流。

熔断器按其结构分为插入式、螺旋式、有填料密封管式和无填料密封管式等，品种规格很多。在电气控制系统中经常选用螺旋式熔断器，它有明显的分断指示和不用任何工具就可取下或更换熔体等优点。

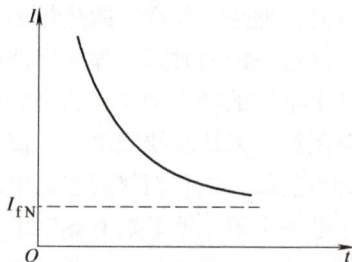

图 1-5　熔断器的保护特性曲线

熔断器的选择主要是选择熔断器的种类、额定电压、熔断器额定电流和熔体额定电流等。熔断器的种类主要由电控系统整体设计确定，熔断器的额定电压应大于或等于实际电路的工作电压。确定熔体电流是选择熔断器的主要任务，具体来说有下列几条原则：

1）电路上、下两级都装设熔断器时，为使两级保护相互配合良好，两级熔体额定电流的比值不小于 1.6：1。

2）对于照明电路或电阻炉等没有冲击性电流的负载，熔体的额定电流应大于或等于电路的工作电流，即 $I_{\mathrm{fN}} \geqslant I_1$，式中 I_{fN} 为熔体的额定电流、I_1 为电路的工作电流。

3）保护一台异步电动机时，考虑电动机冲击电流的影响，熔体的额定电流 $I_{\mathrm{fN}} = (1.5 \sim 2.5)I_{\mathrm{N}}$，式中的 I_{N} 为电动机额定电流。

4）保护多台异步电动机时，若各台电动机不同时起动，则 $I_{\mathrm{fN}} = (1.5 \sim 2.5)I_{\mathrm{Nmax}} + \sum I_{\mathrm{N}}$，式中的 I_{Nmax} 为容量最大的一台电动机的额定电流、$\sum I_{\mathrm{N}}$ 为其余电动机额定电流的总和。

第五节　低压隔离器

低压隔离器的主要作用是在电源切除后，将电路与电源明显地隔开，以保障检修人员的安全，是低压电器中结构比较简单、应用十分广泛的一类手动操作电器，品种主要有低压刀开关、熔断器式刀开关和组合开关三种。

低压刀开关由操纵手柄、触刀、触刀插座和绝缘底板等组成。刀开关的主要类型有带灭弧装置的大容量刀开关、带熔断器的开启式负荷开关、带灭弧装置和熔断器的封闭式负荷开关等。

刀开关的主要技术参数有长期工作所承受的最大电压（额定电压）、长期通过的最大允许电流（额定电流）以及分断能力等。选用刀开关时，刀的极数要与电源进线相数相等，刀开关的额定电压应大于所控制的电路额定电压，刀开关的额定电流应大于负载的额定电流。

熔断器式刀开关由刀开关和熔断器组合而成，故兼有两者的功能，即电源隔离和电路保护功能，可分断一定的负载电流。

组合开关也是一种刀开关，不过它的刀片是转动式的，操作比较轻巧，它的动触点（刀片）和静触点装在封闭的绝缘件内，采用叠装式结构，其层数由动触点数量决定，动触点装在操作手柄的转轴上，随转轴旋转而改变各对触点的通断状态。由于采用了扭簧储能，可使开关快速接通及分断电路而与手柄旋转速度无关，因此它不仅可用于不频繁地接通、分断及转换交、直流电阻性负载电路，而且降低容量使用时可直接起动和分断运转中的小型异步电动机。

第六节　低压断路器

低压断路器可用来分配电能、不频繁地起动异步电动机、对电源电路及电动机等实行保护，当它们发生严重的过载或短路及欠电压等故障时能自动切断电路，其功能相当于熔断器式断路器与过电流继电器、欠电压继电器和热继电器等的组合，而且在分断故障电流后一般不需要更换零部件，因而获得了广泛的应用。

断路器的结构有框架式（又称万能式）和塑料外壳式（又称装置式）两大类。框架式断路器为敞开式结构，适用于大容量配电装置；塑料外壳式断路器的特点是外壳用绝缘材料制作，具有良好的安全性，广泛用于电气控制设备及建筑物内作电源电路保护，及对电动机进行过载和短路保护。

低压断路器主要由触点和灭弧装置、各种可供选择的脱扣器与操作机构、自由脱扣机构三部分组成。各种脱扣器包括过电流、欠电压（失电压）脱扣器和热脱扣器等。开关的主触点靠操作机构手动或电动合闸，在正常工作状态下能接通和分断工作电流，当电路发生短路或过电流故障时，过电流脱扣器的衔铁被吸合，使自由脱扣机构的钩子脱开，低压断路器触点分离，及时有效地切除高达数十倍额定电流的故障电流。若电网电压过低或为零时，失电压脱扣器的衔铁被释放，自由脱扣机构动作，使断路器触点分离，从而在零电压或欠电压时保证了电路及电路中设备的安全。

塑料外壳式断路器的主要参数有额定工作电压、壳架额定电流等级、极数、脱扣器类型及额定电流、短路分断能力等。

9

第七节 主令电器

主令电器是用来发布命令、改变控制系统工作状态的电器，它可以直接作用于控制电路，也可以通过电磁式电器的转换对电路实现控制，其主要类型有按钮、行程开关、主令控制器和万能转换开关等。

一、按钮

按钮是最常用的主令电器，其典型结构如图 1-6 所示。它既有常开触点，也有常闭触点。常态时在复位弹簧的作用下，由桥式动触点将静触点 1、2 闭合，静触点 3、4 断开，当按下按钮时，桥式动触点 5 将 1、2 分断，3、4 闭合。1、2 被称为常闭触点（动断触点），3、4 被称为常开触点（动合触点）。除常见的含常开、常闭触点的按钮外，还有含多常开触点的按钮。

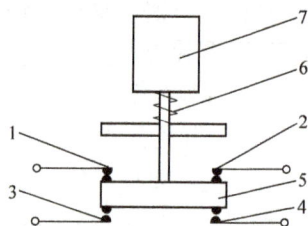

图 1-6　按钮典型结构示意图
1、2—常闭静触点　3、4—常开静触点
5—桥式动触点　6—弹簧　7—按钮帽

为标明按钮的作用，避免误操作，通常将按钮帽做成红、绿、黑、黄、蓝、白和灰等颜色，并对按钮颜色做了如下规定：

1)"停止"和"急停"按钮必须是红色。当按下红色按钮时，必须使设备停止工作或断电。

2)"起动"按钮的颜色是绿色。

3)"起动"与"停止"交替动作的按钮必须是黑色、白色或灰色，不得用红色和绿色。

4)"点动"按钮必须是黑色。

5)"复位"按钮（如保护继电器的复位按钮）必须是蓝色。当复位按钮还有停止的作用时，则必须是红色。

为了适应控制系统的要求，按钮的结构形式很多，按钮的主要结构形式见表 1-1。

表 1-1　按钮的主要结构形式

分类			代号	特点
安装方式	面板安装			供开关板、控制台上安装固定用
	固定安装			底部有安装固定孔
防护式	开启式		K	无防护外壳，适于嵌装在柜、台面板上
	保护式		H	有防护外壳，可防止偶然触及带电部分
	防水式		S	具有密封外壳，可防止雨水侵入
	防腐式		F	具有密封外壳，可防止腐蚀性气体侵入
操作方式	按压操作			按压操作
	旋转操作	手柄式	X	用手柄操作旋钮，有两位置或三位置
		钥匙式	Y	用钥匙插入旋钮进行操作，可防止误操作
	拉式		L	用拉杆进行操作，有自锁和自动复位两种
	万向操纵杆式		W	操纵杆能以任何方向进行操作

（续）

分类		代号	特点
复位性	自动复位		外力释放后，按钮依靠弹簧作用恢复原位
	自保持		按钮内装有自保持用电磁机构或机械机构，主要用作互通信号，一般为面板式安装
结构特征	一般式		一般结构
	带灯	D	按钮内装有信号灯，兼作信号指示
	紧急式	J	一般有蘑菇头突出于外面，作紧急时切断电源用

二、行程开关、接近开关和光电开关

行程开关主要用于检测工作机械的位置，发出命令以控制其运动方向或行程长短，行程开关也称位置开关。行程开关按结构分为机械结构的接触式有触点行程开关和电气结构的非接触式接近开关。接触式行程开关靠移动物体碰撞行程开关的操动头而使行程开关的常开触点接通和常闭触点分断，从而实现对电路的控制作用。

行程开关按外壳防护形式分为开启式、防护式及防尘式；按动作速度分为瞬动和慢动（蠕动）；按复位方式分为自动复位和非自动复位；按接线方式分为螺钉式、焊接式及插入式；按操作形式分为直杆式（柱塞式）、直杆滚轮式（滚轮柱塞式）、转臂式、方向式、叉式和铰链杠杆式等；按用途分为一般用途行程开关、起重设备用行程开关及微动开关等多种。

接近开关是非接触式的检测装置，当运动着的物体接近它到一定距离时，它就能发出信号，从而进行相应的操作。按工作原理分，接近开关有高频振荡型、霍尔效应型、电容型和超声波型等，其中以高频振荡型最为常用。接近开关的主要技术参数有动作距离、重复精度、操作频率及复位行程等。

光电开关是另一种类型的非接触式检测装置，它有一对光的发射和接收部件，根据两者的安装位置和光的接收方式的不同可分为对射式和反射式，作用距离从几厘米到几十米不等。

三、凸轮控制器与主令控制器

凸轮控制器用于起重设备和其他电力拖动装置，以控制电动机的起动、正反转、调速和制动，结构主要由手柄、定位机构、转轴、凸轮和触点组成。转动手柄时，转轴带动凸轮一起转动，转到某一位置时，凸轮顶动滚子，克服弹簧压力使动触点顺时针方向转动，脱离静触点而分断电路。在转轴上叠装不同形状的凸轮，可以使若干个触点组按规定的顺序接通或分断。

当电动机容量较大、工作繁重、操作频繁和调速性能要求较高时，往往采用主令控制器操作。由主令控制器的触点来控制接触器，再由接触器来控制电动机，这样，触点的容量可大大减小，操作更为轻便。主令控制器是按照预定程序转换控制电路的主令电器，其结构和凸轮控制器相似，只是触点的额定电流较小。主令控制器通常是与控制屏相配合来实现控制的，因此要根据控制屏的型号来选择主令控制器。

11

四、万能转换开关

万能转换开关是由多组相同结构的触点组件叠装而成的多回路控制电器，借助于不同形状的凸轮使其触点按一定的次序接通和分断，它能转换多种和多数量的电气控制电路，用途广泛，故被称为"万能"转换开关。

选用万能转换开关时，需要确定转换开关的定位特征以及接线图，以满足电气控制电路的要求。表 1-2 为 LW5-15 型转换开关定位特征代号，表 1-3 为 LW5-15D0724/3 转换开关回路通断示意图。万能转换开关的各种接线图编号及其相应的技术参数可以查阅相关电气设备手册。

表 1-2　LW5-15 型转换开关定位特征代号

操作方式	代号	手柄操作位置									
自复位式	A						0° |←| 45°				
	B					45°	0° →|←	45°				
定位式	C						0°	45°				
	D					45°	0°	45°				
	E					45°	0°	45°	90°			
	F				90°	45°	0°	45°	90°			
	G				90°	45°		45°	90°	135°		
	H			135°	90°	45°		45°	90°	135°		
	I			135°	90°	45°		45°	90°	135°	180°	
	J		120°	90°	60°	30°	0°	30°	60°	90°	120°	
	K		120°	90°	60°	30°	0°	30°	60°	90°	120°	150°
	L	150°	120°	90°	60°	30°	0°	30°	60°	90°	120°	150°
	M	150°	120°	90°	60°	30°	0°	30°	60°	90°	120°	150°	180°
	N					45°		45°				
	P					90°	0°	90°				

表 1-3　LW5-15D0724/3 转换开关回路通断示意图

	LW5-15D0724/3		
回路接线号	转换角度		
	45°	0°	45°
1—2			×
3—4			×
5—6		×	
7—8		×	
9—10	×		
11—12	×		

低压电器的种类很多，本章主要介绍了常用开关电器、主令电器、接触器和继电器的用途、基本结构及其主要参数、型号等。

每种电器都有一定的使用范围，要根据使用条件正确选用。各类电气元器件的技术参数是选用的主要依据，可以在产品样本及电工手册中查阅。

保护电器（如热继电器、熔断器和断路器等）及某些控制电器（如时间继电器、温度继电器等）的使用，除了要根据保护要求、控制要求正确选用电器类型外，还要根据被保护、被控制电路的具体条件，进行必要的调整，如调整整定动作值，同时还要考虑各保护之间的配合特性的要求。

随着电器技术的发展，出现了智能电器等新型电器，为优化系统、提高系统可靠性应尽量选用新型电气元器件。

第二章　电气图及电气控制基本控制电路

第一节　电气图的基本知识

用电气图形符号绘制的图称为电气图，这种图通常又称为"简图"或"略图"。电气图是电工领域中最主要的提供信息方式，它提供的信息内容可以是功能、位置、设备制造及接线等。电气图主要有系统图与框图、电路图、接线图与接线表、功能表图、逻辑图、位置图等。各种图的命名主要是根据其所表达信息的类型和表达方式而确定的。

电气控制系统是由电气设备及电气元器件按照一定的控制要求连接而成。为了表达设备电气控制系统的组成结构、工作原理及安装、调试、维修等技术要求，需要用统一的工程语言即用工程图的形式来表达，这种工程图是一种电气图，叫作电气控制系统图。电气控制系统图一般有三种：电路图（电气原理图）、电气接线图和电气元器件布置图。电气控制系统图是根据国家电气制图标准，用规定的图形符号、文字符号以及规定的画法绘制的。

一、电气图形符号与文字符号

图形符号由符号要素、限定符号、一般符号以及常用的非电操作控制的动作符号（如机械控制符号等），根据不同的具体器件情况组合而成。国家标准除给出各类电气元器件的符号要素、限定符号和一般符号以外，也给出了部分常用图形符号及组合图形符号示例。由于国家标准中给出的图形符号示例有限，实际使用中可通过已规定的图形符号适当组合进行派生。

国家标准规定了电气工程图中的文字符号，它分为基本文字符号和辅助文字符号。基本文字符号有单字母符号和双字母符号。单字母符号表示电气设备、装置和元器件的大类，例如 K 为继电器类器件这一大类；双字母符号由一个表示大类的单字母与另一表示器件某些特性的字母组成，例如 KT 即表示继电器类器件中的时间继电器，KM 表示继电器类器件中的接触器。辅助文字符号用来进一步表示电气设备、装置和元器件的功能、状态和特征。

表 2-1 中列出了部分常用的电气图形符号和基本文字符号，实际使用时如果需要更详细的资料，可以查阅国家标准。

表 2-1　部分常用的电气图形符号和基本文字符号

名称	图形	文字	名称	图形	文字	名称	图形	文字
一般三相电源开关		Q	接触器	线圈	KM	时间继电器	线圈	KT
低压断路器		QF		主触点			常开延时闭合触点	
低压隔离开关		QS		常开辅助触点			常闭延时断开触点	
按钮	常开	SB		常闭辅助触点			常开延时断开触点	
	常闭		继电器	电压继电器线圈	KU		常闭延时闭合触点	
	复合			电流继电器线圈	KI	速度继电器	常开触点	KS
限位开关	常开触点	SQ		中间继电器线圈	KA		常闭触点	
	常闭触点			常开触点	相应继电器文字符号	电磁铁		YA
	复合触点			常闭触点		信号灯		HL
旋钮开关		SA	热继电器	热元件	FR	直流电动机		M
转换开关		SA		常闭触点		三相异步电动机		M
熔断器		FU		常开触点		变压器		T

二、电气原理图

　　电气原理图是根据电气控制系统的工作原理，采用将电气元器件展开的形式绘制的。电气原理图并不按电气元器件的实际布置绘制，而是根据电气元器件在电路中所起的作用画在不同的部位上，用于分析研究系统的组成和工作原理，并为寻找电气故障提供帮助，同时也是编制电气接线图的依据。电气原理图结构简单、层次分明，是电气控制系统中最重要的一

15

种电气图，在设计单位和生产现场得到广泛应用。

电气原理图一般分主电路和控制电路两部分。主电路是设备的驱动电路，包括从电源到用电设备的电路，是强电流通过的部分。控制电路是由按钮、接触器和继电器的线圈、各种电器的常开/常闭触点等组合构成的控制逻辑电路，实现所需要的控制功能，是弱电流通过的部分。主电路、控制电路和其他辅助的信号指示电路、保护电路一起构成电气控制系统电气原理图。

电气原理图中的电路可以水平布置或垂直布置。水平布置时，电源线垂直画，其他电路水平画，控制电路中的耗能元件（如接触器的线圈）画在电路的最右端。垂直布置时，电源线水平画，其他电路垂直画，控制电路的耗能元件画在电路的最下端。主电路采用粗实线，控制电路和其他辅助的信号指示及保护电路采用细实线。

电气原理图中的所有电气元器件不画出实际的外形图，采用国家标准规定的图形符号和文字符号表示，同一电器的各个部件可根据需要画在不同的地方，但必须用相同的文字符号标注。若有多个同一种类的电气元器件，可在文字符号后加上数字序号加以区分。

电气原理图中所有电气元器件的可动部分通常以电器处于非激励或不工作的状态和位置的形式表示，其中常见的元器件状态有：

1）继电器和接触器的线圈在非激励状态。

2）断路器和隔离开关在断开位置。

3）零位操作的手动控制开关在零位状态，不带零位的手动控制开关在图中规定的位置。

4）机械操作开关和按钮在非工作状态或不受力状态。

5）保护类元器件处在设备正常工作状态，特别情况在图样上加以说明。

电气原理图中元器件的数据和型号，一般用小号字体标注在电气元器件符号的附近，需要标注的元器件的数量比较多时，可以采用设备表的形式统一给出。

三、电气元器件布置图

电气元器件布置图主要是用来表明电气设备上所有电器和用电设备的实际位置，是电气控制设备制造、装配、调试和维护必不可少的技术文件。除了电动机及其他一些特殊的用电设备外，电气设备中的电气元器件一般都安装在电气控制柜或电气操作台（箱）上，相应的电气元器件布置图包括控制柜与操作台（箱）内部布置图以及控制柜与操作台（箱）面板布置图，按照不同的控制柜和操作台（箱）分别绘出。绘制布置图时，控制柜与操作台（箱）等设备的外形轮廓用细实线绘出，所有可见的和需要表达清楚的电气元器件及设备，用粗实线绘出其简单的外形轮廓，并标明其实际的安装位置。电气元器件及设备代号必须与有关电路图和设备清单上所用的代号相一致。

四、电气接线图

电气接线图是表示电气设备或装置连接关系的简图，主要用于电气设备安装接线、线路检查、线路维修和故障处理。电气接线图是根据电气原理图和电气元器件布置图编制的，实际使用中可以与电气原理图和电气元器件布置图配合使用。电气接线图通常应该表示出电气设备和电气元器件的相对位置、项目代号、端子号、导线号、导线类型、导线截面积、屏蔽和导线绞合等情况。

第二节　电气图纸规范

一、图幅尺寸

电气设计图纸采用的基本幅面有 5 种：A0、A1、A2、A3 和 A4。各种图幅的相应尺寸见表 2-2。电气设计图纸图幅的选择主要考虑以下因素。

表 2-2　电气设计图纸的幅面及相应尺寸　（单位：mm）

幅面	A0	A1	A2	A3	A4
长	1189	841	594	420	297
宽	841	594	420	297	210

1）电气图的规模与复杂程度。

2）能够清晰地反映电气图的细节。

3）整套图纸的幅面尽量保持一致。

4）便于装订和管理。

5）采用 CAD（计算机辅助绘制）绘制时，输出设备（打印机、绘图仪等）对于输出幅面的限制。

17

对于表 2-2 中列出的 A3 和 A4 基本幅面，如果不能满足电气设计图纸图幅的要求，可采用加长幅面的方法，加长幅面的尺寸见表 2-3。

表 2-3　电气设计图纸的 A3 和 A4 加长幅面及相应尺寸　（单位：mm）

幅面	A3×3	A3×4	A4×3	A4×4	A4×5
长	891	1189	630	841	1051
宽	420	420	297	297	297

二、图框线

在电气图中，确定图框线的尺寸有两个依据：一是图纸是否需要装订，二是图纸幅面的大小。需要装订时，装订的一边就要留出装订边。图 2-1 为图框线。

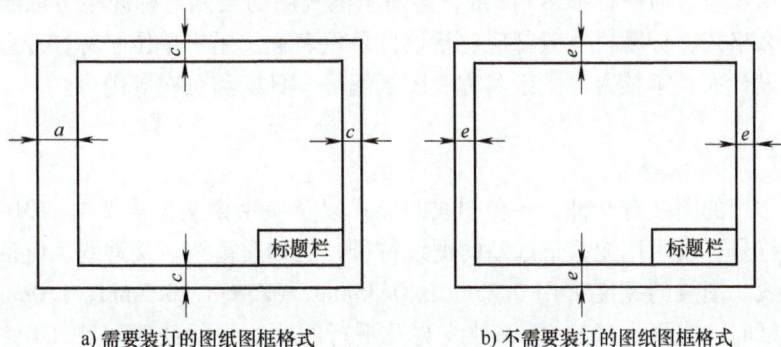

a) 需要装订的图纸图框格式　　　　　b) 不需要装订的图纸图框格式

图 2-1　图框线示意图

需要装订的图纸的图框线如图 2-1a 所示，尺寸 a 为 25mm。尺寸 c 分为两种：对于 A0、A1 和 A2 三种幅面，c 为 10mm；对于其余两种幅面，c 为 5mm。

对于不需要装订的图纸，其 4 个边距尺寸相同，如图 2-1b 所示。对于 A0 和 A1 两种幅面，e 为 20mm；对于其余三种幅面，e 为 10mm。

三、图幅分区

在绘制、阅读和使用电气图时，往往需要表示电气图中各个组成部分在图上的位置。图上位置的表示常用的方法是对各种幅面的图纸进行分区，以便直观地反映绘图的范围以及确定相互之间的连接关系，如图 2-2 所示。

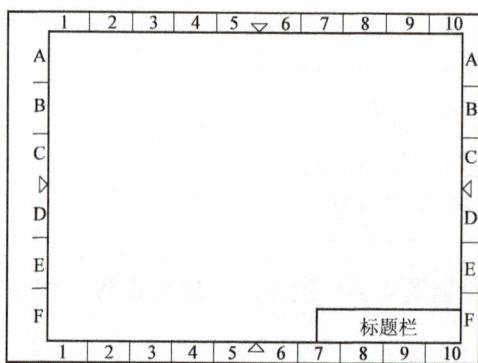

图 2-2　图幅分区示意图

图幅分区应注意以下两点：

1）分区数一般为偶数，每一分区的长度为 25～75mm，分区在水平和垂直两个方向的长度可以不同。

2）对于分区的编号，水平方向用阿拉伯数字，垂直方向用大写英文字母。编号都从图纸的左上角开始，分区代号用行与列两个编号组合而成，如"B5""D6"。

四、标题栏

正式的图纸必须要有标题栏，它通常画在图框的右下角，绘制方向应该与看图方向一致。目前，国家标准对标题栏的格式尚未做出统一规定，图 2-3 为某设计院电气图标题栏的格式式样，可供参考。对于标准 A3 图纸，为便于电气图的绘制，标题栏可以绘制成通长的格式。不管什么格式，标题栏一般都应包括设计单位名称、用户单位名称、专业名、设计阶段、比例尺、设计人、审核人、图纸名称、图纸编号、日期和页次等内容。

五、图线

电气图中常用的图线有 9 种，各种图线的形式以及应用说明见表 2-4。常用图线上加限定符号或文字符号可表示用途，形成新的图线符号，例如避雷线、接地线、电话线以及电视线等特殊的图线。图线的宽度常用 0.25mm、0.35mm、0.5mm、0.7mm、1.0mm 和 1.4mm。绘制同一套图纸时，应事先确定 2～3 种线宽及平行线距，平行线距不小于粗线宽的两倍，且不小于 0.7mm。

(设计单位名称)		使用单位			
专业	室审			图号	
	组审	(图　名)			
设计阶段	审核				
比　例	设计			日期	页次　／

图 2-3　标题栏格式式样

表 2-4　常用图线

序号	图线名称	图线形式	图线宽度	应用说明
1	粗实线	———————	$b = 0.5 \sim 2\text{mm}$	电气线路（主回路、干线和母线）
2	细实线	———————	约 $b/2$	一般线路、控制线
3	虚线	– – – – –	约 $b/2$	屏蔽线、机械连线、电气暗敷线和事故照明线等
4	点画线	—·—·—·—	约 $b/2$	控制线、信号线和边界线等
5	双点画线	—··—··—	约 $b/2$	辅助边界线、36V 以下线路等
6	加粗实线	━━━━━━	约 $(2\sim3)b$	汇流排（母线）
7	较细实线	———————	约 $b/4$	轮廓线、尺寸线等
8	波浪线	∿∿∿	约 $b/2$	视图与剖视的分界线等
9	双折线	～	约 $b/2$	断开处的边界线

六、字体

图面上的汉字、字母及数字是图的重要组成部分，必须书写端正、清楚，排列整齐，间距均匀。汉字除签名外，推荐用长仿宋简化汉字字体与斜体（右倾与水平线成75°）中的一种；字母、数字用直体。字体大小视幅面大小而定，字高有20mm、14mm、10mm、7mm、5mm、3.5mm 和2.5mm 7 种，字宽为字高的2/3，汉字字粗为字高的1/5，数字及字母的字粗为字高的1/10。

七、尺寸标注及比例

尺寸数据是设备制造加工和工程施工的重要依据，由尺寸线、尺寸界限、尺寸起止点（实心箭头或45°斜短画线构成）及尺寸数字4个要素组成。

比例是图样中所绘图形与实物大小的比值。除设备布置图、平面图和结构详图必须按比例绘制外，电气图多不按比例画出。比例号前面的数字通常为1，后面的数字为实物尺寸与图形尺寸的比例倍数。平面图中多取 1∶10、1∶20、1∶50、1∶100、1∶200 和 1∶500 共 6 种缩小比例。例如若图上测得某线段长度为20cm，比例为1∶50，则此线段表示的实际长度为20cm×50 = 1000cm = 10m。

19

八、注释、详图及技术数据表示

1. 注释

注释为图示不够清楚时的补充解释。注释有两种表示方式：一是直接放在说明对象附近；二是加标记，注释放在图面的适当位置。

2. 详图

详图为详细表示装置中的部分结构、做法和安装措施的单独局部放大图，被放大部分加索引标志，置于被放大部分的原图上。

3. 技术数据

技术数据为表示元器件、设备等的技术参数，有 3 种形式：

1）标注在图形侧。

2）标注在图形内。

3）加序号以表格的形式列出。

第三节　三相异步电动机基本控制电路

一、起动、停止控制电路

三相笼型异步电动机的起动、停止控制电路是应用最广泛的、也是最基本的控制电路，主要有直接起动和减压起动两种方式。

1. 直接起动控制电路

一些控制要求不高的简单机械，如小型台钻、砂轮机和冷却泵等常采用开关直接控制电动机起动和停止，如图 2-4a 所示。图中熔断器 FU 用作电路的短路保护，开关 QS 也可选刀开关、封闭式负荷开关等。它适用于不频繁起动的小容量电动机，不能远距离控制和自动控制。如 QS 选为具有电动机保护作用的断路器则可实现电动机的过载保护并可不用熔断器 FU。

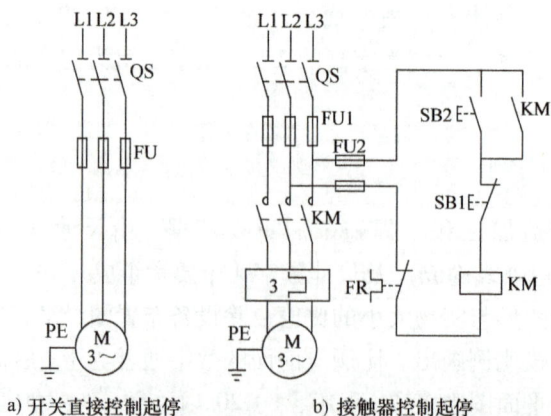

a）开关直接控制起停　　　　b）接触器控制起停

图 2-4　三相笼型异步电动机直接起动、停止控制电路

图 2-4b 是采用接触器的电动机直接起动、停止控制电路。其中 QS 仅作分断电源用，电动机的起停由接触器 KM 控制。电路的工作原理是：合上开关 QS，按下起动按钮 SB2，接触器 KM 的线圈得电，其主触点闭合使电动机通电起动；与此同时并联在 SB2 两端的自锁触点 KM 也闭合，给自身的线圈送电，使得即使松开 SB2 后接触器 KM 的线圈仍能继续得电以保证电动机工作。

要使电动机停止，按下停止按钮 SB1，接触器 KM 线圈断电，其主触点断开使电动机停止工作，辅助常开触点断开解除自锁。图 2-4 为三相笼型异步电动机直接起动、停止控制电路。

控制电路中的热继电器 FR 实现电动机的过载保护。熔断器 FU1、FU2 分别实现主电路与控制电路的短路保护，如果电动机容量小，可省去 FU2。自锁电路在发生失电压或欠电压时起到保护作用，即当意外断电或电源电压跌落太大时接触器释放，因自锁解除，当电源电压恢复正常后电动机不会自动投入工作，防止意外事故发生。

2. 减压起动控制电路

较大容量的笼型异步电动机一般都采用减压起动的方式起动，具体实现的方案有定子串电阻或电抗器减压起动、星形-三角形（Y-△）变换减压起动、自耦变压器减压起动和延边三角形减压起动等。

（1）星形-三角形变换减压起动控制电路

图 2-5a 是星形-三角形变换减压起动电气控制电路的主电路，其主导思想是：让全压工作时为三角形联结的电动机在起动时将其定子绕组接成星形联结以降低电动机的绕组相电压，进而限制起动电流，当反映起动过程结束的定时器发出指令时再将电动机的定子绕组改接成三角形联结实现全压工作。图 2-5b 是一种控制电路，容易看出，主电路中存在着一种隐患：如 KM2 与 KM3 的主触点同时闭合，则会造成电源短路，控制电路必须能够避免这种情况发生。图 2-5b 的控制电路似乎已经做到了这一点（时间继电器 KT 的常闭延时断开触点和常开延时闭合触点不会使 KM3 和 KM2 的线圈同时得电），其实不然。由于接触器的吸合时间和释放时间的离散性，电路的工作状态存在不确定性。

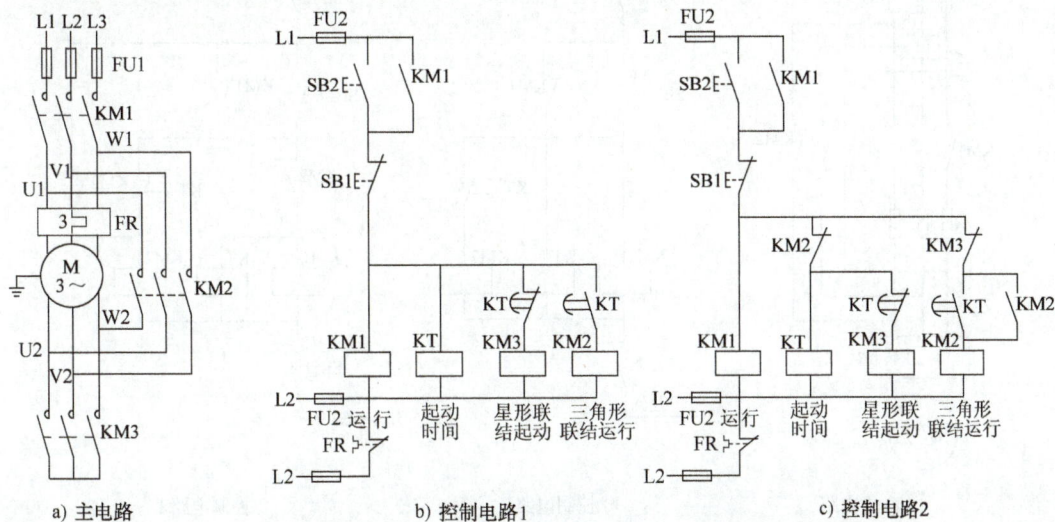

图 2-5　星形-三角形变换减压起动电气控制电路

通常在分析电气控制电路的工作原理时，一般不用考虑元器件的动作时间，认为只要一有输入信号其触点即可完成动作（除时间继电器外）。这在绝大多数情况下是允许的，不影响分析的结果。但实际上，由于电磁时间常数和机械时间常数的存在，任何继电器和接触器从线圈得电或失电到其触点完成动作都需要一定时间，即吸合时间和释放时间。吸合时间是指从线圈接收电信号到衔铁及触点（常开触点）完全吸合时所需的时间，释放时间是指从线圈失电到衔铁及触点完全释放时所需的时间，它们的数量级对于继电器来说一般为十几到几十毫秒，对于接触器来说则为几十到数百毫秒，要随电气元器件的型号和机械结构的磨损程度而定。假设 KM2 的吸合时间是 15ms，KM3 的释放时间是 25ms，时间继电器 KT 的常闭延时断开触点和常开延时闭合触点同时动作（忽略其时间差），那么在进行星形-三角形变换时主电路中的 KM3 和 KM2 的主触点就将有约 10ms 的时间是同时接通的，这是绝对不允许的。若将 KM3 的常闭辅助触点串联在 KM2 的线圈控制电路中，则只有当 KM3 的衔铁及触点释放完毕（常闭辅助触点接通）后才允许 KM2 得电，上述问题就可得到解决。对 KM2 的线圈采用类似的方法，保证电路工作可靠。另外，在起动完成后时间继电器 KT 已无得电的必要，但图 2-5b 中 KT 在工作期间一直得电，浪费能源。改进后的实用控制电路如图 2-5c 所示。

（2）定子串电阻减压起动控制电路

图 2-6 是定子串电阻减压起动控制电路。电动机起动时在三相定子电路中串接电阻可降低绕组电压，以限制起动电流；起动后再将电阻短路，电动机即可在全压下运行。这种起动方式由于不受电动机接线方式的限制，设备简单，因而得到广泛应用。在机械设备做点动调整时也常采用这种限流方法以减轻对电网的冲击。

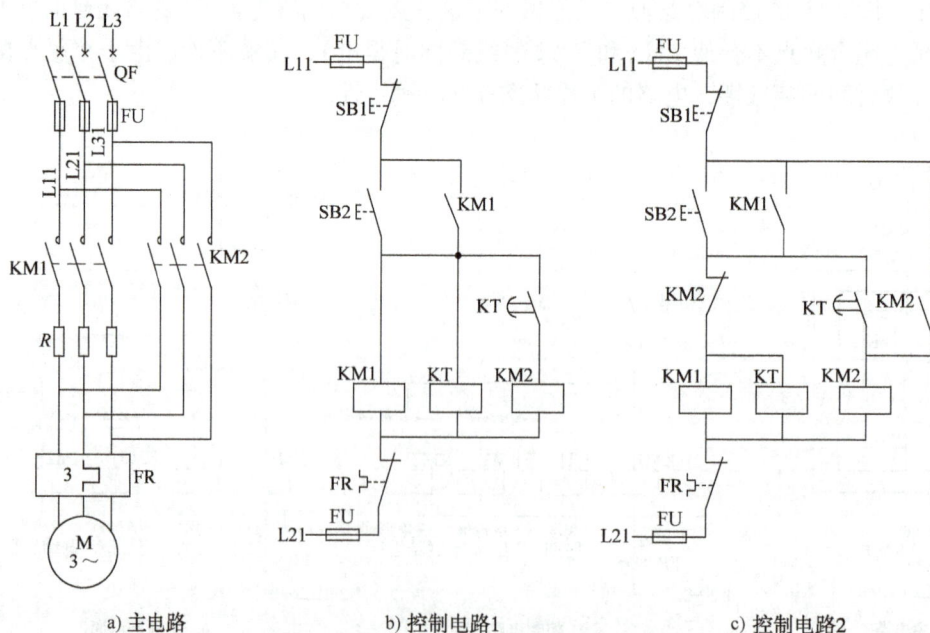

a) 主电路　　　　b) 控制电路1　　　　c) 控制电路2

图 2-6　定子串电阻减压起动控制电路

在图 2-6b 的控制电路的工作过程中，只要 KM2 得电就能使电动机正常运行。图 2-6b 中的 KM1 与 KT 在电动机起动后一直得电动作，这虽不妨碍电路工作但浪费电能。图 2-6c 解决了这个问题：KM2 得电后其常闭辅助触点使 KM1 和 KT 失电，KM2 的常开辅助触点形成自锁，达到既节能又实现控制要求的目的。

二、正、反转控制电路

许多生产机械都有可逆运行的要求，由电动机的正反转来实现生产机械的可逆运行是很方便的。为满足大多数机床的主轴或进给运动的可逆运行要求，只需使拖动电动机可以两个方向运行就可以了。只要把电动机定子三相绕组所接电源任意两相对调，改变电动机的定子电源相序，就可改变电动机的转动方向。

如果用 KM1 和 KM2 分别完成电动机的正反向控制，那么由正转与反转起动电路组合起来就成了正反转控制电路。

1. 电动机正反转控制电路

从图 2-7 主电路可知，若 KM1 和 KM2 分别闭合，则电动机的定子绕组所接两相电源对调，电动机转向不同。关键要看控制电路部分如何工作。图 2-7 为三相异步电动机正反转控制电路。

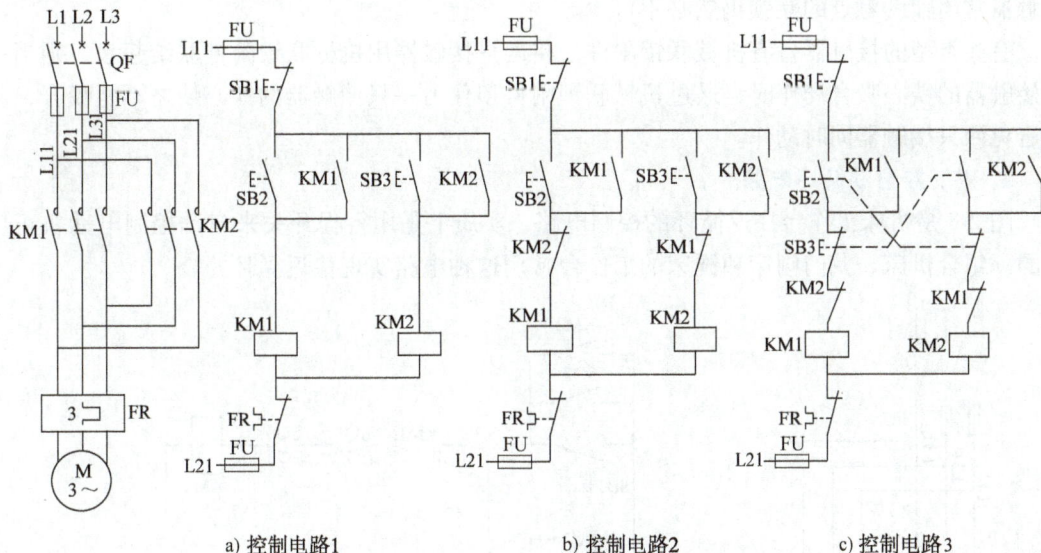

a) 控制电路1　　　　　　b) 控制电路2　　　　　　c) 控制电路3

图 2-7 三相异步电动机正反转控制电路

图 2-7a 由相互独立的正转和反转起动控制电路组成，也就是说两者之间没有约束关系，可以分别工作。按下 SB2，正转接触器 KM1 得电工作；按下 SB3，反转接触器 KM2 得电工作；先后或同时按下 SB2、SB3，则 KM1 与 KM2 同时工作，但这时观察一下主电路可看出：两相电源供电电路被同时闭合的 KM1 与 KM2 的主触点短路，这是不允许的。因此不能采用这种不安全、不能可靠工作的控制电路。

图 2-7b 把接触器的常闭辅助触点相互串联在对方的控制回路中，就使两者之间产生了制约关系：一方工作时切断另一方的控制回路，使另一方的起动按钮失去作用。接触器通过

常闭辅助触点形成的这种互相制约关系称为"联锁"或"互锁"。正转、反转接触器通过互锁避免了同时接通造成主电路短路的可能性。

在生产机械的控制电路中，这种联锁关系应用极为广泛。凡是有相反动作，如机床的工作台上下、左右移动；机床主轴电动机必须在液压泵电动机工作后才能起动；主轴电动机起动后工作台才能移动等，都需要类似的联锁控制。

在图 2-7b 中，正、反转切换的过程中间要经过"停"，显然操作不方便。图 2-7c 利用复合按钮 SB2、SB3 就可直接实现由正转变成反转，反之亦然。

显然，采用复合按钮也可起到联锁作用。这是由于按下 SB2 时，KM2 线圈回路被切断，只有 KM1 可得电动作。同理可分析 SB3 的作用。

在图 2-7c 中如取消两接触器间的互锁触点，只用按钮进行联锁是不可靠的。在实际工作中可能出现这种情况，由于负载短路或大电流的长期作用，接触器的主触点被强烈的电弧"烧焊"在一起，或者接触器的动作机构失灵，使衔铁卡住总是处在吸合状态，这都可能使主触点不能断开，这时如果另一接触器线圈通电动作，其主触点正常闭合就会造成电源短路事故。采用接触器常闭辅助触点进行互锁，不论什么原因，只要一个接触器的触点（主触点与辅助触点在机械上保证动作一致）是吸合状态，它的互锁常闭触点（此时处于断开状态）就必然将另一接触器线圈电路切断，这就能避免事故的发生。所以，采用复合按钮，接触器常闭辅助触点的互锁仍然必不可少。

有些类型的接触器备有机械联锁附件，将两只接触器用机械联锁附件联结起来，则当一只接触器的铁心吸合动作时，通过机械联锁附件顶住另一只接触器的铁心使之不能吸合，从而避免两只接触器同时动作。

2. 正反转自动循环电路

图 2-8 是机床工作台往返循环的控制电路，实质上是用行程开关来自动控制电动机正反转的。组合机床、龙门刨床和铣床的工作台常用这种电路实现往返循环。

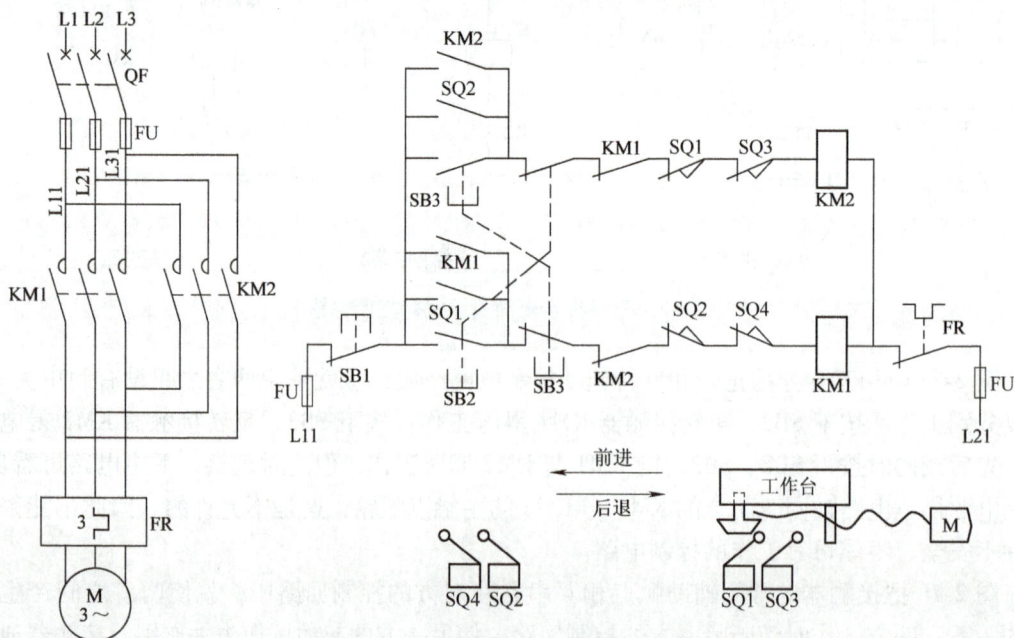

图 2-8 机床工作台往返循环的控制电路

SQ1~SQ4 为行程开关，按要求安装在固定的位置上。其实这是按一定的行程用撞块压行程开关，代替了人工按钮。

按下正向起动按钮 SB2，接触器 KM1 得电动作并自锁，电动机正转使工作台前进。当运行到 SQ2 位置时，撞块压下 SQ2，SQ2 常闭触点使 KM1 断电，但 SQ2 的常开触点使 KM2 得电动作并自锁，电动机反转使工作台后退。当工作台运动到右端点，撞块压下 SQ1，使 KM2 断电，KM1 又得电动作，电动机又正转使工作台前进，这样可一直循环下去。

SB1 为停止按钮。SB2 与 SB3 为不同方向的复合起动按钮。之所以用复合按钮，是为了满足改变工作台方向时，不按停止按钮可直接操作。行程开关 SQ3 与 SQ4 安装在极限位置，当由于某种故障，工作台到达 SQ1（或 SQ2）位置，未能切断 KM2（或 KM1）时，工作台将继续移动到极限位置，压下 SQ3（或 SQ4），此时最终把控制回路断开，使电动机停止，避免工作台越出允许位置所导致的事故。因此 SQ3、SQ4 起限位保护作用。

上述这种用行程开关按照机械运动部件的位置或位置的变化所进行的控制，称作按行程原则的自动控制，或称行程控制。

三、电动机制动控制电路

许多生产机械，如万能铣床、卧式镗床、起重机械和搬运机械等，都要求能迅速停车或准确定位。这就要求对电动机进行制动，强迫其迅速停车。制动停车的方式有两大类：即机械制动和电气制动。机械制动采用机械抱闸、液压或气压制动；电气制动有能耗制动、反接制动和电容制动等，其实质是使电动机产生一个与转子原来的转动方向相反的制动转矩。

1. 能耗制动控制电路

能耗制动是在三相笼型异步电动机切断三相电源的同时，给定子绕组接通直流电源，在转速为零时再将其切除。这种制动方法，实质上是把转子原来储存的机械能转换为电能，在制动的过程中这些电能又被消耗在转子回路的电阻上，所以称作能耗制动，如图 2-9 所示。

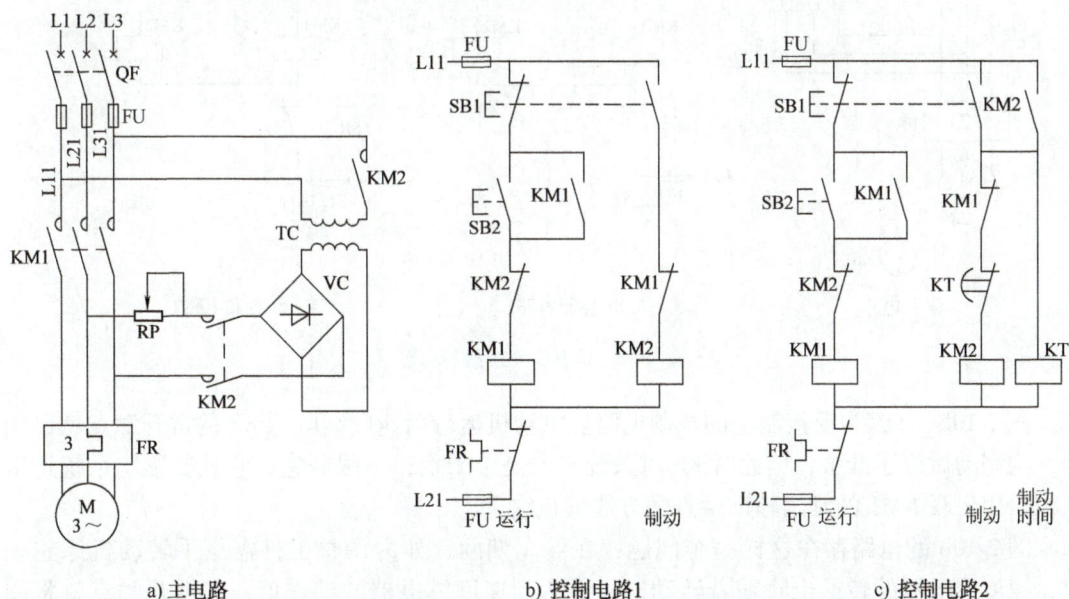

a) 主电路　　　　　　　　b) 控制电路1　　　　　　　　c) 控制电路2

图 2-9 能耗制动控制电路

图 2-9 主电路中用变压器 TC 和整流器 VC 为制动提供直流电源，KM2 为制动用接触器。主电路相同，但实现控制的策略可能有多种。图 2-9b 采用手动控制：要停车时按下 SB1 按钮，到制动结束时放开。电路简单，但操作不便。图 2-9c 中使用了时间继电器 KT，根据电动机带负载后制动过程所用时间的长短设定 KT 的定时值，就可实现制动过程的自动控制。

能耗制动的特点是制动作用的强弱与通入直流电流的大小和电动机的转速有关，在同样的转速下电流越大制动作用越强，电流一定时转速越高制动力矩越大。一般取直流电流为电动机空载电流的 3~4 倍，过大会使定子过热。可调节整流器输出端的可变电阻器 RP，得到合适的制动电流。

2. 反接制动控制电路

反接制动实质上是改变电动机定子绕组中的三相电源相序，产生与转子转动方向相反的转矩，因而起制动作用。反接制动过程为：停车时，首先切换三相电源，当电动机的转速下降到接近零时，及时断开电动机的反接电源。因为在电动机的转速下降到零时如不及时切除反接电源，则电动机就要从零速反向起动运行了。因此，需要根据电动机的转速进行反接制动的控制，此时要用速度继电器作检测元件（用时间继电器间接反映制动过程很难准确停车，因负载转矩等的变化将影响减速过程的时间长短），如图 2-10 所示。

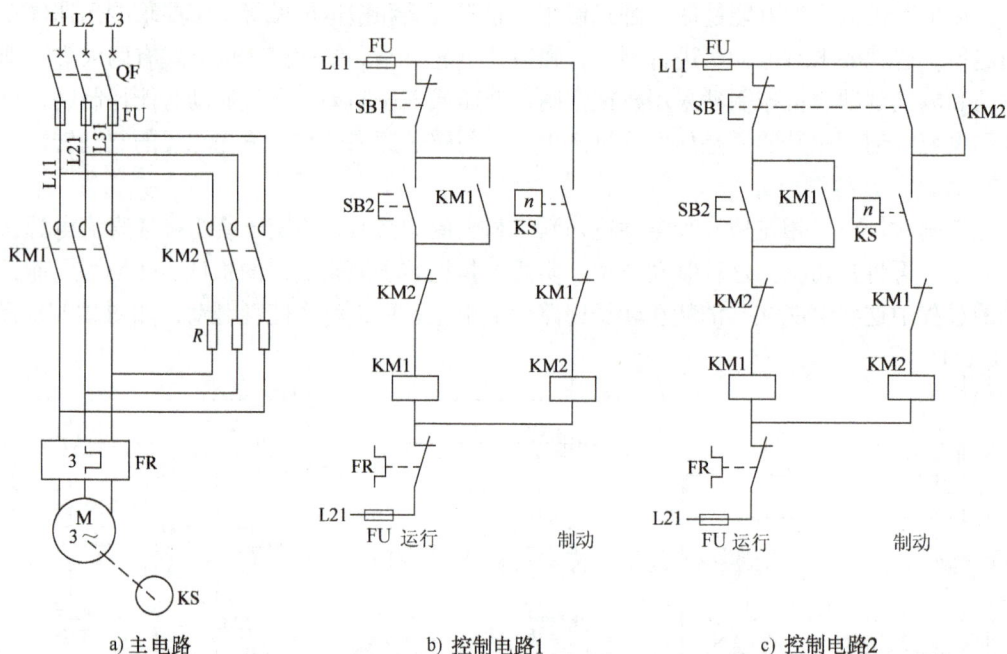

图 2-10　反接制动控制电路

图 2-10b、c 都为反接制动的控制电路。电动机运行后速度继电器 KS 的常开触点就已闭合，为制动做好了准备，但此时 KS 对系统来说是个干扰，不限制它，它就要影响系统正常工作。用串联 KM1 的常闭辅助触点的方法禁止它。

图 2-10b 的电路存在这样一个问题：在停车期间，如为调整工件需用手转动机床主轴时，速度继电器的转子也将随着转动，一旦达到速度继电器的动作值，其常开触点就将闭合，接触器 KM2 得电动作，电动机接通电源发生制动作用，不利于调整工作。图 2-10c 的

电路解决了这个问题。控制电路中停止按钮使用了复合按钮 SB1，并在其常开触点上并联了 KM2 的自锁触点。这样当用手转动电动机时，虽然 KS 的常开触点闭合，但只要不按停止按钮 SB1，KM2 就不会得电，电动机也就不会反接电源；只有按 SB1 时 KM2 才能得电，制动电路才能接通。

因电动机反接制动电流很大（约为起动电流的 2 倍），故在主电路的制动回路中串入限流电阻 R，以防止制动时对电网的冲击和电动机绕组过热。在电动机容量较小且制动不是很频繁的正反转控制电路中，为了简化电路，限流电阻可以不加。

反接制动时，旋转磁场的相对速度很大，定子电流也很大，因此制动效果显著。但在制动过程中有冲击，对传动部件不利，能量消耗较大，故用于不太经常起、制动的设备，如铣床、镗床和中型车床主轴的制动。

能耗制动与反接制动相比较，具有制动准确、平稳和能量消耗小等优点，但制动力较弱，特别是在低速时尤为突出。另外它还需要直流电源，故适用于要求制动准确、平稳的场合，如磨床、龙门刨床及组合机床的主轴定位等。

第四节　双速电动机高低速控制电路

有些生产机械不需要连续变速，使用变速电动机即可满足其要求。与普通电动机不同的是，变速电动机的定子备有多组绕组，改变其接法，就可改变电动机的磁极对数从而改变其转速。这里只讨论双速电动机高低速控制电路，如图 2-11 所示。

27

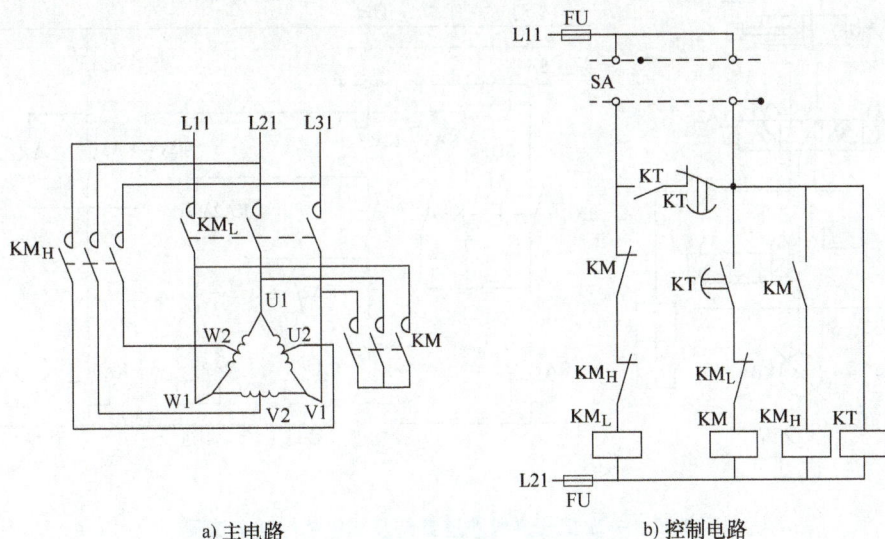

a) 主电路　　　　　b) 控制电路

图 2-11　双速电动机高低速控制电路

如图 2-11a 所示，将双速电动机定子绕组的出线端 U1、V1、W1 接电源，U2、V2、W2 端悬空，则绕组为三角形联结，每相绕组中两个线圈串联，成 4 个极，电动机为低速；当出线端 U1、V1、W1 短接，而 U2、V2、W2 接电源，则绕组为双星形联结，每相绕组中两个线圈并联，成两个极，电动机为高速。

图 2-11b 用控制开关 SA 转换高、低速，主电路使用了 3 个接触器。接触器 KM_L 动作，电

动机为低速运行状态；接触器 KM_H 和 KM 动作时，电动机为高速运行状态。当控制开关 SA 打到"高速"位置时，时间继电器 KT 的线圈立即得电，它的瞬动常开触点使低速接触器 KM_L 动作，电动机在低速接法下起动，经过设定的延时时间，KT 的常闭延时断开触点断开使 KM_L 释放，同时 KT 的常开延时闭合触点使 KM 得电，继而使 KM_H 得电，电动机就进入了高速运行状态。这样做的目的是限制起动电流。对容量较大的电动机适合采用这种控制方式。

第五节　液压系统的电气控制

在生产的许多领域广泛采用液压传动或气压传动系统，完善、可靠的电气控制电路是发挥其作用的基础。液压传动系统易获得较大的力矩，运动传递平稳、均匀，准确可靠，控制方便，易实现自动化。

一、液压动力头控制电路

动力头是既能完成进给运动，又能同时完成刀具切削运动的动力部件。

液压动力头的自动工作循环是由控制电路控制液压系统来实现的。图 2-12 是一次工作进给液压系统及其电气控制电路图，因为电磁铁没有触点，对短信号无自锁能力，所以要使用中间继电器。系统可工作于自动和手动两种工作方式。

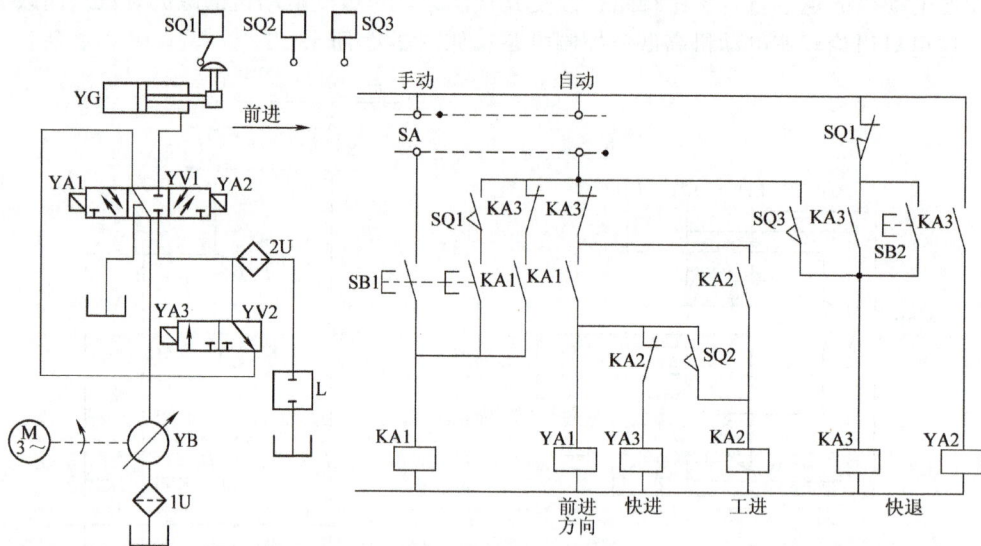

图 2-12　一次工作进给液压系统及其电气控制电路图

1. 自动工作方式

把控制开关 SA 拨在"自动"位置，系统按行程控制原则实现自动工作循环：动力头快进→工作进给→快速退回到原位。

（1）动力头原位停止

动力头由液压缸 YG 带动，可做前后运动。当电磁阀线圈 YA1～YA3 都断电时，电磁阀 YV1 处于中间位置，动力头停止不动。动力头只有在原位时，限位开关 SQ1 被挡铁压动，其常开触点闭合，才可用起动按钮 SB1 进行起动，在工作流程图中用 SQ1 同 SB1 相"与"来表明这点。

（2）动力头快进

按起动按钮 SB1，中间继电器 KA1 得电动作并自锁，其常开触点闭合使电磁阀线圈 YA1、YA3 通电。YA1 通电后液压油把液压缸的活塞推向右端，动力头向前运动。此时由于 YA3 也通电，除了工进油路外，还经阀 YV2 将液压缸小腔内的回油排入大腔，加大了油的流量，所以动力头快速向前运动。

（3）动力头工进

在动力头快进过程中，当挡铁压动限位开关 SQ2 时，其常开触点闭合，使 KA2 得电动作，KA2 的常闭触点使 YA3 断电，使动力头自动转为工作进给状态。KA2 的常开触点接通自锁电路（如果挡铁的长度超过限位开关 SQ2 与 SQ3 间的距离时，可不用自锁触点）。

（4）动力头快退

当动力头工作进给到期望点时，由限位开关 SQ3 检测并发出信号，其常开触点闭合使 KA3 得电动作并自锁。KA3 动作的结果是：其常闭触点断开，使 YA1、YA3 断电，常开触点闭合使 YA2 得电，油路换向得以实现，液压缸活塞左移，因油缸腔油的作用面小，所以动力头快速退回。动力头退回原位后，SQ1 被压动，其常闭触点断开使 KA3 断电，因此 YA2 也断电，动力头停止。

2. 手动工作方式

将控制开关 SA 拨在"手动"位置。此时按动按钮 SB1 也可接通 KA1 使电磁阀线圈 YA1、YA3 通电，动力头快进。但由于 KA1 不能自锁，因此放松 SB1 后，动力头立即停止。这种工作方式称为手动或点动。

SB2 是后退按钮。当动力头不在原位需要后退时，按下 SB2，使 KA3 得电动作，YA2 得电，动力头做快退运动，直到退回原位，SQ1 被压下，KA3 断电，动力头停止。

二、半自动车床刀架纵进、横进和快退控制电路

图 2-13 是半自动车床刀架的液压驱动系统原理图。图中 YG1 及 YG2 分别是纵向液压缸和横向液压缸，由电磁阀线圈 YA1、YA2 分别进行控制，实现刀架纵向（向左）移动和横向移动及后退。

图 2-14 是半自动车床刀架的电气控制电路图。M2 为液压泵电动机，M1 为主电动机，分别由接触器 KM1、KM2 控制。KT 是时间继电器，为了进行无进刀切削而设。

其工作过程如下：

1）按 SB3，液压泵起动工作。

2）按 SB4，中间继电器 KA1 得电，一是接通 KM2 主轴转动，二是接通电磁阀线圈 YA1，刀架纵向移动。

3）当刀架移动到预定位置时被机械限位，压下限位开关 SQ1，使 KA2 得电，其常开触点接通 YA2，刀架横向移动进行切削。

4）当刀架横向移到预定位置时被机械限位，压下限位开关 SQ2，时间继电器 KT 通电。这时进行无进刀切削，经过预定延时时间后，KT 的常开延时闭合触点接通 KA3，使 KA1、KA2 断电，其常开触点使 YA1、YA2 断电，刀架纵、横向均后退，直至原位被限位。

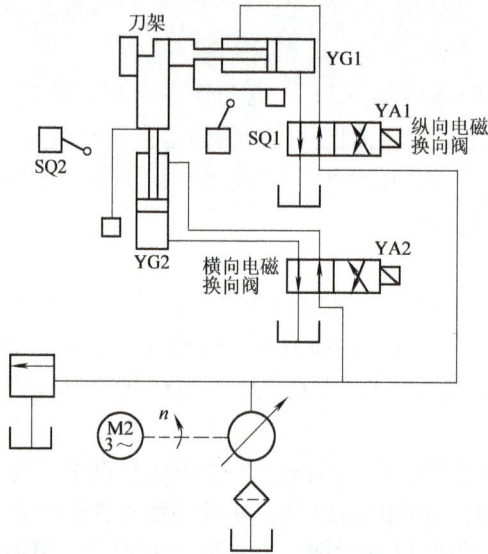

图 2-13　半自动车床刀架的液压驱动系统原理图

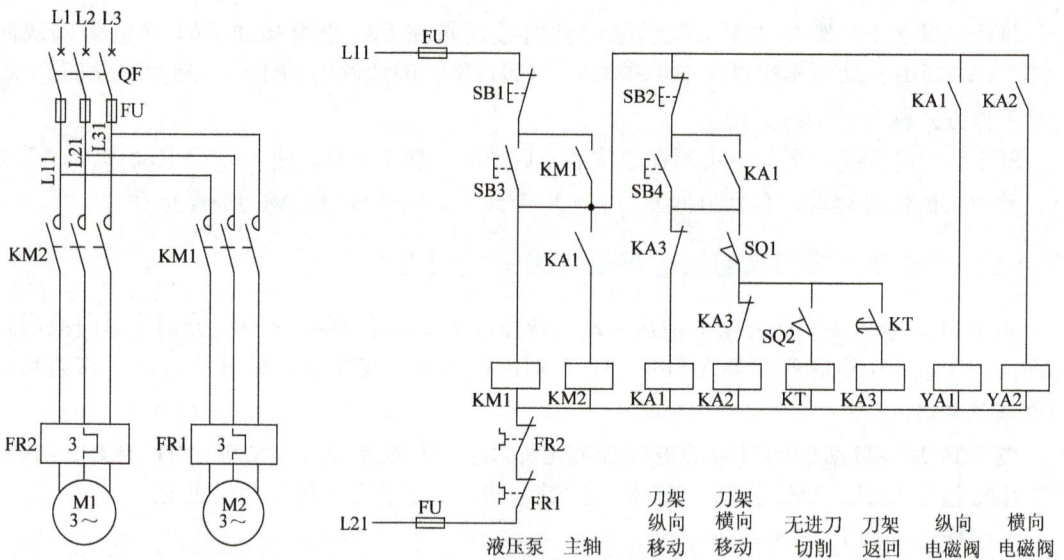

图 2-14　半自动车床刀架的电气控制电路图

5）当 KA1 断电后，其常开触点使 KM2 断电，主轴电动机停转。按下 SB1，液压泵停止工作；在此之前若按下 SB4，则开始又一次循环。

注意：在液压控制系统中，某个运动停止（例如机械限停）前后该运动的控制元件状态有时可以不变，而在电动机驱动的系统中则一般不行，因此前者的电气控制系统相对简单。若将本例中的纵、横向运动改为电动机驱动，读者可自行比较结果。

第六节　控制电路的其他基本环节

一、点动控制

电动机在正常工作时多数需要连续不断地工作，即所谓长动。而点动指的是，按住按钮时电动机转动工作，手放开按钮时，电动机即停止工作。点动常用于生产设备的调整，如机床的刀架、横梁和立柱的快速移动，机床的调整对刀等。

图 2-15a 为用按钮实现点动的控制电路，图 2-15b 为用控制开关实现点动与长动切换的控制电路，图 2-15c 为用中间继电器实现点动的控制电路。长动与点动的主要区别是控制电器能否自锁。

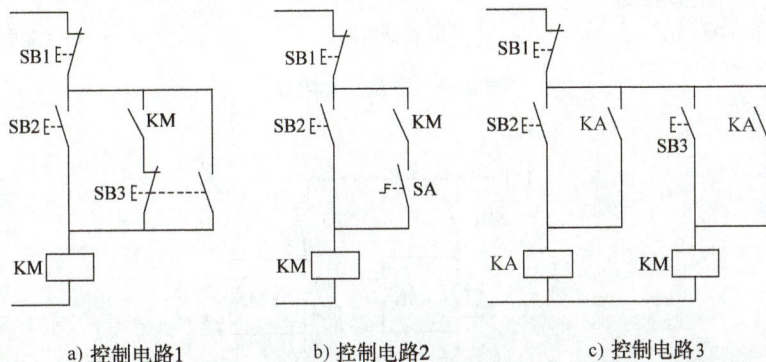

a) 控制电路1　　　　　b) 控制电路2　　　　　c) 控制电路3

图 2-15　点动控制电路

二、联锁与互锁

1. 联锁

在机床控制电路中，经常要求电动机有顺序地起动，如某些机床主轴必须在液压泵工作后才能工作；龙门刨床工作台移动时，导轨内必须有足够的润滑油；铣床的主轴旋转后，工作台方可移动等，这些都要求有联锁关系。

联锁控制电路如图 2-16 所示，接触器 KM2 必须在接触器 KM1 工作后才能工作，保证了液压泵电动机工作后主电动机才能工作的要求。试分析一下两个控制电路的异同。

2. 互锁

互锁实际上是一种联锁关系，之所以这样称谓，是为了强调触点之间的互相作用。例如，常常有这种要求，两台电动机 M1 和 M2 不准同时接通，如图 2-17 所示，KM1 动作后，它的常闭辅助触点就将 KM2 接触器的线圈通电回路断开，这样就抑制了 KM2 再动作，反之也一样，此时，KM1 和 KM2 的两对常闭辅助触点常称作"互锁"触点。这种互锁关系在前述的电动机正反转电路中已应用过，可保证正反向接触器 KM1 和 KM2 主触点不能同时接通，以防止电源短路。

在操作比较复杂的机床中，也常用操作手柄和限位开关形成联锁。下面以 X62W 铣床进给运动为例讲述这种联锁关系。

31

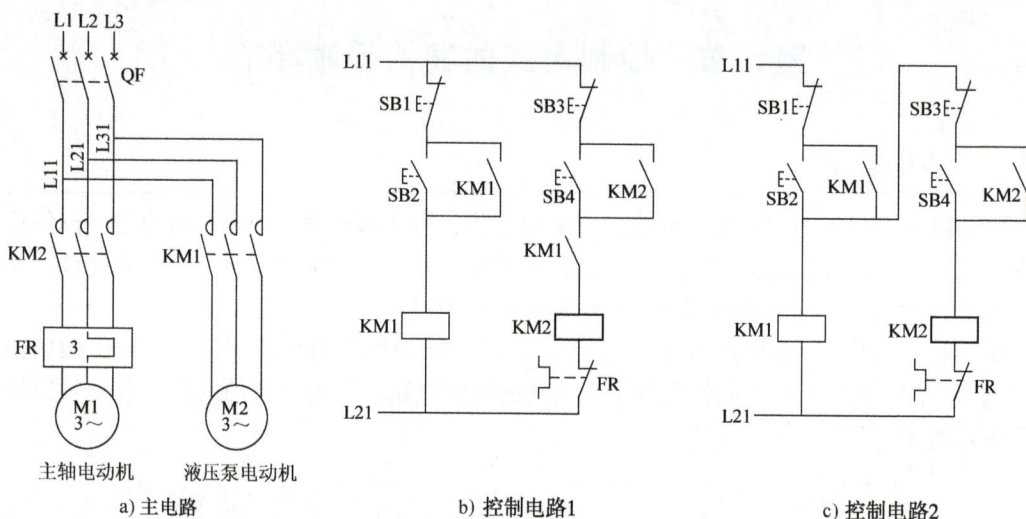

a) 主电路　　　　b) 控制电路1　　　　c) 控制电路2

图 2-16　联锁控制电路

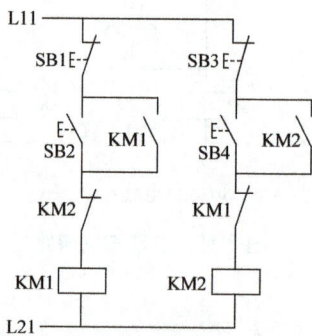

图 2-17　两台电动机的互锁电路

铣床工作台可做纵向（左右）、横向（前后）和垂直（上下）方向的进给运动。由纵向进给手柄（三位）操作纵向运动，横向与垂直方向的运动由另一进给手柄（五位）操纵。

铣床工作时，工作台的各方向进给是不允许同时接通的，因此各方向的进给运动必须互相联锁。实际上，操纵进给的两个手柄各自都只能扳向一个操作位置，即接通一种进给，因此只要使两个操作手柄不能同时起到操作的作用（"0" 位为不操作），就达到了联锁的目的。通常采取的电气联锁方案是：当两个手柄同时扳离 "0" 位时，就立即切断进给电路，可避免事故。

图 2-18 是铣床进给运动的联锁控制电路。图中 KM4、KM5 是进给电动机正反转接触器。现假如纵向进给手柄已经扳动，则 SQ1 或 SQ2 已被压下，此时虽将上面一条支路切断，但由于下面一条支路仍接通，故 KM4 或 KM5 仍能得电。如果再扳动横向与垂直进给手柄而使 SQ3 或 SQ4 也动作时，下面一条支路也将被切断。因此接触器 KM4 或 KM5 将失电，使进给运动自动停止。

KM3 是主电动机接触器，只有 KM3 得电主轴旋转后，KM3 常开辅助触点闭合才允许接通进给回路。主电动机停止，KM3 打开，进给也自动停止。这种联锁可防止工件或机床受到损伤。

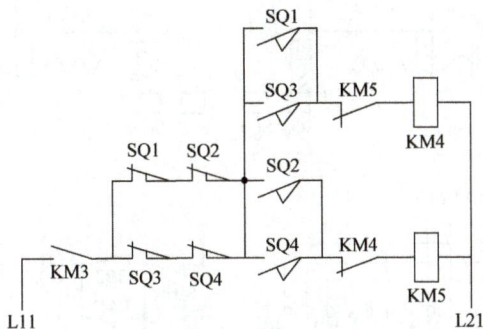

图 2-18　铣床进给运动的联锁控制电路

3. 多点控制

在大型机床设备中，为了操作方便，常要求能在多个地点进行控制。如图 2-19a 所示电路把起动按钮并联，停止按钮串联，分别安置在三个地方，就可三地操作。

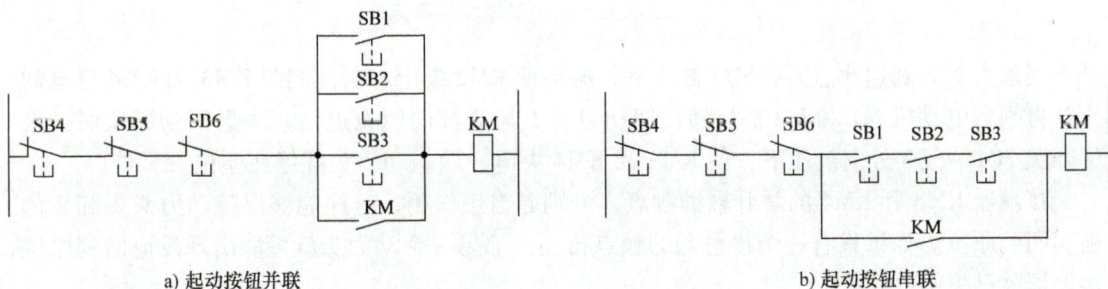

a) 起动按钮并联　　　　　　　　　　b) 起动按钮串联

图 2-19　多点控制电路

在大型机床上，为了保证操作安全，要求起动时，几个操作者都发出主令信号（按起动按钮），设备才能起动，停止时则任一点都可以操作，如图 2-19b 所示。

4. 工作循环自动控制

许多机床的工作台要求正反向运动自动循环，其控制都是靠限位控制来完成的。图 2-20 是双动力头的自动循环控制电路，由限位开关按行程来实现动力头的往复运动。

此控制电路完成了这样一个工作循环：首先是动力头 1 由位置 b 移到位置 a 停下，然后动力头 2 由位置 c 移到位置 d 停住，接着使动力头 1 和动力头 2 同时退回原位停下。限位开关 SQ2、SQ1、SQ3、SQ4 分别装在床身的 a、b、c、d 处。电动机 M1 带动动力头 1，电动机 M2 带动动力头 2。动力头 1 和 2 在原位时分别压下 SQ1 和 SQ3。

电路的工作过程为：

按起动按钮 SB2，接触器 KM1 得电并自锁，使电动机 M1 正转，动力头由原位 b 向 a 前进。

当动力头到 a 点位置时，SQ2 限位开关被压下，结果使 KM1 失电，动力头 1 停止；同时使 KM2 得电动作，电动机 M2 正转，动力头 2 由原位 c 点向 d 点前进。

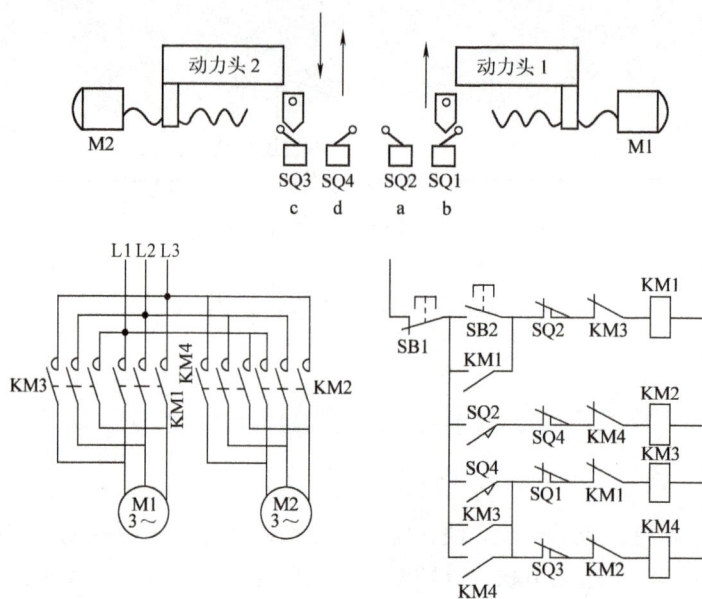

图 2-20　双动力头的自动循环控制电路

当动力头 2 到达 d 点时，SQ4 被压下，结果使 KM2 失电，与此同时 KM3 和 KM4 得电动作并自锁，电动机 M1 和 M2 都反转，使动力头 1 与 2 都向原位退回。当退回到原位时，限位开关 SQ1、SQ3 分别被压下，使 KM3 和 KM4 失电，两个动力头都停在原位。

接触器 KM3 和 KM4 的常开辅助触点，分别起自锁作用，这样能够保障动力头 1 和 2 都确实回到原位。如果只有一个接触器的触点自锁，那另一个动力头就可能出现没退回到原位接触器就已失电的现象。

第三章　电气控制电路实例分析与设计

分析电气控制系统时要注意以下几个问题：

1）要了解系统的主要技术性能及机械传动、液压和气动的工作原理。

2）弄清各电动机的安装部位、作用、规格和型号。

3）掌握各种电器的安装部位、作用以及各操纵手柄、开关、控制按钮的功能和操纵方法。

4）注意了解与机械、液压发生直接联系的各种电器的安装部位及作用，如限位开关、撞块、压力继电器、电磁离合器和电磁铁等。

5）分析电气控制系统时，要结合说明书或有关的技术资料将整个电气电路划分成几个部分逐一进行分析，例如各电动机的起动、停止、变速、制动、保护及相互间的联锁等。

在这一章里将分析几种典型机床的电气控制电路，从而读者可进一步掌握控制电路的组成、典型环节的应用及分析控制电路的方法，从中找出规律，逐步提高阅读电气原理图的能力，为独立设计打下基础。

第一节　卧式车床的电气控制电路

卧式车床是机床中应用最广泛的一种，它可以用于切削各种工件的外圆、内孔、端面及螺纹。车床在加工工件时，随着工件材料和材质的不同，应选择合适的主轴转速及进给速度。但目前中小型车床多采用不变速的异步电动机拖动，它的变速是靠齿轮箱的有级调速来实现的，所以它的控制电路比较简单。为满足加工的需要，主轴的旋转运动有时需要正转或反转，这个要求一般是通过改变主轴电动机的转向或采用离合器来实现的。进给运动多半是把主轴运动分出一部分动力，通过交换齿轮箱传给进给箱来实现刀具的进给。有的车床为了提高效率，刀架的快速运动由一台进给电动机单独拖动。车床一般都设有交流电动机拖动的冷却泵，来实现刀具切削时的冷却。有的车床还专设一台润滑泵对系统进行润滑。

主电动机有两种起动方式，即直接起动和减压起动。起动方式的选取不仅要考虑电动机的容量（一般 7.5kW 及以下电动机用直接起动方式，10kW 及以上电动机用减压起动方式），还要考虑电网的容量。不经常起动的电动机可直接起动的容量为变压器容量的 30%，经常起动的电动机可直接起动的容量一般要小于变压器容量的 20%。

主电动机的制动也有两种方式，即电气方法实现的能耗制动和反接制动，以及机械的摩擦离合器制动。

一、CW6163B 型万能卧式车床的控制电路

图 3-1 为 CW6163B 型万能卧式车床的电气原理图，床身最大工件的回转半径为 630mm，工件的最大长度可根据床身的不同分为 1500mm 或 3000mm 两种。

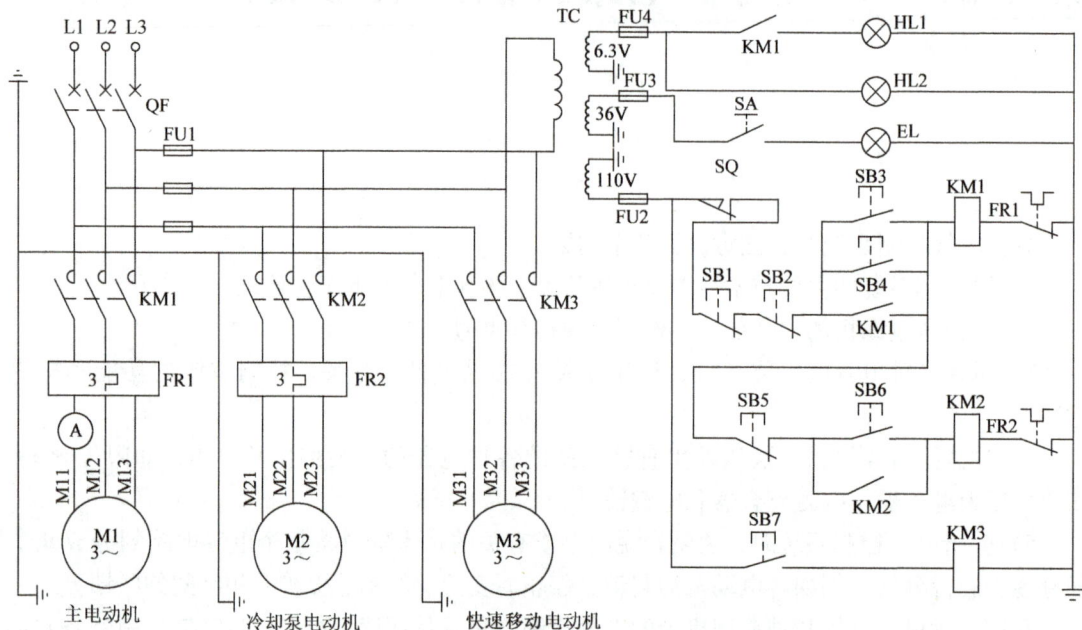

图 3-1 CW6163B 型万能卧式车床的电气原理图

1. 主电路

整机的电气系统由 3 台电动机组成，M1 为主运动和进给运动电动机，M2 为冷却泵电动机，M3 为刀架快速移动电动机。三台电动机均为直接起动，主轴制动采用液压制动器。

三相交流电通过断路器 QF 将电源引入，交流接触器 KM1 为主电动机 M1 的起动用接触器。热继电器 FR1 为主电动机 M1 的过载保护电器，M1 的短路保护由断路器中的电磁脱扣来实现。电流表 A 监视主电动机的电流。机床工作时，可调整切削用量，使电流表的电流接近主电动机的额定电流来提高功率因数和生产效率，以便充分利用电动机。

熔断器 FU1 为 M2、M3 电动机的短路保护。M2 电动机的起动由交流接触器 KM2 来完成，FR2 为它的过载保护。同样 KM3 为 M3 电动机的起动用接触器，因快速移动电动机 M3 短期工作可不设过载保护。

2. 控制、照明及显示电路

控制变压器 TC 二次侧 110V 电压作为控制回路的电源。为便于操作和事故状态下的紧急停车，主电动机 M1 采用双点控制，即它的起动和停止分别由装在床头操纵板上的按钮 SB1 和 SB3 及装在刀架拖板上的 SB2 和 SB4 进行控制。当主电动机过载时 FR1 的常闭触点断开，切断了交流接触器 KM1 的通电回路，电动机 M1 停止。限位开关 SQ 为机床的限位保护。

冷却泵电动机的起动和停止由装在床头操纵板上的按钮 SB5 和 SB6 控制。快速移动电动机由安装在进给操纵手柄顶端的按钮 SB7 控制，它与交流接触器 KM3 组成点动控制环节。

指示灯 HL2 为电源指示灯，HL1 为机床工作指示灯，EL 为机床照明灯，SA 为机床照

明灯开关。表 3-1 为 CW6163B 型万能卧式车床的电气元器件列表。

表 3-1　CW6163B 型万能卧式车床的电气元器件列表

符号	名称及用途	符号	名称及用途
QF	断路器作电源引入及短路、过载和失压保护用	FR1	热继电器，作主电动机过载保护用
FU1~FU4	熔断器作短路保护	FR2	热继电器，作冷却泵电动机过载保护用
M1	主电动机	KM1	接触器，作主电动机起动、停止用
M2	冷却泵电动机	KM2	接触器，作冷却泵电动机起动、停止用
M3	快速移动电动机	KM3	接触器，作快速移动电动机起动、停止用
SB1~SB4	主电动机起停按钮	SB7	快速移动电动机点动按钮
SB5~SB6	冷却泵电动机起停按钮	TC	控制与照明变压器
HL1	主电动机起停指示灯	SQ	行程开关作进给限位保护用
HL2	电源接通指示灯	SA	机床照明灯开关
EL	机床照明灯		

二、C616 型卧式车床的电气控制电路

图 3-2 为 C616 型卧式车床的电气原理图。它属于小型车床，床身最大工件回转直径为 320mm，工件的最大长度为 500mm。

37

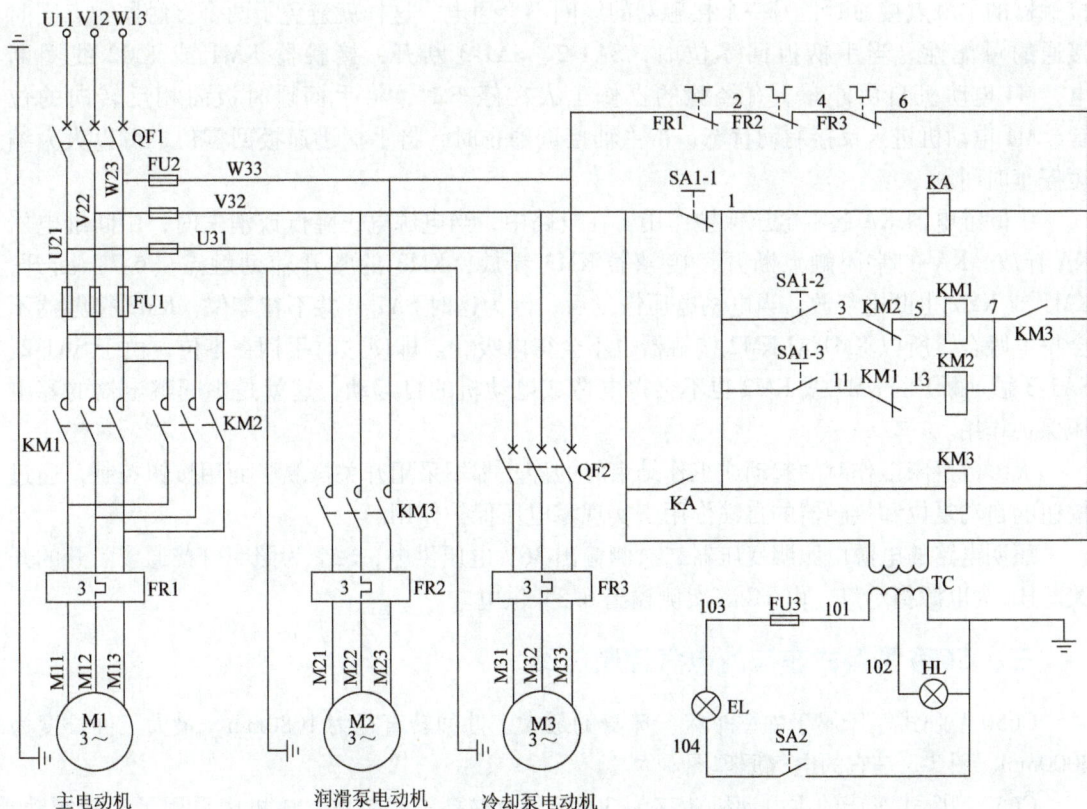

图 3-2　C616 型卧式车床的电气原理图

1. 主电路

该机床有 3 台电动机：M1 为主电动机，M2 为润滑泵电动机，M3 为冷却泵电动机。三相交流电源通过断路器 QF1 将电源引入，FU1、FR1 分别为主电动机的短路保护和过载保护。KM1、KM2 为主电动机 M1 的正转接触器和反转接触器。KM3 为 M2 电动机的起动、停止用接触器。断路器 QF2 作 M3 电动机的接通和断开用，FR2、FR3 为 M2 和 M3 电动机的过载保护用热继电器。

2. 控制、照明和显示电路

该控制电路没有控制变压器，控制电源直接取交流 380V。

合上断路器 QF1 后三相交流电源被引入。当操纵手柄 SA1 处于零位时，接触器 KM3 通电吸合，润滑泵电动机 M2 起动。KM3 的常开辅助触点（6-7）闭合，为主电动机起动做好准备。

操纵手柄控制 SA1 可以控制主电动机的正转与反转。SA1 有 1 对常闭触点和 2 对常开触点。当 SA1 在零位时，SA1-1 触点接通，SA1-2、SA1-3 断开，这时中间继电器 KA 通电吸合，KA 的触点（V32-1）闭合将 KA 线圈自锁。当操纵手柄扳到向下位置时，SA1-2 接通，SA1-1、SA1-3 断开，正转接触器 KM1 通过 V32-1-3-5-7-6-4-2-W33 通电吸合，主电动机 M1 正转起动。当将操纵手柄扳到向上位置时，SA1-3 接通，SA1-1、SA1-2 断开，反转接触器 KM2 通过 V32-1-11-13-7-6-4-2-W33 通电吸合，主电动机 M1 反转起动。开关 SA1 的触点在机械上保证了两个接触器只能同时吸合一个。KM1 和 KM2 的常闭辅助触点可以保证当一个接触器的主触点接通时，另一个接触器的线圈不会通电，这样就避免了两个接触器触点同时接通的可能性。当手柄扳回零位时，SA1-2、SA1-3 断开，接触器 KM1 或 KM2 线圈断电，M1 电动机自由停车。有经验的操作工人在停车时，将手柄瞬时扳向相反转向的位置，M1 电动机进入反接制动状态，待主轴接近停止时，将手柄迅速扳回零位，可以大大缩短停车时间。

中间继电器 KA 起零电压保护作用。在电路中，当电源电压降低或消失时，中间继电器 KA 释放，KA 的常闭触点断开，接触器 KM3 释放，KM3 的常开辅助触点（6-7）断开，KM1 或 KM2 也断电释放。当电网电压恢复后，因为这时 SA1 开关不在零位，KM3 接触器不会得电吸合，所以 KM1 或 KM2 接触器也不会得电吸合。即使这时手柄在零位，由于 SA1-2、SA1-3 触点断开，KM1 或 KM2 也不会得电造成电动机的自起动，这就是中间继电器的零电压保护作用。

大多数机床工作时的起动或工作结束时的停止都不采用开关操纵，而用按钮控制，通过按钮的自动复位和接触器的自锁作用来实现零电压保护作用。

照明电路的电源由照明变压器二次侧输出 36V 电压供电，SA2 为照明灯接通或断开的开关。HL 为电源指示灯，由 TC 二次侧输出 6.3V 供电。

三、C650 型卧式车床的电气控制电路

C650 型卧式车床属于中型车床，床身的最大工件回转直径为 1080mm，最大工件长度为 3000mm。图 3-3 是它的电气原理图。

C650 型卧式车床的主电动机功率为 30kW，为提高工作效率，该机床采用了反接制动。为了减少制动电流，制动时在定子回路串入了限流电阻 R。拖动溜板箱快速移动的 2.2kW

电动机是为了减轻工人的劳动强度和节省辅助工作时间而专门设置的。

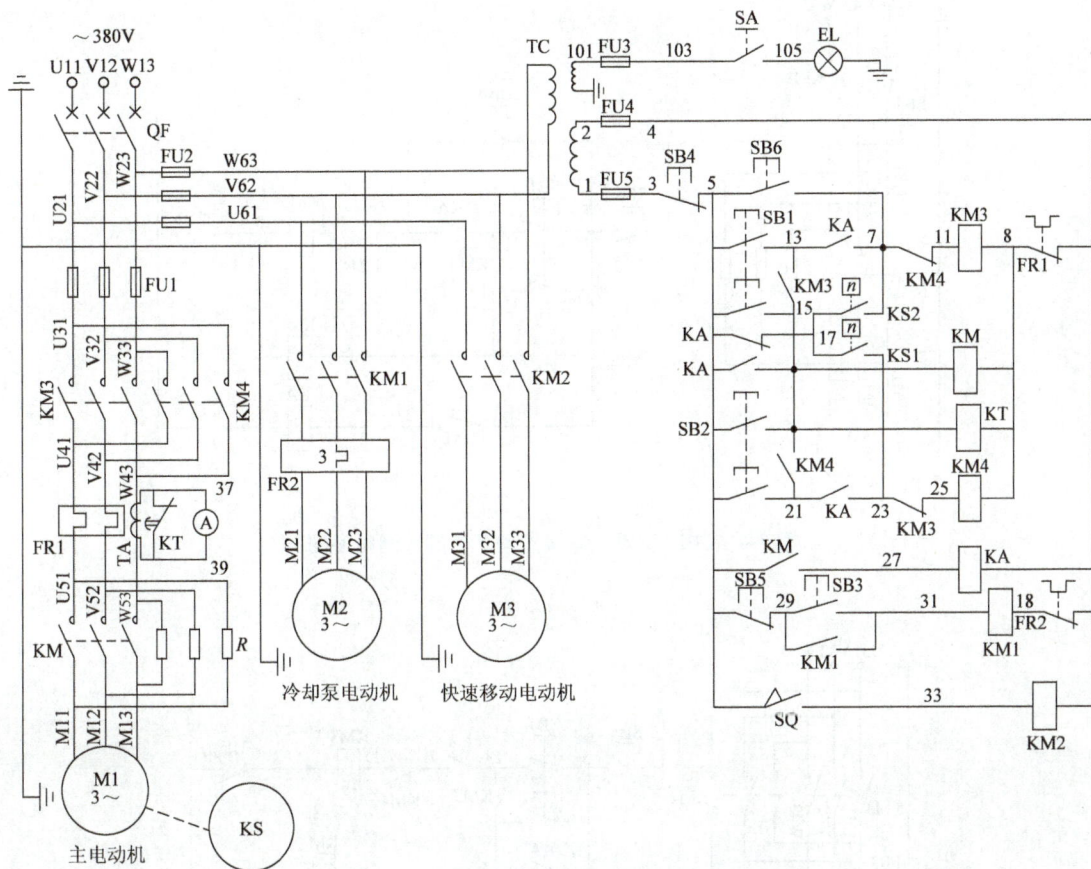

图 3-3　C650 型卧式车床的电气原理图

1. 主电路

断路器 QF 将三相电源引入，FU1 为主电动机 M1 的短路保护用熔断器，FR1 为 M1 电动机过载保护用热继电器。为防止在连续点动时的起动电流造成电动机的过载，点动时也加入限流电阻 R。通过互感器 TA 接入电流表 A 以监视主电动机绕组的电流。熔断器 FU2 为 M2、M3 电动机的短路保护，接触器 KM1、KM2 为 M2、M3 电动机起动用接触器。FR2 为 M2 电动机的过载保护，因快速移动电动机 M3 短时工作，所以不设过载保护。

2. 控制电路

（1）主电动机的点动调整控制

图 3-4 为 C650 型卧式车床点动环节的控制电路图。电路中 KM3 为 M1 电动机的正转接触器，KM 为 M1 电动机的长动接触器，KA 为中间继电器。M1 电动机的点动由点动按钮 SB6 控制。按下按钮 SB6，接触器 KM3 得电吸合，它的主触点闭合，电动机的定子绕组经限流电阻 R 与电源接通，电动机在较低速度下起动。

（2）主电动机的正反转控制电路

图 3-5 为 C650 型卧式车床主电动机正反转控制电路。

39

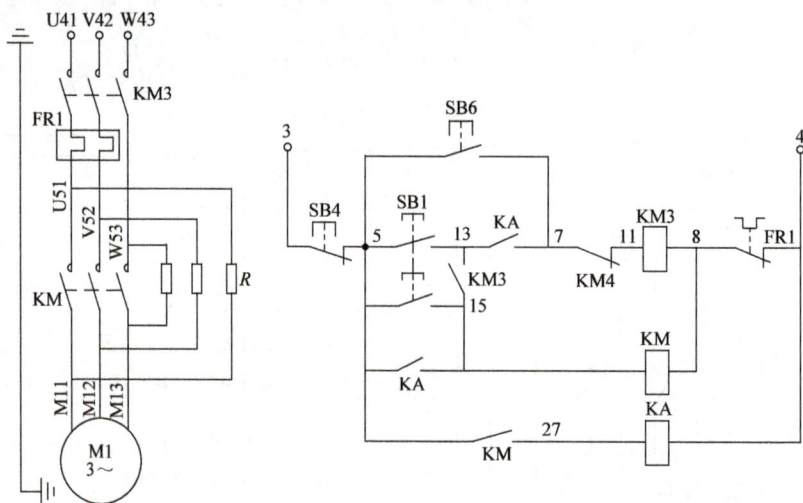

图 3-4　C650 型卧式车床点动环节的控制电路图

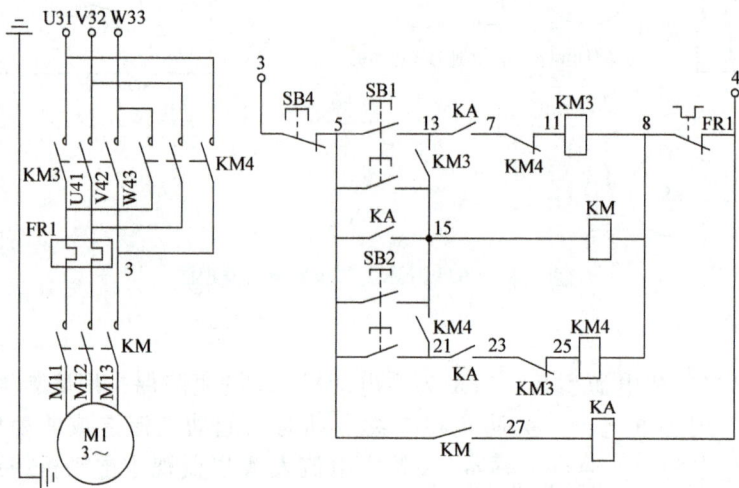

图 3-5　C650 型卧式车床主电动机正反转控制电路

主电动机正转由正向起动按钮 SB1 控制。按下按钮 SB1 时，接触器 KM 首先得电动作，它的主触点闭合将限流电阻短接，接触器 KM 的常开辅助触点闭合使中间继电器 KA 得电，它的触点（13-7）闭合，使接触器 KM3 得电吸合。KM3 的主触点将三相电源接通，电动机在额定电压下正转起动。KM3 的常开辅助触点（15-13）和 KA 的常开触点（5-15）闭合，将 KM3 线圈自锁。反转起动时用反向起动按钮 SB2，按下 SB2，同样是接触器 KM 得电，然后接通接触器 KM4 和中间继电器 KA，于是电动机在满压下反转起动。KM3 的常闭辅助触点（23-25）、KM4 的常闭辅助触点（7-11）分别串在对方接触器线圈的回路中，起到了电动机正转与反转的电气互锁作用。

（3）主轴电动机的反接制动控制

C650 型卧式车床采用了反接制动方式。当电动机的转速接近零时，用速度继电器的触点给出信号，切断电动机的电源。图 3-6 是 C650 型卧式车床正反转与反接制动的控制电路。

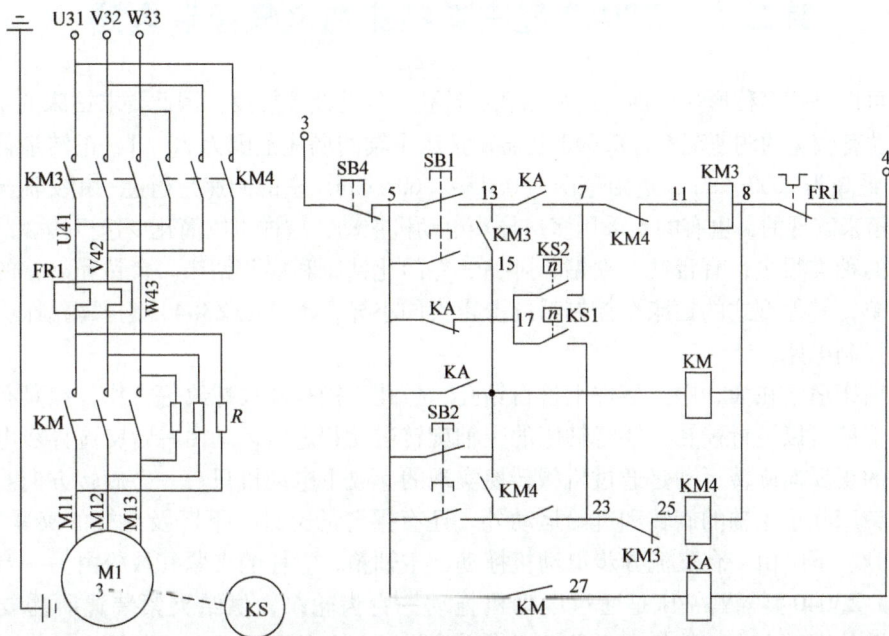

41

图 3-6　C650 型卧式车床正反转与反接制动的控制电路

速度继电器与被控电动机是同轴连接的，当电动机正转时，速度继电器的正转常开触点 KS1（17-23）闭合；电动机反转时，速度继电器的反转常开触点 KS2（17-7）闭合。当电动机正向旋转时，接触器 KM3 和 KM，继电器 KA 都处于得电动作状态，速度继电器的正转常开触点 KS1（17-23）也是闭合的，这样就为电动机正转时的反接制动做好了准备。需要停车时，按下停止按钮 SB4，接触器 KM 失电，其主触点断开，电阻 R 串入主回路。与此同时 KM3 也失电，断开了电动机的电源，同时 KA 失电，KA 的常闭触点闭合。在松开 SB4 后就使反转接触器 KM4 的线圈通过 1-3-5-17-23-25 电路得电，电动机的电源反接，电动机处于反接制动状态。当电动机的转速下降到速度继电器的复位转速时，速度继电器 KS 的正转常开触点 KS1（17-23）断开，切断了接触器 KM4 的通电回路，电动机脱离电源停止。

电动机反转时的制动与正转时的制动相似。当电动机反转时，速度继电器的反转常开触点 KS2 是闭合的，这时按一下停止按钮 SB4，在松开 SB4 后正转接触器线圈通过 1-3-5-17-7-11 电路得电，正转接触器 KM3 吸合将电源反接，使电动机制动后停止。

（4）刀架的快速移动和冷却泵控制

刀架的快速移动是由转动刀架手柄压动限位开关 SQ 来实现的。当手柄压动 SQ 后，接触器 KM2 得电吸合，M3 电动机转动带动刀架快速移动。M2 为冷却泵电动机，它的起动与停止是通过按钮 SB3 和 SB5 控制的。

此外，监视主回路负载的电流表是通过电流互感器接入的。为防止电动机起动电流对电流表的冲击，电路中采用一个时间继电器 KT。当起动时，KT 线圈通电，而 KT 的延时断开常闭触点尚未动作，电流互感器二次电流只流经该触点构成闭合回路，电流表没有电流流过。起动后，KT 延时断开常闭触点打开，此时电流流经电流表，反映出负载电流的大小。

第二节　Z3040 型摇臂钻床的电气控制电路

钻床可以进行多种形式的加工，如钻孔、镗孔、铰孔及攻螺纹，因此要求钻床的主轴运动和进给运动有较宽的调速范围。Z3040 型摇臂钻床主轴的调速范围为 50∶1，正转最低转速为 40r/min，最高为 2000r/min，进给范围为 0.05～1.60r/min。它的调速是通过三相交流异步电动机和变速箱来实现的，也有的是采用多速异步电动机拖动，这样可以简化变速机构。

钻床的种类很多，有台钻、立钻、卧钻、专门化钻床和摇臂钻床。台钻和立钻的电气电路比较简单，其他型式的钻床在控制系统上也大同小异，本节以 Z3040 型摇臂钻床为例分析它的电气控制电路。

摇臂钻床适于在大、中型零件上进行钻孔、扩孔、铰孔及攻螺纹等工作，在具有工艺装备的条件下还可以进行镗孔。摇臂钻床的主轴旋转运动和进给运动由一台交流异步电动机拖动，主轴的正反向旋转运动是通过机械转换实现的。故主电动机只有一个旋转方向。

摇臂钻床除了主轴的旋转和进给运动外，还有摇臂的上升、下降及立柱的夹紧和放松。摇臂的上升、下降由一台交流异步电动机拖动，主轴箱、立柱的夹紧和放松由另一台交流电动机拖动。Z3040 型摇臂钻床是通过电动机拖动一台齿轮泵，供给夹紧装置所需要的压力油。而摇臂的回转和主轴箱的左右移动通常采用手动。此外还有一台冷却泵电动机对加工的刀具进行冷却。

一、主电路

Z3040 型摇臂钻床的主电路电气原理图如图 3-7 所示。它的主电路、控制电路和信号电路的电源均采用断路器引入，断路器中的过电流脱扣作为短路保护取代了熔断器。交流接触器 KM1 是主电动机 M1 接通或断开的接触器，FR1 为主电动机过载保护用热继电器。摇臂的升降，主轴箱、立柱的夹紧放松都要求拖动的电动机正反转，所以 M2 和 M3 电动机分别有两个接触器，它们为 KM2、KM3 和 KM4、KM5。摇臂升降电动机 M2、冷却泵电动机 M4 均为短时工作，不设过载保护。

二、控制电路、信号及照明电路

Z3040 型摇臂钻床的控制电路如图 3-8 所示，控制电源由控制变压器 TC 二次侧输出 110V 供电，中间抽头 603 对地为信号灯电源 6.3V，215 号线对地为照明输出 36V。

1. 主电动机的旋转控制

在主电动机起动前，首先将断路器 QF2～QF4 扳到接通状态，同时将配电盘的门关好并锁上。然后再将断路器 QF1 扳到接通位置，电源指示灯亮。这时按下起动按钮 SB1，中间继电器 KA 通电并自锁，为主电动机与其他电动机的起动做好了准备。当按下按钮 SB2 时，交流接触器 KM1 线圈通电并自锁，使主电动机旋转，同时主电动机旋转的指示灯 HL4 亮。主轴的正转与反转用手柄通过机械变换的方法来实现。

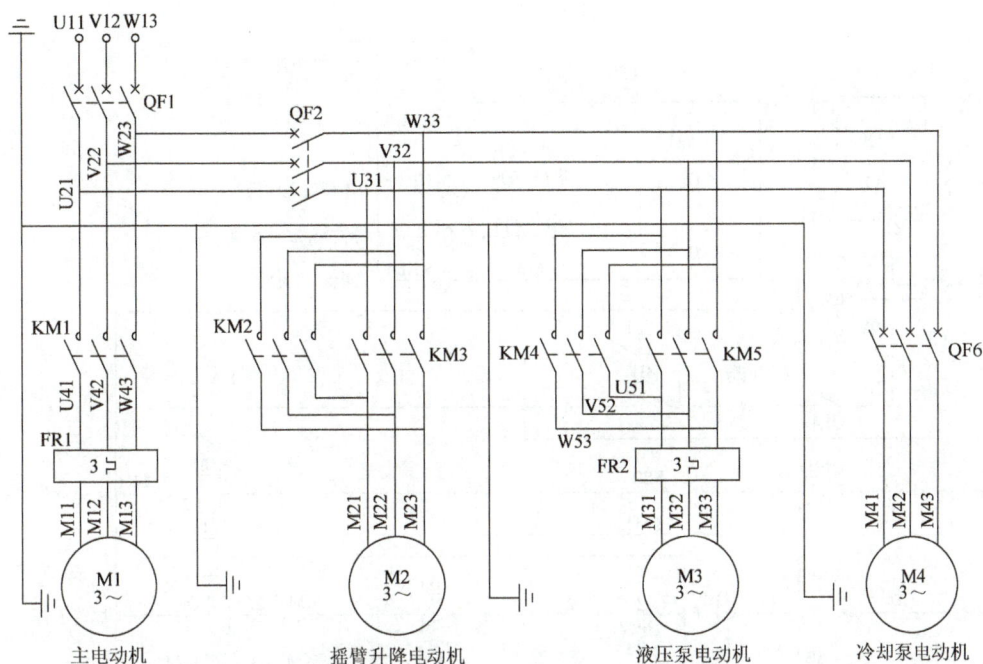

图 3-7 Z3040 型摇臂钻床的主电路电气原理图

2. 摇臂的升降控制

按下按钮 SB3, 时间继电器 KT1 通电吸合, 它的瞬动常开触点 (33-35) 闭合, 使 KM4 线圈通电, 液压泵电动机 M3 起动供给压力油, 经分配阀体进入摇臂的松开油腔, 推动活塞使摇臂松开。同时活塞杆通过弹簧片使限位开关 SQ2 的常闭触点断开, KM4 线圈断电, 而 SQ2 的常开触点 (17-21) 闭合, KM2 线圈通电, 它的主触点闭合, M2 电动机旋转使摇臂上升。如果摇臂没有松开, SQ2 的常开触点不能闭合, 摇臂升降电动机不能转动, 这样就保证了只有摇臂可靠松开后方可使摇臂上升或下降。

当摇臂上升到所需要的位置时, 松开按钮 SB3, KM2 和 KT1 断电, 摇臂升降电动机 M2 断电, 摇臂停止上升。当持续 1~3s 后, KT1 断电延时闭合的常闭触点 (47-49) 闭合, KM5 线圈经 7-47-49-51 号线, KM5 线圈通电, 液压泵电动机 M3 反转, 使压力油经分配阀进入夹紧液压腔, 摇臂夹紧。同时活塞杆通过弹簧片使 SQ3 的常闭触点 (7-47) 断开, KM5 线圈断电, M3 电动机停止, 完成了摇臂的松开—上升—夹紧动作。

摇臂升降电动机的正转与反转不能同时进行, 否则将造成电源两相间的短路。为避免由操作错误造成事故, 在摇臂上升和下降的电路中加入了触点互锁和按钮互锁。因为摇臂的上升或下降是短时的调整工作, 所以采用点动方式。

限位开关 SQ1 是为摇臂上升或下降的极限位置保护而设立的。SQ1 实际上是两个行程开关, 常闭触点 (15-17) 是摇臂上升时的极限位置保护, 另一常闭触点 (27-17) 是摇臂下降时的极限位置保护。限位开关 SQ3 的常闭触点 (7-47) 在摇臂可靠夹紧后断开。如果液压夹紧机构出现故障或 SQ3 调整不当, 将造成液压泵电动机 M3 过载, 它的过载保护热继电器的常闭触点将断开, KM5 释放, M3 电动机断电停止。

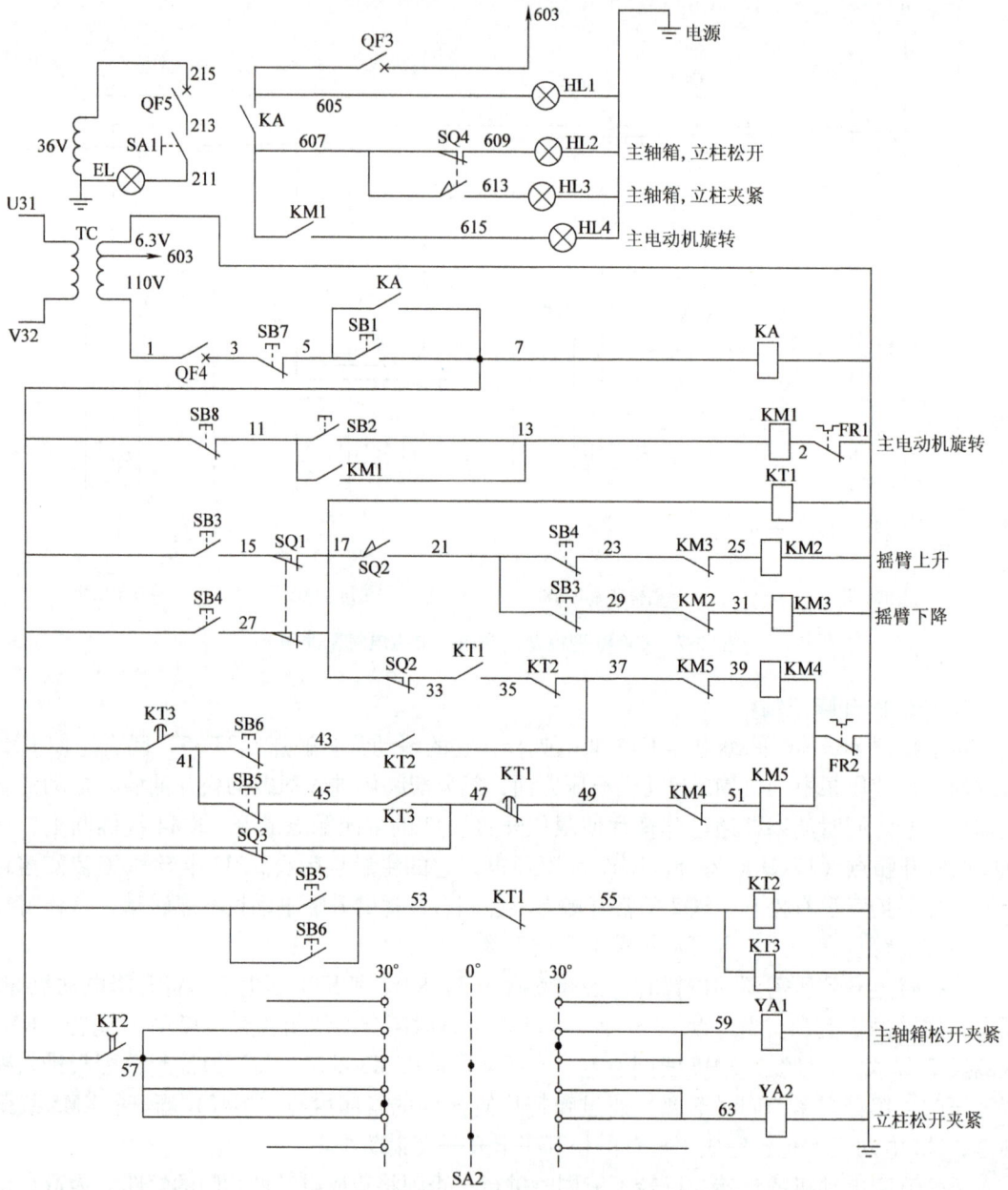

图 3-8　Z3040 型摇臂钻床的控制电路

3. 立柱和主轴箱的松开与夹紧控制

主轴箱与立柱的松开及夹紧控制可以单独进行，也可以同时进行，它由开关 SA2 和按钮 SB5（或 SB6）进行控制。SA2 有三个位置：在中间位置（零位）时为松开及夹紧控制同时进行，扳到左边位置时为立柱的夹紧或放松，扳到右边位置时为主轴箱的夹紧或放松。SB5 是主轴箱和立柱的松开按钮，SB6 为主轴箱和立柱的夹紧按钮。表 3-2 为 Z3040 型摇臂钻床电气元器件列表。

表 3-2 Z3040 型摇臂钻床电气元器件列表

符号	名称及用途	符号	名称及用途
M1	主电动机	YA1	主轴箱放松、夹紧用电磁铁
M2	摇臂升降电动机	YA2	立柱松开、夹紧用电磁铁
M3	液压泵电动机	KA	工作准备用中间继电器
M4	冷却泵电动机	SA1	机床工作灯开关
KM1	主轴旋转接触器	SA2	主轴箱、立柱松开、夹紧用转换开关
KM2	摇臂上升接触器	FR1	M1 电动机过载保护用热继电器
KM3	摇臂下降接触器	FR2	M3 电动机过载保护用热继电器
KM4	主轴箱、立柱和摇臂放松接触器	TC	控制变压器
KM5	主轴箱、立柱和摇臂夹紧接触器	SB1	总起动按钮
KT1	摇臂上升、下降用时间继电器	SB2	主电动机起动按钮
KT2	主轴箱、立柱和摇臂放松、夹紧用时间继电器	SB3	摇臂上升起动按钮
KT3	主轴箱、立柱和摇臂放松、夹紧用时间继电器	SB4	摇臂下降起动按钮
SQ1	摇臂升降极限保护限位开关	SB5	主轴箱、立柱和摇臂松开按钮
SQ2	摇臂放松用限位开关	SB6	主轴箱、立柱和摇臂夹紧按钮
SQ3	摇臂夹紧用限位开关	SB7	总停止按钮
SQ4	立柱夹紧、放松指示用限位开关	SB8	主电动机停止按钮
QF1~QF2	电源引入兼作短路保护用断路器	HL1~HL4	工作状态指示信号灯
QF3~QF5	机床控制信号电路断路器	EL	机床工作灯
QF6	冷却泵电动机电源断路器		

下面以主轴箱的松开和夹紧为例说明它的动作过程：首先将组合开关 SA2 扳向右侧，触点（57-59）接通，触点（57-63）断开。当要让主轴箱松开时，按下按钮 SB5，这时，时间继电器 KT2 和 KT3 线圈同时通电，但 KT2 为断电延时型时间继电器，所以 KT2 的通电瞬时闭合，断电延时打开的常开触点（7-57）闭合使 YA1 通电，经 1~3s 后，KT3 的常开延时闭合触点（7-41）闭合，通过 3-5-7-41-43-37-39 使 KM4 通电，液压泵电动机正转使压力油经分配阀进入主轴箱液压缸，推动活塞使主轴箱放松。活塞杆使 SQ4 复位，主轴箱和立柱松开指示灯 HL2 亮。当要让主轴箱夹紧时，按下按钮 SB6，首先仍为 YA1 通电，经 1~3s 后，KM5 线圈通电，液压泵电动机反转，压力油经分配阀进入主轴箱液压缸，推动活塞使主轴箱夹紧。同时活塞杆使 SQ4 受压，它的常开触点（607-613）闭合，指示灯 HL3 亮，而触点（607-609）断开，指示灯 HL2 灭，指示主轴箱与立柱夹紧。

当将 SA2 扳到左侧时，触点（57-63）接通，触点（57-59）断开。按下按钮 SB5 或 SB6 时使 YA2 通电，此时立柱松开或夹紧。SA2 在中间位置时，触点（57-59、57-63）均接通，按下 SB5 或 SB6 时，YA1、YA2 均通电，主轴箱和主柱同时进行夹紧或放松。其他动作过程和主轴箱松开和夹紧完全相同，不再重复。

45

第三节　组合机床电气控制电路

组合机床是对某特定工件进行特定加工的一种高效自动化专用加工设备。这类机床大都具有自动工作循环，并能同时用十几把、几十把刀具进行加工。组合机床都由通用部件和一些专用部件组成，它的控制系统大多采用机械、液压和电气相结合的控制方式。

由于组合机床由通用部件组成，所以它的基本电路可根据通用部件的控制电路综合组成。现以某 DU 型组合机床单机为例对某控制电路原理加以说明。

DU 型组合机床由液压动力头和液压回转工作台组成，是用来加工某轮毂工件上 12 个孔的。立式动力头上装有 36 把刀具，共有 4 个工位。第一、二、三工位分别是钻孔、扩孔和铰孔的工序，第四工位装卸工件用。加工工位布置如图 3-9 所示。

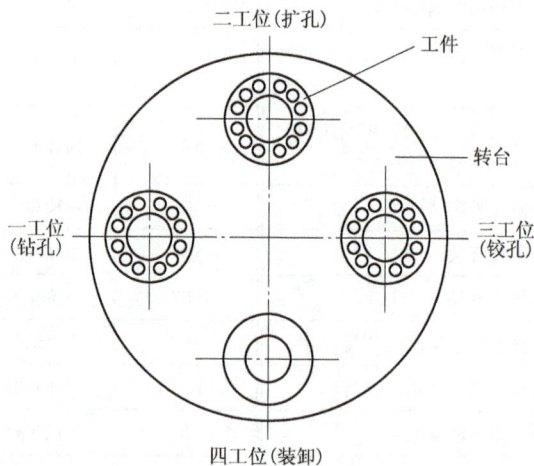

图 3-9　加工工位布置图

本机床的自动工作循环为：回转台抬起→回转台回转→回转台反靠→回转台夹紧→动力头快进→动力头工进→延时停留→动力头快退。

DU 型组合机床单机控制电路如图 3-10 所示。

一、主回路

主电路共有三台电动机，M1 为主电动机，M2 为液压泵电动机，M3 为冷却泵电动机。由主电路和控制电路可以看出，它是一种多台电动机同时起动的控制电路。M1 和 M2 是由接触器 KM1 和 KM2 控制的，由按钮 SB1 及 SB2 控制起、停。开关 SA3 和 SA4 可用于单独起动主电动机 M1 和液压泵电动机 M2。当旋钮开关 S 打开时，冷却泵电动机 M3 由继电器 K2 控制起停，K2 继电器是控制动力头工进用的继电器，意味着当动力头工进时，冷却泵才接通，S 闭合时，冷却泵还可由按钮 SB3 进行起动。

本机床除接触器 KM1～KM3 为交流电器外，其他均为直流电器，由 VC 整流后得到 24V 电压供电。采用低压直流电器工作平稳安全、便于操作。电源接通后，指示灯 HL 接通，直到液压泵电动机 M2 起动后，由于接触器 KM2 通电动作，指示灯才熄灭。

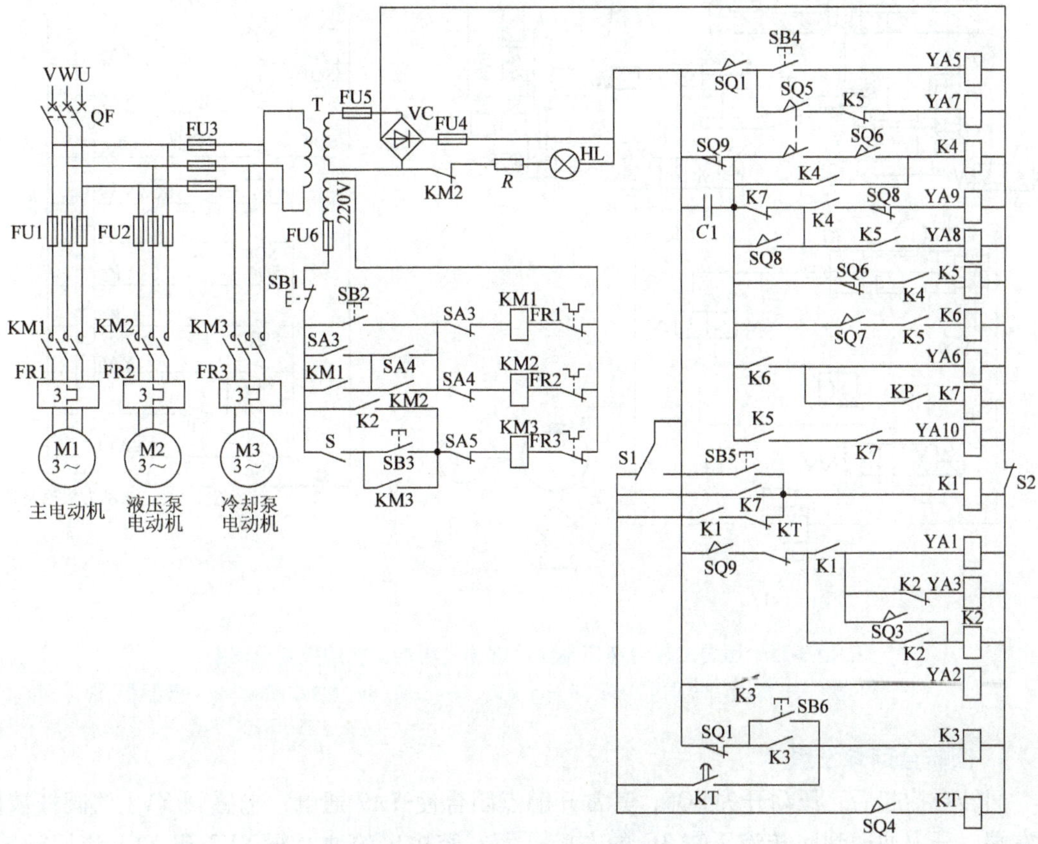

图 3-10　DU 型组合机床单机控制电路

二、液压回转工作台回转控制电路

在图 3-10 控制电路中右侧上半部（开关 S1、S2 上侧）为回转工作台控制电路。

回转工作台多用于多工位组合机床上，它可以有多个加工工位，被加工工件在回转台上回转一周完成在该机床上的全部加工工序。液压回转工作台是靠控制液压系统的油路来实现工作台转位动作的。液压系统的动作循环是靠电气控制进行的。

回转工作台的转位动作如下：自锁销脱开及回转台抬起→回转台回转及缓冲→回转台反靠→回转台夹紧。

图 3-11a 是回转工作台的液压系统原理图，图 3-11b 是回转工作台自动回转的控制电路图。回转工作台的转位动作是自动进行的，下面具体分析它的控制原理。

1. 自锁销脱开及回转台抬起

按回转按钮 SB4，电磁铁 YA5 通电（动力头在原位时，限位开关 SQ1 被压动，回转台才能转位），将电磁阀 YV1 的阀杆推向右端，将液压泵的压力油送到夹紧液压缸 1G，使其活塞上移抬起回转台。同时经阀 YV1 的压力油也送到自锁液压缸 2G，活塞下移使自锁销脱开。

47

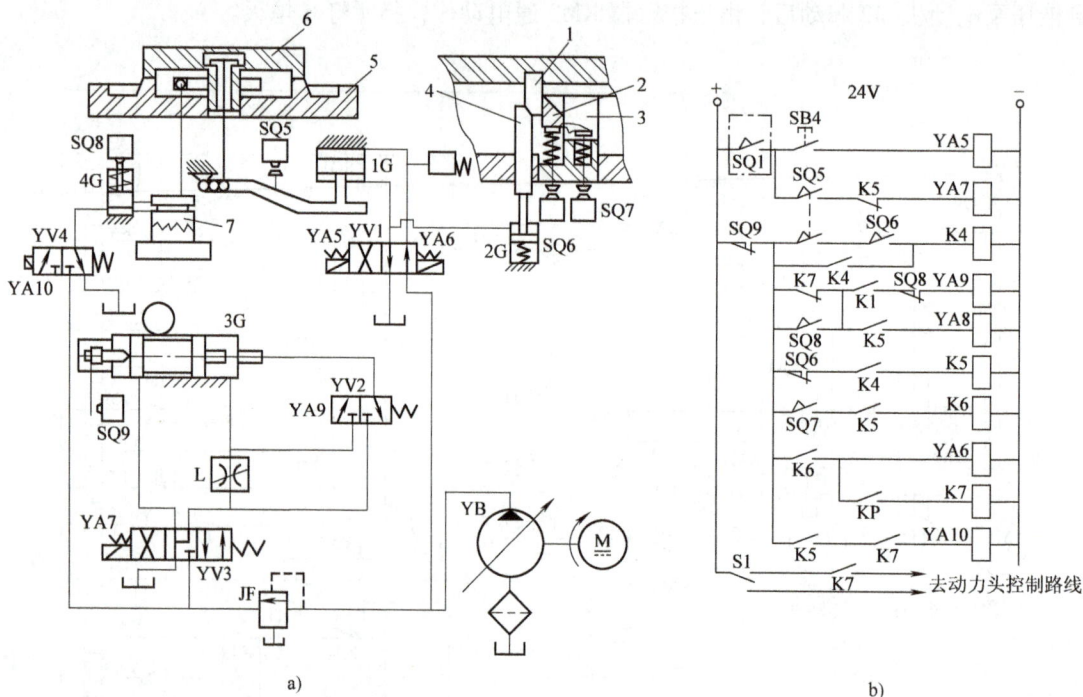

图 3-11 回转工作台液压系统原理图及自动回转的控制电路图

1—定位块 2—滑块 3—固定挡铁 4—自锁销 5—底座 6—回转工作台 7—离合器

2. 回转台回转及缓冲

回转台抬起后，压动开关 SQ5，其常开触点闭合使 YA7 通电，电磁阀 YV3 的阀杆被推向右端，压力油送到回转液压缸 3G 的左腔，而右腔排出的油经阀 YV2 和 YV3 流回油箱。因此活塞右移，经活塞中部的齿条带动齿轮，使回转台回转。当转到接近定位点时，转台定位块 1 将滑块 2 压下，从而压动了 SQ6，其常开触点闭合，由于 SQ5 常开触点已闭合，所以继电器 K4 得电动作并自锁，其一常开触点使 YA9 通电，使液压缸 3G 的回油只能经节流阀 L 流回油箱。所以回转台变为低速回转。

3. 回转台反靠

回转台的继续回转，使定位块 1 离开滑块 2，因此限位开关 SQ6 恢复原位，其常闭触点恢复闭合，使 K5 得电动作。K5 常闭触点打开使 YA7 断电，同时由 K5 常开触点使 YA8 通电，YA8 通电使 YV3 的阀杆左移。压力油经 YV3 和节流阀 L 送至回转液压缸 3G 的右腔，使回转台低速（因 YA9 已通电）反靠。这时定位块的右端面将通过滑块靠紧在挡铁的左端面上，达到准确定位。

4. 回转台夹紧

反向靠紧后，通过杠杆作用，压动限位开关 SQ7，使 K6 通电动作，其常开触点闭合，其结果使 YA6 通电，使 YV1 阀杆向左移，于是夹紧液压缸 1G 将回转台向下压紧在底座上。同时自锁液压缸 2G 因已接至回油路，所以自锁销 4 被弹簧顶起，使定位块 1 锁紧。当转台夹紧后，夹紧力达到一定数值，夹紧液压缸的进油压力使压力继电器 KP 动作，其常开触点使继电器 K7 通电动作。K7 常闭触点使 YA8、YA9 断电，阀 YV3 回到中间位置，这时 3G 的左、右油腔都接至回油路，使回转液压缸卸压。K7 的常开触点使 YA10 通电（K5 已经得电动作），使 YV4 阀杆右移，通过液压缸 4G 使离合器 7 脱开。

5. 离合器脱开后的状态

液压缸 4G 的活塞杆压动限位开关 SQ8，其常闭触点断开使 YA9 断电，其常开触点闭合使 YA8 通电，使阀 YV3 阀杆左移，将使回转液压缸活塞退回原位。活塞退回原位后，由于杠杆作用压动限位开关 SQ9，其常闭触点断开。即动作的电器均被断电。这样 YA10 断电使离合器重新接合，以备下次转位循环。这样液压系统和控制电路都恢复到原始状态。

液压回转台回转时各电磁铁及限位开关的工作状态列于表 3-3 中。

表 3-3　液压回转台回转时各电磁铁及限位开关的工作状态表

工步	元件											
	通电的电磁铁						被压动的开关					
	YA5	YA6	YA7	YA8	YA9	YA10	SQ5	SQ6	SQ7	SQ8	SQ9	KP
回转台原位	−	(+)	−	−	−	−			(+)		(+)	+
回转台抬起	+	−	−	−	−	−	+					
回转台回转	(+)	−	+	−	−	−	(+)	+				
回转台反靠	(+)	−	−	+	+	−	(+)		+			
回转台夹紧	−	+	−	(+)	−	−			(+)			+
离合器脱开	−	(+)	−	−	−	+			(+)	+	(+)	
回转液压缸返回	−	(+)	−	−	+	−			(+)	(+)	+	(+)

注：表中有括号的动作，指示这一动作已在上一步完成。

需要指出的是，当回转台夹紧后，压力继电器 KP 动作，使 K7 得电动作，K7 还有一常开触点闭合，可接通动力的工作循环。

上述液压回转台控制电路采用的是低压直流电器。这样具有既操作安全、动作平稳、安装紧凑，又便于采用无触点开关元器件等优点，但需整流电源。当然也可以采用交流电器，它们组成控制电路的工作原理是完全一样的。

三、液压动力头控制电路

图 3-10 控制电路中右侧下半部（开关 S1、S2 下侧），为液压动力头的自动工作循环控制电路。该电路与第二章的控制电路是一致的，其工作原理不再赘述。这一电路可以完成：快进→工进→延时停留→快退的工作循环。

四、DU 型组合机床单机的自动工作循环的控制

在主电动机与液压泵电动机起动后，接触器 KM2 的常开辅助触点接通了自动工作循环的控制电路。按动回转按钮 SB4 后，回转台的回转自动工作循环开始进行。回转台经过抬起、回转、反靠定位和夹紧后，压力继电器 KP 动作使继电器 K7 动作，K7 的常开触点接通继电器 K1。此时由于液压回转台还在继续完成离合器脱开和液压缸返回的运动，所以 SQ9 尚未被压动，因此动力头不动。只有当回转液压缸的活塞返回原来位置，SQ9 被压后，动力头才开始进行快进、工进、延时停留和快退的自动工作循环。

停车时按动停止按钮 SB1，接触器 KM1~KM3 都断电，主电动机 M1、液压泵电动机 M2 及冷却泵电动机 M3 都停止，并由 KM2 的常开辅助触点切断控制回路。开关 S2 可使动力头自动工作循环回路切断。

图 3-10 中电容 C1 用来保护 SQ9 的触点。电容 C1 上的电磁铁要有足够的吸力，工作才安全可靠。这就需要有足够的磁动势，既要有足够大的电流，匝数也要多。因此电磁铁的线圈具有较大的电感。当触点由闭合转为断开时，电磁铁线圈的电流迅速变化，因而将产生很大的感应电动势，触点在分断时将产生很强的电弧，使触点易被电弧烧蚀，缩短使用寿命。因此为了保护触点不被烧蚀，需在被保护的触点两端并联电容。当触点两端电动势增加时，由于电容的充电作用，触点两端电压大大减小，电容的这种吸收作用能使电弧很快熄灭，从而防止了触点的烧蚀。

在本机床控制电路中，只是对 SQ9 的触点采取了保护措施，这主要考虑到它与多个电磁铁动作相关，易被烧蚀。当然，必要时其他触点也可采取这种保护措施。

第四节　电气控制电路设计基础

一、电气控制系统设计的基本内容和原则

（一）电气控制系统设计的基本内容

机械设备的控制系统绝大多数属于电力拖动控制系统，因此生产机械电气控制系统设计的基本内容有以下几个方面：

1）拟定电气设计任务书（技术条件）。

2）确定电气传动控制方案，选择电动机。

3）设计电气控制原理图。

4）选择电气元器件，并制定电气元器件明细表。

5）设计操作台、电气柜及非标准电气元器件。

6）设计电气设备布置总图、电气安装图以及电气接线图。

7）编写电气说明书和使用操作说明书。

（二）电力拖动方案确定的原则

对各类生产机械电气控制系统的设计，首要的是选择和确定合适的拖动方案，主要根据生产机械的调速要求来确定。

1. 无电气调速要求的生产机械

在不需要电气调速并且起动不频繁的场合，应首先考虑采用笼型异步电动机。在负载静转矩很大的拖动装置中，可考虑采用绕线转子异步电动机。对于负载很平稳、容量大且起制动次数很少的情况，则采用同步电动机更为合理，不仅可充分发挥同步电动机效率高、功率因数高的优点，还可调节励磁使它工作在过励情况下，提高电网的功率因数。

2. 要求电气调速的生产机械

应根据生产机械的调速要求（调速范围、调速平滑件、机械特性硬度、转速调节级数及工作可靠性等）来选择拖动方案，在满足技术指标的前提下，进行经济性比较，最后确定最佳拖动方案。

　　调速范围 $D=2\sim3$、调速级数 $\leqslant2\sim4$，一般采用改变极对数的双速或多速笼型异步电动机拖动。

　　调速范围 $D<3$ 且不要求平滑调速时，采用绕线转子异步电动机拖动，但只适用于短时负载和重复短时负载的场合。

　　调速范围 $D=3\sim10$ 且要求平滑调速时，在容量不大的情况下，可采用带滑差离合器的异步电动机拖动系统。若需长期运转在低速时，也可考虑采用晶闸管直流拖动系统。

　　当调速范围 $D=10\sim100$ 时，可采用直流拖动系统或交流调速系统。

　　三相异步电动机的调速，以前主要依靠变更定子绕组的极数和改变转子电路的电阻来实现。目前，变频调速和串级调速等已得到广泛的应用。

3. 电动机调速性质的确定

　　电动机的调速性质应与生产机械的负载特性相适应。以车床为例，其主轴运动需恒功率传动，进给运动则要求恒转矩传动。对于双速笼型异步电动机，当定子绕组由三角形联结改为双星形联结时，转速由低速升为高速，功率却变化不大，适用于恒功率传动；由星形联结改为双星形联结时，电动机输出转矩不变，适用于恒转矩传动。对于他励直流电动机，改电枢电压调速为恒转矩调速，而改励磁调速为恒功率调速。

　　若采用不对应调速，即恒转矩负载采用恒功率调速或恒功率负载采用恒转矩调速，都将使电动机额定功率增大 D 倍（D 为调速范围），且使部分转矩未得到充分利用。所以电动机调速性质是指电动机在整个调速范围内转矩、功率与转速的关系。究竟是容许恒功率输出还是恒转矩输出，在选择调速方法时，应尽可能使它与负载性质相同。

（三）控制方案确定的原则

　　合理地确定控制方案，是实现简便可靠、经济适用的电力拖动控制系统的重要前提。控制方案的确定应遵循以下原则：

　　1）控制方式与拖动需要相适应。控制方式并非越先进越好，而应该以经济效益为标准。控制逻辑简单、加工程序基本固定的机床，采用继电器触点控制方式较为合理；对于经常改变加工程序或控制逻辑复杂的机床，则采用可编程序控制器较为合理。

　　2）控制方式与通用化程度相适应。通用化是指生产机械加工不同对象的通用化程度，它与自动化是两个概念。对于某些加工一种或几种零件的专用机床，它的通用化程度很低，但它可以有较高的自动化程度，这种机床宜采用固定的控制电路；对于单件、小批量且可加工形状复杂零件的通用机床，则采用数字程序控制，或采用可编程序控制器控制，因为它们可以根据不同的加工对象而设定不同的加工程序，有较好的通用性和灵活性。

　　3）控制方式应最大限度满足工艺要求。根据加工工艺要求，控制电路应具有自动循环、半自动循环、手动调整、紧急快退、保护性联锁、信号指示和故障诊断等功能，以最大限度满足生产工艺要求。

　　4）控制电路的电源应可靠。简单的控制电路可直接用电网电源，元器件较多、电路较复杂的控制装置，可将电网电压隔离降压，以降低故障率。对于自动化程度较高的生产设备，可采用直流电源，这有助于节省安装空间，便于同无触点元器件连接，元器件动作平稳，操作维修也较安全。

　　影响方案确定的因素较多，最后选定方案的技术水平和经济水平，取决于设计人员的设计经验和设计方案的灵活运用。

51

二、电气控制电路设计方法

设计电气控制电路时，首先要了解生产工艺对电气控制提出的要求，其次要了解生产机械的结构、工作环境和操作人员的要求等。在进行具体电路的设计时，一般应先设计主电路，然后设计控制电路、信号电路及局部照明电路等。初步设计完成后，应仔细检查，看电路是否符合设计要求，并尽可能使之完善和简化，最后选择电器型号和规格。

（一）控制电路设计要求

不同用途的电气控制电路，其控制要求也不尽相同。一般应满足以下几点要求。

1) 应能满足生产机械的工艺要求，能按照工艺的顺序准确而可靠地工作。
2) 电路结构力求简单，尽量选用常用的且经过实际考验过的电路。
3) 操作、调整和检修方便。
4) 具有各种必要的保护装置和联锁环节，即使在误操作时也不会发生重大事故。

（二）控制电路设计方法

电气控制电路的设计方法有两种。一种是经验设计法，它是根据生产工艺的要求，按照电动机的控制方法，采用典型环节电路直接进行设计。这种方法比较简单，但对比较复杂的电路，设计人员必须具有丰富的工作经验，需绘制大量的电路图并经多次修改后才能得到符合要求的控制电路。另一种为逻辑设计法，采用逻辑代数进行设计，按此方法设计的电路结构合理，可节省所用元器件的数量。以下主要介绍经验设计法。

分析已经介绍过的各种控制电路，它们都有一个共同的规律：拖动生产机械的电动机的起动与停止均由接触器主触点控制，而主触点的动作则由控制回路中接触器线圈的通电与断电决定，线圈的通电与断电则由线圈所在控制回路中一些常开、常闭触点组成的"与""或""非"等条件来控制。下面举例说明经验设计法设计控制电路。

某机床有左、右两个动力头，用以铣削加工，它们各由一台交流电动机拖动；另外有一个安装工件的滑台，由另一台交流电动机拖动。加工工艺是在开始工作时，要求滑台先快速移动到加工位置，然后自动变为慢速进给，进给到指定位置自动停止，再由操作者发出指令使滑台快速返回，回到原位后自动停车。要求两动力头电动机在滑台电动机正向起动后起动，而在滑台电动机正向停车时也停车。

1. 主电路设计

动力头拖动电动机只要求单方向旋转，为使两台电动机同步起动，可用一只接触器 KM3 控制。滑台拖动电动机需要正转、反转，可用两只接触器 KM1、KM2 控制。滑台的快速移动由电磁铁 YA 改变机械传动链来实现，由接触器 KM4 来控制。主电路如图 3-12 所示。

2. 控制电路设计

滑台电动机的正转、反转分别用两个按钮 SB1 与 SB2 控制，停车则分别用 SB3 与 SB4 控制。由于动力头电动机在滑台电动机正转后起动、停车时也停车，故可用接触器 KM1 的常开辅助触点控制 KM3 的线圈，如图 3-13a 所示。图 3-13 为控制电路草图。

滑台的快速移动可采用电磁铁 YA 通电时，改变凸轮的变速比来实现。滑台的快速前进与返回分别用 KM1 与 KM2 的辅助触点控制 KM4，再由 KM4 触点去通断电磁铁 YA。滑台快速前进到加工位置时，要求慢速进给，因而在 KM1 触点控制 KM4 的支路上串联限位开关 SQ3 的常闭触点。此部分的辅助电路如图 3-13b 所示。

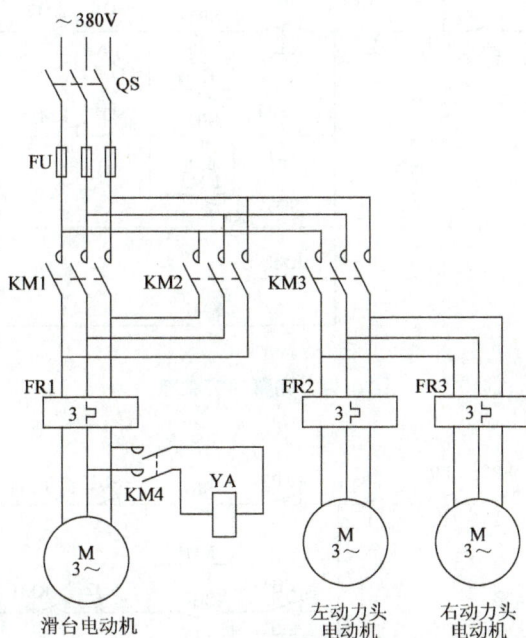

图 3-12 主电路

53

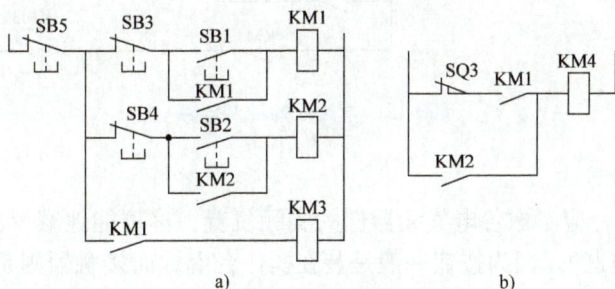

图 3-13 控制电路草图

3. 联锁与保护环节设计

用限位开关 SQ1 的常闭触点控制滑台慢速进给到位时的停车，用限位开关 SQ2 的常闭触点控制滑台快速返回至原位时的自动停车。接触器 KM1 与 KM2 之间应互相联锁，三台电动机均应用热继电器作过载保护。完整的控制电路如图 3-14 所示。

4. 电路的完善

电路初步设计完毕后，可能还有不够合理的地方，因此需仔细校核。图 3-14 中，一共用了 3 对 KM1 的常开辅助触点，而一般的接触器只有 2 对常开辅助触点。因此，必须进行修改。从电路的工作情况可以看出，KM3 的常开辅助触点完全可以代替 KM1 的常开辅助触点去控制电磁铁 YA，修改后的控制电路如图 3-15 所示。

（三）控制电路设计时应注意的问题

设计具体电路时，为了使电路设计得简单且准确可靠，应注意以下几个问题：

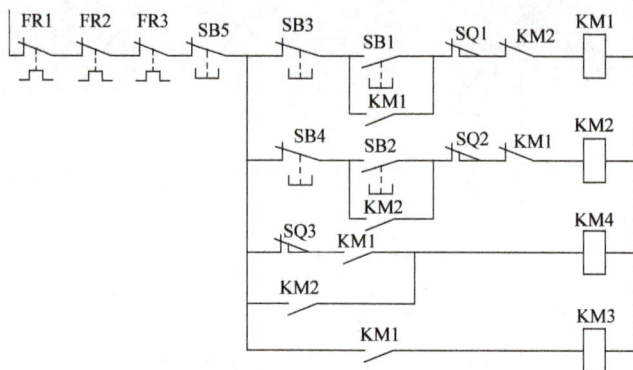

图 3-14　完整的控制电路

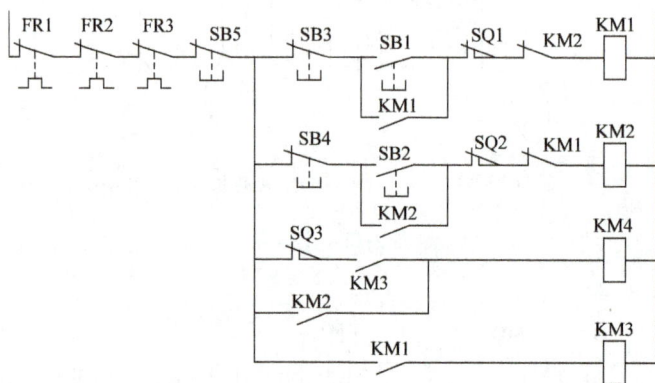

图 3-15　修改后的控制电路

1. 尽量减少连接导线

设计控制电路时，应考虑各电气元器件的实际位置，尽可能地减少配线时的连接导线。例如图 3-16a 是不合理的。因为按钮一般是装在操作台上，而接触器则是装在电气柜内，这样接线就需要由电气柜二次引出连接线到操作台上，所以一般都将起动按钮和停止按钮直接连接，就可以减少一次引出线，如图 3-16b 所示。图 3-16 为电器连接图。

如图 3-16b 所示电路不仅连接导线少，更主要的是工作可靠，由于 SB1、SB2 安装位置较近，当发生短路故障时，图 3-16a 的电路将造成电源短路。

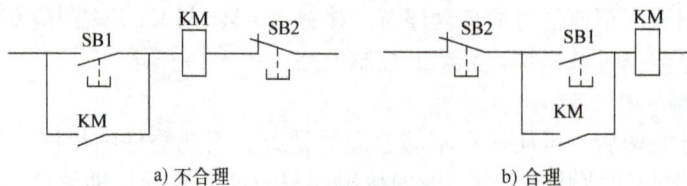

a) 不合理　　　　　　　　b) 合理

图 3-16　电器连接图

2. 正确连接电器的线圈

电压线圈通常不能串联使用，如图 3-17a 所示。它们的阻抗不尽相同，会造成两个线圈上的电压分配不等。即使外加电压是同型号线圈电压的额定电压之和，也不允许。因为电器动作总有先后，当有一个接触器先动作时，则其线圈阻抗增大，该线圈上的电压降增大，使另一个接触器不能吸合，严重时将使电路烧毁。图 3-17 为电磁线圈的串并联。

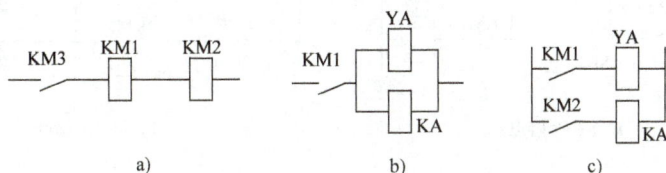

图 3-17　电磁线圈的串并联

电感量相差悬殊的两个电器线圈，也不要并联。图 3-17b 中直流电磁铁 YA 与继电器 KA 并联，在接通电源时可正常工作，但在断开电源时，由于电磁铁线圈的电感比继电器线圈的电感大得多，所以断电时，继电器很快释放，但电磁铁线圈产生的自感电动势可能使继电器又吸合一段时间，从而造成继电器的误动作。解决方法：可备用一个接触器的触点来控制，如图 3-17c 所示。

3. 控制电路中应避免出现寄生电路

寄生电路是电路动作过程中意外接通的电路。如图 3-18 所示是一个具有指示灯和过载保护的正反向电路。正常工作时，能完成正反向起动、停止和信号指示。当热继电器 FR 动作时，电路就出现了寄生电路，如图中虚线所示，使正向接触器 KM1 不能有效释放，起不了保护作用。

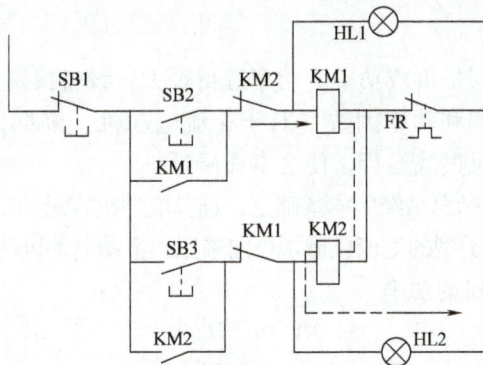

图 3-18　寄生电路

4. 尽可能减少电器数量，采用标准件和相同型号的电器

尽量减少不必要的触点以简化电路，提高电路可靠性。图 3-19a 中电路改成图 3-19b 后可减少一个触点。

当控制的支路数较多，而触点数目不够时，可采用中间继电器增加控制支路的数量。

5. 多个电器的依次动作问题

在电路中应尽量避免许多电器依次动作才能接通另一个电器的控制电路。

55

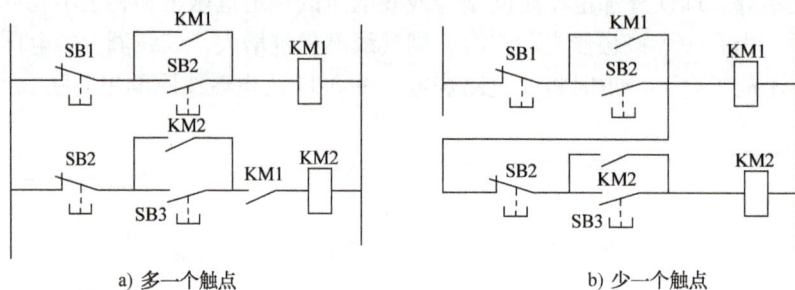

a) 多一个触点　　　　　　b) 少一个触点

图 3-19　简化电路

6. 可逆电路的联锁

在频繁操作的可逆电路中，正反向接触器之间不仅要有电气联锁，而且还要有机械联锁。

7. 要有完善的保护措施

在电气控制电路中，为保证操作人员、电气设备及生产机械的安全，一定要有完善的保护措施。常用的保护环节有漏电流、短路、过载、过电流、过电压和失电压等，有时还应设有合闸、断开、事故和安全等必需的指示信号。

三、电气控制电路设计中元器件的选择

（一）电动机的选择

电动机是生产机械电力拖动系统的拖动元件，选择电动机时，要考虑电动机的功率、额定电压、转速和结构形式等。

1. 电动机功率的选择

选择电动机功率的依据是负载功率。功率选得过大，设备投资大将造成浪费，同时由于电动机欠载运行，使之效率和功率因数（对于交流电动机）降低，运行费用也会提高；相反，功率选得过小，电功机过载运行，使之寿命降低。

调查统计类比法是在不断总结经验的基础上，选择电动机容量的一种实用方法，此法比较简单。我国机床制造业对不同类型的生产机械，目前采用的拖动电动机功率的统计分析公式如下：

（1）卧式车床主电动机的功率

$$P = 36.5D^{1.54} \tag{3-1}$$

式中，P 为主拖动电动机功率（kW）；D 为工件最大直径（m）。

（2）立式车床主电动机的功率

$$P = 20D^{0.88} \tag{3-2}$$

式中，P 为主拖动电动机功率（kW）；D 为工件最大直径（m）。

（3）摇臂钻床主电动机的功率

$$P = 0.0646D^{1.19} \tag{3-3}$$

式中，P 为主拖动电动机功率（kW）；D 为最大钻孔直径（mm）。

（4）卧式镗床主电动机的功率

$$P = 0.004D^{1.7} \tag{3-4}$$

式中，P 为主拖动电动机功率（kW）；D 为镗杆直径（mm）。

（5）龙门铣床主电动机的功率

$$P=\frac{1}{166}B^{1.15} \tag{3-5}$$

式中，P 为主拖动电动机功率（kW）；B 为工作台宽度（mm）。

主拖动和进给拖动用一台电动机的场合，按主拖动电动机的功率计算。对于采用单独的进给拖动电动机的场合，出于其不仅拖动进给运动，还拖动工作台的快速移动，应按快速移动所需功率来选择。快速移动所需功率一般按经验数据来选择，可查阅有关资料。

机床进给拖动的功率一般较小。按经验，车床、钻床的进给拖动功率为主拖动功率的 0.03~0.05，而铣床的进给拖动功率为主拖动功率的 0.2~0.25。

2. 电动机额定电压的选择

交流电动机额定电压应与供电电网电压一致。中小型异步电动机额定电压为 220V/380V（三角形联结/星形联结）及 380V/660V（三角形联结/星形联结）两种，后者可用星形联结起动、三角形联结运行；当电动机功率较大时，可选用相应电压的高压电动机。

直流电动机的额定电压也要与电源电压相一致。

3. 电动机额定转速的选择

对于额定功率相同的电动机，额定转速越高，电动机尺寸、质量越小，成本越低，因此选用高速电动机较为经济。但由于生产机械所需转速一定，电动机转速越高，传动机构转速比越大，传动机构越复杂。因此应通过综合分析来确定电动机的额定转速。

4. 电动机结构形式的选择

电动机的结构形式按其安装位置的不同可分为卧式（轴是水平的）和立式（轴是垂直的）两种，应以电动机与工作机构的连接方便、紧凑为原则来选择。如立铣、龙门铣和立式钻床等机床的主轴都是垂直于机床工作台的，这时采用立式电动机更为合适，它可比选用卧式电动机减少一对变换方向的锥齿轮。

电动机具有不同的防护形式，如防护式、封闭式和防爆式等，具体要根据电动机的工作条件来选择。粉尘多的场合，如铸造车间、磨削加工等，选择封闭式的电动机；易燃易爆的场合要选用防爆式电动机。按机床电气设备通用技术条件中的规定，机床应采用全封闭扇冷式电动机。

5. 笼型异步电动机有关电阻的计算

（1）笼型异步电动机起动电阻的计算

在电动机减压起动方式中，定子回路串联的限流电阻可按下式近似计算：

$$R_{st}=\frac{110}{I_N}\sqrt{\frac{\frac{4K_{st}}{K_{srt}}-3-1}{K_{st}}} \tag{3-6}$$

式中，R_{st} 为每相起动限流电阻阻值（Ω）；I_N 为电动机额定电流（A）；K_{st} 为不加电阻时，电动机的起动电流与额定电流之比，可由手册查出；K_{srt} 为加入起动限流电阻后，电动机的起动电流与额定电流之比，可根据需要选取。

式（3-6）是电动机额定电压为 380V、功率因数为 0.5 的条件下导出的近似公式。对于功率因数大于 0.5 的电动机，应将所计算的 R_{st} 值适当减小；当功率因数小于 0.5 时，应将

R_{st} 适当加大。如果只在电动机的两相中串入限流电阻，R_{st} 的值可近似取计算值的 1.5 倍。

（2）笼型异步电动机反接制动电阻的计算

电动机在反接制动瞬间，定子的旋转磁场已经反向旋转，而转子的转向尚未来得及改变，转差率 s 接近 2，因此，反接制动时的电流比起动电流大。为了限制制动电流，在电动机定子回路中也应串入限流电阻。反接制动的限流电阻可按下式近似计算：

$$R_{\text{rb}} = \frac{110}{I_{\text{N}}} \sqrt{\frac{\sqrt{\frac{4K_{\text{st}}}{K_{\text{rbr}}} - 3} - 0.5}{K_{\text{st}}}} \tag{3-7}$$

式中，R_{rb} 为每相反接制动限流电阻阻值（Ω）；K_{rbr} 为接入限流电阻后，反接制动电流与额定电流之比。如果只在电动机的两相中串入制动限流电阻，R_{rb} 值可取计算值的 1.5 倍。

（二）常用低压电器的选择

生产机械常用低压电器主要根据电器产品目录上的各项技术指标（数据）来选择。正确合理地选择控制电器是电气系统安全运行、可靠工作的保证。

1. 接触器的选用

选择接触器主要依据以下数据：电源种类（直流或交流），主触点额定电流，辅助触点的种类、数量和触点的额定电流，电磁线圈的电源种类、频率和额定电压，额定操作频率等。机床应用最多的是交流接触器。

交流接触器的选择主要考虑主触点的额定电流、额定电压和线圈电压等。

1）主触点额定电流 I_{N} 可根据下面的经验公式进行选择：

$$I_{\text{N}} \geq \frac{P_{\text{N}} \times 10^3}{K U_{\text{N}}} \tag{3-8}$$

式中，I_{N} 为接触器主触点额定电流（A）；K 为比例系数，一般取 1~1.4；P_{N} 为被控电动机额定功率（kW）；U_{N} 为被控电动机额定线电压（V）。

2）交流接触器主触点额定电压一般按高于电路额定电压来确定。

3）根据控制回路的电压决定接触器的线圈电压。为保证安全，一般接触器吸引线圈选择较低的电压。但如果在控制电路比较简单的情况下，为了省去变压器，可选用 380V 电压。值得注意的是，接触器产品系列是按使用类别设计的，所以要根据接触器负担的工作任务来选用相应的产品系列。

4）接触器辅助触点的数量、种类应满足电路的需要。

2. 继电器的选择

（1）一般继电器的选用

一般继电器是指具有相同电磁系统的继电器，又称电磁继电器。选用时，除满足继电器线圈电压或线圈电流的要求外，还应按照控制需要分别选用过电流继电器、欠电流继电器、过电压继电器、欠电压继电器和中间继电器等。另外，电压、电流继电器还有交流、直流之分，选择时也应注意。

（2）时间继电器的选择

时间继电器形式多样，各具特点，选择时应从以下几方面考虑：

1）根据控制电路的要求来选择延时方式，即通电延时型或断电延时型。

2）根据延时准确度要求和延时长短要求来选择。

3）根据使用场合、工作环境选择合适的时间继电器。

（3）热继电器的选用

热继电器的选择应从电动机的工作环境、起动情况和负载性质等因素来考虑。

1）热继电器结构形式的选择。星形联结的电动机可选用两相或三相结构热继电器，三角形联结的电动机应选用带断相保护装置的三相结构热继电器。

2）热元件额定电流的选择。一般可按下式选取：

$$I_R = (0.95 \sim 1.05)I_N \tag{3-9}$$

式中，I_R 为热元件的额定电流；I_N 为电动机的额定电流。

对于工作环境恶劣、起动频繁的电动机，则按下式选取：

$$I_R = (1.15 \sim 1.5)I_N \tag{3-10}$$

热元件选好后，还需根据电动机的额定电流来调整它的整定值。

3. 熔断器的选择

熔断器选择内容主要是熔断器种类、额定电压、额定电流等级和熔体额定电流。熔体额定电流 I_R 的选择是主要参数。

（1）单台长期工作的异步电动机

$$I_R = (1.5 \sim 2.5)I_N \tag{3-11}$$

式中，I_N 为异步电动机额定电流。

（2）用一组熔断器保护多台电动机

$$I_R = (1.5 \sim 2.5)I_{max} + \sum I_N \tag{3-12}$$

式中，I_{max} 为容量最大的电动机的额定电流；$\sum I_N$ 为其他电动机额定电流之和。

4. 其他电器的选择

（1）断路器的选择

断路器可按下列条件选择：

1）根据电路的计算电流和工作电压，确定断路器的额定电流和额定电压。显然，断路器的额定电流应不小于电路的计算电流。

2）确定热脱扣器的整定电流。其数值应与被控制的电动机的额定电流或负载的额定电流一致。

3）确定过电流脱扣器瞬时动作的整定电流：

$$I_Z \geqslant KI_{PK} \tag{3-13}$$

式中，I_Z 为瞬时动作的整定电流；I_{PK} 为电路中的尖峰电流；K 为考虑整定误差和起动电流允许变化的安全系数，对于动作时间在 0.02s 以上的断路器，取 $K=1.35$，对于动作时间在 0.02s 以下的断路器，取 $K=1.7$。

（2）控制变压器容量的选择

控制变压器一般用于降低控制电路或辅助电路电压，以保证控制电路安全可靠。选择控制变压器有以下原则：

1）控制变压器一、二次电压与交流电源电压、控制电路电压及辅助电路电压要求相符。

2）应保证变压器二次侧的交流电磁器件在起动时能可靠地吸合。

59

3）电路正常运行时，变压器温升不应超过允许温升。

4）控制变压器可按长期运行的温升来考虑，这时变压器容量应大于或等于最大工作负载的功率。控制变压器容量的近似计算公式为

$$S \geqslant K_L \sum S_i \tag{3-14}$$

式中，$\sum S_i$ 为电磁器件吸持总功率（V·A）；K_L 为变压器容量的储备系数，一般 K_L 取 1.1~1.25。

（3）控制按钮的选择

控制按钮按下列要求进行选择：

1）根据使用场合，选择控制按钮的种类，如开启式、保护式、防水式和防腐式等。

2）根据用途，选用合适的形式，如手把旋钮式、钥匙式和紧急式等。

3）按控制回路的需要，确定不同的按钮数，如单钮、双钮、三钮和多钮等。

4）按工作状态指示和工作情况的要求，选择按钮及指示灯的颜色。

（4）行程开关的选择

行程开关可按下列要求进行选择：

1）根据应用场合及控制对象选择，有一般用途行程开关和起重设备用行程开关。

2）根据安装环境选择防护形式，如开启式或保护式。

3）根据控制回路的电压和电流选择行程开关系列。

4）根据机械与行程开关的传动与位移关系选择合适的头部形式。

（5）万能转换开关的选择

万能转换开关可按下列要求进行选择：

1）按额定电压和工作电流选择合适的万能转换开关系列。

2）按操作需要选定手柄形式和定位特征。

3）按控制要求参照转换开关样本确定触点数量和接线图编号。

4）选择面板形式及标志。

（6）接近开关的选择

接近开关可按下列要求进行选择：

1）接近开关价格较高，用于工作频率高、可靠性及精度要求均较高的场合。

2）按应答距离要求选择型号、规格。

3）按输出要求是有触点还是无触点以及触点数量，选择合适的输出形式。

四、电气控制系统中的保护环节

电气控制电路应具有完善的保护环节，用以保护电网、电动机、控制电器以及其他电路元器件，消除不正常工作时的有害影响，避免因误操作而发生事故。常用的保护环节有短路、过电流、过载、失电压、欠电压、弱磁、超速和极限保护等。

（一）短路保护

当电路发生短路时，短路电流会引起电气设备绝缘损坏和产生强大的电动力，使电动机和电路中的各种电气设备产生机械性损坏，因此当电路出现短路故障时，必须迅速、可靠地断开电源。图 3-20a 所示为采用熔断器作短路保护的电路。主电路采用三相四线制或对变压器采用中性点接地的三相三线制的供电电路中，必须采用三相短路保护。若主电动机容量较

小，主电路中的熔断器可同时作为控制电路的短路保护；若主电动机容量较大，则控制电路一定要单独设置短路保护熔断器。图 3-20b 所示为采用断路器作为短路保护和过载保护的电路。

（二）过电流保护

不正确的起动和过大的冲击负载，常常引起电动机出现很大的过电流。过大的电流不仅可能导致电动机损坏，也会引起过大的电动机转矩，使机械的转动部件受到损坏，因此要瞬时切断电源。图 3-21a 所示是绕线转子电动机过电流保护的限流起动电路。KI 为过电流继电器，其继电器的动作值一般调整为1.2 倍的电动机起动电流。

图 3-21b 为笼型电动机过电流保护电路。当电动机起动时，时间继电器 KT 的常闭延时断开触点仍闭合，常开延时闭合触点尚未闭合，过电流继电器 KI 的线圈不接入电路。起动结束后，KT 常闭延时断开触点断开、常开延时闭合触点闭合，KI 线圈得电，开始起保护作用。工作过程中，因某种原因而引起过电流时，TA 输出电压增加，KI 动作，其常闭触点断开，电动机便停止运转。

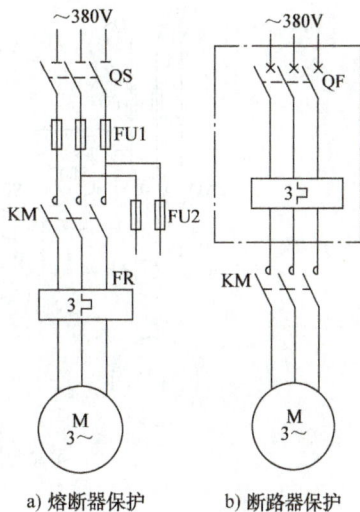

a) 熔断器保护　　　b) 断路器保护

图 3-20　短路保护

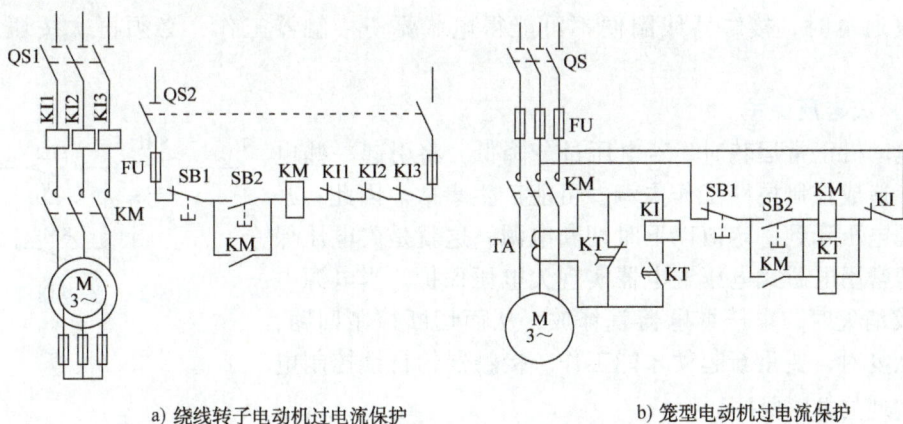

a) 绕线转子电动机过电流保护　　　b) 笼型电动机过电流保护

图 3-21　过电流保护

（三）过载保护

电动机长期超载运行，其绕组的温升将超过额定值而损坏，电路中多采用热继电器作为过载保护器件。由于热惯性的关系，热继电器不会受短路电流的冲击而瞬时动作。但当有8～10 倍额定电流通过热继电器时，有可能使热继电器的发热元件烧坏，所以，在使用热继电器作过载保护时，还必须装有熔断器或过电流继电器配合使用。图 3-22 为单相、两相和三相保护，在各种过载情况下，都能可靠地保护电动机。

（四）失电压保护

电动机正常工作时，如果电源电压因某种原因消失而使电动机停转，那么电源电压恢

61

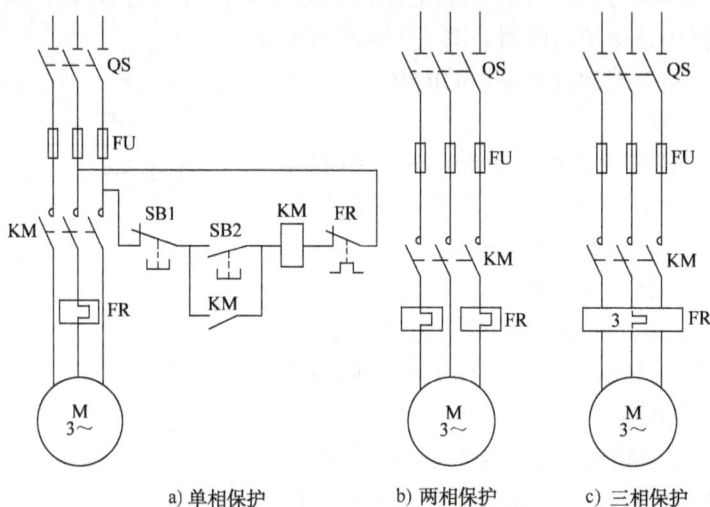

a) 单相保护　　　　b) 两相保护　　　　c) 三相保护

图 3-22　过载保护

复时，电动机不应自行起动，否则可能造成人身事故或设备事故。防止电压恢复时电动机自起动的保护称为失电压保护，通常采用接触器的自锁控制电路来实现，如图 3-23 所示。按下按钮 SB2，接触器线圈得电，其常开触点闭合。SB2 按钮松开后，接触器线圈由于常开辅助触点的闭合仍然得电。当电源断开，接触器线圈失电，其常开辅助触点断开，故当恢复通电时，接触器线圈便不可能得电。要使接触器工作，必须再次按压起动按钮 SB2。

（五）欠电压保护

当电动机正常运转时，若电压过分降低，将引起一些电器释放，造成控制电路工作失调，可能产生事故。因此，必须在电源电压降到一定值以下时切断电源，这就是欠电压保护。一般常用电磁式电压继电器实现欠电压保护。当电源电压过低或消失时，电压继电器就释放，从而切断控制回路，电压再恢复时，要重新起动才能工作。接触器的自锁控制电路也可实现欠电压保护。

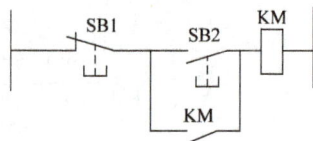

图 3-23　失电压保护

第五节　机床电气控制电路设计举例

设计 CW6163 型卧式车床的电气控制电路。电动机型号：

1）主电动机 M1：Y160M-4，11kW，380V，23.0A，1460r/min。
2）冷却泵电动机 M2：JCB-22，0.15kW，380V，0.43A，2790r/min。
3）快速移动电动机 M3：Y90S-4，1.1kW，380V，2.8A，1400r/min。

一、机床电气传动的特点及控制要求

1）机床主运动和进给运动由电动机 M1 集中传动，主轴运动的正反向（满足螺纹加工

要求）靠两组摩擦片离合器完成。

2）主轴制动采用液压制动器。

3）冷却泵由电动机 M2 拖动。

4）刀架快速移动由单独的快速移动电动机 M3 拖动。

5）进给运动的纵向（左右）运动、横向（前后）运动以及快速移动，都集中由一个手柄操纵。

二、电气控制电路设计

1. 主回路设计

根据电气传动的要求，由接触器 KM1～KM3 分别控制电动机 M1～M3，主电路与控制电路设计如图 3-24 所示。机床的三相电源由电源引入开关 QS 引入。主电动机 M1 的过载保护，由热继电器 FR1 实现。主电动机的短路保护可由机床的前一级配电箱中的熔断器实现。冷却泵电动机 M2 的过载保护由热继电器 FR2 实现。快速移动电动机 M3 由于是短时工作，不设过载保护。电动机 M2、M3 共同设短路保护熔断器 FU1。

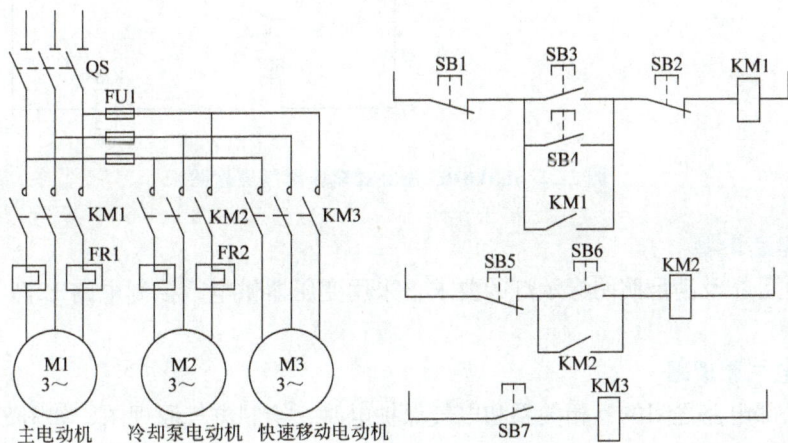

图 3-24 主电路与控制电路设计

2. 控制电路设计

考虑到操作方便，主电动机 M1 可在机床头操作板上和刀架拖板上分别设起动和停止按钮 SB1～SB4 进行操纵。接触器 KM1 与控制按钮组成带自锁的起停控制电路。

冷却泵电动机 M2 由 SB5、SB6 进行起停操作，装在机床头部。快速移动电动机 M3 工作时间短，为了操作灵活由按钮 SB7 与接触器 KM3 组成点动控制电路。

3. 信号指示与照明电路

可设电源指示灯 HL2（绿色），在电源开关 QS 接通后，立即发光显示，表示机床电气电路已处于供电状态。设指示灯 HL1（红色）显示主电动机是否运行。这两个指示灯可由接触器 KM1 的常开和常闭两对辅助触点进行切换显示，如图 3-25 右上方所示。

在操作板上设有交流电流表 A，它串联在电动机主回路中（见图 3-25），用以指示机床的工作电流。这样可根据电动机工作情况调整切削用量使主电动机尽量满载运行，以提高生产率，并能提高电动机功率因数。

EL 照明灯为 36V 安全电压。图 3-25 为 CW6163 型卧式车床电气原理图。

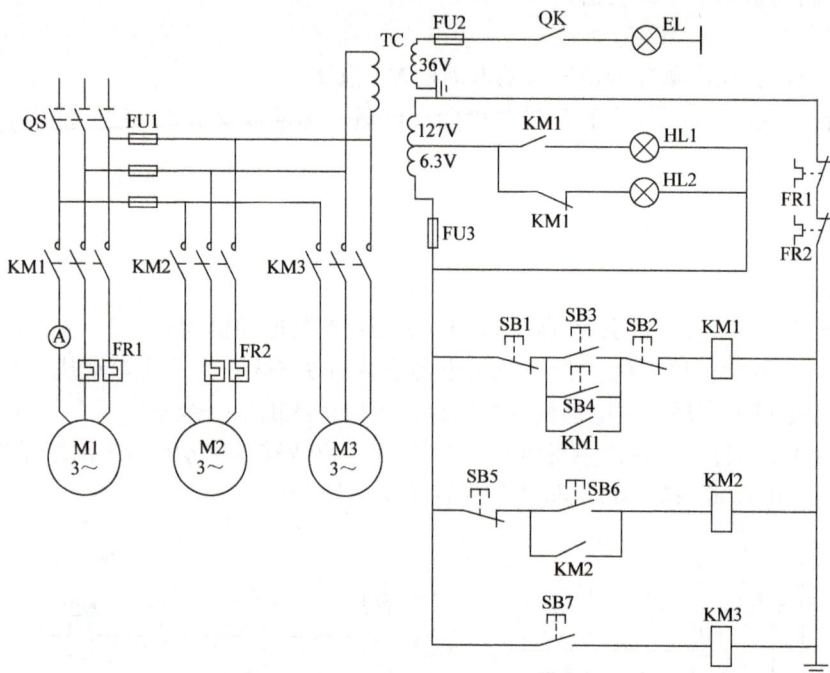

图 3-25　CW6163 型卧式车床电气原理图

4. 控制电路电源

考虑安全可靠及满足照明指示灯的要求，采用变压器供电，控制电路 127V，照明 36V，指示灯 6.3V。

5. 绘制电气原理图

根据各局部电路之间的互相关系和电气保护电路，绘制电气原理图，如图 3-25 所示。

三、选择电气元器件

1. 电源引入开关 QS

QS 主要作为电源隔离开关用，并不用它来直接起停电动机，可按电动机额定电流来选。显然应该根据三台电动机来选，在中小型机床常用组合开关中，可选用 HZ10-25/3 型，额定电流为 25A，为三极组合开关。

2. 热继电器 FR1、FR2

主电动机 M1 额定电流 23.0A，FR1 可选用 JR0-40 型热继电器，热元件电流为 25A，电流整定范围为 16~25A，工作时将额定电流调整为 23.0A。

同理，FR2 可选用 JR10-10 型热继电器，选用 1 号元件，电流整定范围是 0.40~0.64A，整定在 0.43A。

3. 熔断器 FU1~FU3

FU1 是对 M2、M3 两台电动机进行保护的熔断器。熔体电流为

$$I_R \geqslant 2.5 \times 2.8A + 0.43A = 7.43A$$

可选用 RL1-15 型熔断器，配用 10A 的熔体。

FU2、FU3 选用 RL1-15 型熔断器，配用最小等级的熔体 2A。

4. 接触器 KM1~KM3

接触器 KM1，根据主电动机 M1 的额定电流 $I_N = 23.0A$，控制回路电源127V，需主触点 3 对、常开辅助触点 3 对、常闭辅助触点 1 对，选用 CT0-40 型接触器，电磁线圈电压为127V。

由于 M2、M3 电动机额定电流很小，KM2、KM3 可选用 JZ7-44 交流中间继电器，线圈电压为127V，触点电流5A，可完全满足要求。对小容量的电动机常用中间继电器作接触器。

5. 控制变压器 TC

变压器最大负载时是 KM1~KM3 同时工作，可以计算出变压器容量应大于 68.4V·A。考虑到照明灯等其他电路附加容量，可选用 BK-100 型变压器或 BK-150 型变压器，电压等级：380V/127V-36V-6.3V，可满足辅助回路的各种电压需要。

四、制定电气元器件明细表

电气元器件明细表要注明各元器件的型号、规格及数量等，CW6163 型卧式车床电气元器件表见表 3-4。

表 3-4　CW6163 型卧式车床电气元器件表

符号	名称	型号	规格	数量
M1	主电动机	Y160M-4	11kW　380V　1460r/min	1
M2	冷却泵电动机	JCB-22	0.125kW　380V　2790r/min	1
M3	快速移动电动机	Y90S-4	1.1kW　380V　1410r/min	1
QS	组合开关	HZ10-25/3	3 极 500V　25A	1
KM1	交流接触器	CT0-40	40A　线圈电压 127V	1
KM2、KM3	交流中间继电器	JZ7-44	5A　线圈电压 127V	2
FR1	热继电器	JR0-40	额定电流25A　整定电流23A	1
FR2	热继电器	JR10-10	热元件 1 号　整定电流 0.43A	1
FU1	熔断器	RL1-15	500V　熔体10A	3
FU2、FU3	熔断器	RL1-15	500V　熔体2A	2
TC	控制变压器	BK-100	100V·A　380V/127V-36V-6.3V	1
SB3、SB4、SB6	控制按钮	LA10	黑色	3
SB1、SB2、SB5	控制按钮	LA10	红色	3
SB7	控制按钮	LA9		1
HL1、HL2	指示信号灯	ZSD-0	6.3V　绿色1　红色1	2
A	交流电流表	62T2	0~50A　直接接入	1

五、绘制电气安装接线图

机床的电气接线图是根据电气原理图及各电气设备安装的布置图来绘制的。安装电气设备或检查电路故障都要依据电气接线图。接线图要表示出各电气元器件的相对位置及各元器件的相互接线关系，因此要求接线图中各电气元器件的相对位置与实际安装的位置一致，并且同一个电器的各组成部分画在一起。还要求各电气元器件的文字符号与原理图一致。对各部分电路之间接线和对外部接线一般应通过端子板进行，而且应该注明外部接线的去向。

为了看图方便，对导线走向一致的多根导线合并画成单线，可在元器件的接线端标明接线的编号和去向。接线图还应标明接线用导线的种类和规格，以及穿管的管子型号、规格尺寸。成束的接线应说明接线根数及其接线号。

第二篇　可编程序控制器

第四章 可编程序控制器概论

第一节 可编程序控制器及其特点

一、PLC 的产生与发展

在可编程序控制器问世之前，继电器接触器控制在工业控制领域中占有主导地位。通过前面有关电气控制知识的学习可知，继电器接触器控制系统是采用固定接线的硬件实现控制逻辑，如果生产任务或工艺发生变化，就必须重新设计，改变硬件结构，这样会造成时间和资金的浪费。另外，大型控制系统用继电器接触器控制，使用的继电器数量多，控制系统的体积大、耗电多，且继电器触点为机械触点，工作频率较低，在频繁动作情况下寿命较短，造成系统故障，系统的可靠性差。1968 年，在世界性工业技术改造浪潮的冲击下，美国最大的汽车制造商通用汽车（GM）公司，为了适应汽车型号不断翻新，以求在激烈竞争的汽车工业中占有优势，提出要用一种新型的控制装置取代继电器接触器控制装置，并且对未来的新型控制装置做出了具体设想，要把计算机的完备功能以及灵活性、通用性好等优点和继电器接触器控制的简单易懂、操作方便和价格便宜等优点融入新的控制装置中，且要求新的控制装置编程简单，使得不熟悉计算机的人员也能很快掌握它的使用技术。GM 公司提出的新一代控制器应具备的条件包括：

1）编程简单，可在现场修改程序。

2）维护方便，最好是插件式结构。

3）可靠性高于继电器控制。

4）体积小于继电器控制柜。

5）可将数据直接送入管理计算机。

6）在成本上可与继电器控制柜竞争。

7）输入可以是交流 115V。

8）输出可以为交流 115V、2A 以上，能直接驱动电磁阀。

9）扩展时，原有系统只需要很小的变化。

10）用户程序存储器容量至少能扩展到 4KB。

美国数字设备公司（DEC）根据 GM 公司招标的技术要求，于 1969 年研制出世界上第一台可编程序控制器，并在 GM 公司汽车自动装配线上试用，获得成功。其后，日本、德国等相继引入这项新技术，可编程序控制器由此迅速发展起来。

在 20 世纪 70 年代初期、中期，可编程序控制器虽然引入了计算机的优点，但实际上只能完成顺序控制，仅有逻辑运算、定时和计数等控制功能。所以当时人们将可编程序控制器称为 PLC（Programmable Logical Controller）。随着微处理器技术的发展，20 世纪 70 年代末至 20 世纪 80 年代初，可编程序控制器的处理速度大大提高，增加了许多特殊功能，使得可编程序控制器不仅可以进行逻辑控制，而且可以对模拟量进行控制。因此，美国电器制造商协会（NEMA）将可编程序控制器命名为（Programmable Controller，PC），但为了便于与个人计算机（Personal Computer，PC）相区别，人们习惯上仍将其称为 PLC。

20 世纪 80 年代以来，随着大规模和超大规模集成电路技术的迅猛发展，以 16 位和 32 位微处理器为核心的可编程序控制器得到迅速发展。这时的 PLC 具有了高速计数、中断技术、PID（比例积分微分）调节和数据通信等功能，从而使 PLC 的应用范围和应用领域不断扩大，成为现代工业控制的三大支柱［PLC、工业机器人和 CAD/CAM（计算机辅助设计与制造）］之一。

二、PLC 的定义

在可编程序控制器（PLC）发展初期，不同的开发制造商对 PLC 有不同的定义。为使这一新型的工业控制装置的生产和发展规范化，国际电工委员会（IEC）曾于 1982 年 11 月颁发了可编程序控制器标准草案第一稿，1985 年 1 月又发表了第二稿，1987 年 2 月颁布了第三稿。该草案中对可编程序控制器的定义是：

"可编程序控制器是一种数字运算操作的电子系统，专为在工业环境下应用而设计。它采用了可编程的存储器，用来在其内部存储执行逻辑运算、顺序控制、定时、计数和算术运算等操作的指令，并通过数字式和模拟式的输入和输出，控制各种类型机械的生产过程。可编程序控制器及其有关外围设备，都按易于与工业系统联成一个整体、易于扩充其功能的原则设计。"

定义中强调了可编程序控制器是"数字运算操作的电子系统"，它也是一种计算机。它是"专为在工业环境下应用而设计"的工业计算机。这种工业计算机采用面向用户的指令，因此编程方便。它能完成"逻辑运算、顺序控制、定时、计数和算术运算"。它还具有数字量或模拟量输入输出控制的能力，并且非常容易与工业控制系统联成一体，易于扩充。定义还强调了可编程序控制器应直接应用于工业环境，它须具有很强的抗干扰能力、广泛的适应能力和应用范围。这也是 PLC 区别于一般微机控制系统的一个重要特征。

三、PLC 的特点

PLC 是综合了继电器接触器控制的优点以及计算机灵活、方便的优点而设计制造和发展起来的，这就使 PLC 具有许多其他控制器所无法相比的特点。

1. 可靠性高，抗干扰能力强

PLC 是专门为工业环境下应用而设计的，因此人们在设计 PLC 时，从硬件和软件上都采取了抗干扰的措施，提高了其可靠性。

（1）硬件措施

屏蔽：对 PLC 的电源变压器、内部 CPU（中央处理器）和编程器等主要部件采用导电、导磁良好的材料进行屏蔽，以防外界的电磁干扰。

滤波：对 PLC 的输入输出电路采用了多种形式的滤波，以消除或抑制高频干扰。

隔离：在 PLC 内部的微处理器和输入输出电路之间，采用了光电隔离措施，有效地隔离了输入输出间电的联系，减少了故障和误动作。

采用模块式结构：这种结构有助于在故障情况下短时修复。因为一旦查出某一模块出现故障，就能迅速更换，使系统恢复正常工作。

（2）软件措施

故障检测：设计了故障检测软件，定期地检测外界环境，如掉电、欠电压和强干扰信号等，以便及时进行处理。

信息保护和恢复：信息保护和恢复软件使 PLC 偶发性故障条件出现时，将 PLC 内部信息进行保护，不遭破坏。一旦故障条件消失，恢复原来的信息，使之正常工作。

设置了警戒时钟 WDT：如果 PLC 程序每次循环执行时间超过了 WDT 规定的时间，预示程序进入死循环，立即报警。

对程序进行检查和检验：一旦程序有错，立即报警，并停止执行。

由于采取了以上抗干扰的措施，一般 PLC 的平均无故障时间可达几万小时以上。

2. 通用性强，使用方便

PLC 产品已经系列化和模块化，PLC 的开发制造商为用户提供了品种齐全的 I/O（输入/输出）模块和配套部件。用户在进行控制系统的设计时，不需要自己设计和制作硬件装置，只需根据控制要求进行模块的配置。用户所做的工作只是设计满足控制对象的控制要求的应用程序。对于一个控制系统，当控制要求改变时，只需修改程序，就能变更控制功能。

3. 采用模块化结构，使系统组合灵活方便

PLC 的各个部件均采用模块化设计，各模块之间可由机架和电缆连接。系统的功能和规模可根据用户的实际需求自行组合，使系统的性能价格更容易趋于合理。

4. 编程语言简单、易学，便于掌握

PLC 是由继电器接触器控制系统发展而来的一种新型的工业自动化控制装置。其主要的使用对象是广大的电气技术人员。PLC 的开发制造商为了便于工程技术人员学习和掌握 PLC 的编程，采取了与继电器接触器控制原理相似的梯形图语言，易学、易懂。

5. 系统设计周期短

由于系统硬件的设计任务仅仅是根据控制对象的控制要求配置适当的模块，而不需要去设计具体的接口电路，这样大大缩短了整个设计所花费的时间，加快了整个工程的进度。

6. 对生产工艺改变适应性强

PLC 的核心部件是微处理器，它实质上是一种工业控制计算机，其控制功能是通过软件编程来实现的。当生产工艺发生变化时，不必改变 PLC 硬件设备，只需改变 PLC 中的程序。这对现代化的小批量、多品种产品的生产尤其适合。

7. 安装简单、调试方便、维护工作量小

PLC 控制系统的安装接线工作量比继电器接触器控制系统少得多，只需将现场的各种设备与 PLC 相应的 I/O 端相连。PLC 软件设计和调试大多可在实验室里进行，用模拟实验开关代替输入信号，其输出状态可以观察 PLC 上的相应发光二极管（LED），也可以另接输出模拟实验板。模拟调试好后，再将 PLC 控制系统安装到现场，进行联机调试，这样既省时间又很方便。由于 PLC 本身的可靠性高，又有完善的自诊断能力，一旦发生故障，可以根据报警信息迅速查明原因。如果是 PLC 本身故障，则可用更换模块的方法排除故障。这样提高了维护的工作效率，保证了生产的正常进行。

四、PLC 的应用形式

根据 PLC 的特点，可以将其应用形式归纳为以下几种类型：

1. 开关量逻辑控制

PLC 具有强大的逻辑运算能力，可以实现各种简单和复杂的逻辑控制。这是 PLC 最基本最广泛的应用领域，它取代了传统的继电器接触器控制。

2. 模拟量控制

PLC 中配置有 A/D（模/数）和 D/A（数/模）转换模块。现场的温度、压力、流量和速度等这些模拟量经过 A/D 转换模块变为数字量，传送到 PLC 中，经 PLC 中的微处理器进行处理后，经 D/A 转换模块变成模拟量去控制被控对象，这样就可实现 PLC 对模拟量的控制。

3. 过程控制

现代大中型的 PLC 一般都配备了 PID 控制模块，可进行闭环过程控制。当控制过程中某一个变量出现偏差时，PLC 能按照 PID 算法计算出正确的输出去控制生产过程，把变量保持在整定值上。目前，许多小型 PLC 也具有 PID 功能。

4. 定时和计数控制

PLC 具有很强的定时和计数功能，它可以为用户提供几十个甚至上百个、上千个定时器和计数器。其定时的时间和计数值可以由用户在编写用户程序时设定，也可以由操作人员在工业现场通过编程器进行设定，实现定时和计数的控制。如果用户需要对频率较高的信号进行计数，则可以选择高速计数模块。

5. 顺序控制

在工业控制中，可采用 PLC 顺控指令或用移位寄存器编程来实现顺序控制。

6. 数据处理

现代的 PLC 不仅能进行算术运算、数据传送、排序和查表等，而且还能进行数据比较、数据转换、数据通信、数据显示和打印等，它具有很强的数据处理能力。

7. 通信和联网

现代 PLC 一般都有通信功能，它可以对远程 I/O 进行控制，又能实现 PLC 与 PLC、PLC 与计算机之间的通信，这样用 PLC 可以方便地进行分布式控制。

为了适应市场各方面的需求，各生产厂家对 PLC 不断进行改进，推出功能更强、结构更完善的新产品。这些新产品总体来说朝两个方向发展：一个是向超小型、专用化和低价格的方向发展，以进行单机控制；另一个是向大型、高速、多功能和分布式全自动网络化方向发展，以适应现代化的大型工厂、企业自动化的需要。

第二节　可编程序控制器工作原理

一、PLC 的基本控制原理

任何一种继电器控制系统都可以分成三个基本组成部分，即输入部分、逻辑部分和输出

71

部分。其中，输入部分是指各类按钮、行程开关、接近开关和转换开关等；逻辑部分是指由各输入部分、继电器和接触器的线圈及其触点等组成的实现一定逻辑功能的控制线路；输出部分是指各种电磁阀线圈、接通电动机的各种接触器以及信号指示灯等执行电器。图 4-1 是一个很简单的继电器控制电路，它控制指示灯的接通和断开。

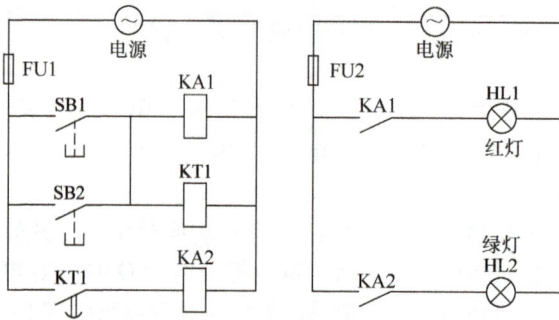

图 4-1 一个简单的继电器控制电路

图 4-1 中，SB1、SB2 是两个按钮，KA1、KA2 是两个继电器，KT1 是一个时间继电器。它的工作过程是：当 SB1 或 SB2 任何一个按钮按下后，继电器线圈 KA1 接通，继电器 KA1 的常开触点闭合，指示灯 HL1 红灯点亮。此时，时间继电器线圈 KT1 同时接通。时间继电器开始定时，时间继电器的整定值是 20s。当时间继电器线圈接通 20s 后，继电器线圈 KA2 接通，继电器 KA2 的常开触点接通指示灯 HL2 绿灯。

从这个简单的指示灯继电器控制电路中可以知道，继电器控制系统是根据各种输入条件（例如按下按钮或扳动开关，或根据来自被控制对象上的各种开关信息，如图 4-1 中定时继电器的触点、现场的限位开关和光电信号等）去执行逻辑控制电路。逻辑电路是一种按被控制对象实际需要的动作要求而设计，并由输入信号和继电器等按某种固定方式接好的控制电路。由于是固定接好的控制电路，所以不能灵活变更逻辑控制功能，由逻辑电路的动作结果去驱动执行电器。

和继电器控制系统类似，PLC 组成部分也可以分为输入部分、逻辑部分和输出部分，PLC 控制的指示灯控制电路如图 4-2 所示。各部分的主要作用如下。

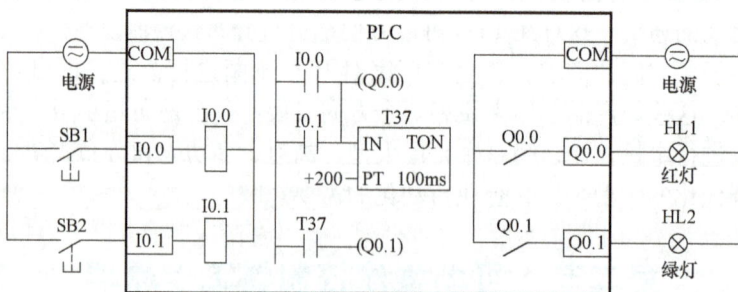

图 4-2 PLC 控制的指示灯控制电路

输入部分：它收集并保存被控制对象实际运行的数据和信息。例如，它收集来自被控制对象上的各种开关信息或操作台上的操作命令等。

逻辑部分：处理输入部分所取得的信息，并按照被控对象实际的动作要求做出反应。

输出部分：提供正在被控制的许多装置中，哪几个设备需要实时操作处理。

PLC 采用由大规模集成电路构成的微处理器和存储器来组成逻辑部分。PLC 的制造厂家对微处理器进行了软件、硬件的开发，为用户提供了许多适用于电气控制的逻辑部件。例如继电器逻辑（与、或、非运算）、定时器、计数器、移位寄存器、触发器和寄存器等。同时也提供了描述这些逻辑部件的符号和语句，即编程语言。

PLC 通过编程器编制控制程序，即将 PLC 内部的各种逻辑部件按照控制工艺进行组合以达到一定的逻辑功能。PLC 将输入信息采入 PLC 内部，之后执行逻辑部件组合后所达到的逻辑功能，最后输出达到控制要求。这就是 PLC 基本控制原理。

二、PLC 的主要逻辑部件

下面对 PLC 所提供的主要逻辑部件及其编程语言进行论述，以深入了解 PLC 是如何实现其控制功能的。

（一）继电器逻辑

为了适应电气控制的需要，PLC 为用户提供继电器逻辑。用逻辑与、逻辑或、逻辑非等逻辑运算来处理各种继电器的连接。

PLC 内部存储器中存储单元有两种状态："1" 和 "0"。这两种状态对应于继电器的"ON"（接通）和"OFF"（断开）状态。因此，在 PLC 中所说的继电器是一个逻辑概念，有时称为"软继电器"。这些"软继电器"与通常的物理继电器相比有以下几个特点：

1）体积小、功耗低。

2）无触点、速度快和寿命长。

3）有无数个常开、常闭触点供程序使用。

PLC 一般为用户提供以下几种继电器：

1）输入继电器，它是输入到 PLC 中的现场信号，在使用中不必考虑触点的容量。

2）输出继电器，它具有一对物理触点，可以串接在负载回路中。对应的物理元件一般有继电器、晶闸管和晶体管。

3）内部继电器，它与外界没有联系，仅作运算的中间结果使用，有时也称作辅助继电器或中间继电器。它们又分为掉电不保护的继电器（在掉电期间，继电器状态为 OFF）和掉电保护的继电器（在掉电期间，继电器的状态由内装电池维持，维持它在掉电前的状态）。

（二）定时器逻辑

PLC 一般采用硬件定时中断、软件递减计数的方法来实现定时逻辑功能。定时器的逻辑功能见表 4-1。

73

表 4-1　定时器的逻辑功能

定时条件	定时器		定时继电器
	当前值	操作	
OFF	等于设定值	不操作	OFF
ON	$\neq 0$	定时	OFF
ON	$= 0$	不操作	ON

完整的定时器逻辑一般包括以下几部分：

1）定时条件，控制定时器的操作。

2）定时语句，指定所使用的定时器，给出定时设定值。

3）定时器的当前值，记录定时时间。

4）定时继电器，定时器到达设定的定时值时为 ON，未开始定时或未达到定时设定值时为 OFF。

（三）计数器逻辑

PLC 为用户提供了若干个计数器。计数器的功能是由软件来实现的，一般采用增计数。计数器的逻辑功能见表 4-2。

表 4-2　计数器的逻辑功能

复位信号	计数信号	计数器		计数继电器
		当前值	操作	
ON	╳	=0	不计数	OFF
OFF	┌┘	≠设定值	"+1"	OFF
		=设定值	不计数	ON
	└┐	不变	不计数	不变

完整的计数器逻辑一般有以下几个内容：

1）计数器的复位信号。

2）计数器的计数信号。

3）计数器设定值的记忆单元。

4）计数器当前计数值单元。

5）计数继电器。计数达到设定值时为 ON，复位或未到计数设定值时为 OFF。

（四）触发器逻辑

PLC 为用户提供触发器逻辑，用来记忆某些信息，该触发器逻辑可以被置位成 "1"，也可以被复位成 "0"。

触发器有置位输入（S）和复位输入（R）。触发器的逻辑功能见表 4-3。

表 4-3　触发器的逻辑功能

置位输入（S）	复位输入（R）	触发器
OFF	OFF	不变
OFF	ON	OFF
ON	OFF	ON
ON（先）	ON（后）	OFF（复位优先）
ON（后）	ON（先）	ON（置位优先）

（五）数据寄存器

PLC 除能进行位运算以外，还能进行字运算。PLC 为用户提供了若干个数据寄存器，以存放数据，实现运算功能。

三、PLC 的编程语言

PLC 提供了完整的编程语言，以适应 PLC 在工业环境中的使用。利用编程语言，按照不同的控制要求编制不同的控制程序，这相当于设计和改变继电器控制的硬接线电路，这就是所谓的"可编程序"。程序由编程器送入到 PLC 内部的存储器中，它也能方便地读出、检查与修改。

由于 PLC 是专为工业控制需要而设计的，因而对于使用者来说，编程时完全可以不考虑微处理器内部的复杂结构，不必使用各种计算机语言，而把 PLC 内部看作是由许多"软继电器"等逻辑部件组成，利用 PLC 所提供的编程语言来编制控制程序。所以 PLC 既突出了计算机可编程的优点，又使对计算机不太了解的电气技术人员也能得心应手地使用 PLC，这就是 PLC 编程语言的特点。

IEC 制定了 PLC 编程语言标准 IEC61131—3，包括梯形图、功能块图、语句表、结构文本和顺序功能图 5 种编程语言。

（一）梯形图（Ladder Diagram）编程

梯形图编程有时又称为继电器梯形逻辑图编程。这种编程方法是当今使用最为广泛的，主要原因是它和以往的继电器控制电路十分接近。在 PLC 基本指令应用中将做详细介绍。

典型的梯形图如图 4-2 中 PLC 的逻辑控制程序所示。左右两条垂直的线称作母线，在左右两条垂直线之间，触点在水平线上相串联，相邻的线也可以用一条垂直线连接起来，作为逻辑的并联。触点的水平方向串联相当于"逻辑与"（AND），垂直方向的触点并联，相当于"逻辑或"（OR）。

PLC 梯形图的一个关键概念是"能流"（Power Flow）。这仅是概念上的"能流"。把左边的母线假想为电源"相线"，而把右边的母线假想为电源"中性线"。如果有"能流"从左至右流向线圈，则线圈被激励（接通）。如没有"能流"，则线圈未被激励（断开）。"能流"可以通过被激励（ON）的常开触点和未被激励（OFF）的常闭触点自左向右流，也可以通过并联触点中的一个触点流向右边。"能流"在任何时候都不会通过触点自右向左流。要强调指出的是，引入"能流"概念，仅仅是用于讲解如何来理解梯形图各输出点的动作，实际上并不存在这种"能流"。

（二）功能块图编程

功能块图（Function Block Diagram，FBD）使用数字电路逻辑符号表示控制逻辑，需要有数字电路基础。

（三）语句表编程

对于梯形图程序当中的每个基本单元，PLC 有相应的指令与之对应，这些指令类似于微型机的汇编语言。采用这些指令，以语句的形式，按顺序编制 PLC 控制程序并逐条列出的编程方法称为语句表编程（Statement List）。

（四）结构文本编程

结构化控制语言（Structured Control Language，SCL）是一种基于 PASCAL 的高级编程语言，可以很好地适用于编写数学计算、数据传输、子程序、程序循环及具有许多判定分支的算法等。

（五）顺序功能图编程

顺序功能图（Sequential Function Chart，SFC）编程是一种较新的编程方法。它的作用是用功能图的形式，按顺序将控制过程表达清楚、完整。对于顺序控制工艺，采用这种编程方法更为简便、直观。

上述 5 种编程方法都有各自的优点和缺点，一般情况下，梯形图和功能块图的 PLC 控制程序是可以相互转换的。所有厂家的 PLC 都支持梯形图编程，但对其他编程语言支持程度不同，可能有些不支持，需要根据 PLC 型号选择合适的编程语言。

根据上面对 PLC 的基本组成、逻辑部件和编程语言的介绍，下面再对 PLC 的基本控制原理做一个总结：PLC 由三部分组成，即输入部分、逻辑部分和输出部分。PLC 的逻辑部分是关键，它提供了各种逻辑部件，同时提供了组合这些逻辑部件的编程语言。PLC 将各种输入信号采入到 PLC 内部，之后根据编程语言所组合的控制逻辑来执行规定的输出。

第三节　可编程序控制器的硬件及其分类

一、PLC 的硬件电路框图

世界各国各生产厂家生产的 PLC 虽然外观各异，但作为工业控制计算机，其硬件结构都大体相同，主要由 CPU、存储器 [RAM（随机存储器）、ROM（只读存储器）]、输入输出（I/O）接口、电源及外部设备等几大部分构成。PLC 的硬件结构框图如图 4-3 所示。

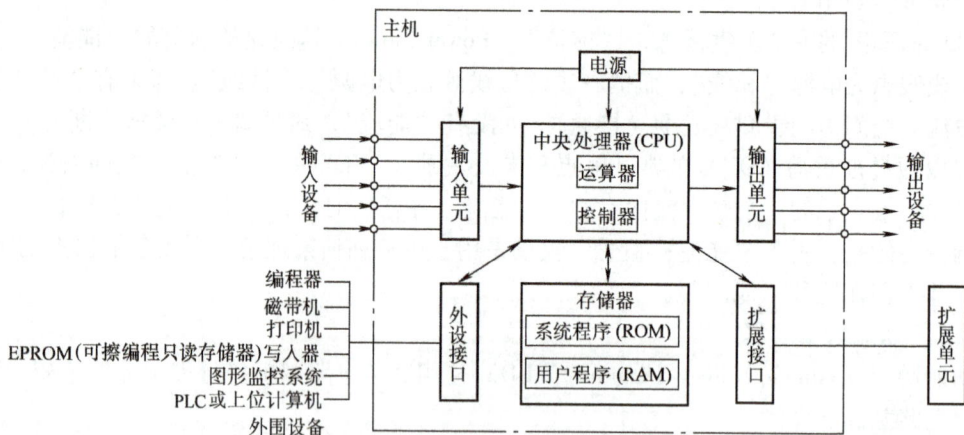

图 4-3　PLC 的硬件结构框图

（一）CPU

CPU 是 PLC 的核心，它在系统程序的控制下，诊断电源、PLC 内部电路工作状态；接收、诊断并存储从编程器输入的用户程序和数据；用扫描方式接收现场输入装置的状态或数据，并存入输入映像寄存器或数据寄存器；在 PLC 进入运行状态后，从存储器中逐条读取用户程序，经过命令解释后，按指令规定的任务，产生相应的控制信号，去启闭有关控制门电路，分时分渠道地去执行数据的存取、传送、组合、比较和变换等动作，完成用户程序中规定的逻辑或算术运算等任务；根据运算结果，更新有关标志位的状态和输出映像寄存器的内容，再由输出映像寄存器的位状态或数据寄存器的有关内容，实现输出控制、制表、打印或数据通信等。

PLC 采用的 CPU 一般有三大类，一类为通用微处理器，如 80286、80386 等；一类为单片机芯片，如 8031、8096 等；另外还有位处理器，如 AMD2900、AMD2903 等。一般说来，PLC 的档次越高，CPU 的位数也越多，运算速度也越快，指令功能也越强。现在常见的 PLC 机型一般多为 8 位或者 16 位机。为了提高 PLC 的性能，也有一台 PLC 采用多个 CPU 的情况。

（二）存储器

存储器是 PLC 存放系统程序、用户程序及运算数据的单元。和一般计算机一样，PLC 的存储器有只读存储器和随机存储器两大类。只读存储器是用来保存那些需永久保存，即使机器掉电后也需保存的程序的存储器，一般为掩膜只读存储器（Mask ROM）和电可擦编程只读存储器（EEPROM）。只读存储器具有用来存放系统工作程序、模块化应用功能子程序、命令解释、功能子程序的调用管理程序以及按对应定义存储各种系统参数（I/O、内部继电器、定时器/计数器和数据寄存器等）等功能。随机存储器的特点是写入与擦除都很容易，但在掉电情况下存储的数据就会丢失，一般用来存放用户程序及系统运行中产生的临时数据，通常 PLC 产品资料中所指的存储器型式或存储方式及容量，是针对用户程序存储器而言。为了能使用户程序及某些运算数据在 PLC 脱离外界电源后也能保持，在实际使用中都为一些重要的随机存储器配备电池或电容等掉电保持装置。

PLC 的存储器区域按用途不同，又可分为程序区及数据区。程序区为用来存放用户程序的区域，一般有数千个字节。用来存放用户数据的区域一般要小一些。在数据区中，各类数据存放的位置都有严格的划分。由于 PLC 是熟悉继电器接触器系统的工程技术人员使用的，PLC 的数据单元都叫作继电器，如输入继电器、时间继电器和计数器等。不同用途的继电器在存储区中占有不同的区域，每个存储单元有不同的地址编号。

（三）输入输出接口

输入输出接口是 PLC 和工业控制现场各类信号连接的部分。输入接口用来接收生产过程的各种参数。输出接口用来送出 PLC 运算后得出的控制信息，并通过机外的执行机构完成工业现场的各类控制。由于 PLC 在工业生产现场工作，对输入输出接口有两个主要的要求，一是接口有良好的抗干扰能力，二是接口能满足工业现场各类信号的匹配要求，因而 PLC 为不同的接口需求设计了不同的接口单元，主要有以下几种。

1. 开关量输入接口

它的作用是把现场的开关量信号变成 PLC 内部处理的标准信号。开关量输入接口按接收的外信号电源的类型不同分为直流输入单元和交流输入单元，如图 4-4 所示。从图中可以看出，输入接口中都有滤波电路及耦合隔离电路，滤波有抗干扰的作用，耦合有抗干扰及产生标准信号的作用。图中输入口的电源部分都画在了输入口外，这是分体式输入口的画法，在一般单元式 PLC 中，如果容量能满足要求，输入口可以使用 PLC 本机的直流电源供电，不再需要外接电源。

2. 开关量输出接口

它的作用是把 PLC 内部的标准信号转换成现场执行机构所需的开关量信号。开关量输出接口按 PLC 机内使用的开关器件可分为继电器型、晶体管型及晶闸管型，内部参考电路图如图 4-5 所示。

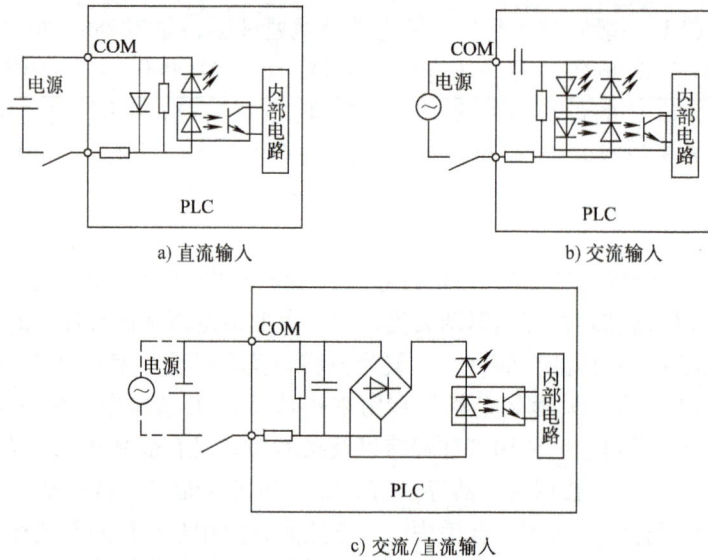

a) 直流输入　　b) 交流输入

c) 交流/直流输入

图 4-4　PLC 开关量输入接口

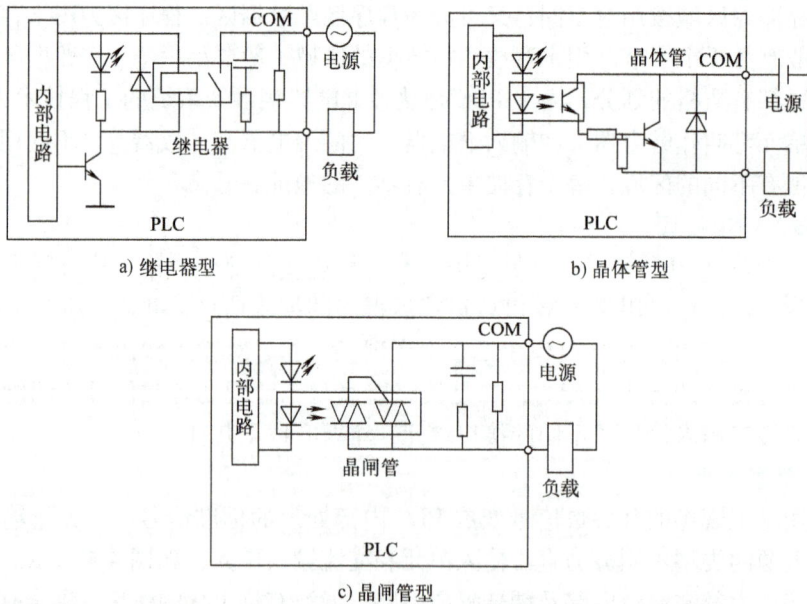

a) 继电器型　　b) 晶体管型

c) 晶闸管型

图 4-5　PLC 开关量输出接口

从图中可以看出，各类输出接口中也都具有隔离耦合电路。这里特别要指出的是，输出接口本身都不带电源，而且在考虑外驱动电源时，还需考虑输出器件的类型。继电器型的输出接口可用于交流及直流两种电源，但接通断开的频率低，晶体管型的输出接口有较高的接通断开频率，但只适用于直流驱动的场合，晶闸管型的输出接口仅适用于交流驱动场合。

3. 模拟量输入接口

它的作用是把现场连续变化的模拟量标准信号转换成适合 PLC 内部处理的由若干位二进制数字表示的信号。模拟量输入接口接收标准模拟信号，电压信号、电流信号均可。这里标准信号是指符合国际标准的通用电压电流信号，如 4～20mA 的直流电流信号、0～10V 的直流电压信号等。工业现场中模拟量信号的变化范围一般是不标准的，在送入模拟量接口时一般都需经变送处理才能使用。

4. 模拟量输出接口

它的作用是将 PLC 运算处理后的若干位数字量信号转换为相应的模拟量信号输出，以满足生产过程现场连续控制信号的需求。模拟量输出接口一般由光电隔离、D/A 转换和信号驱动等环节组成。

5. 智能输入输出接口

为适应较复杂的控制工作的需要，PLC 还有一些智能控制单元，如 PID 控制单元、高速计数器工作单元和温度控制单元等。这类单元大多是独立的工作单元。它们和普通输入输出接口的区别在于一般带有单独的 CPU，有专门的处理能力。在具体的工作中，每个扫描周期，智能单元和主机的 CPU 交换一次信息，共同完成控制任务。从近期的发展来看，不少新型的 PLC 本身也带有 PID 功能和高速计数器接口，但它们的功能一般比专用单元的功能弱。

（四）电源

PLC 的电源包括为 PLC 工作单元供电的开关电源及为掉电保护电路供电的后备电源，后者一般为锂离子电池。

（五）外部设备

1. 编程器

PLC 的特点是它的程序是可变更的，能方便地加载程序，也可方便地修改程序，编程设备就成了 PLC 工作中不可缺少的设备。PLC 的编程设备一般有两类：一类是专用的编程器，有手持的，也有台式的，也有的 PLC 机身上自带编程器，其中手持式的编程器携带方便，适合工业控制现场使用；另一类是个人计算机，在个人计算机上运行 PLC 相关的编程软件即可完成编程任务。借助软件编程比较容易，一般是在编好用户程序以后，再下载到 PLC 中去。

编程器除了编程以外，一般都还具有一定的调试及监视功能，可以通过键盘调取及显示 PLC 的状态、内部器件及系统参数。它经过接口与处理器联系，完成人机对话操作。

按照功能强弱，手持式编程器又可分为简易型及智能型两类。前者只能联机编程，后者既可联机编程又可脱机编程。所谓脱机编程是指在编程时，把程序存储在编程器本身存储器中的一种编程方式。它的优点是在编程及修改程序时，不影响 PLC 机内原有程序的执行，可以在远离主机的异地编程后，再到主机所在地下载程序。

2. 其他外围设备

PLC 还可能配设其他一些外围设备，如盒式磁带机（用以记录程序或信息）、打印机（用以打印程序或制表）、EPROM 写入器（用以将程序写入用户 EPROM 中）和高分辨率大屏幕彩色图形监控系统（用以显示或监视有关部分的运行状态）等。

二、PLC 的分类

（一）按应用规模和功能分类

为了适应不同工业生产过程的应用要求，不同的 PLC 能够处理的输入输出信号数是不一样的。一般将一路开关量信号叫作一个点，输入点数和输出点数的总和称为 PLC 的总点数。按照点数的多少和 PLC 的功能，可将 PLC 分为小型机、中型机和大型机。需要指出的是，随着 PLC 的不断发展，这种划分并不十分严格，且也不是一成不变的。

1. 小型机

小型 PLC 的输入输出总点数一般在 128 点以下，以开关量控制功能为主（目前也有的小型机也具有模拟量控制功能），适用于继电器接触器控制的场合，能直接驱动电磁阀等执行元件，还具有定时、计数和寄存器等功能。其特点是价格低廉、体积小巧，适用于控制单台设备，开发机电一体化产品。

2. 中型机

中型 PLC 的输入输出总点数一般在 128～512 点，不仅具有开关量和模拟量控制功能，还具有数值计算的能力。为了将温度、压力和流量等模拟量转换成数字量，一般都有 8 位或 12 位的 A/D 转换器，而且在 PLC 内也具有多路 D/A 转换器。中型机的指令系统也比小型机丰富，在已经固化的程序内，一般还具有 PID 调节、整数/浮点运算和二进制/BCD（二进制编码的十进制）转换等功能模块供用户调用。中型机适用于有温度控制和开关动作要求复杂的机械以及连续生产过程控制的场合。

3. 大型机

大型 PLC 的输入输出总点数一般在 512 点以上，内存容量超过 640KB。它与工业控制计算机相近，不仅具有计算、控制和调节的功能，还具有网络结构和通信联网能力，监视系统采用 CRT（阴极射线管）显示，能够表示过程的动态流程，记录各种曲线，选择 PID 调节参数，配备多种智能模块，构成一台多功能系统。这种系统还可以和其他信号的 PLC 以及上位机相连，组成一个集中分散式的生产过程和产品质量控制系统。大型机适用于设备自动化控制、过程自动化控制和过程监控系统。

（二）按硬件结构类型分类

PLC 是专门为工业生产环境设计的。为了便于在工业现场安装，便于扩展，方便接线，其结构与普通计算机有很大区别，通常有整体式、模块式及叠装式三种结构。

1. 整体式结构

一般小型 PLC 都把 CPU、RAM、ROM、I/O 接口及与编程器或 EPROM 写入器相连的接口、输入输出端子、电源、指示灯等都装配在一起，形成整体式结构。一个装置就是一个完整的 PLC，称为一个单元。它的特点是结构紧凑、体积小、成本低和安装方便，缺点是输入输出点数是固定的，不一定能适合具体的控制现场的需要。有时整体 PLC 的输入口或输出口要扩展，这就又需要一种只有一些接口而没有 CPU 也没有电源的装置。为了区分这两种装置，前者叫作基本单元，后者叫作扩展单元。

某一系列的 PLC 产品通常都有不同点数的基本单元和扩展单元，单元的品种越多，其配置就越灵活。PLC 产品中还有一些功能单元，这是为某些特殊的控制目的设计的具有专门功能的设备，如高速计数单元、位控单元和温控单元等，通常都是智能单元，内部一般有自已专用的 CPU，它们和基本单元的 CPU 协同工作，构成一些专用的控制系统。扩展单元及功能单元都是相对于基本单元而言的，整体式结构 PLC 的基本特征就是一个完整的 PLC 安装在一个机箱中。

2. 模块式结构

大中型及某些小型 PLC，把每个工作单元都制成独立的模块，如 CPU 模块、输入模块、输出模块、电源模块和通信模块等。把这些模块按照控制系统的需要选取后，插装到带有插槽的母板（实质上就是计算机总线）上，构成一个完整的框架式 PLC。如果一个框架满足不了所选用模块数量的要求，可利用扩展插槽组成多个框架，各框架之间用 I/O 扩展电缆相连接。这种结构的 PLC 的特点是系统构成非常灵活，安装、扩展和维修都很方便，缺点是体积比较大。

3. 叠装式结构

将整体式结构和模块式结构的特点相结合，把 PLC 的基本单元、扩展单元和功能单元等制成外形尺寸（主要是宽和高）一致的模块，不采用母板总线，而是采用电缆连接各个单元模块，将它们一层层地叠装在控制设备中，构成完整的 PLC，称为叠装式结构 PLC。

第四节　可编程序控制器的软件及其工作原理

一、PLC 的软件

PLC 的软件包含系统软件及应用软件两大部分。

系统软件包含系统的管理程序、用户指令的解释程序，另外还包括一些供系统调用的专用标准程序块等。系统管理程序用以完成机内运行相关时间分配、存储空间分配管理及系统自检等工作。用户指令的解释程序用以完成用户指令变换为机器码的工作。系统软件在用户使用 PLC 之前就已装入机内，并永久保存，在各种控制工作中并不需要做什么调整。

应用软件也叫用户软件，是用户为达到某种控制目的，采用 PLC 厂家提供的编程语言自主编制的程序。至今为止，还没有一种能适用于各种 PLC 的通用编程语言，但由于各国 PLC 的发展过程有类似之处，PLC 的编程语言及编程工具都大体差不多。

二、PLC 的工作原理

PLC 的工作原理与计算机的工作原理基本上是一致的，可以简单地表述为在系统程序的管理下，通过运行应用程序完成用户任务。但个人计算机与 PLC 的工作方式有所不同，计算机一般采用等待命令的工作方式，如常见的键盘扫描方式或 I/O 扫描方式。当键盘有键按下或 I/O 口有信号输入时则中断转入相应的子程序。而 PLC 在确定了工作任务，载入了专用控制程序后，成为一种专用的工业控制计算机，它采用循环扫描工作方式，系统工作任务管理（内部处理、通信操作等）及用户程序执行都是循环扫描方式完成的。

PLC 系统正常工作所要完成的任务包括 PLC 内部各工作单元的调度、监控，PLC 与外围设备间的通信，用户程序所要完成的工作等。这些工作都是分时完成的，每项工作又都包含着许多具体的工作。其中，用户程序的完成可分为以下三个阶段：

1. 输入处理阶段

输入处理又叫输入采样。在此阶段，PLC 顺序读入所有输入端子的状态，并将读入的信息存入内存中所对应的输入映像寄存器，寄存器被刷新，接着进入程序执行阶段。在程序执行时，输入映像寄存器与外界隔离，即使此时输入信号发生变化，其映像寄存器的内容也不会发生变化，只有在下个扫描周期的输入处理阶段才能被再次刷新。

2. 程序执行阶段

程序执行阶段根据 PLC 梯形图程序的扫描原则，按先左后右、先上后下的步序，逐句扫描，执行程序。但遇到程序跳转指令，则根据跳转条件是否满足来决定程序的跳转地址。当用户程序涉及输入输出状态时，PLC 从输入映像寄存器中读出上一阶段采入的对应输入端子的状态，从输出映像寄存器读出对应映像寄存器的当前状态，根据用户程序进行逻辑运算，运算结果再存入有关器件的寄存器中。对每个器件而言，器件映像寄存器中所寄存的内容，会随着程序执行过程而变化。

3. 输出处理阶段

输出处理也叫输出刷新，程序执行完毕后，将输出映像寄存器中寄存器的状态，在输出处理阶段转存到输出锁存器，通过隔离电路，驱动功率放大电路，使输出端子向外界输出控制信号，驱动外部负载。

这三个阶段也是分时完成的。为了连续地完成 PLC 所承担的工作，系统必须周而复始地依一定的顺序完成这一系列的具体工作，这种工作方式叫作循环扫描工作方式。PLC 用户程序执行阶段扫描工作过程如图 4-6 所示。

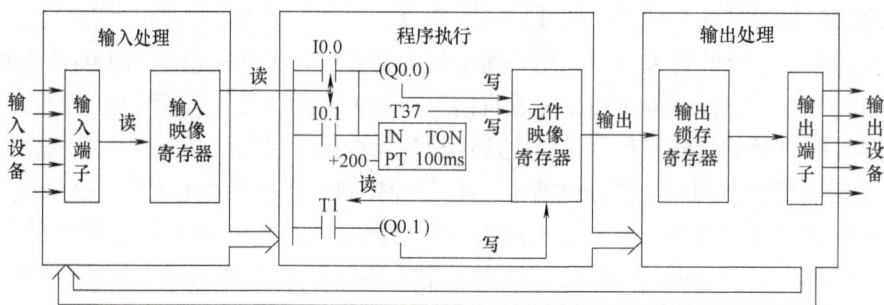

图 4-6 PLC 用户程序执行阶段扫描工作过程

PLC 的扫描既可按固定的顺序进行，也可按用户程序所指定的可变顺序进行。这不仅因为有的程序不需每扫描一次就执行一次，而且也因为在一些大系统中需要处理的 I/O 点数多，通过安排不同的组织模块，采用分时分批扫描的执行方法，可缩短循环扫描的周期和提高控制的实时响应性。

循环扫描的工作方式是 PLC 的一大特点，也可以说 PLC 是"串行"工作的，这和传统的继电器控制系统"并行"工作有质的区别。PLC 的串行工作方式避免了继电器控制系统中触点竞争和时序失配的问题。

由于 PLC 采用扫描工作过程，所以在程序执行阶段即使输入发生了变化，输入状态映像寄存器的内容也不会变化，要等到下一周期的输入采样阶段才能改变。暂存在输出映像寄存器中的输出信号，要等到一个循环周期结束，CPU 才集中将这些输出信号全部输送给输出锁存器。由此可以看出，全部输入输出状态的改变，需要一个扫描周期。换言之，输入输出的状态保持一个扫描周期不变，这就要求脉冲输入的宽度必须大于一个扫描周期。

扫描周期是 PLC 一个很重要的指标，扫描时间取决于 CPU 扫描速度、用户程序长短以及程序使用的指令类型。CPU 扫描速度一般以执行 1000 条基本指令所需时间来衡量，单位为 ms/千条指令，有时也以执行一步指令的时间计，如 μs/步。目前，随着计算机技术的不断发展，高性能 PLC 的 CPU 扫描速度已经可以达到几个 ms/千条指令。

三、PLC 控制与继电器控制的区别

PLC 控制技术是在继电器接触器控制技术的基础上，结合计算机控制技术的特点发展起来的，PLC 的梯形图控制程序与继电器控制电路十分相似，大致上沿用了继电器控制电路的元件符号，个别地方有些不同。同时，信号的输入/输出形式及控制功能也是相同的。但 PLC 的控制与继电器的控制也有不同之处，主要包括：

（一）组成器件不同

继电器控制电路由许多真正的硬件继电器组成，而梯形图则由许多所谓"软继电器"组成。这些"软继电器"实质上是存储器中的每一位触发器，可以置"0"或置"1"。硬件继电器易磨损，而"软继电器"则无磨损现象。

（二）触点数量不同

硬继电器的触点数量有限，用于控制的继电器触点数一般只有 4~8 对；而梯形图中每个"软继电器"供编程使用的触点数有无限对，因为在存储器中的"软继电器"的状态可取用任意次数。

（三）实施控制的方法不同

在继电器控制电路中，要实现某种控制是通过各种继电器之间硬接线解决的。由于其控制功能已包含在固定电路之间，因此它的功能专一，不灵活；而 PLC 控制是通过梯形图即软件编程解决的，具有灵活多变的特点。

另外，在继电器控制电路中，为了达到某种控制目的，而又要安全可靠，同时还要节约使用继电器触点，因此设置了许多制约关系的联锁电路；而在梯形图中，因它是扫描工作方式，不存在几个支路并列同时动作的因素，同时在软件编程中也可将联锁条件编制进去，因而 PLC 的电路控制设计比继电器控制设计方便得多。

（四）工作方式不同

在继电器控制电路中，当电源接通时，电路中各继电器都处于受制约状态，即该吸合的继电器都同时吸合，不应吸合的继电器都因受某种条件限制不能吸合，这种工作方式称为并行工作方式。而在梯形图的控制电路中，图中各软继电器都处于周期性循环扫描接通中，受同一条件制约的各个继电器的动作次序取决于程序扫描顺序，这种工作方式称为串行工作方式。

继电器控制电路可以转化成 PLC 的梯形图，但由于工作方式的不同，再加上 PLC 工作过程还有集中输入、集中输出刷新等特点，因此 PLC 的控制结果有一定的特殊性，主要表现在以下两个方面：

1. 输入/输出滞后现象

PLC 输入/输出滞后现象的原因除了与上面所说 PLC 的集中输入、集中刷新、程序循环执行有关外，还与输入滤波器造成的时间常数、输出继电器机械滞后以及程序设计不当的附加影响等有关。对于一般工业控制设备来说，这些毫秒级的滞后现象是可以接受的，PLC 的响应滞后是完全允许的。但是对某些要求 I/O 快速响应的设备，则应采取相应的处理措施，如选用高速 CPU，提高扫描速度，采用快速响应模块、高速计数模块以及不同的中断处理等措施减少滞后时间。对用户来说，选择了一个 PLC 后，合理地编制程序是缩短响应时间的关键。

2. 多重输出不允许

PLC 由于采用串行的工作方式，同一个基本梯形图控制程序中，如果同一个继电器输出指令先后出现在不同的地方，有可能会出现相互矛盾的指令执行结果，为了避免这种矛盾的出现，PLC 继电器双重甚至多重输出是不允许的，要求将同一个继电器的驱动条件合并，同一个继电器只能执行一次输出驱动。但是，如果能确保不出现相互矛盾的指令执行结果，例如在 PLC 顺序控制步进梯形指令中，每个步进指令执行时，上一步的状态是复位的，不会执行，不会出现相互矛盾的执行结果，因此这样的多重输出驱动又是允许的。关于步进梯形图多重输出的情况，将在具体讲述 PLC 指令时予以介绍。

第五章　西门子 S7-1200 PLC 及其常规基本指令

第一节　S7-1200 系列 PLC 概述

一、S7-1200 PLC 的定位特点

西门子 SIMATIC 控制器是一个完整的系列，S7 是传统意义的 PLC 产品，包括从书本型迷你控制器"LOGO!"，到基于 PC 的高性能 PLC，如图 5-1 所示。SIMATIC S7-1200 属于整体式小型 PLC，是 S7-200 PLC 的升级，充分考虑了系统、控制器、人机界面和软件的无缝整合和高效协调需求，其 CPU 模块除微处理器、集成电源、输入和输出电路外，内置了 PROFINET 以及高速运动控制 I/O 等元素，结构紧凑、功能强大。S7-1200 系列 PLC 提供多种具有不同 I/O 点数的 CPU 模块和数字量、模拟量 I/O 扩展模块，以及许多专用的特殊功能模块（如热电偶/热电阻模块、通信模块等）供系统配置选用，使 PLC 的功能得到便捷扩展。S7-1200 PLC 既能独立运行，也可连成网络，实现集散自动化系统的复杂控制功能，应用领域覆盖所有与自动检测、自动化控制有关的工业及民用领域，包括各种机床、机械、电力设施、民用建筑和环境保护设备等。根据具体需求和预算，通过灵活的配置、组态，定制化满足不同的应用要求。

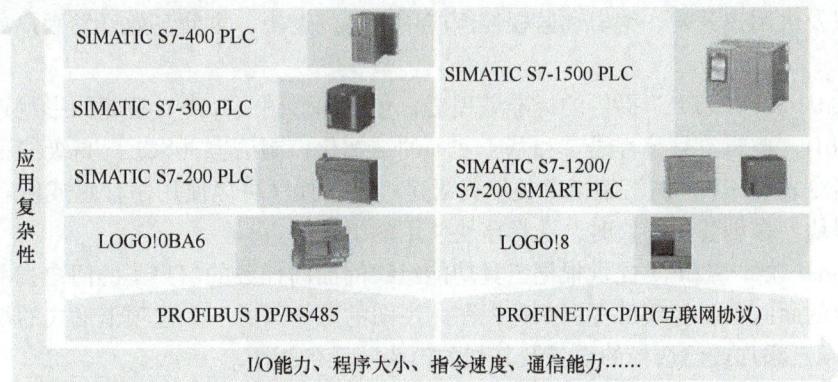

图 5-1　西门子 SIMATIC 系列控制器

SIMATIC S7-1200 PLC 主要的新功能和特点如下：

1）改进用于过程控制的对象连接与嵌入统一架构（Object Linking and Embedding for Process Control Unified Architecture，OPC UA），包括：服务器方法远程过程调用、结构化和数组数据类型、改进的诊断功能等。

2）新指令，如：检索所插入 SIMATIC 存储卡相关信息的 GetSMCInfo 指令，精简读取/写入文件指令 FileReadC、FileWriteC 和 FileDelete 等。

3）开放式用户通信（Open User Communication，OUC）连接类型，包括：传输控制协议（Transmission Control Protocol，TCP）、ISO（国际标准化组织）-on-TCP 和用户数据报协议（User Datagram Protocol，UDP）。

4）Web 服务器支持应用程序编程接口（Application Programming Interface，API）和证书处理。

5）PROFINET 支持介质冗余协议（Media Redundancy Protocol，MRP）功能，可作为"客户端"和"管理器"使用。

6）改进的数据记录（DataLog）功能，包括使用 CPU 的同步时间戳字段。

7）以太网通信使用全新通信端口和协议。

8）改进安全性，包括：使用 X.509 证书和传输层安全性协议（Transport Layer Security，TLS）以启用安全的 PG/PC 和 HMI（Human Machine Interaction，人机交互）通信；保护机密的 PLC 组态数据；TIA Portal（博途）中的安全向导，用于组态安全通信和保护功能；针对默认设置为完全保护的 CPU，增强加密功能用于 CPU 访问级别密码；使用 SIMATIC 存储卡设置或更改保护机密的 PLC 组态数据的密码等。

9）S7-1200 PLC CPU 的保持性存储器空间从 10KB 增加至 14KB。

二、与 S7-1200 PLC 相关 TIA Portal 软件简介

对于相关新应用，西门子推荐将 SIMATIC S7-1200 PLC 与 STEP 7 Basic 组态软件一起进行部署。带 STEP 7 Basic 编程软件的 TIA 门户可用于对 S7-1200 PLC 编程，不需要额外的 USB（通用串行总线）许可证密钥，软件在安装时自动激活，包括用于组态 HMI 界面 Basic 面板的 WinCC Basic。TIA Portal 编程和组态环境友好，包含用于管理和组态项目中所有设备的工具，以及供用户开发、编辑和监视控制应用所需的逻辑，方便高效开发用户具体应用的控制程序。

TIA Portal 软件 STEP 7 提供的标准编程语言包括梯形图（LAD）逻辑图形编程语言、功能块图（FBD）逻辑符号编程语言和基于文本的结构化控制语言（SCL）高级编程语言，不支持基于指令表（STL）的汇编指令类编程语言。用户程序可以使用由任意或所有编程语言创建的代码块，在创建代码块时，选择该块使用的编程语言。

TIA Portal 软件 STEP 7 提供根据工具功能组织的面向任务的门户集的门户视图、项目中各元素组成的面向项目的项目视图两种视图。视图的工作区由三个选项卡形式的视图组成：

1）显示已添加或已选择的设备及其相关模块的设备视图。

2）显示网络中的 CPU 和网络连接的网络视图。

3）显示网络的 PROFINET 拓扑，包括设备、无源组件、端口、互连及端口诊断的拓扑视图，每个视图还可用于执行组态任务。

TIA Portal 软件 STEP 7 的巡视窗口显示用户在工作区中所选对象的属性和信息，包含用

户可用于查看的诊断信息和其他消息。编辑器栏显示所有打开的编辑器，帮助用户更快速和高效地工作。单击不同的编辑器可在打开的编辑器之间切换。两个编辑器可以垂直或水平排列在一起显示，便于在编辑器之间进行拖放操作。将项目文件从一台 PC 移动到另一台 PC，可使用 Windows 资源管理器和文件压缩直接复制项目目录结构。

第二节　S7-1200 PLC 硬件模块

S7-1200 系列 PLC 系统配置可选择的硬件模块见表 5-1。

表 5-1　S7-1200 系列 PLC 硬件模块一览表

类型名称	型号名称	描述	序列号
标准型 CPU	CPU 1211C	1211 CPU DC/DC/DC（DC 24V 电源/DI DC/DO 24V DC 24V）	6ES7 211-1AE40-0XB0
		1211 CPU AC/DC/RLY（宽单相 AC 电源/DI DC/DO 24V Relay）	6ES7 211-1BE40-0XB0
		1211 CPU DC/DC/RLY（DC 24V 电源/DI DC/DO 24V Relay）	6ES7 211-1HE40-0XB0
	CPU 1212C	1212 CPU DC/DC/DC（DC 24V 电源/DI DC/DO 24V DC 24V）	6ES7 212-1AE40-0XB0
		1212 CPU AC/DC/RLY（宽单相 AC 电源/DI DC/DO 24V Relay）	6ES7 212-1BE40-0XB0
		1212 CPU DC/DC/RLY（DC 24V 电源/DI DC/DO 24V Relay）	6ES7 212-1HE40-0XB0
	CPU 1214C	1214 CPU DC/DC/DC（DC 24V 电源/DI DC/DO 24V DC 24V）	6ES7 214-1AG40-0XB0
		1214 CPU AC/DC/RLY（宽单相 AC 电源/DI DC/DO 24V Relay）	6ES7 214-1BG40-0XB0
		1214 CPU DC/DC/RLY（DC 24V 电源/DI DC/DO 24V Relay）	6ES7 214-1HG40-0XB0
	CPU 1215C	1215 CPU DC/DC/DC（DC 24V 电源/DI DC/DO 24V DC 24V）	6ES7 215-1AG40-0XB0
		1215 CPU AC/DC/RLY（宽单相 AC 电源/DI DC/DO 24V Relay）	6ES7 215-1BG40-0XB0
		1215 CPU DC/DC/RLY（DC 24V 电源/DI DC/DO 24V Relay）	6ES7 215-1HG40-0XB0
	CPU 1217C	1217 CPU DC/DC/DC（DC 24V 电源/DI DC/DO 24V DC 24V）	6ES7 217-1AG40-0XB0
故障安全型 CPU	CPU 1212 FC	1212 F-CPU DC/DC/DC（DC 24V 电源/DI DC/DO 24V DC 24V）	6ES7 212-1AF40-0XB0
		1212 F-CPU DC/DC/RLY（DC 24V 电源/DI DC/DO 24V Relay）	6ES7 212-1HF40-0XB0
	CPU 1214 FC	1214 F-CPU DC/DC/DC（DC 24V 电源/DI DC/DO 24V DC 24V）	6ES7 214-1AF40-0XB0
		1214 F-CPU DC/DC/RLY（DC 24V 电源/DI DC/DO 24V Relay）	6ES7 214-1HF40-0XB0
	CPU 1215 FC	1215 F-CPU DC/DC/DC（DC 24V 电源/DI DC/DO 24V DC 24V）	6ES7 215-1AF40-0XB0
		1215 F-CPU DC/DC/RLY（DC 24V 电源/DI DC/DO 24V Relay）	6ES7 215-1HF40-0XB0
数字量扩展模块	SM1221	DC 8×24V 输入	6ES7 221-1BF32-0XB0
		DC 16×24V 输入	6ES7 221-1BH32-0XB0
	SM1222	8×继电器输出	6ES7 222-1HF32-0XB0
		8×继电器双态输出	6ES7 222-1XF32-0XB0
		DC 8×24V 输出	6ES7 222-1BF32-0XB0
		16×继电器输出	6ES7 222-1HH32-0XB0
		DC 16×24V 输出	6ES7 222-1BH32-0XB0
		DC 16×24V 漏型输出	6ES7 222-1BH32-1XB0

87

（续）

类型名称	型号名称	描述	序列号
数字量 扩展模块	SM1223	DC 8×24V 输入/8×继电器输出	6ES7 223-1PH32-0XB0
		DC 8×24V 输入/DC 8×24V 输出	6ES7 223-1BH32-0XB0
		DC 16×24V 输入/16×继电器输出	6ES7 223-1PL32-0XB0
		DC 16×24V 输入/DC 16×24V 输出	6ES7 223-1BL32-0XB0
		DC 16×24V 输入/DC 16×24V 漏型输出	6ES7 223-1BL32-1XB0
		AC 8×120/230V 输入/8×继电器输出	6ES7 223-1QH32-0XB0
故障安全 型数字量 扩展模块	SM1226	F- 输入 DC 16×24V	6ES7 226-6BA32-0XB0
		F- 输出 DC 4×24V	6ES7 226-6DA32-0XB0
		F- 输出 2×继电器	6ES7 226-6RA32-0XB0
信号板 数字量	SB1221	DC 200kHz，DC 4×24V 输入	6ES7 221-3BD30-0XB0
		DC 200kHz，DC 4×5V 输入	6ES7 221-3AD30-0XB0
	SB1222	DC 200kHz，DC 4×24V 输出，0.1A	6ES7 222-1BD30-0XB0
		DC 200kHz，DC 4×5V 输出，0.1A	6ES7 222-1AD30-0XB0
	SB1223	DC 2×24V 输入/DC 2×24V 输出	6ES7 223-0BD30-0XB0
		DC/DC 200kHz，DC 2×24V 输入/DC 2×24V 输出，0.1A	6ES7 223-3BD30-0XB0
		DC/DC 200kHz，DC 2×5V 输入/DC 2×5V 输出，0.1A	6ES7 223-3AD30-0XB0
模拟量 扩展模块	SM1231	4×13 位模拟量输入	6ES7 231-4HD32-0XB0
		8×13 位模拟量输入	6ES7 231-4HF32-0XB0
		4×16 位模拟量输入	6ES7 231-5ND32-0XB0
		4×16 位热电阻模拟量输入	6ES7 231-5PD32-0XB0
		4×16 位热电偶模拟量输入	6ES7 231-5QD32-0XB0
		8×16 位热电阻模拟量输入	6ES7 231-5PF32-0XB0
		8×16 位热电偶模拟量输入	6ES7 231-5QF32-0XB0
	SM1232	2×14 位模拟量输出	6ES7 232-4HB32-0XB0
		4×14 位模拟量输出	6ES7 232-4HD32-0XB0
	SM1234	4×13 位模拟量输入/2×14 位模拟量输出	6ES7 234-4HE32-0XB0
信号板 模拟量	SB1231	1×12 位模拟量输入	6ES7 231-4HA30-0XB0
		1×16 位热电阻模拟量输入	6ES7 231-5PA30-0XB0
		1×16 位热电偶模拟量输入	6ES7 231-5QA30-0XB0
	SB1232	1×12 位模拟量输出	6ES7 232-4HA30-0XB0

（续）

类型名称	型号名称	描述	序列号
通信扩展模块/通信板	SM1278	4×IO Link Master	6ES7 278-4BD32-0XB0
	CM1241	RS485/422	6ES7 241-1CH32-0XB0
		RS232	6ES7 241-1AH32-0XB0
	CM1243-5	PROFIBUS DP 主站模块	6GK7 243-5DX30-0XE0
	CM1242-5	PROFIBUS DP 从站模块	6GK7 242-5DX30-0XE0
	CP1242-7	GPRS（通用分组无线服务）模块	6GK7 242-7KX31-0XE0
	CB1241	RS485	6ES7 241-1CH30-1XB0
	CP1243-1	以太网通信处理器	6GK7 243-1BX30-0XE0
TS 模块		TS Adapter IE Basic	6ES7 972-0EB00-0XA0
		TS Module Modem	6ES7 972-0MM00-0XA0
		TS Module ISDN	6ES7 972-0MD00-0XA0
		TS Module RS232	6ES7 972-0MS00-0XA0
模拟器	SM1274	1214C 模拟器（14 位）	6ES7 274-1XH30-0XA0
		1211C/1212C 模拟器（8 位）	6ES7 274-1XF30-0XA0
		1211C/1212C/1214C/1215C/1217C 2 路模拟量输入模拟器	6ES7 274-1XA30-0XA0
		1217C 模拟器，14 输入通道，其中 10 通道为 24V 直流输入，4 通道为 1.5V 差分输入开关	6ES7 274-1XK30-0XA0
新一代精简面板		KTP400 PN 4.3in 64 千色，4 个功能键，以太网接口，WinCC V13 SP1 组态	6AV2123-2DB03-0AX0
		KTP700 DP 7in 64 千色，8 个功能键，PROFIBUS DP/MPI 接口，WinCC V13 SP1	6AV2123-2GA03-0AX0
		KTP700 PN 7in 64 千色，8 个功能键，以太网接口，WinCC V13 SP1 组态	6AV2123-2GB03-0AX0
		KTP900 PN 9in 64 千色，8 个功能键，以太网接口，WinCC V13 SP1 组态	6AV2123-2JB03-0AX0
		KTP1200 DP 12in 64 千色，10 个功能键，PROFIBUS DP/MPI 接口，WinCC V13 SP1	6AV2123-2MA03-0AX0
		KTP1200 PN 12in 64 千色，10 个功能键，以太网接口，WinCC V13 SP1 组态	6AV2123-2MB03-0AX0
精智面板		KTP400，4.3in 1600 万色 LED 背光，16：9，键控+触摸，4MB 用户内存	6AV2124-2DC01-0AX0
		KP400，4.3in 1600 万色 LED 背光，16：9，键控	6AV2124-1DC01-0AX0
		TP700，7in 1600 万色 LED 背光，16：9，触摸屏，12MB 用户内存	6AV2124-0GC01-0AX0
		KP700，7in 1600 万色 LED 背光，16：9，键控，12MB 用户内存	6AV2124-1GC01-0AX0
		TP900，9in 1600 万色 LED 背光，16：9，触摸屏，12MB 用户内存	6AV2124-0JC01-0AX0
		KP900，9in 1600 万色 LED 背光，16：9，键控，12MB 用户内存	6AV2124-1JC01-0AX0
		TP1200，12in 1600 万色 LED 背光，16：9，触摸屏，12MB 用户内存	6AV2124-0MC01-0AX0
		KP1200，12in 1600 万色 LED 背光，16：9，键控，12MB 用户内存	6AV2124-1MC01-0AX0
		TP1500，15.4in 1600 万色 LED 背光，16：9，触摸屏，24MB 用户内存	6AV2124-0QC02-0AX0
		KP1500，15.4in 1600 万色 LED 背光，16：9，键控，24MB 用户内存	6AV2124-1QC02-0AX0
		TP1900，18.5in 1600 万色 LED 背光，16：9，触摸屏，24MB 用户内存	6AV2124-0UC02-0AX0
		TP2200，21.5in 1600 万色 LED 背光，16：9，触摸屏，24MB 用户内存	6AV2124-0XC02-0AX0
		SIMATIC 精智面板 2GB 存储卡	6AV2181-8XP00-0AX0

（续）

类型名称	型号名称	描述	序列号
其他硬件		PM 1207 2.5 A	6EP1 332-1SH71
		I/O 扩展电缆，2m	6ES7 290-6AA30-0XA0
		S7-1200 PLC 电池板	6ES7 297-0AX30-0XA0
		SIMATIC/SINAMICS V60 接线电缆	6ES7 298-2DS53-0XA0
		CSM 1277 以太网交换机-4 端口	6GK7 277-1AA10-0AA0
存储卡		SIMATIC MC 4 MB	6ES7 954-8LC03-0AA0
		SIMATIC MC 12 MB	6ES7 954-8LE03-0AA0
		SIMATIC MC 24 MB	6ES7 954-8LF03-0AA0
		SIMATIC MC 256 MB	6ES7 954-8LL03-0AA0
		SIMATIC MC 2 GB	6ES7 954-8LP02-0AA0
		SIMATIC MC 32 GB	6ES7 954-8LT03-0AB0

注：1in = 0.0254m。

一、CPU

S7-1200 PLC CPU 的常规技术规范对比见表 5-2。

表 5-2　S7-1200 PLC CPU 的常规技术规范对比

特征		CPU1211	CPU1212	CPU1214	CPU1215	CPU1217
物理尺寸/mm（W×H×D）		90×100×75		110×100×75	130×100×75	150×100×75
用户存储器	工作	50KB	75KB/100KB	100KB/125KB	125KB/150KB	150KB
	装载	1MB	2MB	4MB		
	保持性	14KB				
本地板载 I/O	数字量	6I/4O	8I/6O	14I/10O		
	模拟量	2AI			2AI/2AO	
过程映像大小	输入（I）	1024B				
	输出（Q）	1024B				
位存储器（M）		4096B		8192B		
信号模块 SM 扩展		无	2	8		
信号板 SB、电池板 BB 或通信板 CB		1				
最大本地 IO（数字量/模拟量）		14/3	82/19	284/67	284/69	
通信模块 CM（左侧扩展）		3				
高速计数器（最多组态 6 个）	1MHz	—				Ib. 2~Ib. 5
	100/80kHz	Ia. 0~Ia. 5（组态为正交工作模式，可应用较慢的频率）				
	30/20kHz	继电器输出的 CPU 模块，需安装数字量 SB				
		—	Ia. 6~Ia. 7	Ia. 6~Ib. 5		Ia. 6~Ib. 1
	200kHz	SB1221 DI 200kHz，DC 24V 和 DC 5V 一起使用时，最高可达 200kHz				

（续）

特征		CPU1211	CPU1212	CPU1214	CPU1215	CPU1217
脉冲输出 （最多组态4个）	1MHz	—				Qa. 0~Qa. 3
	100kHz	Qa. 0~Qa. 3				Qa. 4~Qb. 1
	20kHz	—	Qa. 4~Qa. 5	Qa. 4~Qb. 1		—
存储卡		SIMATIC 存储卡（选件）				
数据日志	数量	每次最多打开8个				
	大小	每个数据日志为500MB或受最大可用装载存储器容量限制				
实时时钟保持时间		通常为20天，40℃时最少为12天（免维护超级电容）				
PROFINET 以太网通信端口		1			2	
执行速度		实数数学运算2.3μs/指令；布尔运算0.08μs/指令				

S7-1200 PLC CPU 1211C 各类型的主要技术规范见表5-3。表中 MOSFET 为金属-氧化物-半导体场效应晶体管。

表5-3　S7-1200 PLC CPU 1211C 各类型的主要技术规范

		1211C AC/DC/RLY	1211C DC/DC/RLY	1211C DC/DC/DC
常规	质量/g	420	380	370
	功耗/W	10	8	
	可用电流（CM 总线）	最大 750mA（DC 5V）		
	可用电流（DC 24V）	最大 300mA（传感器电源）		
	DI 电流消耗（DC 24V）	所用的每点 4mA		
特征	临时（局部）存储器	16KB 用于启动和程序循环，6KB 用于其他中断优先级（包括 FB 和 FC）		
	脉冲捕捉输入	6		
	延时中断/循环中断	各4个，精度为1ms		
	沿中断	6个上升沿和6个下降沿（使用可选信号板时，各为10个）		
	实时时钟精度	±60s/月		
性能	移动字执行速度	1.0μs/指令（DB 访问）		
	加法运算执行速度	1.78μs/指令（DB 访问）		
通信	连接数	12个用于 HMI；8个用于客户端 GET/PUT（CPU 间 S7 通信）；4个用于编程设备；8个用于用户程序中开放式用户通信指令；30个用于 Web 浏览器；6个动态资源		
	数据传输速率	10/100Mbit/s		
	隔离	外部信号与 PLC 逻辑侧变压器隔离，1500V AC（型式测试）		
	电缆类型	CAT5e 屏蔽电缆		

91

（续）

		1211C AC/DC/RLY	1211C DC/DC/RLY	1211C DC/DC/DC
电源	电压范围	AC 85~264V，47~63Hz	DC 20.4~28.8V/DC 22.0~28.8V （环境温度−20~0℃）	
	最大负载时输入电流 （仅 CPU/所有附件）	60（120V）/30（240V）mA	DC 24V 时 300mA/900mA	
		180（120V）/90（240V）mA		
	浪涌电流（最大）	AC 264V 时 20A	DC 28.8V 时 12A	
	输入电源与逻辑隔离	AC 1500V	未隔离	
	AC 对功能地漏电流	最大 0.5mA	—	
	掉电保持时间	20ms/80ms	DC 24V 时 10ms	
	内部熔丝	3A 250V，慢速熔断（用户不可更换）		
传感 电源	电压范围	DC 20.4~28.8V	（L+）DC −4V/（L+）DC −5V（环境温度−20~0℃）	
	最大额定输出电流	300mA（短路保护）		
	<10MHz 纹波噪声	<1V 峰值	与输入线路相同	
	与逻辑侧隔离	未隔离		
数字 输入	类型	漏型/源型（IEC 1 类漏型）		
	电压	额定电压，4mA 时 DC 24V；允许连续电压，最大 DC 30V；浪涌电压，DC 35V 持续 0.5s		
	信号	最小逻辑 1 信号，2.5mA 时 DC 15V；最大逻辑 0 信号，1mA 时 DC 5V		
	隔离组	1		
	滤波时间	μs，0.1/0.2/0.4/0.8/1.6/3.1/6.4/10.0/12.8/20.0；ms，0.05/0.1/0.2/0.4/0.8/1.6/6.4/10.0/12.8/20.0		
	HSC 时钟输入频率	单相 100kHz，正交相位 80kHz（逻辑 1 电平＝DC 15~26V）		
	同时接通输入数	6，60℃水平或 50℃垂直		
	电缆长度/m	500（屏蔽）；300（非屏蔽）；50（屏蔽，HSC 输入）		
模拟 输入	类型（分辨率）	单极性电压（10 位）		
	范围（数据字）	0~10V（0~27648）		
	过冲范围（数据字）	10.001~11.759V（27649~32511）		
	上溢范围（数据字）	11.760~11.852（32512~32767）		
	最大耐压/噪声抑制	DC 35V/10Hz、50Hz 或 60Hz		
	阻抗/隔离	≥100kΩ/现场侧与逻辑侧无隔离		
	精度/电缆长度	满量程的 3.0%（25℃）或 3.5%（0~55℃）/100m，屏蔽双绞线		
数字 输出	类型	继电器，干触点		固态 MOSFET（源型）
	电压范围	DC 5~30V 或 AC 5~250V		DC 20.4~28.8V
	最大电流逻辑 1 信号	—		最小 DC 20V
	10kΩ 负载逻辑 0 信号	—		最大 DC 0.1V
	电流（最大）	2.0A		0.5A
	灯负载	DC 30W/AC 200W		5W

（续）

		1211C AC/DC/RLY	1211C DC/DC/RLY	1211C DC/DC/DC
数字输出	通态电阻	新设备最大位 0.2Ω		最大 0.6Ω
	每点的泄漏电流	—		最大 10μA
	浪涌电流	触点闭合时为 7A		8A，最长持续 100ms
	现场侧与逻辑侧隔离	线圈与触点 1500V AC；线圈与逻辑侧无		DC 707V（形式测试）
	隔离组	1		1
	电感钳位电压	—		L+DC −48V，1W 损耗
	Qa.0~Qa.3 开关延迟	最长 10ms		最长：断通 1μs；通断 3μs
	继电器最大开关频率	1Hz		
	Qa.0 和 Qa.2 脉冲频率	不推荐		最大 100kHz，最小 2Hz
	无负载机械寿命	10 000 000 个断开/闭合周期		—
	额定负载触点寿命	100 000 个断开/闭合周期		—
	RUN-STOP 时的行为	上一个值或替换值（默认值为 0）		
	同时接通输出数	4，60℃水平或 50℃垂直		
	电缆长度/m	500（屏蔽），150（非屏蔽）		

　　S7-1200 PLC CPU 1212（F）C 主要技术规范与 CPU 1211 C 相应类型相同，主要不同见表 5-4。S7-1200 PLC CPU 1214（F）C 主要技术规范与 CPU 1212（F）C 相应类型相同，主要不同见表 5-5。

表 5-4　S7-1200 PLC CPU 1212（F）C 与 CPU 1211 C 不同的主要技术规范

		1212C AC/DC/RLY	1212（F）C DC/DC/RLY	1212（F）C DC/DC/DC
常规	质量/g	425	385	370
	功耗 W	11	9	
	可用电流（SM、CM）	最大 1000mA（DC 5V）		
	可用电流（DC 24V）	最大 300mA（传感器电源）		
特征	脉冲捕捉输入	8		
	沿中断	8 个上升沿和 8 个下降沿（使用可选信号板时，各为 12 个）		
电源	最大负载时输入电流（仅 CPU/所有附件）	80（120V）/40（240V）mA 240（120V）/120（240V）mA	DC 24V 时 400mA/1200mA	
数字输入	现场侧与逻辑侧隔离	707V DC（形式测试）		
	HSC 时钟输入频率	单相，100kHz（Ia.0~Ia.5）和 30kHz（Ia.6~Ia.7）；正交相位，80kHz（Ia.0~Ia.5）和 20kHz（Ia.6~Ia.7）（逻辑 1 电平=DC 15~26V）		
	同时接通输入数	55℃水平或 45℃垂直时 8；60℃水平或 50℃垂直时 4（无相邻点）		
数字输出	隔离组	2		1
	Qa.4~Qa.5 开关延迟	最长 10ms		最长：断通 5μs；通断 20μs
	脉冲串输出频率	不推荐		100kHz（Qa.0~Qa.3），20kHz（Qa.4~Qa.5）/2Hz
	同时接通输出数	6		

93

表 5-5　S7-1200 PLC CPU 1214（F）C 与 CPU 1212（F）C 不同的主要技术规范

		1214C AC/DC/RLY	1214（F）C DC/DC/RLY	1214（F）C DC/DC/DC
常规	质量/g	475	435	415
	功耗/W	14	12	
	可用电流（SM、CM）	最大 1600mA（DC 5V）		
	可用电流（DC 24V）	最大 400mA（传感器电源）		
特征	脉冲捕捉输入	14		
	沿中断	12 个上升沿和 12 个下降沿（使用可选信号板时，各为 16 个）		
电源	最大负载时输入电流（仅 CPU/所有附件）	100（120V）/50（240V）mA 300（120V）/150（240V）mA	DC 24V 时 500mA/1500mA	
数字输入	HSC 时钟输入频率	单相，100kHz（Ia. 0～Ia. 5）和 30kHz（Ia. 6～Ib. 5）；正交相位，80kHz（Ia. 0～Ia. 5）和 20kHz（Ia. 6～Ib. 5）（逻辑 1 电平 = DC 15～26V）		
	同时接通输入数	55℃水平或 45℃垂直时 14；60℃水平或 50℃垂直时 7（无相邻点）		
数字输出	Qa. 4～Qb. 1 开关延迟	最长 10ms		最长：断通 5μs；通断 20μs
	脉冲串输出频率	不推荐		100kHz（Qa. 0～Qa. 3），20kHz（Qa. 4～Qb. 1）/2Hz
	同时接通输出数	5（无相邻点）/10		

　　S7-1200 PLC CPU 1215（F）C 除质量、模拟量输出外，其他技术规范与 CPU 1214（F）C 相应类型相同，见表 5-6。

表 5-6　S7-1200 PLC CPU 1215（F）C 与 CPU 1214（F）C 不同的主要技术规范

		1215C AC/DC/RLY	1215（F）C DC/DC/RLY	1215（F）C DC/DC/DC
常规	质量/g	585	550	520
模拟输出	输出点数	2		
	类型	电流		
	范围	0～20mA		
	满量程范围（数据字）	0～27648		
	过冲范围	20. 01～23. 52mA		
	过冲范围（数据字）	27649～32511		
	上溢范围	取决于"对 CPU STOP 的响应"参数设置："使用替换值"或"保持上一个值"		
	上溢范围数据字	32512～32767		
	分辨率	10 位		
	输出驱动阻抗	最大 500Ω		
	现场侧与逻辑侧隔离	无		
	精度	满量程的 3.0%（25℃）/3.5%（-20～60℃）		
	稳定时间	2ms		
	电缆长度/m	100，屏蔽双绞线		

S7-1200 PLC CPU 1217C DC/DC/DC 主要技术规范与 CPU 1215C DC/DC/DC 相同，主要不同见表 5-7。

表 5-7 **S7-1200 PLC CPU 1217C DC/DC/DC 与 CPU 1215C DC/DC/DC 不同的主要技术规范**

		1217C DC/DC/DC
常规	质量	530g
电源	最大负载时输入电流（仅 CPU/所有附件）	DC 24V 时 600mA/1600mA
数字输入	类型	总计 14 点，其中 IEC 1 类漏型/源型 10 点（Ia. 0~Ib. 1）；RS422/RS485 差分 4 点（Ib. 2~Ib. 5）
	HSC 时钟输入频率	单相，100kHz（Ia. 0~Ia. 5）和 30kHz（Ia. 6~Ib. 1）；正交相位，80kHz（Ia. 0~Ia. 5）和 20kHz（Ia. 6~Ib. 1）（逻辑 1 电平 = 15~26V DC）；以及 1MHz（Ib. 2~Ib. 5）
	共模电压范围	-7~12V，1s，3 VRMS 连续（RS422/RS485 特性）
	内置终端电阻和偏置	Ib "-" 上 390Ω 对 2M，Ib "-" 上 390Ω 对 +5V（T/B 开路时偏置为关闭状态），Ib "+" 和 Ib "-" 之间为 220Ω
	接收器输入阻抗	100Ω，包括偏置和终端
	差分阈值/灵敏度	最低 +/-0.2V，典型滞后 60mV（RS422/RS485 特性）；差分通道间时间偏差最大 40ns
	同时接通输入数	55℃水平或 45℃垂直时 14；60℃水平或 50℃垂直时差分输入 4；漏型/源型输入 5（无相邻点）
数字输出	类型	总计 10 点，其中固态 MOSFET 漏型 6 点（Qa. 4~Qb. 1），RS422/RS485 差分 4 点
	开关延迟	Qa. 4~Qb. 1 断开到接通最长为 1.0μs，接通到断开最长为 3.0μs；Qa. 0~Qb. 3 最大 100ns
	脉冲串输出频率	Qa. 4~Qb. 1 最大 100kHz，最小 2Hz；1MHz（Qa. 0~Qa. 3），最小 2Hz
	差分输出	Qa. 0~Qa. 3（.0+0-~.3+.3-）（RS422/RS485）；输出通道间的时间偏差最大 40ns
	共模电压范围	-7~+12V，1s，3 VRMS 连续（RS422/RS485 特性）
	发送器差动输出电压	R_L=100Ω 时，最小 2V；R_L=54Ω 时，最小 1.5V（RS422/RS485 特性）
	内置终端电阻	Qa+ 和 Qa- 之间为 100Ω
	驱动器输出阻抗	100Ω，包括终端
	同时接通输出数	固态 MOSFET（源型）3 输出（无相邻点）；60℃水平或 50℃垂直时差分输出 4；55℃水平或 45℃垂直时 10

二、通信模块

（一）通信模块 CM1241

通信模块 CM1241 用于执行强大的点对点高速串行通信，包括 SIMATIC S7 自动化系统及其他制造商的系统、打印机、机械手控制、调制解调器、扫描仪和条形码扫描器等。

通信模块 CM1241 可直接使用以下标准协议：

1）ASCII。用于单工传输协议的第三方接口，如带起始码和结束码的协议或带块检验符的协议。通过用户程序，可以调用和控制接口的握手信号。

2）Modbus。用于 Modbus 协议［RTU（远程终端）格式］的通信，如 SIMATIC S7 作为 Modbus 主站的主从接口；SIMATIC S7 作为 Modbus 从站的主从接口，但从站与从站之间的信息帧不能交换。

3）USS（通用串行接口）驱动协议。特别支持用于连接 USS 协议驱动的指令。在这种情况下，通过 RS485 驱动数据交换。之后，可以控制这些驱动并读写参数。

通过集成在 STEP 7 Basic 中的参数设定环境，用户可以设定通信模块 CM1241 的特性，例如：执行正在使用的协议驱动，驱动指定的特性。

CM1241 RS485/422 和 RS232、CB1241 RS485 的技术规范见表 5-8。

表 5-8　CM1241 RS485/422 和 RS232、CB1241 RS485 的技术规范

	CM1241 RS485/422	CB1241 RS485		CM1241 RS232
尺寸/mm（$W \times H \times D$）	$30 \times 100 \times 75$	$38 \times 62 \times 21$	尺寸/mm（$W \times H \times D$）	$30 \times 100 \times 75$
质量/g	155	40	质量/g	150
共模电压范围	$-7 \sim 12$V，1s，3VRMS 连续		发送器输出电压	$R_L = 3$kΩ 时最小± 5V
发送器差动输出电压	$R_L = 100\Omega$ 时最小 2V，$R_L = 54\Omega$ 时最小 1.5V		传送输出电压	最大 DC± 15V
终端和偏置	B 对 5V，PROFIBUS 针 3（RS485 针 3）；A 对 GND，PROFIBUS 针 8（RS485 针 4）		接收器输入阻抗	最小 3kΩ
接收器输入阻抗	最小 5.4kΩ，包括终端		接收器阈值/灵敏度	最低 0.8V，最高 2.4V；典型滞后 0.5V
接收器阈值/灵敏度	最低± 0.2V，典型滞后 60mV		接收器输入电压	最大 DC± 30V
隔离（RS485 信号）	AC 500V，1min	DC 770V（形式测试）	隔离（RS232 信号）	AC 500V，1min
电缆长度，屏蔽电缆	最长 1000m		电缆长度，屏蔽电缆	最长 10m
功率损失（损耗）	1.2W	1.5W	功率损失（损耗）	1.1W
DC 5V 电流	240mA	50mA（SM）/80mA（24V）	DC 5V 电流	220mA

（二）紧凑型交换机模块 CSM1277

CSM1277 技术规范见表 5-9。

表 5-9　CSM1277 技术规范

尺寸/mm（W×H×D）	45×100×75	工作温度	0~60℃
质量/g	150	存储/运输温度	−40~70℃
安装选件	35mm DIN 导轨	工作时的相对湿度	<95%（无结露）
电源	24V DC（19.2~28.8V），安全超低电压，功能性接地	工作时海拔	最高 56℃ 时为 2000m 最高 50℃ 时为 3000m
DC 24V 时的功耗	1.6W	抗扰性	EN 61000-6-2
额定电压时的电流消耗	70mA	发射	EN 61000-6-4
输入端的过电压保护	自恢复熔断器（0.5A/60V）	防护等级	IP20
老化时间	280s	双绞线连接终端设备或网络	MDI-X 接法，4×RJ-45 插孔，10/100Mbit/s（半/全双工），浮地
MTBF（平均故障间隔时间）	273 年	电源接头	3 针插入式接线端子
FC TP 电缆连接	RJ-45 plug 180 标准电缆 0~100m 或 outlet RJ-45 连接 0~90m 标准电缆 +10m 软线		
	RJ-45plug 180 船用/拖拽电缆 0~85m 或 0~75m 船用/拖拽电缆 +10m 软线		

　　CSM1277 是一款应用于 SIMATIC S7-1200 PLC 的结构紧凑和模块化设计的工业以太网交换机，能够以线形、树形或星形拓扑结构，将 SIMATIC S7-1200 PLC 连接到工业以太网，增加 SIMATIC 以太网接口以便实现与操作员面板、编程设备、其他控制器或者办公环境的同步通信。CSM1277 紧凑型交换机模块是一个非托管交换机，不需要进行组态配置，电源、端口状态和数据通信等信息可通过设备上的 LED 显示。

（三）PROFIBUS DP 模块

　　通过使用 PROFIBUS DP 主站通信模块 CM1243-5，S7-1200 PLC 可以和其他 CPU、编程设备、人机界面和 PROFIBUS DP 从站设备（例如 ET200 和 SINAMICS）通信；通过使用 PROFIBUS DP 从站通信模块 CM1242-5，S7-1200 PLC 可以作为一个智能 DP 从站设备与任何 PROFIBUS DP 主站设备通信。CM1243-5 和 CM1242-5 的技术规范见表 5-10。

表 5-10　CM1243-5 和 CM1242-5 的技术规范

	CM1243-5	CM1242-5
尺寸/mm（W×H×D）	30×100×75	
连接到 PROFIBUS	9 针 D 型母接头	
存储温度	−40~70℃	
运输温度	−40~70℃	
垂直安装运行温度	0~55℃	

（续）

	CM1243-5	CM1242-5
水平安装运行温度	0~45℃	
无结露 25℃ 最大相对湿度	95%	
防护等级	IP20	
供电类型	DC	
供电	外部 24V（19.2~28.8V）	背板总线 5V
电流消耗	100mA	150mA（0.75W）

（四）GPRS 模块 CP1242-7 与以太网通信模块 CP1243-1

通过使用 GPRS 通信处理器 CP1242-7，S7-1200 PLC 可以与中央控制站、其他的远程站、移动设备［SMS（短消息业务）］、编程设备（远程服务）以及使用 UDP 的其他通信设备远程通信。通过使用以太网通信处理器 CP1243-1，S7-1200 PLC 可以实现与其他 SIMATIC 站 S7 通信、PG 通信、HMI 通信、通过开放式用户通信与其他设备通信、发送邮件服务，以及通过 Internet（互联网）与 TCSB、DNP3 主站、IEC 主站和 SINEMA Remote Connect 通信。它们的技术规范见表 5-11。

表 5-11　CP1242-7 和 CP1243-1 的技术规范

	CP1242-7	CP1243-1
尺寸/mm（$W \times H \times D$）	30×100×75	30×110×75
连接	—	1×RJ-45 插孔
存储温度	−40~+70℃	
运输温度	−40~+70℃	
垂直安装运行温度	0~55℃	−20~60℃
水平安装运行温度	0~45℃	−20~70℃
无结露 25℃ 最大相对湿度	95%	
防护等级	IP20	
供电类型	DC	
供电	外部 24V（19.2~28.8V）	背板总线 5V
电流消耗	100mA	250mA（1.25W）

（五）其他通信模块

SM1278 4xIO-Link Master 是一个具有 4 个接口（Port）的模块，它既可以作为通信模块来使用，也可以作为数字量信号模块来使用。模块的每一个接口都有 3 种工作模式：IO-Link 通信模式、24V 数字量输入（DI）模式和 24V 数字量输出（DO）模式。SM1238 是与电能参数测量相关的电度表模块，参数通过 TIA Portal 以及硬件支持包 HSP0151 或更高版本软件，通过组态直接通过数据记录异步循环读取 19 个定义的数据获得。SM1278 和 SM1238 的技术规范见表 5-12。

表 5-12　SM1278 和 SM1238 的技术规范

	SM1278		SM1238
尺寸/mm（*W×H×D*）	45×100×75	尺寸/mm（*W×H×D*）	45×100×75
存储温度	−40~70℃	电流测量	通过 1A、5A 的电流互感器
运输温度	−40~70℃	电压测量	最大 AC 480V，超过使用变压器
垂直安装运行温度	0~55℃	连接类型	三相四线、两相三线、单相两线和 3 路单相
水平安装运行温度	0~45℃	电网	TN 或 TT
25℃最大相对湿度	95%（无结露）	测量值数量	超过 200
防护等级	IP20	测量循环更新时间	典型值 50ms
供电类型	DC	测量精度（IEC 61557-12）	电压和电流 0.2、视在功率和有功功率 0.5、无功功率 1、功率因数 0.5、有功电能 0.5、无功电能 1、中性线电流 0.5、相位角±1°、频率 0.05
供电	外部 24V（19.2~28.8V）	垂直安装操作温度	−20~50℃
电流消耗	65mA	水平安装操作温度	−20~60℃

此外，TS 模块是为各种通信技术［Modem（调制解调器）、ISDN（综合业务数字网）、RS232、GSM（全球移动通信系统）］精选的 IE Basic 适配器。

三、输入/输出扩展信号模块与信号板

（一）数字量输入信号模块与信号板

数字量输入信号模块 SM1221 与信号板 SB1221 的技术规范见表 5-13。故障安全数字量输入扩展模块 SM1226 F-DI 的技术规范见表 5-14。

表 5-13　SM1221 和 SB1221 的技术规范

	SM1221 8×24V DC	SM1221 16×24V DC	SB1221 4×24V DC	SB1221 4×5V DC
尺寸/mm（*W×H×D*）	45×100×75		38×62×21	
质量/g	170	210	35	
功耗/W	1.5	2.5	1.5	1.0
电流消耗（SM 总线）/mA	105	130	40	
电流消耗（DC 24V）	所用的每点输入 4mA		7mA/每通道+20mA	15mA/每通道+15mA
输入点数	8	16	4（HSC 时最大频率 200kHz/160kHz）	

（续）

	SM1221 8×24V DC	SM1221 16×24V DC	SB1221 4×24V DC	SB1221 4×5V DC
类型	漏型/源型（IEC 1 类漏型）		源型	源型
额定电压	4mA 时 DC 24V，额定值		7mA 时 DC 24V	15mA 时 DC 5V
允许的连续电压	最大 DC 30V		DC 28.8V	DC 6V
浪涌电压	DC 35V，持续 0.5s		DC 35V，持续 0.5s	6V
逻辑 1 信号（最小）	2.5mA 时 DC 15V		2.9mA 时（L+）−10V	5.1mA 时（L+）−2.0V
逻辑 0 信号（最大）	1mA 时 DC 5V		1.4mA 时（L+）−5V	2.2mA 时（L+）−1.0V
现场侧与逻辑侧隔离	DC 707V（形式测试）		AC 500V 持续 1min	
隔离组	2	4	1	
滤波时间/ms	0.2、0.4、0.8、1.6、3.2、6.4 和 12.8（可选择，4 个一组）			
同时接通的输入数	8	16	4	
电缆长度/m	500（屏蔽）；300（非屏蔽）		50，屏蔽双绞线	

表 5-14　SM1226 F-DI 的技术规范

		SM1226 F-DI DC 16×24V	
尺寸/mm（W×H×D）		70×100×75	
质量/g		250	
功耗/W		7	
电流消耗（SM 总线，DC 5V）/mA		155	
电流消耗（DC 24V）		130mA+6mA/使用的输入+任何使用的 Vs1/Vs2 电流	
隔离		信号端子参考模块上 M 端子，且相互之间不隔离；信号端子与内部逻辑和接地点隔离，电压为 707V DC（型式测试）	
分配的地址区域	输入的 I/O 区域	9B	
	输出的 I/O 区域	5B	
可达到的最大安全级别	通道数量	1 通道	2 通道
	符合 IEC 61508：2010	SIL 2	SIL 3
	符合 EN ISO 13849—1：2015	类别 3，PL d	类别 4，PL e
故障安全性能特性	安全完整性等级（SIL）	SIL 2	SIL 3
	低请求模式发生故障的平均概率 PFD_avg	$5×10^{-4}$	$1×10^{-5}$
	高请求或持续模式每小时危险故障平均频率 PFH	$1×10^{-8}$	$1×10^{-10}$
	验证测试间隔（任务时间或有效使用寿命）	20 年	20 年
	安全维修时间	100h	100h

（续）

		SM1226 F-DI DC 16×24V
输入状态显示		绿色 LED 指示灯/通道
输入故障显示		红色 LED 指示灯/通道
模块故障显示		红色/绿色 LED 指示灯（DIAG）
可显示诊断信息		TIA Portal、HMI 或者 Web 页面
Tcycle_i：内部循环时间		8ms
电源	电压范围/浪涌电压	DC 20.4V 到 DC 28.8V/DC 35V，持续 0.5s
	输入电流	130mA/730mA，（无/含）来自 Vs1 和 Vs2 的输出电流
	保持时间（掉电）/不可更换内部熔断器	DC 20.4V 时为 1.0ms/2.5A
	传感器电源输出数量/电压范围	2/（L+）DC −2.0V（最小值）
	传感器电源额定输出电流/允许输出总电流	300mA/600mA
	传感器电源短路保护	操作值 0.7~2.1A
数字输入	点数	1oo1 评估最大值 16；1oo2 评估最大值 8（每一对输入"a.x"和"b.x"可分配为单个 1oo2 通道或两个单独的 1oo1 通道）
	类型	漏型（IEC 61131—2 类型 1）
	额定电压	5mA 时 DC 24V，额定值
	浪涌电压	DC 35V，持续 0.5s
	逻辑 1 信号	DC 15V（3mA 时）到 DC 30V（6mA 时）
	逻辑 0 信号	DC −30V 到 DC 5V
	2 线制接近开关的连接（BERO）	不可选择；允许的静态电流最大 0.5mA
	滤波时间/ms	0.8、1.6、3.2、6.4、12.8
	同时接通的输入数	16 输入，55℃（水平）或 45℃（垂直）时
	电缆长度/m	200

（二）数字量输出信号模块与信号板

数字量输出信号模块 SM1222 与信号板 SB1222 的技术规范见表 5-15 和表 5-16。

表 5-15 四种 SM1222 的技术规范

	SM1222 8×RLY	SM1222 8×RLY 双态	SM1222 16×RLY	SM1222 DC 8×24V
尺寸/mm（W×H×D）	45×100×75	70×100×75	45×100×75	
质量/g	190	310	260	180
功耗/W	4.5	8.5	5	1.5
电流消耗（SM 总线）/mA	120	140	135	120
电流消耗（DC 24V）/mA	每线圈 11	每线圈 16.7	每线圈 11	50

101

（续）

	SM1222 8×RLY	SM1222 8×RLY 双态	SM1222 16×RLY	SM1222 DC 8×24V
输出点数	8	8	16	8
类型	继电器，干触点	继电器切换触点	继电器，干触点	固态 MOSFET 源型
额定电压	DC 5~30V 或 AC 5~250V			DC 20.4~28.8V
最大电流时逻辑 1	—			最小 DC 20V
10kΩ 负载逻辑 0	—			最大 DC 0.1V
电流（最大）/A	2.0			0.5
灯负载	DC 30W/AC 200W			5W
通态触点电阻	新设备最大为 0.2Ω			最大 0.6Ω
每点的漏泄电流	—			最大 10μA
浪涌电流	触点闭合时为 7A			8A，最长持续 100ms
过载保护	无			
现场侧与逻辑侧隔离	AC 1500V（线圈与触点）；无（线圈与逻辑侧）			DC 707V（形式测试）
隔离组	2	8	4	1
每个公共端最大电流/A	10	2	10	4
电感钳位电压	—			(L+)−48V，1W 损耗
开关延迟	最长 10ms			断通 50μs/通断 200μs
机械寿命（无负载）	10000000 个断开/闭合周期			—
额定负载触点寿命	100000 个断开/闭合周期			—
RUN—STOP 行为	上一个值或替换值（默认值为 0）			
同时接通的输出数	8	无相邻、60℃ 水平或 50℃ 垂直 4；55℃ 水平或 45℃ 垂直 8	无相邻、60℃ 水平或 50℃ 垂直 8；55℃ 水平或 45℃ 垂直 16	8
电缆长度/m	500（屏蔽）；150（非屏蔽）			

表 5-16　SM1222 与 SB1222 的技术规范

	SM1222 DC 16×24V	SM1222 16×24V 漏型	SB1222 DC 4×24V	SB1222 DC 4×5V
尺寸/mm（W×H×D）	45×100×75		38×62×21	
质量/g	220		35	
功耗/W	2.5		0.5	
电流消耗（SM 总线）/mA	140		35	

（续）

	SM1222 DC 16×24V	SM1222 16×24V 漏型	SB1222 DC 4×24V	SB1222 DC 4×5V
电流消耗（DC 24V）/mA	100	40	15	
输出点数	16		4	
类型	固态 MOSFET 源型	固态 MOSFET 漏型	固态 MOSFET 源型和漏型	
额定电压	DC 20.4~28.8V		DC 4.25~6V	
最大电流时逻辑 1	最小 DC 20V	DC 0.5V	(L+) −1.5V	(L+) −0.7V
10kΩ 负载逻辑 0	最大 DC 0.1V	典型 DC 24V：0.75V	最大 DC 1.0V	最大 DC 0.2V
电流（最大）/A	0.5		0.1	
灯负载/W	5		—	
通态触点电阻/Ω	最大 0.6	最大 0.5	最大 11（关态6）	最大 7（关态0.2）
每点的漏泄电流	最大 10μA	最大 75μA	—（脉冲串频率最大 200kHz，最小 2Hz）	
浪涌电流	8A，最长持续 100ms		0.11A	
过载保护	无	限流 1~3.5A	无	
现场侧与逻辑侧隔离	DC 707V（形式测试）		AC 500V 持续 1min	
隔离组	1			
每个公共端最大电流	8A	限流保护	0.4A	
电感钳位电压	L+−48V，1W 损耗	45V	无	
开关延迟	断通 50μs/通断 200μs	断通 20μs/通断 350μs	1.5μs+300ns	200ns+300ns
RUN—STOP 行为	上一个值或替换值（默认值为 0）			
同时接通的输出数	16		4	
电缆长度/m	500（屏蔽）；150（非屏蔽）		50，屏蔽双绞线	

故障安全数字量输出扩展模块 SM1226 F-DQ（RQ）的技术规范见表 5-17。

表 5-17 SM1226 F-DQ（RQ）的技术规范

	SM1226 F-DQ DC 4×24V	SM1226 F-RQ 2×RLY
尺寸/mm（W×H×D）	70×100×75	
质量/g	270	340
功耗/W	8	10
电流消耗（SM 总线，DC 5V）/mA	125	120
电流消耗（DC 24V）	170mA+ P 开关输出负载电流	300mA
隔离	信号端子参考模块上 M 端子，且相互之间不隔离；信号端子与内部逻辑和接地点隔离，电压为 DC 707V（形式测试）	

（续）

		SM1226 F-DQ DC 4×24V	SM1226 F-RQ 2×RLY
分配的地址区域	输入的 I/O 区域	6B	
	输出的 I/O 区域	6B	
可达到的最大安全级别	符合 IEC 61508：2010	SIL 3	
	符合 EN ISO 13849—1：2015	类别 4，PL e	
故障安全性能特性	安全完整性等级（SIL）	SIL 3	
	低请求模式发生故障的平均概率 PFD_avg	$1×10^{-5}$	
	高请求或持续模式每小时危险故障平均频率 PFH	$4×10^{-9}$	
	验证测试间隔（任务时间或有效使用寿命）	20 年	
	安全维修时间	100h	
	输出状态显示	绿色 LED 指示灯/通道	
	输出故障显示	红色 LED 指示灯/通道	
	模块故障显示	红色/绿色 LED 指示灯（DIAG）	
	可显示诊断信息	TIA Portal、HMI 或者 Web 页面	
	Tcycle_i：内部循环时间	8ms	
电源	电压范围/浪涌电压	DC 20.4~28.8V/DC 35V，持续 0.5s	
	输入电流	170mA（不含 P 开关负载电流）	300mA
	保持时间（掉电）	输出无保持时间；内部电源为 DC 20.4V 时，1.0 ms	输出无保持时间；内部电源为 DC 20.4V 时，1.0ms（输出关闭）/0.5ms（输出有接通）
	不可更换内部熔断器	逻辑电源 1A；P 开关输出 a.0 和 a.1，a.2 和 a.3 的公共端 7A	1A，内部电源
数字输出	点数	4	2（每个输出对应 2 电路）
	类型	P 和 M 开关	继电器，机械连接式感测触点
	每个公共端的电流（最大值）	8A	5A
	电感钳位电压	M 开关：+48V。P 开关：−26V	无；需要外部保护
	RUN—STOP 行为	只允许 0（关）	
	同时接通的输出数	55℃水平或 45℃垂直时 4	2
	并行连接 2 个输出	不可能	可冗余，不超单继电器额定负载
	数字量输入的控制	不可能	DC 24V SELV（安全特低电压）电源

（续）

	SM1226 F-DQ DC 4×24V	SM1226 F-RQ 2×RLY
数字输出	阻性负载最大30Hz 对称	阻性负载最大 2Hz
	感性负载最大 0.1Hz 对称	感性负载最大 0.1Hz（DC13）、2Hz（AC15）、Pilot Duty B300, R300（UL 508）
	灯负载最大 10Hz 对称	
	最大电流时的逻辑 1 信号：最小 L+-2.0V；P 开关最大 L+-1.5V；M 开关最大 0.5V	电压范围：DC 5~30V 和 AC 5~250V
		最小负载电流 5mA；每路连续热电流最大 5A
	逻辑 1 电流：额定值 2A（10mA~2.4A）	每个模块最大电流：55℃水平或 45℃垂直时 10A
	灯负载：10W（最大值）	通态触点电阻：新设备最大值为 0.2Ω
	逻辑 0 电流（残余）：0.5mA，最大值	隔离（输出到逻辑、电源和输出等）：2200V AC
	输出过载保护：≥25A 时，断开感测开关；P 开关处 2.4~3.8A（400ms 时间常数）两开关均断开；发生较大故障，断开 7A 熔断器	接通延时 20ms；断开延时第一个 16ms，第二个 40ms
		输出无过载、短路保护；需要外部 gG 类型熔断器或断路器。每个电路最大电流 5A。部分应用需要降额
	无断线监控；电缆长度 200m	

（三）数字量输入/输出信号模块与信号板

数字量输入/输出信号模块 SM1223 与信号板 SB1223 的技术规范见表 5-18、表 5-19。

表 5-18　4 种 SM1223 的技术规范

SM1223	DI DC 8×24V + DQ 8×RLY	DI DC 16×24V+ DQ 16×RLY	DI DC 8×24V+ DQ DC 8×24V	DI DC 16×24V+ DQ DC 16×24V
尺寸/mm（W×H×D）	45×100×75	70×100×75	45×100×75	70×100×75
质量/g	230	350	210	310
功耗/W	5.5	10	2.5	4.5
电流消耗（SM 总线）/mA	145	180	145	185
电流消耗（DC 24V）/mA	每点输入 4，每个继电器线圈 11		150	200
输入点数	8	16	8	16
类型	漏型/源型（IEC 1 类漏型）			
额定电压	4mA 时 DC 24V，额定值			
允许的连续电压	最大 DC 30V			
浪涌电压	DC 35V，持续 0.5s			
逻辑 1 信号（最小）	2.5mA 时 DC 15V			
逻辑 0 信号（最大）	1mA 时 DC 5V			
现场侧与逻辑侧隔离	DC 707V（形式测试）			

105

（续）

SM1223	DI DC 8×24V + DQ 8×RLY	DI DC 16×24V+ DQ 16×RLY	DI DC 8×24V+ DQ DC 8×24V	DI DC 16×24V+ DQ DC 16×24V
隔离组	2			
滤波时间/ms	0.2、0.4、0.8、1.6、3.2、6.4 和 12.8（可选择，4 个一组）			
同时接通的输入数	8	无相邻、60℃水平或 50℃垂直 8；55℃水平或 45℃垂直 16	8	16
电缆长度/m	500（屏蔽）；300（非屏蔽）			
输出点数	8	16	8	16
类型	继电器，干触点		固态 MOSFET 源型	
额定电压	DC 5~30V 或 AC 5~250V		DC 20.4~28.8V	
最大电流时逻辑 1	—		最小 DC 20V	
10kΩ 负载逻辑 0	—		最大 DC 0.1V	
电流（最大）	2.0A		0.5A	
灯负载	DC 30 W/AC 200W		5W	
通态触点电阻	新设备最大为 0.2Ω		最大 0.6Ω	
每点的漏泄电流	—		最大 10μA	
浪涌电流	触点闭合时为 7A		8A，最长持续 100ms	
过载保护	无			
现场侧与逻辑侧隔离	AC 1500V（线圈与触点）；无（线圈与逻辑侧）		707V DC（形式测试）	
隔离组	2	4	1	
每个公共端最大电流	10A	8A	4A	8A
电感钳位电压	—		(L+)-48V，1W 损耗	
开关延迟	最长 10ms		断通 50μs/通断 200μs	
机械寿命（无负载）	10,000,000 个断开/闭合周期			
额定负载触点寿命	100,000 个断开/闭合周期		—	
RUN-STOP 行为	上一个值或替换值（默认值为 0）			
同时接通的输出数	8	无相邻、60℃水平或 50℃垂直 8；55℃水平或 45℃垂直 16	8	16
电缆长度/m	500（屏蔽）；150（非屏蔽）			

表 5-19　SM1223 与 SB1223 的技术规范

1223	SM DI 16×24V+ DQ 16×RLY	SM DI 8×120/ 230V+DQ 8×RLY	SB DI 2×24V+ DQ DC 2×24V	SB DI 2×24V+ DQ 2×24V 200k	SB DI 2×5V+ DQ 2×5V 200k
尺寸/mm（$W×H×D$）	70×100×75	45×100×75	38×62×21		
重量/g	310	190	40	35	35
功耗/W	4.5	7.5	1.0	1.0	1.0
电流消耗（SM 总线）/mA	185	120	50	35	35
电流消耗（DC 24V）/mA	40	每点输出 11	每点输入 4	7/每通道+30	15/每通道+15
输入点数	16	8	2	2	2
类型	IEC1 漏型/源型	IEC1	IEC1 漏型	源型	源型
额定电压	4mA 时 DC 24V	AC 120V/230V	4mA 时 DC 24V	7mA 时 DC 24V	15mA 时 DC 24V
允许的连续电压	最大 DC 30V	AC 264V	最大 DC 30V	DC 28.8V	DC 6V
浪涌电压	DC 35V，0.5s	—	DC 35V，0.5s	DC 35V，0.5s	6V
逻辑 1 信号（最小）	2.5mA 时 15V	2.5mA 时 79V	2.5mA 时 15V	2.9mA 时 (L+)−10V	5.1mA 时 (L+)−2V
逻辑 0 信号（最大）	1mA 时 5V DC	1mA 时 20V	1mA 时 5V DC	1.4mA 时 (L+)−5V	2.2mA 时 (L+)−1V
现场侧与逻辑侧隔离	DC 707V（形式）	AC 1500V，1min			
隔离组	2	4	1		
滤波时间	0.2~12.8ms（可选，4 个一组）	0.2~12.8ms（用户可选）	0.2~12.8ms（可选，2 个一组）	0.2~12.8ms（可选，4 个一组）	
同时接通的输入数	16	8	2		
电缆长度/m	500（屏蔽）；300（非屏蔽）				
输出点数	16	8	2		
类型	MOSFET 漏型	继电器，干触点	固态 MOSFET	固态 MOSFET，源型和漏型	
额定电压	DC 20.4~28.8V	5~30V/250V	DC 20.4~28.8V		DC 4.25~6.0V
最大电流时逻辑 1	DC 0.5V	—	最小 DC 20V	(L+)−1.5V	(L+)−0.7V
10kΩ 负载逻辑 0	DC 24V：0.75V	—	最大 DC 0.1V	最大 DC 1.0V	最大 DC 0.2V
电流（最大）/A	0.5	2.0	0.5	0.1	
灯负载	5W	DC 30W/AC 200W	5W	—	
通态触点电阻	最大 0.5Ω	新设备最大 0.2Ω	最大 0.6Ω	最大 11Ω	最大 7Ω
每点的漏泄电流	最大 75μA	—	最大 10μA		
浪涌电流	限流保护	触点闭合时 7A	5A，100ms	—	
过载保护	1~3.5A	无			
现场侧与逻辑侧隔离	DC 707V（形式）	AC 1500V（线圈与触点）	AC 1500V（现场侧与逻辑侧）		

（续）

1223	SM DI 16×24V+ DQ 16×RLY	SM DI 8×120/ 230V+DQ 8×RLY	SB DI 2×24V+ DQ DC 2×24V	SB DI 2×24V+ DQ 2×24V 200k	SB DI 2×5V+ DQ 2×5V 200k
隔离组	1	2	1	1（通道间无隔离）	
每个公共端最大电流/A	8	10	1	0.2	
电感钳位电压	45V	—	(L+)−48，1W 损耗	无	
开关延迟	通 20μs/断 350μs	10ms	通 2μs/断 10μs	1.5μs+300ns	200ns+300ns
机械寿命（无负载）	—	10000000 个断开/闭合周期	—		
额定负载触点寿命	—	100000 个断开/闭合周期	—		
RUN—STOP 行为	上一个值或替换值（默认值为 0）				
同时接通的输出数	16	无相邻、60℃水平或 50℃垂直 4；55℃水平或 45℃垂直 8	2		
电缆长度/m	500（屏蔽）；150（非屏蔽）			50（屏蔽双绞线）	

（四）模拟量输入信号模块与信号板

模拟量输入信号模块 SM1231 与信号板 SB1231 的技术规范见表 5-20。

表 5-20　模拟量输入 SM1231 和 SB1231 的技术规范

	SM1231 AI 4×13 位	SM1231 AI 8×13 位	SM1231 AI 4×16 位	SB1231 AI 1×12 位
尺寸/mm（W×H×D）	45×100×75			38×62×21
质量/g	180			35
功耗/W	2.2	2.3	2.0	0.4
电流消耗（SM 总线）/mA	80	90	80	55
电流消耗（DC 24V）/mA	45		65	—
输入路数	4	8	4	1
类型	电压或电流（差动），可 2 个一组		电压或电流（差动）	
范围	±10V、±5V、±2.5V、0~20 mA 或 4~20mA		多±1.25V 类型	无 4~20mA 类型
满量程范围（数据字）	−27648~27648，电压；0~27648，电流			−27648~27648
过冲/下冲范围	电压：27,649~32,511/−32,512~−27,649 电流：27,649~32,511/−4,864~0		—	
上溢/下溢（数据字）	电压：32,512~32,767/−32,768~−32,513 电流 0~20mA：32,512~32,767/−32,768~−4,865 值小于−4,864 时表示开路 电流 4~20mA：32,512~32,767			

108

（续）

	SM1231 AI 4×13 位	SM1231 AI 8×13 位	SM1231 AI 4×16 位	SB1231 AI 1×12 位
精度	12 位+符号位		15 位+符号位	11 位+符号位
最大耐电压/耐电流	±35V/±40mA			
平滑	无、弱、中或强			
噪声抑制/Hz	400、60、50 或 10			
精度（25℃/0~55℃）	±0.1%/±0.2%满量程		±0.1%/±0.3%满量程	±0.3%/±0.6 %满量程
阻抗	≥9MΩ（电压）/≥270Ω，<290Ω（电流）		≥1MΩ（电压）/<315Ω，>280Ω	差动：220kΩ/250Ω 共模：55 kΩ/55Ω
隔离	无		逻辑与24V、现场与逻辑707V；24V 与现场 500V；通道间无	无
共模抑制	40dB，DC：60Hz			400dB，DC：60Hz
工作信号范围	信号加共模−12~+12V			加共模−35~+35V
电缆长度/m	100，屏蔽双绞线			100，双绞线
上溢/下溢	大于 DC 30V 或小于 DC −15V，结果未知，上溢或下溢可能不激活			有
电压模式对地短路	不适用			—
电流模式断路	仅限4~20mA 范围（如果输入低于−4，864，1.185 mA）			—
DC 24V 低压	有			—

热电偶模拟量输入信号模块 SM1231 与信号板 SB1231 的技术规范见表 5-21。

表 5-21 热电偶模拟量输入 SM1231 和 SB1231 的技术规范

	SM1231 AI 4×16 位热电偶	SM1231 AI 8×16 位热电偶	SB1231 AI 1×16 位热电偶
尺寸/mm（$W×H×D$）	45×100×75		38×62×21
质量/g	180	190	35
功耗/W	1.5		0.5
电流消耗（SM 总线）/mA	80		5
电流消耗（DC 24V）/mA	40		20
输入路数	4	8	1
类型	热电偶		悬浮型热电偶和毫伏信号
范围	J，K，T，E，R，S，B，N，C，TXK/XK（L），电压范围：+/−80mV		
精度	温度：0.1℃/0.1℉（$1℉=\frac{5}{9}K$）。电压：15 位 + 符号位		
最大耐电压	±35V		
噪声抑制	85dB，10Hz/50Hz/60Hz/400Hz 时		
共模抑制	AC 120V 时>120dB		

（续）

	SM1231 AI 4×16 位热电偶	SM1231 AI 8×16 位热电偶	SB1231 AI 1×16 位热电偶
阻抗	≥10MΩ		
隔离	现场与逻辑、24V 与现场、24V 与逻辑 707V（型式测试）		现场与逻辑 500V
通道间隔离	AC 120V		—
重复性	±0.05% FS		
测量原理	积分		
冷端误差	±1.5℃		
电缆长度	到传感器的最大长度为 100m		
电缆电阻	最大 100Ω		
上溢/下溢	如果模块组态时未使能报警，上溢、下溢和低电压诊断报警信息会以模拟量数值形式显示		
断路	如果断线报警未使能，在传感器接线断开时会显示随机值		
DC 24V 低压	有		—

热电阻模拟量输入信号模块 SM1231 与信号板 SB1231 的技术规范见表 5-22。

表 5-22　热电阻模拟量输入 SM1231 和 SB1231 的技术规范

	SM1231 AI 4×16 位热电阻	SM1231 AI 8×16 位热电阻	SB1231 AI 1×16 位热电阻
尺寸/mm（$W \times H \times D$）	45×100×75	70×100×75	38×62×21
质量/g	220	270	35
功耗/W	1.5		0.7
电流消耗（SM 总线）/mA	80	90	5
电流消耗（DC 24V）/mA	40		25
输入路数	4	8	1
类型	RTD 和电阻		参考接地的 RTD 和电阻值
范围	铂（Pt）、铜（Cu）、镍（Ni）、LG-Ni 或电阻		
精度	温度：0.1℃/0.1℉。电压：15 位+符号位		
最大耐电压	±35V		
噪声抑制	85dB，10Hz/50Hz/60Hz/400Hz 时		
共模抑制	>120dB		
阻抗	≥10MΩ		
隔离	现场与逻辑、24V 与现场、24V 与逻辑 707V（型式测试）		现场与逻辑 500V
通道间隔离	无		
重复性	±0.05% FS		

（续）

	SM1231 AI 4×16 位热电阻	SM1231 AI 8×16 位热电阻	SB1231 AI 1×16 位热电阻
测量原理	积分		
冷端误差	—		
电缆长度	到传感器的最大长度为 100m		
电缆电阻	20Ω、2.7Ω，对于 10Ω RTD		
上溢/下溢	若模块组态未使能报警，上溢、下溢（电阻无）和低电压诊断报警以模拟量数值形式显示		
断路	如果断线报警未使能，在传感器接线断开时会显示随机值		
DC 24V 低压	有		—

（五）模拟量输出信号模块与信号板

模拟量输出信号模块 SM1232 与信号板 SB1232 的技术规范见表 5-23。

表 5-23　模拟量输出 SM1232 和 SB1232 的技术规范

	SM1232 AQ 2×14 位	SM1232 AQ 4×14 位	SB1232 AQ 1×12 位
尺寸/mm（$W×H×D$）	45×100×75		38×62×21
质量/g	180		40
功耗/W	1.8	2.0	1.5
电流消耗（SM 总线）/mA	80		15
电流消耗（DC 24V）/mA	45（无负载）		40（无负载）
输出路数	2	4	1
类型	电压或电流		
范围	±10V、0~20mA 或 4~20mA		±10V 或 0~20mA
满量程范围（数据字）	−27648~27648，电压；0~27648，电流		
分辨率	电压：14 位。电流：13 位		电压：12 位。电流：11 位
精度（25℃/0~55℃）	满量程的±0.3%/±0.6%		满量程的±0.5%/±1%
稳定时间（95%）	电压：300μs（R）、750μs（1μF）。电流：600μs（1mH）、2ms（10mH）		
负载阻抗	电压：≥1000Ω。电流：≤600Ω		
RUN—STOP 行为	上一个值或替换值（默认值为 0）		
现场与逻辑隔离	无		
电缆长度/m	100，屏蔽双绞线		
上溢/下溢	有		
电压模式对地短路	有		
电流模式断路	有		
DC 24V 低压	有		—

（六）模拟量输入/输出信号模块

模拟量输入/输出信号模块 SM1234 的技术规范见表 5-24。

表 5-24　模拟量输入/输出 SM1234 的技术规范

	SM1234 AI 4×13 位 AQ 2×14 位		SM1234 AI 4×13 位 AQ 2×14 位
尺寸/mm（W×H×D）	45×100×75	电流消耗（SM 总线）	80mA
质量/功耗	220g/2.4W	电流消耗（DC 24V）	60mA（无负载）
输入路数	4	输出路数	2
类型	电压或电流（差动）； 可 2 个一组	类型	电压或电流
范围	±10V、±5V、±2.5V、 0~20mA 或 4~20mA	范围	±10V、0~20mA 或 4~20mA
满量程范围（数据字）	−27,648~27,648	分辨率	电压：14 位。电流：13 位
过冲/下冲范围	电压 27,649~32,511/ −32,512~−27,649； 电流 27,649~ 32,511/−4864~0	满量程范围（数据字）	电压−27,648~27,648； 电流 0~27,648
上溢/下溢（数据字）	电压 32,512~32,767/ −32,768~−32,513； 电流 32,512~32,767/ −32,768~−4865	稳定时间（95%）	电压：300μs（R）、 750μs（1μF） 电流：600μs（1mH）、 2ms（10mH）
分辨率	12 位+符号位	精度（25℃/0~55℃）	满量程的±0.3%/±0.6%
最大耐电压/耐电流	±35V/±40mA	负载阻抗	电压：≥1000Ω。 电流：≤600Ω
平滑	无、弱、中或强	RUN—STOP 行为	上一个值或替换值 （默认值为 0）
噪声抑制/Hz	400、60、50 或 10	现场与逻辑隔离	无
精度（25℃/0~55℃）	满量程的±0.1 %/±0.2%	电缆长度	100m，屏蔽双绞线
阻抗	≥9MΩ（电压）/≥270Ω， <290Ω（电流）	上溢	有（如果对输入端施加大 于 DC 30V 或小于 DC −15V 的电压，则结果值将是未知 的，因此相应的上溢或下溢 可能不会激活）
现场与逻辑隔离	无	下溢	
共模抑制	40dB，DC：60Hz	电压模式对地短路	输出端有
模数转换时间	625μs（400Hz 抑制）	电流模式断路	输出端有
工作信号范围	加共模小于+12V 且大于−12V	DC 24V 低压	有
电缆长度	100m，屏蔽双绞线		

四、SIMATIC HMI 系列面板及其他模块与附件

面向简单 HMI 任务，新一代 KTP 系列精简面板的技术规范见表 5-25。

表 5-25　KTP 系列精简面板的技术规范

	KTP400 Basic PN	KTP700 Basic DP/PN	KTP900 Basic PN	KTP1200 Basic DP/PN
显示屏	TFT（薄膜晶体管）真彩 64 千色液晶触摸屏和覆膜按键			
尺寸/in	4in 触摸+按键	7in 触摸+按键	9in 触摸+按键	12in 触摸+按键
分辨率/像素（宽×高）	480×272	800×480	800×480	1280×800
背光 MTBF	20000h			
前面板尺寸/mm（宽×高）	141×116	214×158	267×182	330×245
功能键/系统键	4/—	8/—	8/—	10/—
用户内存	10MB			
可选内存/配方内存	—/256KB			
报警缓冲区	√			
串口/PROFIBUS DP	—/—	DP：—/√。PN：—/—	—/—	DP：—/√。PN：—/—
MPI/PROFINET	—/√	DP：√/—。PN：—/√	—/√	DP：√/—。PN：—/√
主 USB 口/USB 设备	1/—	1/—	1/—	1/—
CF/MMC/SD 卡插槽	—/—/—	—/—/—		—/—/—
报警（数量/类别）	1000/32			
画面数/变量/矢量图	100/800/√			
棒图/曲线图	√/$f(t)$			
画面模板/配方	—/50			
归档/VB 脚本/编程	√/—/—			
S7/WinAC/S5/505	√/√/—/—			
SINUMERIK/SIMOTION	—/—			
A B/Mitsubishi（三菱）	√/√			
Modicon（莫迪康）/Omron（欧姆龙）	√/—	√/√	√/—	√/√
可用组态软件	WinCC Basic V13 SP1 或更高版本			
	无 Sm@ rtServer/Audit/Logon 等选件；无 OPC 服务器/IE 浏览器等应用程序			

用于复杂人机界面任务的 TP、KP 系列精智面板的技术规范见表 5-26。

表 5-26　TP、KP 系列精智面板的技术规范

	TP400	KP400	TP700	KP700	TP900	KP900	TP1200	KP1200
显示屏	TFT 宽屏显示，1600 万色，LED 背光							
屏幕/按键	触屏+键	覆膜键	触摸屏	覆膜键	触摸屏	覆膜键	触摸屏	覆膜键
尺寸/in	4.3		7		9		12.1	
分辨率/像素（宽×高）	480×272		800×480		800×480		1280×800	
背光 MTBF	80000h							
功能键/系统键	4(LED)/	8(LED)/	—/—	24(LED)/	—/—	26(LED)/	—/—	34(LED)/
前面板尺寸/mm（宽×高）	140×116	152×188	214×158	308×204	274×190	362×230	330×241	454×289
用户内存	4MB		12MB					
可选内存/配方内存	4MB/512KB		12MB/2MB					
报警缓冲区	$\sqrt{}$							
串口/PROFIBUS DP	$\sqrt{}/\sqrt{}$							
MPI/PROFINET	$\sqrt{}/1$		$\sqrt{}/2$					
主 USB 口/USB 设备	1/1		2/1					
CF/MMC/SD 卡槽	—/$\sqrt{}/\sqrt{}$							
报警（数量/类别）	2000/32		4000/32					
画面数/变量/矢量	500/1024/$\sqrt{}$		500/2048/$\sqrt{}$					
棒图/曲线图	$\sqrt{}/f(t), f(x)$							
画面模板/配方	—/100		—/300					
归档/VB 脚本	10/50		50/100					
编程器功能	状态/控制，诊断信息浏览器							
S7/WinAC/S5/505	$\sqrt{}/\sqrt{}/—/—$							
SINUMERIK/SIMOTION	—/—							
A B/Mitsubishi	$\sqrt{}/\sqrt{}$							
Modicon/Omron	$\sqrt{}/\sqrt{}$							
可用组态软件	WinCC Comfort V13 SP1 或更高版本							
	无 Sm@ rtAccess 选件；有 Sm@ rtService/Audit/Logon 选件；有 OPC 服务器/IE 浏览器应用程序							

　　输入仿真器 SIM1274 是在调试及实际运行期间用于测试程序的仿真模块，包括输入状态选择开关进行开关量输入（直流或差分）仿真，以及模拟量输入仿真，技术规范见表 5-27。

表 5-27 SIM1274 的技术规范

	8 位置仿真器	14 位置仿真器	2 路模拟器	14 路模拟器
尺寸/mm（$W \times H \times D$）	43×35×23	67×35×23	—	—
质量/点数	20g/8	30g/14	—/2	—/14
配套使用的 CPU	1211C、1212C	1214C	1211C、1212C、1214C、1215C、1217C	1217C

电源模块 PM1207 为 SIMATIC S7-1200 PLC 提供稳定电源，输入 120V/230V AC，输出 DC 24V/2.5A，其技术规范见表 5-28。

表 5-28 电源模块 PM1207 的技术规范

	PM1207		PM1207
尺寸/mm（$W \times H \times D$）	70×100×75	额定值下效率近似值	83%
近似质量	0.3kg	并联以提高性能	是，2 个装置
输入电压，额定值	AC 120V/230V（自动调整）	电气短路保护	能，自动重启
输入电压范围	AC 85~132V/176~264V	无线电干扰抑制等级	B 级
电源缓冲	>20ms（当 U_e＝93V/187V）	状态显示	24V 时 LED 为绿色，OK
电源频率	50Hz/60Hz（47~63Hz）	电源谐波限制	不适用
输入电流，额定值	1.2A/0.67A	防护等级	IP20
开启电流（25℃）	<13A	安全等级	1 级
推荐使用微型断路器	16A 特征曲线 B，10A 特征曲线 C	电流隔离	SELV 输出电压，符合 EN 60950 及 EN 50178
输出电压，额定值	DC 24V		
偏差	±3%	工作环境温度	0~60℃
残余波纹	<150mVpp（峰峰值）	运输/存储温度	0~60℃
调整范围	无	安装	标准安装导轨 EN 60715 35×7.5/15
输出电流，额定值	2.5A	认证	CE，cULus

SIMATIC 存储卡（4MB、12MB、24MB），可以组态为多种形式：

1）程序卡，将存储卡作为 CPU 的外部装载存储器，可以提供一个更大的装载存储区。

2）传送卡，复制一个程序到一个或多个 CPU 的内部装载存储区而不必使用 STEP 7 Basic 编程软件。

3）固件更新卡，更新 S7-1200 PLC CPU 固件版本（对 V3.0 及之后的版本不适用）。

五、S7-1200 系列 PLC 硬件系统配置

通过向项目中添加 CPU 和其他模块，为 PLC 系统创建设备组态，如图 5-2 所示。其

115

中：①通信模块（CM）或通信处理器（CP）：最多 3 个，分别插在插槽 101～103 中。②CPU：插槽号 1。③CPU 的 PROFINET 端口。④信号板（SB）、通信板（CB）或电池板（BB）：最多 1 个，插在 CPU 中。⑤数字或模拟 I/O 的信号模块（SM）：最多 8 个，分别插在插槽 2～9 中（CPU1214C、CPU1215C 和 CPU1217C 允许使用 8 个；CPU1212C 允许使用 2 个；CPU1211C 不允许使用任何信号模块）。S7-1200 PLC 的设备组态允许用户为项目组态一个最大组态，包括实际操作中可能用不到的模块，供多个应用中所安装模块的变量使用。

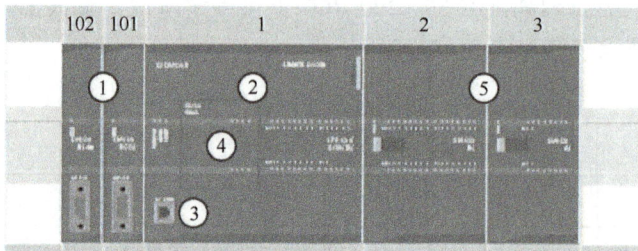

图 5-2　PLC 系统硬件设备组态

（一）插入 CPU

通过 Portal 视图或 STEP 7 的项目视图，创建机架，通过在设备视图中选择 CPU，将 CPU 插入到项目中，在巡视窗口中显示 CPU 属性。需要说明的是，CPU 不具有预组态的 IP 地址，必须为 CPU 手动分配 IP 地址，如果 CPU 连接到网络上的路由器，则也应输入路由器的 IP 地址。

（二）将模块添加到组态

硬件模块必须添加到设备组态并将硬件配置下载到 CPU 中，模块才能正常工作。使用硬件目录将模块添加到 CPU。

1）SM 提供附加的数字或模拟 I/O 点，这些模块连接在 CPU 右侧。

2）SB 仅为 CPU 提供几个附加的 I/O 点，SB 安装在 CPU 的前端。

3）BB1297 可提供长期的实时时钟备份，BB 安装在 CPU 的前端。

4）CB 提供附加的通信端口（如 RS485），CB 安装在 CPU 的前端。

5）CM 和通信处理器（CP）提供附加的通信端口（如用于 PROFIBUS 或 GPRS），这些模块连接在 CPU 左侧。

（三）上传已连接 CPU 的组态

STEP 7 提供两种上传已连接 CPU 的硬件配置的方法：

1）将已连接设备作为新站上传。这种方法将同时上传已连接 CPU 的硬件配置和软件程序块。

2）检测未指定 CPU 的硬件配置，如果已连接到 CPU，则可以将该 CPU 的组态（包括所有 SM、SB 或 CM）上传到用户项目中。随后可以为 CPU 和模块组态参数。

（四）组态控制功能

想创建一个要在多个不同安装中使用的自动化解决方案时，可加载 STEP 7 设备组态和用户程序到不同的已安装 PLC 组态，仅需进行一些简单的调整，即可使 STEP 7 项目与实际安装对应。例如，使用 STEP 7 和 S7-1200 PLC 的组态控制功能，为标准机器组态一个最大组态，并操作选用其中一部分组态。在启动程序块中编程的控制数据记录将通知 CPU 与组态相比实际安装中丢失了哪些模块，或是哪些模块位于与组态不同的插槽中。组态控制不会影响模块的参数分配。只要用户能够从 STEP 7 的最大设备组态中获取实际组态，便可使用组态控制进行多种不同的灵活安装。组态控制要激活，并构建包含控制数据记录的 PLC 数据块。如果在写入控制数据记录期间发生错误，CPU 将返回相应错误消息。已组态 CPU 或模块的设备类型也可以更改。

（五）组态 CPU 的运行

CPU 的运行参数也需要组态，CPU 属性说明见表 5-29。

表 5-29　CPU 属性说明

属性	说明
PROFINET 接口	设置 CPU 的 IP 地址和时间同步
DI、DO 和 AI	组态本地（板载）数字量和模拟量 I/O 的特性（例如，数字量输入滤波时间和对 CPU 停止的数字量输出响应）
高速计数器和脉冲发生器	启用并组态高速计数器（High-Speed Counter，HSC）以及用于脉冲串运行（Pulse-Train Operation，PTO）和脉冲宽度调制（Pulse-Width Modulation，PWM）的脉冲发生器 将 CPU 或信号板的输出组态为脉冲发生器时（供 PWM 或运动控制指令使用），会从 Q 存储器中移除相应的输出地址，并且这些地址在用户程序中不能用于其他用途 如果用户程序向用作脉冲发生器的输出写入值，则 CPU 不会将该值写入到物理输出
启动	上电后启动：选择进行关到开转换之后 CPU 的特性，如在 STOP 模式下启动或在暖启动后转到 RUN 模式
	各模块内部均包含基于 I/O 数量、电气兼容性以及其他对应比较点的替换兼容性要求。例如，16 通道的 SM 是 8 通道 SM 的可接受替换设备，但 8 通道 SM 不是 16 通道 SM 的可接受替换设备。选择"允许可接受的替换"，STEP 7 会实施替换规则；否则，STEP 7 将允许任何替换
	分布式 I/O 的参数分配时间：组态将分布式 I/O 切换到在线状态所允许的最长时间（默认值：60000ms）。在启动期间，CM 和 CP 会从 CPU 接收供电和通信参数。该分配时间是连接到 CM 或 CP 的 I/O 切换到在线状态所允许的时间
	无论分配时间是多少，分布式 I/O 切换为在线状态后，CPU 会立即进入 RUN 模式。如果分布式 I/O 未在这一时间内切换为在线状态，则 CPU 仍会在没有分布式 I/O 的情况下进入 RUN 模式。如果组态使用 CM1243-5（PROFIBUS 主站），不要将此参数设置为低于 15s（15000ms），以确保模块切换到在线状态
周期	定义最大循环时间或固定的最小循环时间
通信负载	分配专门用于通信任务的 CPU 时间百分比
系统和时钟存储器	启用一个字节用于"系统存储器"功能，并启用一个字节用于"时钟存储器"功能（其中每个位都按预定义频率打开和关闭）
Web 服务器	启用和组态 Web 服务器功能

117

（续）

属性	说明
时钟	选择时区并组态夏令时
用户界面语言	为 Web 服务器和 CPU 显示选择与项目语言对应的语言。可针对最多两种项目语言为 Web 服务器和 CPU 显示分配相应的用户界面语言
保护	设置用于访问 CPU 的读/写保护和密码
连接资源	提供可用于 CPU 的通信连接资源汇总以及已组态的连接资源数
地址总览	提供已为 CPU 组态的 I/O 地址的摘要

1）组态数字量输入滤波时间。数字量输入滤波器可防止程序响应输入信号的意外快速变化，这些变化可能因开关触点跳跃或电气噪声产生。每一个输入点都有一个适用于所有应用的滤波器组态：过程输入、中断、脉冲捕捉和 HSC 输入。数字量输入的默认滤波时间为 6.4ms，有效滤波时间范围为 0.1μs～20.0ms。为了确保新的滤波时间立即生效，必须关闭 CPU 电源后再开启。

2）脉冲捕捉。S7-1200 PLC CPU 为数字量输入点提供脉冲捕捉功能。通过脉冲捕捉功能可以捕捉高电平脉冲或低电平脉冲。此类脉冲出现的时间极短，CPU 在扫描周期开始读取数字量输入时，可能无法始终看到此类脉冲。当为某一输入点启用脉冲捕捉时，输入状态的改变被锁定，并保持至下一次输入循环更新。这样可确保捕捉到持续时间很短的脉冲，并保持到 CPU 读取输入为止。

（六）组态模块的参数

SM 或 SB 的运行参数需要组态，包括：

1）数字量 I/O：组态各个输入用于上升沿检测或下降沿检测（将每个检测分别与一个事件和硬件中断进行关联），或用于在输入过程映像的下一次更新期间进行"脉冲捕捉"（瞬时脉冲之后停留）。输出可使用冻结值或替换值。

2）模拟量 I/O：为各个输入组态参数，如测量类型（电压或电流）、范围和平滑化，也可启用下溢或上溢诊断。模拟量输出提供诸如输出类型（电压或电流）之类的参数，也可用于诊断，例如，短路（针对电压输出）或上/下限诊断。以工程单位表示的模拟量输入和模拟量输出的范围，必须按照"模拟值的处理"在程序逻辑中进行相应处理。

3）I/O 地址：组态用于设置模块的输入和输出的起始地址。可以将输入和输出分配给过程映像分区（PIP0～PIP4）或自动更新，或者不使用过程映像分区。

S7-1200 PLC 不仅支持最简单的网络，而且支持更复杂的网络，还提供与其他设备通信的工具（如使用自身通信协议的打印机等）。根据通信接口的类型组态通信接口（CM、CP 或 CB）网络参数。

1）以太网地址组态：将软件项目与接收该项目的 CPU 的 IP 地址关联，注意：S7-1200 PLC CPU 不具有预组态的 IP 地址。必须手动为 CPU 分配 IP 地址。

2）对于 TCP、ISO-on-TCP 和 UDP 以太网协议，使用指令（TSEND_C、TRCV_C 或 TCON）组态"本地/伙伴"连接。

3）完成组态后，将项目下载到 CPU，下载项目时会组态所有 IP 地址。

需要说明的是，要建立与 CPU 的连接，网络接口卡（NIC）和 CPU 的网络类别和子网必须相同。可以设置网络接口卡的 IP 地址使其与 CPU 的默认 IP 地址匹配，也可以更改 CPU 的 IP 地址，使其与网络接口卡的网络类别和子网匹配。

第三节 S7-1200 PLC 用户程序与数据

一、用户程序的执行

（一）用户程序与过程映像分区

S7-1200 PLC CPU 支持组织块（OB）、功能（FC）和功能块（FB）、数据块（DB）等类型的代码块，创建有效的用户程序结构：

1）OB，定义程序的结构。有些 OB 具有预定义的行为和启动事件，用户也可以创建具有自定义启动事件的 OB。

2）FC 和 FB，是指可从 OB 或其他 FC/FB 调用的程序代码块，从程序循环 OB 或启动 OB 开始可嵌套 16 层，从任意中断事件 OB 开始可嵌套 6 层。每个 FC 或 FB 都提供一组输入和输出参数，用于与调用块共享数据。FC 不与任何特定 DB 相关联。FB 与 DB 直接相关并使用该 DB 传递参数及存储中间值和结果。每次调用 FB 都采用唯一的背景 DB。调用带有不同背景 DB 的同一 FB 不会对其他任何背景 DB 的数据值产生影响。

3）DB，存储程序块可以使用的数据。

用户程序的执行顺序是：从一个或多个在进入 RUN 模式时运行一次的可选启动 OB 开始，然后执行一个或多个循环执行的程序循环 OB。还可以将 OB 与中断事件关联，该事件可以是标准事件或错误事件。当发生相应的标准或错误事件时，即会执行这些 OB。

用户程序、数据及组态的大小受 CPU 中可用装载存储器和工作存储器的限制。对各个 OB、FC、FB 和 DB 的数目没有特殊限制。但是块的总数限制在 1024 之内。每个周期都包括写入输出、读取输入、执行用户程序指令以及执行后台处理，该周期称为扫描周期或扫描。对于需要在每个扫描周期进行更新的 I/O，CPU 将在每个扫描周期期间执行以下任务：

1）CPU 将过程映像输出区中的输出值写入到物理输出。

2）CPU 仅在用户程序执行前读取物理输入，并将输入值存储在过程映像输入区，这些值在整个用户指令执行过程中保持一致。

3）CPU 执行用户指令逻辑，并更新过程映像输出区中的输出值，不写入实际的物理输出，确保在给定周期内执行用户指令而提供一致的逻辑，防止物理输出点可能改变状态而出现抖动。

S7-1200 PLC 提供了 5 个过程映像分区。第一个过程映像分区 PIP0 指定用于每个扫描周期都自动更新的 I/O，此为默认分配。其余 4 个分区 PIP1~PIP4 可用于将 I/O 过程映像更新分配给不同的中断事件。

可以在指令执行时立即读取物理输入值和立即写入物理输出值。无论 I/O 点是否被组态为存储到过程映像中，立即读取功能都将访问物理输入的当前状态而不更新过程映像输入

119

区。立即写入物理输出功能将同时更新过程映像输出区（如果相应 I/O 点组态为存储到过程映像中）和物理输出点。如果想要程序不使用过程映像，直接从物理点立即访问 I/O 数据，则在 I/O 地址后加扩展名 "：P"。

如果将 I/O 分配给过程映像分区 PIP1~PIP4 中的其中一个，但未将 OB 分配给该分区，那么 CPU 不会将 I/O 更新至过程映像，也不会通过过程映像更新 I/O。将 I/O 分配给未分配相应 OB 的 PIP，相当于将过程映像指定为 "无"（None）。可使用直接读指令直接从物理 I/O 中读取 I/O，或使用直接写指令直接写入物理 I/O，CPU 不更新过程映像。CPU 还支持 PROFINET 和 PROFIBUS 网络上的分布式 I/O。

（二）CPU 的工作模式

CPU 有 STOP、STARTUP 和 RUN 三种工作模式，CPU 前面的状态 LED 指示当前工作模式。在 STOP 模式下，CPU 处理所有通信请求（如果适用）并执行自诊断，不执行用户程序，不自动更新过程映像区，可以下载项目。在 STARTUP 模式下，执行一次启动 OB（如果存在），不处理中断事件。在 RUN 模式，程序循环 OB 重复执行，发生中断事件，在 RUN 模式中的任意点执行相应的中断事件 OB，可下载项目的某些部分。

通电后，CPU 执行一系列上电诊断检查和系统初始化操作。在系统初始化过程中，CPU 将删除所有非保持性位 M 存储器，并将所有非保持性 DB 的内容复位为装载存储器的初始值，保留保持性位 M 存储器和保持性 DB 的内容，然后进入相应的工作模式。STARTUP 至 RUN 模式下，CPU 执行如图 5-3 所示的任务。

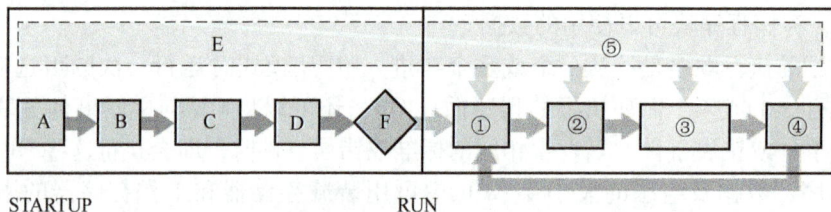

图 5-3　STARTUP 至 RUN 模式下 CPU 执行的任务

STARTUP 模式，A：清除输入（I）映像存储区。B：根据组态情况将输出（Q）映像存储区初始化为零、上一值或替换值，并将 PB、PN 和 AS-i（传感器/执行器接口）输出设为零。C：将非保持性存储器（M）和 DB 初始化为其初始值，并启用组态的循环中断事件和时钟事件，执行启动 OB。D：将物理输入的状态复制到 I 存储器。E：将所有中断事件存储到要在进入 RUN 模式后处理的队列中。F：启用 Q 存储器到物理输出的写入操作。

RUN 模式，①：将 Q 存储器写入物理输出。②：将物理输入的状态复制到 I 存储器。③：执行程序循环 OB。④：执行自检诊断。⑤：在扫描周期的任何阶段处理中断和通信。

（三）OB

OB 控制用户程序的执行。CPU 中的特定事件将触发 OB 的执行。OB 无法互相调用或通过 FC 或 FB 调用。只有诊断中断或时间间隔这类事件可以启动 OB 的执行。CPU 按优先等级处理 OB，即先执行优先级较高的 OB，然后执行优先级较低的 OB。最低优先等级为 1（对应主程序循环），最高优先等级为 26。

1）程序循环 OB。CPU 处于 RUN 模式时循环执行。主程序块是程序循环 OB，用户在其中放置控制程序的指令以及调用其他用户块。可以拥有多个程序循环 OB，CPU 将按编号顺序执行这些 OB。默认为 Main（OB1）。

2）启动 OB。CPU 从 STOP 切换到 RUN 时执行一次。可为启动事件组态多个 OB，启动 OB 按编号顺序执行。

3）延时中断 OB。组态的延时中断事件中断程序循环以执行相应的延时中断 OB。一个延时中断 OB 只能连接到一个延时事件。CPU 支持 4 个延时事件。

4）循环中断 OB。以指定的时间间隔执行循环中断 OB。每个循环中断事件对应一个 OB，最多可组态 4 个循环中断事件。

5）硬件中断 OB。硬件中断事件是硬件发生变化时触发的中断事件，执行硬件中断 OB。硬件中断 OB 将中断正常的循环程序执行来响应硬件事件信号。

6）时间错误中断 OB。如已组态，那么当扫描周期超过最大周期时间或发生时间错误事件时，将执行时间错误中断 OB（OB 80）。如已触发，时间错误中断将中断正常的循环程序执行或其他任何事件 OB。

7）诊断错误中断 OB。CPU 检测到诊断错误，或者具有诊断功能的模块发现错误且为该模块启用了诊断错误中断时，执行诊断错误中断 OB。诊断错误中断 OB 中断正常的循环程序执行。

8）拔出或插入模块 OB。如已组态，发生插入或拔出非禁用分布式 I/O 模块或子模块（PROFIBUS、PROFINET 和 AS-i）相关事件时，系统执行拔出或插入模块 OB。

9）机架或站故障 OB。CPU 检测到分布式机架或站出现故障或发生通信丢失时，执行机架或站故障 OB。机架或站故障事件包括 DP 主站系统故障或 PROFINET IO 系统故障、DP 从站系统故障或 IO 设备故障、PROFINET I 设备的某些子模块发生故障等。

10）时钟 OB。时钟 OB 根据所组态的时钟时间条件执行。CPU 支持两个时钟 OB。

11）状态 OB。如果 DPV1 或 PROFINET IO 从站触发状态中断，则执行状态 OB。

12）更新 OB。如果 DPV1 或 PROFINET IO 从站触发更新中断，则执行更新 OB。

13）配置文件 OB。如果 DPV1 或 PROFINET IO 从站触发配置文件特定的中断，则执行配置文件 OB。

14）MC 伺服和 MC 插补器 OB。创建运动工艺对象并将驱动器接口设置为"模拟驱动接口（Analog Drive Connection）"或"PROFIDrive"时，STEP 7 自动创建只读 MC 伺服和 MC 插补器 OB。用户无须编辑任何 OB 属性，也无须直接创建此 OB，CPU 将这些 OB 用于闭环控制。

15）事件执行的优先级与排队。CPU 处理操作受事件控制，触发要执行的 OB。事件优先级和队列用于确定事件中断 OB 的处理顺序。CPU 按照优先级顺序处理事件，1 为最低优先级，26 为最高优先级。对于优先级相同的事件，CPU 按照"先到先得"的原则进行处理。OB 事件允许的数量和默认 OB 优先级见表 5-30。

121

表 5-30　OB 事件允许的数量和默认 OB 优先级

事件	允许的数量	默认优先级	事件	允许的数量	默认优先级
程序循环	1 个事件，允许多个 OB	1	拔出或插入模块	1 个事件	6
启动	1 个事件，允许多个 OB	1	机架或站故障	1 个事件	6
延时	最多 4 个事件，每事件 1 个 OB	3	日时钟	最多 2 个事件	2
循环中断	最多 4 个事件，每事件 1 个 OB，但多个事件可使用同一个 OB	8	状态	1 个事件	4
			更新	1 个事件	4
硬件中断	最多 50 个事件，每事件 1 个 OB	18	配置文件	1 个事件	4
时间错误	1 个事件（仅组态时）	22 或 26	MC 伺服	1 个事件	25
诊断错误	1 个事件（仅组态时）	5	MC 插补器	1 个事件	24

（四）监视和组态循环时间

循环时间是指 CPU 操作系统在 RUN 模式下执行循环阶段所需的时间。CPU 提供了最大、最小两种监视循环时间的方法。最大扫描周期时间始终启用，组态一个 1~6000ms 之间的周期时间，默认值为 150ms。最小扫描周期时间为可选项，默认情况下被禁用，必要时，组态一个 1ms 到最大扫描周期时间之间的周期时间。

CPU 始终监视扫描周期，并在超出最大扫描周期时间时做出响应。重新触发周期时间监视指令（RE_TRIGR）可用于复位记录周期时间的定时器。由于用户程序和通信任务不同，扫描周期的时间段在各次扫描中有所不同。为了消除这种差异，CPU 支持一种可选的最小扫描周期时间。如果 CPU 完成正常扫描周期的时间小于指定的最小循环时间，则 CPU 将用额外的扫描周期时间执行运行诊断和/或处理通信请求。如果 CPU 在指定的最小循环时间内未完成扫描周期，CPU 将正常完成扫描（包括通信处理），并且不会因超出最小扫描时间而引起任何系统响应。

（五）CPU 存储器

CPU 提供了用于存储用户程序、数据和组态的存储区：

1）装载存储器，用于非易失性地存储用户程序、数据和组态。将项目下载到 CPU 后，CPU 会先将程序存储在装载存储区中。该存储区位于存储卡（如存在）或 CPU 中。CPU 能够在断电后继续保持该非易失性存储区。存储卡支持的存储空间比 CPU 内置的存储空间更大。

2）工作存储器是易失性存储器，用于在执行用户程序时存储用户项目的某些内容。CPU 会将一些项目内容从装载存储器复制到工作存储器中。该易失性存储区将在断电后丢失，而在恢复供电时由 CPU 恢复。

3）保持性存储器，用于非易失性地存储限量的工作存储器值。断电过程中，CPU 使用保持性存储区存储所选用户存储单元的值。如果发生断电或掉电，CPU 将在上电时恢复这些保持性值。

S7-1200 PLC CPU 最多支持 10240B 的保持性数据，允许将以下数据配置为保持性数据：

1）位存储器（M）：可以在 PLC 变量表或分配列表中定义位存储器的保持性存储器的大小。保持性位存储器总是从 MB0 开始向上连续贯穿指定的字节数。

2）FB 的变量：每个变量可以分别选择"保持性""非保持性"，创建 FB 时的背景 DB 中也将显示该保持性列。

3）全局 DB 的变量：在保持性状态分配方面，全局 DB 与 FB 类似。根据块访问设置情况，用户可以定义全局 DB 的单个变量或所有变量的保持性状态。

（六）诊断缓冲区

CPU 支持的诊断缓冲区包含有与诊断事件一一对应的条目。每个条目都包含了事件发生的日期和时间、事件类别及事件描述。条目按时间顺序显示，最新发生的事件位于最上面。此日志最多可提供 50 个最近发生的事件。日志填满后，新事件将替换日志中最早的事件。掉电时，将保存事件。诊断缓冲区中记录事件类型包括：所有系统诊断事件，例如 CPU 错误和模块错误；CPU 的每次状态切换（每次上电、每次切换到 STOP 模式和每次切换到 RUN 模式）。

（七）日时钟

CPU 支持日时钟。在 CPU 断电期间，超级电容器提供时钟继续运行所需的电能。超级电容器在 CPU 通电时充电。在 CPU 通电至少 24h 之后，超级电容器所具有的电量通常足以维持时钟运行 20 天。STEP 7 将时钟设置为系统时间，它有一个初始的默认值或者遵循出厂值。若要使用日时钟，必须进行设置。诊断缓冲区条目、数据日志文件和数据日志条目的时间戳都是基于系统时间。

（八）组态从 RUN 切换到 STOP 时的输出

CPU 从 RUN 切换到 STOP 后，CPU 将保留过程映像，并根据组态写入相应的数字和模拟输出值。可以将 CPU、SB 或 SM 的任何输出设置为冻结值或使用替换值：

1）替换特定的输出值（默认），为 CPU、SB 或 SM 设备的每个输出（通道）分别输入替换值，数字输出通道的默认替换值为 OFF，而模拟输出通道的默认替换值为 0。

2）冻结输出以保持上一个状态，工作模式从 RUN 切换到 STOP 时，输出将保留当前值。上电后，输出被设置为默认的替换值。

二、数据存储、存储区、I/O 和寻址

STEP 7 简化了符号编程。用户为数据地址创建符号名称或"变量"，作为与存储器地址和 I/O 点相关的 PLC 变量或在代码块中使用的局部变量。要在用户程序中使用这些变量，只需输入指令参数的变量名称。S7-1200 PLC CPU 的存储区包括：

1）全局存储器：CPU 提供了各种专用存储区，其中包括输入 I、输出 Q 和位存储器（M）等。所有代码块可以无限制地访问该存储器。

2）PLC 变量表：在 STEP 7 PLC 变量表中，可以输入特定存储单元的符号名称。这些变量在 STEP 7 程序中为全局变量，并允许用户使用应用程序中有具体含义的名称进行命名。

3）DB：可在用户程序中加入 DB 以存储代码块的数据，从相关代码块开始执行一直到结束，存储的数据始终存在。全局 DB 存储所有代码块均可使用的数据，而背景 DB 存储特

定 FB 的数据由 FB 的参数进行构造。

4）临时存储器：只要调用代码块，CPU 的操作系统就会分配要在执行块期间使用的临时或本地存储器（L）。代码块执行完成后，CPU 将重新分配本地存储器，以用于执行其他代码块。

每个存储单元都有唯一的地址。用户程序利用这些地址访问存储单元中的信息。绝对地址由以下元素组成：存储区标识符（如 I、Q 或 M）；要访问的数据的大小（"B"表示 Byte、"W"表示 Word 或"D"表示 DWord）和数据的起始地址（如字节 3 或字 3）。访问布尔值地址中的位时，不要输入大小的助记符号，仅需输入数据的存储区、字节位置和位位置（如 I0.0、Q0.1 或 M3.4）。对输入 I 或输出 Q 存储区（例如 I0.3 或 Q1.7）的引用会访问过程映像。要立即访问物理输入或输出，在引用后面添加":P"（例如，I0.3:P、Q1.7:P 或"Stop:P"）。

通常，可在 PLC 变量表、DB 中创建变量，也可在 OB、FC 或 FB 的接口中创建变量。这些变量包括名称、数据类型、偏移量和注释。此外，在 DB 中，还可设定起始值。在编程时，通过在指令参数中输入变量名称，可以使用这些变量。也可以选择在指令参数中输入绝对操作数（存储区、大小和偏移量）。程序编辑器会自动在绝对操作数前面插入"%"字符。可以在程序编辑器中将视图切换到符号、符号和绝对、绝对这几种视图之一。

1）过程映像输入（I）：CPU 仅在每个扫描周期的循环 OB 执行之前对外围（物理）输入点进行采样，并将这些值写入到输入过程映像。可以按位、字节、字或双字访问输入过程映像。允许对过程映像输入进行读写访问，但过程映像输入通常为只读。通过在地址后面添加":P"，可以立即读取 CPU、SB、SM 或分布式模块的数字量和模拟量输入。I_:P 访问仅限于单个 CPU、SB 或 SM 所支持的输入大小（向上取整到最接近的字节）。例如，如果将 2DI/2DQ SB 的输入组态为从 I4.0 开始，则可按 I4.0:P 和 I4.1:P 或 IB4:P 的形式访问输入点。以 I4.7:P 形式访问 I4.2:P 不会被拒绝，但没有任何意义，因为不会使用这些点。但不允许 IW4:P 和 ID4:P 的访问形式，因为它们超出了与该 SB 相关的字节偏移量。使用 I_:P 访问不会影响存储在输入过程映像中的相应值。

2）过程映像输出（Q）：CPU 将存储在输出过程映像中的值复制到物理输出点。可以按位、字节、字或双字访问输出过程映像。过程映像输出允许读访问和写访问。通过在地址后面添加":P"，可以立即写入 CPU、SB、SM 或分布式模块的物理数字量和模拟量输出。Q_:P 访问为只写访问，而且仅限于单个 CPU、SB 或 SM 所支持的输出大小（向上取整到最接近的字节）。例如，如果将 2DI/2DQ SB 组态为从 Q4.0 开始，则可按 Q4.0:P 和 Q4.1:P 或 QB4:P 的形式访问输出点。以 Q4.7:P 的形式访问 Q4.2:P 不会被拒绝，但没有任何意义，因为不会使用这些点。但不允许 QW4:P 和 QD4:P 的访问形式，因为它们超出了与该 SB 相关的字节偏移量。使用 Q_:P 访问既影响物理输出，也影响存储在输出过程映像中的相应值。

3）位存储区（M）：针对控制继电器及数据的位存储区（M 存储器）用于存储操作的中间状态或其他控制信息。可以按位、字节、字或双字访问位存储区。M 存储器允许读访问和写访问。

4）临时存储器（L）：CPU 根据需要分配临时存储器。启动代码块（对于 OB）或调用代码块（对于 FC 或 FB）时，CPU 将为代码块分配临时存储器并将存储单元初始化为 0。临

124

时存储器与 M 存储器类似，但有一个主要的区别，M 存储器在"全局"范围内有效，而临时存储器在"局部"范围内有效：任何 OB、FC 或 FB 都可以访问 M 存储器中的数据，也就是说这些数据可以全局性地用于用户程序中的所有元素；CPU 限定只有创建或声明了临时存储单元的 OB、FC 或 FB 才可以访问临时存储器中的数据。临时存储单元是局部有效的，并且其他代码块不会共享临时存储器，即使在代码块调用其他代码块时也是如此。例如：当 OB 调用 FC 时，FC 无法访问对其进行调用的 OB 的临时存储器。CPU 为每个 OB 优先级都提供了临时（本地）存储器：16KB 用于启动和程序循环（包括相关的 FB 和 FC）；6KB 用于每次额外的中断事件线程，包括相关的 FB 和 FC 只能通过符号寻址的方式访问临时存储器。

5）DB：DB 存储器用于存储各种类型的数据，其中包括操作的中间状态或 FB 的其他控制信息参数，以及许多指令（如定时器和计数器）所需的数据结构。可以按位、字节、字或双字访问 DB 存储器。读/写 DB 允许读访问和写访问。只读 DB 只允许读访问。DB 存储器的绝对地址包括：DB［数据块编号］.DBX［字节地址］.［位地址］的位形式，如 DB1.DBX2.3；DB［数据块编号］.DB［大小］［起始字节地址］的字节、字或双字形式，如 DB1.DBB4、DB10.DBW2 和 DB20.DBD8。

需要说明的是，在 LAD 或 FBD 中指定绝对地址时，STEP 7 会为此地址加上"%"字符前缀，以指示其为绝对地址。编程时，可以输入带或不带"%"字符的绝对地址（例如%I0.0 或 I.0）。如果忽略，则 STEP 7 将加上"%"字符。在 SCL 中，必须在地址前输入"%"来表示此地址为绝对地址。如果没有"%"，STEP 7 将在编译时生成未定义的变量错误。

向设备组态添加 CPU 和 I/O 模块时，STEP 7 会自动分配 I 地址和 Q 地址。通过在设备组态中选择地址字段并输入新编号，可以更改默认寻址设置。无论模块是否使用所有点，STEP 7 都按每组 8 点（1B）的方式分配数字量输入和输出。STEP 7 按照每组 2 点的方式分配模拟量输入和输出，其中每个模拟点占用 2B（16 位）。

三、模拟值的处理

模拟量信号模块可以提供输入信号，或等待表示电压范围（±10V、±5V 和±2.5V）或电流范围（0~20 mA）的输出值。模块返回的值是整数值，其中，0~27648 表示电流的额定范围，-27648~27648 表示电压的额定范围。任何该范围之外的值即表示上溢或下溢。在控制程序中，很可能需要以工程单位使用这些值，例如表示体积、温度、质量或其他数量值。要以工程单位使用模拟量输入，必须首先将模拟值标准化为 0.0~1.0 的实数（浮点）值。然后，必须将其标定为其表示的工程单位的最小值和最大值。对于要转换为模拟量输出值的以工程单位表示的值，应首先将以工程单位表示的值标准化为 0.0~1.0 之间的值，然后将其标定为 0~27648 之间或-27648~27648 之间（取决于模拟模块的范围）的值。STEP 7 为此提供了 NORM_X 和 SCALE_X 指令，还可以使用 CALCULATE 指令来标定模拟值。

例如，假设模拟量输入的电流范围为 0~20mA。模拟量输入模块返回的测量值的范围为 0~27648。假设使用此模拟量输入值测量 50~100℃的温度。通过模拟量输入值确定工程单位的计算方法为：工程单位值=50+模拟量输入值×(100-50)/(27648-0)。对于一般情况，公式为：工程单位值=工程单位范围下限+模拟量输入值×(工程单位范围上限-工程单位范围下限)/(模拟量输入上限–模拟量输入下限)。在 PLC 应用中，典型的方法是将模拟量输入值标准化为 0.0~1.0 之间的浮点值。然后，需要将得到的值换算为工程单位范围内的浮点值。

四、数据类型

数据类型用于指定数据元素的大小以及如何解释数据。每个指令参数至少支持一种数据类型，而有些参数支持多种数据类型。形参指的是指令上标记该指令要使用的数据位置的标识符（例如：ADD 指令的 IN1 输入）。实参指的是包含指令要使用的数据的存储单元（含 "%" 字符前缀）或常量（例如,%MD400、" Number_of_Widgets" ）。用户指定的实参的数据类型必须与指令指定的形参所支持的数据类型之一匹配。指定实参时，必须指定变量（符号）或者绝对（直接）存储器地址。变量将符号名（变量名）与数据类型、存储区、存储器偏移量和注释关联在一起，并且可以在 PLC 变量编辑器或块（OB、FC、FB 和 DB）的接口编辑器中进行创建。

（一）Bool、Byte、Word 和 DWord 等位和位序列

位和位序列数据类型说明及示例见表 5-31。

表 5-31　位和位序列数据类型及示例

数据类型	位大小	数值类型	数值范围	常数示例	地址示例
Bool	1	布尔运算	FALSE 或 TRUE	TRUE、1	I1.0、Q0.1 M50.7 DB1. DBX2 Tag_name
		二进制	0 或 1	0、2#0	
		八进制	8#0 或 8#1	8#1	
		十六进制	16#0 或 16#1	16#1	
Byte	8	二进制	2#0~2#11111111	2#00001111	IB2 MB10 DB1. DBB4 Tag_name
		无符号整数	0~255	15	
		八进制	8#0~8#377	8#17	
		十六进制	B#16#0~B#16#FF	B#16#F、16#F	
Word	16	二进制	2#0~2#1111111111111111	2#1110000011110000	MW10 DB1. DBW2 Tag_name
		无符号整数	0~65535	61680	
		八进制	8#0~8#177777	8#170360	
		十六进制	W#16#0~W#16#FFFF、16#0~16#FFFF	W#16#F0F0、16#F0F0	
DWord	32	二进制	2#0~2#11111111111111111111111111111111	2#11110000111111100001111	MD10 DB1. DBD8
		无符号整数	0~4294967295	15793935	
		八进制	8#0~8#37777777777	8#74177417	
		十六进制	DW#16#0000_0000~DW#16#FFFF_FFFF、16#0000_0000~16#FFFF_FFFF	DW#16#F0FF0F、16#F0FF0F	

（二）整数

整数数据类型（U=无符号，S=短，D=双）说明及示例见表5-32。

表5-32 整数数据类型

数据类型	位大小	数值范围	常数示例	地址示例
USInt	8	0~255	78、2#01001110	MB0、DB1. DBB4、Tag_name
SInt		-128~127	+50、16#50	
UInt	16	0~65535	65295、0	MW2、DB1. DBW2、Tag_name
Int		-32768~32767	30000、+30000	
UDInt	32	0~4294967295	4042322160	MD6、DB1. DBD8、Tag_name
DInt		-2147483648~2147483647	-2131754992	

（三）浮点型实数

如 ANSI（美国国家标准协会)/IEEE 754—1985 标准所述，实（或浮点）数以 32 位单精度数（Real）或 64 位双精度数（LReal）表示。单精度浮点数的精度最高为 6 位有效数字，而双精度浮点数的精度最高为 15 位有效数字。浮点型实数数据类型（L=长浮点型）说明及示例见表5-33。

表5-33 浮点型实数数据类型

数据类型	位大小	数值范围	常数示例	地址示例
Real	32	$-3.402823×10^{38}$ ~ $-1.175495×10^{-38}$、$±0$、$1.175495×10^{-38}$ ~ $3.402823×10^{38}$	123.456、-3.4、$1.0×10^{-5}$	MD100、DB1. DBD8、Tag_name
LReal	64	$-1.7976931348623158×10^{308}$ ~ $-2.2250738585072014×10^{-308}$、$±0$、$2.2250738585072014×10^{-308}$ ~ $1.7976931348623158×10^{308}$	$12345.123456789×10^{40}$、$1.2×10^{40}$	DB_name. var_name 规则：不支持直接寻址；可在 OB、FB 或 FC 块接口数组中进行分配

计算涉及包含非常大和非常小数字的一长串数值时，计算结果可能不准确。如果数字相差 10 的 x 次方，其中 $x>6$（Real）或 15（LReal），则会发生上述情况。

（四）时间和日期

时间和日期数据类型说明及示例见表5-34。

表5-34 时间和日期数据类型

数据类型	位大小	数值范围	常量示例
Time	32 位	T#-24d_20h_31m_23s_648ms ~ T#24d_20h_31m_23s_647ms 存储形式：-2147483648ms~2147483647ms	T#5m_30s、T#1d_2h_15m_30s_45ms、TIME#10d20h30m20s630ms 500h10000ms、10d20h30m20s630ms

127

（续）

数据类型	位大小	数值范围	常量示例
Date	16 位	D#1990-1-1～ D#2168-12-31	D#2009-12-31、DATE#2009-12-31、2009-12-31
TOD	32 位	TOD#0：0：0.0～ TOD#23：59：59.999	TOD#10：20：30.400、 TIME_OF_DAY#10：20：30.400、23：10：1
DTL	12B	最小：DTL#1970-01-01-00：00：00.0 最大：DTL#2262-04-11：23：47：16.854775 807	DTL#2008-12-16-20：30：20.250

1）Time 数据，作为有符号双整数存储，被解释为毫秒。编辑器格式可以使用日期（d）、小时（h）、分钟（m）、秒（s）和毫秒（ms）信息。不需要指定全部时间单位。例如，T#5h10s 和 500h 均有效。所有指定单位值的组合值不能超过以毫秒表示的时间日期类型的上限或下限（-2147483648～+2147483647ms）。

2）Date 数据，作为无符号整数值存储，被解释为添加到基础日期 1990 年 1 月 1 日的天数，用以获取指定日期。编辑器格式必须指定年、月和日。

3）TOD（TIME_OF_DAY）数据，作为无符号双整数值存储，被解释为自指定日期的凌晨算起的毫秒数（凌晨＝0ms）。必须指定小时（24 小时/天）、分钟和秒。可以选择指定小数秒格式。

4）DTL（日期和时间长型）数据类型使用 12B 的结构保存日期和时间信息。可以在块的临时存储器或者 DB 中定义 DTL 数据。DTL 的每一部分均包含不同的数据类型和值范围。指定值的数据类型必须与相应部分的数据类型相一致。DTL 结构的元素见表 5-35，年-月-日：时：分：秒.纳秒格式中不包括星期。

表 5-35　DTL 结构的元素

Byte	组件	数据类型	值范围	Byte	组件	数据类型	值范围
0	年	UInt	1970～2554	5	小时	USInt	0～23
1				6	分	USInt	0～59
2	月	USInt	1～12	7	秒	USInt	0～59
3	日	USInt	1～31	8～11	纳秒	UDInt	0～999 999 999
4	工作日	USInt	1（星期日）～7（星期六）				

（五）字符和字符串

字符和字符串数据类型说明及示例见表 5-36。

表 5-36　字符和字符串数据类型

数据类型	位大小	数值范围	常量示例
Char	8 位	16#00～16#FF	'A'、't'、'@'、ä、'Σ'
WChar	16 位	16#0000～16#FFFF	'A'、't'、'@'、ä、'Σ'、亚洲字符、西里尔 字符以及其他字符

（续）

数据类型	位大小	数值范围	常量示例
String	$n+2$ 字节	$n=$（0~254 字节）	"ABC"
WString	$n+2$ 个字	$n=$（0~65534 个字）	"ä123@ XYZ. COM"

ASCII 控制字符可用于 Char、WChar、String 和 WString 数据中，一些 ASCII 控制字符语法的示例见表 5-37。

表 5-37　有效的 ASCII 控制字符

控制字符	ASCII 十六进制值（Char）	ASCII 十六进制值（WChar）	控制功能	示例
\$L 或 \$l	16#0A	16#000A	换行	'\$LText'、'\$0AText'
\$N 或 \$n	16#0A 和 16#0D	16#000A 和 16#000D	线路中断	'\$NText'、'\$0A\$0DText'
\$P 或 \$p	16#0C	16#000C	换页	'\$PText'、'\$0CText'
\$R 或 \$r	16#0D	16#000D	回车（CR）	'\$RText'、'\$0DText'
\$T 或 \$t	16#09	16#0009	制表符	'\$TText'、'\$09Text'
\$\$	16#24	16#0024	美元符号	'100\$\$'、'100\$24'
\$'	16#27	16#0027	单引号	'\$'Text\$''、'\$27Text\$27'

1）Char 和 WChar。Char 在存储器中占一个字节，可以存储以 ASCII 格式（包括扩展 ASCII 字符代码）编码的单个字符。WChar 在存储器中占一个字的空间，可包含任意双字节字符表示形式。编辑器语法在字符的前面和后面各使用一个单引号字符。可以使用可见字符和控制字符。

2）String 和 WString。CPU 支持使用 String 和 WString 数据类型存储一串单字节字符。String 数据类型包含总字符数（字符串中的字符数）和当前字符数。String 类型提供了多达 256B，用于在字符串中存储最大总字符数（1B）、当前字符数（1B）以及最多 254B。WString 数据类型支持单字（双字节）值的较长字符串。第一个字包含最大总字符数，下一个字包含总字符数，接下来的字符串可包含多达 65534 个字。

（六）数组

数组（Array）包含多个相同数据类型元素，可以在 OB、FC、FB 和 DB 的块接口编辑器中创建，无法在 PLC 变量编辑器中创建。

数组数据类型规则为：Name[index1_min...index1_max, index2_min...index2_max] of <数据类型>。在块接口编辑器中创建数组，为数组命名并选择数据类型 "Array[lo...hi] of type"，然后编辑 "lo" "hi" 和 "type"：lo 为数组的起始（最低）下标，hi 为数组的结束（最高）下标，type 为数据类型之一，例如 Bool、SInt、UDInt 字符和字符串数据类型。

注意：全部数组元素必须是同一数据类型；索引可以为负，但下限必须小于或等于上限；数组可以是一维到六维数组；用逗点字符分隔多维索引的最小最大值声明；不允许使用嵌套数组或数组的数组；数组的存储器大小=（一个元素的大小×数组中的元素的总数）。数组索引有效类型包括 USInt、SInt、UInt、Int、UDInt 和 DInt，限值-32768~+32767，常量和变量混合、常量表达式有效，变量表达式无效。

数组声明示例：Array［1…20］of Real 为一维 20 个元素实数数组，Array［-5…5］of Int 为一维 11 个元素整数数组，Array［1…2, 3…4］of Char 为二维 4 个元素字符数组。数组地址示例：Array1［0］指数组 Array1 元素 0；Array2［1, 2］指数组 Array2 元素［1, 2］；Array3［i, j］，如果 $i=3$ 且 $j=4$，则对数组 Array3 的元素［3, 4］进行寻址。

（七）数据结构

可以用数据类型"Struct"来定义包含其他数据类型的数据结构。Struct 数据类型可用来以单个数据单元方式处理一组相关过程数据。在数据块编辑器或块接口编辑器中命名 Struct 数据类型并声明内部数据结构。数组和结构还可以集中到更大结构中。一套结构可嵌套八层。例如，可以创建包含数组的多个结构组成的结构。

（八）PLC 数据类型

用来定义在程序中多次使用的数据结构。PLC 数据类型的可能应用包括：将 PLC 数据类型直接用作代码块接口或 DB 中的数据类型；PLC 数据类型用作模板，以创建多个使用相同数据结构的全局 DB。

（九）Variant 指针

用来指向不同数据类型的变量或参数。Variant 指针可以指向结构和单独的结构元素，不会占用存储器的任何空间。用符号方式指向变量操作数的格式为 DB_name. Struct_name. element_name，例如 MyTag、MyDB. Struct1. pressure1；指向绝对地址操作数的格式为 DB_number. Operand Type Length，例如 %MW10、P#DB10. DBX10. 0 INT 12。

（十）访问变量数据类型的"片段"和带有 AT 覆盖的变量

根据大小按位、字节或字级别访问 PLC 变量和数据块变量。访问此类数据片段的语法包括："<PLC 变量名称>". xn（按位访问）；"<PLC 变量名称>". bn（按字节访问）；"<PLC 变量名称>". wn（按字访问）；"<数据块名称>". <变量名称>. xn（按位访问）；"<数据块名称>". <变量名称>. bn（按字节访问）；"<数据块名称>". <变量名称>. wn（按字访问）。双字大小的变量可按位 0~31、字节 0~3 或字 0、1 访问。一个字大小的变量可按位 0~15、字节 0、1 或字 0 访问。字节大小的变量则可按位 0~7 或字节 0 访问。当预期操作数为位、字节或字时，则可使用位、字节和字片段访问方式。

可以按片段访问的有效数据类型有：Byte、Char、Conn_Any、Date、DInt、DWord、Event_Any、Event_Att、Hw_Any、Hw_Device、Hw_Interface、Hw_Io、Hw_Pwm、Hw_SubModule、Int、OB_Any、OB_Att、OB_Cyclic、OB_Delay、OB_WHINT、OB_PCYCLE、OB_STARTUP、OB_TIMEERROR、OB_Tod、Port、Rtm、SInt、Time、TIME_OF_DAY、UDInt、UInt、USInt 和 Word。Real 类型的 PLC 变量可以按片段访问，但 Real 类型的数据块变量则不行。

第四节　S7-1200 PLC 的编程

一、编程基本概念

（一）用户程序的构建

根据实际应用要求，可选择线性结构或模块化结构创建用户程序：

1）线性结构程序：按顺序逐条执行用于自动化任务的所有指令。通常，线性程序是将所有程序指令都放入用于循环执行程序的 OB（默认为 OB1）中。

2）模块化结构程序：将复杂的自动化任务划分为与工艺过程功能相对应的次级任务，每个代码块为每个次级任务提供程序段，通过调用代码块执行特定任务来构建程序。

（二）使用块构建程序

1）OB，为程序提供结构，充当操作系统和用户程序之间的接口，由事件驱动。程序循环 OB 包含用户主程序，用户程序中可包含多个程序循环 OB，CPU 按数字顺序从具有最小编号（OB1）的程序循环 OB 开始执行每个程序循环 OB。完成程序循环 OB 的处理后，CPU 会立即重新执行程序循环 OB。对于许多应用来说，整个用户程序位于一个程序循环 OB 中。RUN 模式期间，程序循环 OB 以最低优先级等级执行，可被其他事件类型中断。启动 OB 不会中断程序循环 OB，因为 CPU 在进入 RUN 模式之前将先执行启动 OB。发生事件驱动中断时，CPU 会中断用户程序的执行并调用已组态用于处理该事件的 OB。完成中断 OB 的执行后，CPU 会在中断点继续执行用户程序。CPU 按优先级确定处理中断事件的顺序。可为多个中断事件分配相同的优先级。

2）FC 是通常用于对一组输入值执行特定运算的代码块，运算结果存储在存储器位置。FC 可以在程序中的不同位置多次调用，简化对经常重复发生的任务的编程。FC 不具有相关的背景 DB，对于用于计算该运算的临时数据，采用局部数据堆栈，不保存临时数据；要长期存储数据，可将输出值赋给全局存储器位置，如 M 存储器或全局 DB。

3）FB 是使用背景 DB 保存其参数和静态数据的代码块，通过代码块对 FB 和背景 DB 进行调用，来构建程序。然后，CPU 执行该 FB 中的程序代码，并将块参数和静态局部数据存储在背景 DB 中。FB 执行完成后，CPU 会返回到调用该 FB 的代码块中。用户程序中的每一个 FB 都具有一个或多个背景 DB，调用 FB 时，也需要指定包含块参数以及用于该调用或 FB"实例"的静态局部数据的背景 DB。FB 完成执行后，背景 DB 将保留这些值。

4）DB 是在用户程序中创建 DB 以存储代码块的数据。用户程序中的所有程序块都可访问全局 DB 中的数据，而背景 DB 仅存储特定功能块 FB 的数据。相关代码块执行完成后，DB 中存储的数据不会被删除。FB 的临时存储器不存储在背景 DB 中，尽管背景 DB 反映特定 FB 的数据，然而任何代码块都可访问背景 DB 中的数据。

（三）块使用其他事项

1）创建代码块时，需要为块选择编程语言。无须为 DB 选择语言，因为它仅用于存储数据。

2）向块传递参数。FB 和 FC 有 3 种不同接口类型：IN、IN/OUT、OUT。FB 和 FC 通过 IN 和 IN/OUT 接口类型接收参数。块对这些数据进行处理，此后，通过 IN/OUT 和 OUT 接口类型将返回值传回调用者。

3）数据一致性。所有基本数据类型和所有系统定义的结构保持数据一致性。如：为确保程序循环 OB 和中断 OB 不同时写入同一个存储单元，在程序循环 OB 中的读/写操作完成之前，CPU 不执行中断 OB。如果用户程序共享存储器中在程序循环 OB 和中断 OB 之间生成多个值，用户程序还必须确保在修改或读取这些值时保持一致性。

131

二、编程语言

STEP 7 为 S7-1200 PLC 提供基于电路图表示法的 LAD、基于布尔代数图形逻辑符号的 FBD 和基于文本的 SCL。创建代码块时，要选择该块使用的编程语言。

（一）LAD

电路图的元件（如常闭触点、常开触点和线圈）相互连接构成程序段。复杂运算逻辑需要插入分支，如并行分支向下打开或直接连接到电源线，向上分支终止。LAD 向多种功能（如数学运算、定时器和计数器等）提供"功能框"。STEP 7 不限制 LAD 程序段中的指令（行和列）数。每个 LAD 程序段都必须使用线圈或功能框指令来终止。注意：不能创建可能导致反向能流、短路的分支。

（二）FBD

与 LAD 一样，FBD 也是一种图形编程语言，以布尔代数中使用的图形逻辑符号为基础。在功能框之间插入并行分支创建复杂运算的逻辑。算术功能和其他复杂功能可直接结合逻辑框表示。STEP 7 不限制 FBD 程序段中的指令（行和列）数。

（三）SCL

SCL 是基于 PASCAL 的高级编程语言，支持 STEP 7 块结构。SCL 指令使用标准编程运算符、标准的 PASCAL 程序控制操作，语法元素还可以使用所有 PASCAL 参考。许多 SCL 其他指令（如定时器和计数器）与 LAD 和 FBD 指令匹配。

1）SCL 程序编辑器。STEP 7 提供包含以下元素的 SCL 程序编辑器：用于定义代码块参数的接口部分、用于程序代码的代码部分和用于通用代码结构的注释。

代码块接口部分：Input、Output、InOut 和 Ret_Val 参数定义代码块的输入变量、输出变量和返回值，执行代码块期间局部使用此处输入的变量名称，通常不会使用变量表中的全局变量名称；Static（仅适用于 FB）参数定义静态变量，在背景 DB 中存储静态中间结果，块会一直保留静态数据，直到多个周期后被覆盖，块的名称也存储在静态局部数据中；Temp 参数定义执行代码块期间使用的临时变量；Constant 参数是为代码块指定的常数值。如果从其他代码块调用 SCL 代码块，该 SCL 代码块的参数会显示为输入或输出。

2）SCL 表达式和运算。SCL 表达式是用于计算值的公式。表达式由操作数和运算符组成，操作数可以是变量、常量或表达式。表达式的计算按一定的顺序进行，具体由以下因素决定：每个运算符均具有预定义的优先级，首先执行优先级最高的运算；按从左至右的顺序处理优先级相同的运算符；可使用圆括号指定要一起计算的一系列运算符。表达式的结果可用于将值分配给程序使用的变量、用作由控制语句使用的条件、用作其他 SCL 指令的参数或者用于调用代码块。SCL 中的运算符及优先级见表 5-38。SCL 使用的标准语句如：赋值语句，:=；算术功能，+、-、* 和/；全局变量的寻址，"<变量名称>"（变量名称或 DB 名称括在双引号内）；局部变量的寻址，#<变量名称>（在变量名称前加"#"符号）。算术运算符可以处理各种数值数据类型，结果的数据类型取决于最高有效操作数的数据类型。

3）控制语句。控制语句是 SCL 表达式的一种专用类型，可用于执行以下任务：程序分支、重复 SCL 编程代码的某些部分、跳转到 SCL 程序的其他部分和按条件执行。SCL 控制语句包括 IF-THEN、CASE-OF、FOR-TO-DO、WHILE-DO、REPEATUNTIL、CONTINUE、GOTO 和 RETURN。一条语句通常占一行代码。可以在一行中输入多条语句，或者可将一条语句断开成多行代码以使代码易于阅读。分隔符（如制表符、换行符和多余空格）在语法检查期间会被忽略。END 语句可终止控制语句。FOR-TO-DO 控制语句示例如：FOR x：= 0 TO max DO sum：= sum+value（x）；END_FOR；。还可以为控制语句提供标签，用语句前的逗点将标签隔开：Label：<语句>；。

表 5-38　SCL 中的运算符及优先级

类型	操作	运算符	优先级	类型	操作	运算符	优先级
圆括号	（表达式）	(,)	1		小于	<	6
数学	乘方	**	2	比较	小于或等于	<=	6
	符号（一元加号）	+	3		大于	>	6
	符号（一元减号）	−	3		大于或等于	>=	6
	倍增	*	4		等于	=	7
	除法	/	4		不等于	<>	7
	取模	MOD	4	位逻辑	取反（一元）	NOT	3
	加法	+	5		AND 逻辑运算	AND 或 &	8
	减法	−	5		异或逻辑运算	XOR	9
赋值	赋值	:=	11		OR 逻辑运算	OR	10

4）条件。条件是一个比较表达式或逻辑表达式，其结果为 Bool 类型（值为 TRUE 或 FALSE）。各种类型的条件示例如：#Temperature > 50；#Counter < = 100；#CHAR1 < 'S'；（#Alpha<>12）AND NOT #Beta；5+#Alpha。条件可以使用算术表达式：如果结果是非零的任何值，则表达式的条件为 TRUE；如果结果为零，则表达式的条件为 FALSE。

5）从 SCL 程序中调用其他代码块。要调用用户程序中的其他代码块，只需使用参数输入 FB 或 FC 的名称（或绝对地址）。对于 FB，还必须提供 FB 待调用的背景 DB。<DB 名称>（参数列表）作为单个背景调用，<#背景名称>（参数列表）作为多重背景调用，如："MyDB"（MyInput：= 10，MyInOut：= "Tag1"）；。<FC 名称>（参数列表）为标准调用，<操作数>：= <FC 名称>（参数列表）为在表达式中调用，如："MyFC"（MyInput：= 10，MyInOut：= "Tag1"）；。

6）将块注释添加到 SCL 代码。可通过在（*和*）之间加入注释文本，将块注释添加到 SCL 代码中。可在（*和*）之间添加任意数目的注释行。SCL 程序块可能包括多个块注释。为方便编程，SCL 编辑器包括一个块注释按钮和通用控制语句。

7）寻址。与 LAD 和 FBD 一样，SCL 允许用户在用户程序中使用变量地址（符号寻址）或绝对地址。SCL 还允许使用变量作为数组索引。绝对寻址如：%I0.0、%MB100，在绝对地址之前加上"%"符号，没有"%"，STEP 7 将在编译时生成未定义的变量错误。符号寻址如："PLC_Tag_1"为 PLC 变量表中的变量，"Data_block_1".Tag_1 为数据块中的变量，"Data_block_1".MyArray[#i]为数据块数组中的数组元素。

8）使用 PEEK 和 POKE 指令进行索引寻址。SCL 提供 PEEK 和 POKE 指令，可用根据操作中具体字节偏移量或位偏移量的参数从数据块、I/O 或存储器中读取内容或是向其中写入内容。与 DB 块一起使用 PEEK 和 POKE 指令时，必须使用标准（未优化的）DB。同时需要注意 PEEK 和 POKE 指令仅用于传输数据，无法识别地址中的数据类型。

三、其他概念

（一）LAD、FBD 和 SCL 的 EN 和 ENO

EN 和 ENO 是指令的"能流"，确定指令在该扫描期间是否执行，其操作数是 Bool 型。对于 LAD，EN 和 ENO 操作数是能流。对于 FBD，EN 操作数包括 I、I: P、Q、M、DB、Temp 和能流，ENO 操作数是能流。对于 SCL，EN 和 ENO 操作数是 TRUE 或 FALSE，EN 仅适用于 FB，可以选择将 ENO 与 SCL 代码块一起使用，代码块完成时，必须组态 SCL 编译器来设置 ENO。

（二）保护

1）CPU 的访问保护有 4 个安全等级，用于限制对特定功能的访问。

① 完全访问（无保护）。允许完全访问，没有密码保护。

② 读访问。允许 HMI 访问和各种形式的 PLC 到 PLC 通信，没有密码保护。修改（写入）CPU 以及更改 CPU 模式（RUN/STOP）需要密码。

③ HMI 访问。允许 HMI 访问和各种形式的 PLC 到 PLC 通信，没有密码保护。读取 CPU 中的数据、修改（写入）CPU 以及更改 CPU 模式（RUN/STOP）需要密码。

④ 无访问（完全保护）。不允许没有密码保护的访问。进行 HMI 访问、读取 CPU 中的数据和修改（写入）CPU 时需要密码。

2）专有技术保护是防止程序中的一个或多个代码块（OB、FB、FC 或 DB）进行未授权的读取或修改。如果没有密码，只能读取有关代码块的以下信息：块标题、块注释和块属性；传送参数（IN、OUT、IN_OUT、Return）；程序的调用结构；交叉引用中的全局变量（不带使用时的信息），但局部变量已隐藏。

3）复制保护。当程序块与特定设备捆绑在一起时，会将程序或代码块限制为仅用于特定存储卡或 CPU。S7-1200 PLC CPU 支持 3 种类型的块保护：与 CPU 的序列号进行绑定、与存储卡的序列号进行绑定和与强制性密码动态绑定。注意：复制保护密码和专有技术保护密码是两个不同的密码。

（三）下载程序的元素

可将项目的元素从编程设备下载到 CPU。下载项目时，CPU 会将用户程序（OB、FC、FB 和 DB）存储在永久存储器中。注意：如果已将与强制性密码的动态绑定应用于任一程序块，则只有输入受保护块的密码才能下载该程序块。如果已为多个块组态了该类型的复制保护，则必须输入每个受保护块的密码才能下载这些块。说明：下载程序不会清除或更改保持性存储器中的现有值。如果要在下载之前清除保持性存储器，在下载程序前将 CPU 复位为出厂设定。还可以将 Basic HMI 面板的面板项目从 TIA Portal 下载到 S7-1200 PLC CPU 的存储卡中。

（四）从在线 CPU 上传程序

由在线 CPU 或连接到编程设备的存储卡复制程序块。为复制的程序块准备离线项目：添加一个与在线 CPU 匹配的 CPU 设备。使用 STEP 7 中的"比较"编辑器，可以查找在线和离线项目之间的差异，此功能在从 CPU 进行上传之前非常有用。完成上传后，STEP 7 会显示项目中所有已上传的程序块。

（五）　调试和测试程序

1）监视和修改 CPU 中的数据，见表 5-39，可以监视和修改在线 CPU 中的值。强制值存储在 CPU 中，而不是监视表格中。无法强制输入（或"I"地址），但是，可以强制外围设备输入，要强制外围设备输入，在地址后面添加一个"：P"（例如："On：P"）。同时，STEP 7 还提供根据触发条件跟踪并记录程序变量的功能。

表 5-39　使用 STEP 7 监视和修改数据

编辑器	监视	修改	强制	编辑器	监视	修改	强制
监视表格	有	有	无	变量表	有	无	无
强制表格	有	无	有	DB 编辑器	有	无	无
程序编辑器	有	有	无				

2）监视表格和强制表格。使用"监视表格"监视和修改正在由在线 CPU 执行的用户程序的值。通过监视表格，可监视 CPU 并与 CPU 交互，如同 CPU 执行用户程序一样。不仅可以显示或更改代码块和数据块的变量值，还可以显示或更改 CPU 存储区的值，包括输入和输出（I 和 Q）、外围设备输入（I：P）、位存储器（M）和 DB。通过监视表格，可在 STOP 模式下启用 CPU 的物理输出（Q：P）。例如，测试 CPU 的接线时可为输出端赋特定值。STEP 7 还提供强制表格，用于将变量"强制"设为特定值。

3）用于显示使用情况的交叉引用。巡视窗口可显示有关所选对象在整个项目中使用情况的交叉引用信息，例如用户程序、CPU 以及任何 HMI 设备。交叉引用的元素及其说明见表 5-40，视安装的产品，交叉引用表可能显示额外的列或不同的列。

表 5-40　交叉引用的元素及其说明

列	说明	列	说明
对象（Object）	使用下级对象或被下级使用对象的名称	属性	被引用对象的特定属性，例如，多重背景声明中的变量名称
数量	使用数量		
使用位置	每个使用位置，例如，程序段	作为（as）	显示对象的更多相关信息，例如，背景 DB 用作模板还是用作多重背景
地址	操作数的地址		
类型	有关创建对象所使用的类型和语言的信息	访问（Access）	访问类型，对操作数的访问是读访问（R）、写访问（W）
路径（Path）	对象在项目树中的路径		

4）用于检查调用层级的调用结构。调用结构描述了用户程序中块的调用层级。其提供了以下几个方面的概要信息：所用的块、对其他块的调用、各个块之间的关系、每个块的数据要求以及块的状态。调用结构的第一级显示 OB 以及未被 OB 调用的所有 FC、FB 和 DB，调用结构仅显示被代码块调用的那些块。可以选择在调用结构中仅显示导致冲突的块。下列情况会导致冲突：块执行的任何调用具有更旧或更新代码时间戳、块所调用块的接口已更

改、块所使用变量的地址和/或数据类型已更改、块未被 OB 直接或间接调用、块调用了不存在的块或缺失的块。

第五节 S7-1200 PLC 常规基本指令

一、位逻辑运算

（一）位逻辑指令

1）LAD 常开触点和常闭触点，说明见表 5-41。参数 IN 为 Bool 型，赋值为 1 时，常开触点将闭合（ON）；赋值为 0 时，常闭触点将闭合（ON）；以串联方式连接的触点创建 AND 逻辑程序段；以并联方式连接的触点创建 OR 逻辑程序段。

表 5-41 LAD 常开触点和常闭触点

LAD	SCL	说明
"IN" —┤ ├—	IF in THEN Statement; ELSE Statement; END_IF;	可将触点相互连接并创建用户自己的组合逻辑。如果用户指定的输入位使用存储器标识符 I（输入）或 Q（输出），则从过程映像寄存器中读取位值。控制过程中的物理触点信号会连接到 PLC 上的 I 端子。CPU 扫描已连接的输入信号并持续更新过程映像输入寄存器中的相应状态值。通过在 I 偏移量后追加 ":P"，可执行立即读取物理输入（例如："%I3.4:P"）。对于立即读取，直接从物理输入读取位数据值，而非从过程映像中读取。立即读取不会更新过程映像
"IN" —┤/├—	IF NOT (in) THEN Statement; ELSE Statement; END_IF;	

2）FBD 的 AND、OR 和 XOR 功能框，说明见表 5-42。FBD 编程的触点程序段变为与（&）、或（>=1）和异或（x）功能框程序段，要为功能框输入和输出指定位值。功能框可以连接到其他逻辑框并创建各种逻辑组合。AND、OR 和 XOR 功能框及其参数 IN1、IN2 为 Bool 型，对于 SCL，必须将运算的结果赋给用于其他语句的变量。

表 5-42 AND、OR 和 XOR 功能框

FBD	SCL	说明
"IN1" "IN2" &	out: = in1 AND in2;	AND 功能框的所有输入必须都为"真"，输出才为"真"
"IN1" "IN2" >=1	out: = in1 OR in2;	OR 功能框只要有一个输入为"真"，输出就为"真"
"IN1" "IN2" ×	out: = in1 XOR in2;	XOR 功能框必须有奇数个输入为"真"，输出才为"真"

3）NOT 逻辑反相器，取反 RLO 见表 5-43。

表 5-43 取反 RLO（逻辑运算结果）

LAD	FBD	SCL	说明
─┤ NOT ├─	"IN1" "IN2" & (上框) / "IN1" "IN2" & (下框)	NOT	对于 FBD 编程，可从"收藏夹"（Favorites）工具栏或指令树中拖动"取反逻辑运算结果"（Invert RLO）工具，然后将其放置在输入或输出端以在该功能框连接器上创建逻辑反相器。触点取反能流输入的逻辑状态：如果没有能流流入 NOT 触点，则会有能流流出；如果有能流流入 NOT 触点，则没有能流流出

4）输出线圈和赋值功能框，说明见表 5-44。参数 OUT 为 Bool 型，如果有能流通过输出线圈或启用了 FBD "="功能框，则输出位设置为 1；如果没有能流通过输出线圈或未启用 FBD "="赋值功能框，则输出位设置为 0；如果有能流通过取反输出线圈或启用了 FBD "/="功能框，则输出位设置为 0；如果没有能流通过取反输出线圈或未启用 FBD "/="功能框，则输出位设置为 1。

表 5-44 输出线圈和赋值功能框

LAD	FBD	SCL	说明
"OUT" ─( )─	"OUT" =	out：=＜布尔表达式＞；	在 FBD 编程中，LAD 线圈变为分配（=和/=）功能框，可在其中为功能框输出指定位地址。功能框输入和输出可连接到其他功能框逻辑，用户也可以输入位地址。通过在 Q 偏移量后加上"：P"，可指定立即写入物理输出（例如："%Q3.4：P"）。对于立即写入，将位数据值写入过程映像输出并直接写入物理输出
"OUT" ─(/)─	"OUT" /= 和 "OUT" =	out：=NOT＜布尔表达式＞；	

（二）置位和复位指令

包括置位和复位一位、置位和复位位域、置位优先和复位优先触发器指令，说明见表 5-45。

表 5-45 置位和复位相关指令

LAD	FBD	SCL	说明
"OUT" ─(S)─	"OUT" S "IN"	不提供	置位输出：S（置位）激活时，OUT 地址处的数据值设置为 1。S 未激活时，OUT 不变
"OUT" ─(R)─	"OUT" R "IN"	不提供	复位输出：R（复位）激活时，OUT 地址处的数据值设置为 0。R 未激活时，OUT 不变

（续）

LAD	FBD	SCL	说明
"OUT" —(SET_BF)— "n"	"OUT" SET_BF —EN —N	不提供	置位位域：SET_BF 激活时，为从寻址变量 OUT 处开始的"n"位分配数据值 1。SET_BF 未激活时，OUT 不变
"OUT" —(RESET_BF)— "n"	"OUT" RESET_BF —EN —N	不提供	复位位域：RESET_BF 为从寻址变量 OUT 处开始的"n"位写入数据值 0。RE-SET_BF 未激活时，OUT 不变
"INOUT" RS —R　Q— —S1		不提供	复位/置位触发器：RS 是置位优先锁存。如果置位（S1）和复位（R）信号都为真，则地址 INOUT 的值将为 1
"INOUT" SR —S　Q— —R1		不提供	置位/复位触发器：SR 是复位优先锁存。如果置位（S）和复位（R1）信号都为真，则地址 INOUT 的值将为 0

1）置位和复位一位指令，对于 LAD 和 FBD，这些指令可放置在程序段的任何位置，参数 IN、OUT 为 Bool 型。

2）置位和复位位域指令，对于 LAD 和 FBD，这些指令必须是分支中最右端的指令，参数 OUT 为 Bool 型，指明要置位或复位的位域的起始元素；参数 n 为常数（UInt），指明要写入的位数。

3）置位优先和复位优先触发器指令，对于 LAD 和 FBD，必须是分支中最右端的指令，参数 S、S1、R、R1、INOUT 和 Q 均为 Bool 型，"INOUT"变量分配要置位或复位的位地址。

（三）上升沿和下降沿指令

上升沿和下降沿跳变检测指令说明见表 5-46。所有参数均为 Bool 型，M_BIT 表示保存输入前一个状态的存储器位，IN 表示检测跳变沿的输入位，OUT 表示指示检测到跳变沿的输出位，CLK 表示检测其跳变沿的能流或输入位，Q 表示指示检测到沿的输出。

表 5-46　上升沿和下降沿相关指令

LAD	FBD	SCL	说明
"IN" —|P|— "M_BIT"	"IN" P "M_BIT"	不可用	扫描操作数的信号上升沿/下降沿。LAD：在分配的"IN"位上检测到正跳变（断到通）/负跳变（通到断）时，该触点的状态为 TRUE。该触点逻辑状态随后与能流输入状态组合以设置能流输出状态。P/N 触点可以放置在程序段中除分支结尾外的任何位置。FBD：在分配的输入位上检测到正跳变（断到通）/负跳变（通到断）时，输出逻辑状态为 TRUE。P/N 功能框只能放置在分支的开头
"IN" —|N|— "M_BIT"	"IN" N "M_BIT"	不可用	

138

（续）

LAD	FBD	SCL	说明
"OUT" —(P)— "M_BIT"	"OUT" P= "M_BIT"	不可用	在信号上升沿/下降沿置位操作数。LAD：在进入线圈的能流中检测到正跳变（断到通）/负跳变（通到断）时，分配的位 "OUT" 为 TRUE。能流输入状态总是通过线圈后变为能流输出状态。P/N 线圈可以放置在程序段中的任何位置。FBD：在功能框输入连接的逻辑状态中或输入位赋值中（如果该功能框位于分支开头）检测到正跳变（断到通）/负跳变（通到断）时，分配的位 "OUT" 为 TRUE。输入逻辑状态总是通过功能框后变为输出逻辑状态。P=/N= 功能框可以放置在分支中的任何位置
"OUT" —(N)— "M_BIT"	"OUT" N= "M_BIT"	不可用	
P_TRIG —CLK　Q— "M_BIT"	不可用		扫描 RLO 的信号上升沿/下降沿。在 CLK 输入状态（FBD）或 CLK 能流输入（LAD）中检测到正跳变（断到通）/负跳变（通到断）时，Q 输出能流或逻辑状态为 TRUE。在 LAD 中 P_TRIG/N_TRIG 指令不能放置在程序段的开头或结尾。在 FBD 中，P_TRIG/N_TRIG 指令可以放置在除分支结尾外的任何位置
N_TRIG —CLK　Q— "M_BIT"	不可用		
"R_TRIG_DB" R_TRIG —EN　ENO— —CLK　Q—	"R_TRIG_DB" (CLK:=_in_, Q=>_bool_out_);		在信号上升沿/下降沿置位变量。分配的背景 DB 用于存储 CLK 输入的前一状态。在 CLK 输入状态（FBD）或 CLK 能流输入（LAD）中检测到跳变（断到通）/负跳变（通到断）时，Q 输出能流或逻辑状态为 TRUE。在 LAD 中，R_TRIG/F_TRIG 指令不能放置在程序段的开头或结尾。在 FBD 中，R_TRIG/F_TRIG 指令可以放置在除分支结尾外的任何位置
"F_TRIG_DB_1" F_TRIG —EN　ENO— —CLK　Q—	"F_TRIG_DB" (CLK:=_in_, Q=>_bool_out_);		

所有的边沿指令都采用存储位 M_BIT（P 触点/线圈，N 触点/线圈，P_TRIG/N_TRIG）或背景 DB 位（R_TRIG，F_TRIG）保存被监控输入信号的先前状态。通过将输入的状态与前一状态进行比较来检测沿。如果状态指示在关注的方向上有输入变化，则会在输出写入 TRUE 来报告沿。否则，输出会写入 FALSE。

说明：沿指令每次执行时都会对输入和存储器位值进行评估，包括第一次执行。由于存储器位必须从一次执行保留到下一次执行，所以应该对每个沿指令都使用唯一的位，并且不应在程序中的任何其他位置使用该位。避免使用临时存储器和可受其他系统功能（例如 I/O

更新）影响的存储器。因此仅将 M、全局 DB 或静态存储器（在背景 DB 中）用于 M_BIT 存储器分配。

二、定时器指令

实现时间延时的定时器相关指令见表 5-47。可以使用的定时器数受 CPU 存储器容量限制。每个定时器使用 16 字节 IEC_Timer 数据类型的 DB 结构来存储功能框或线圈指令顶部指定的定时器数据，在插入指令时自动创建该 DB。SCL 中，"IEC_Timer_0_DB"是背景 DB 的名称。

表 5-47　定时器相关指令

LAD	FBD	SCL	说明
TP_DB —(TP)— "PRESET_Tag"	IEC_Timer_0 TP Time — IN　Q — PT　ET	"IEC_Timer_0_DB".TP(IN:=_bool_in_,PT:=_time_in_,Q=>_bool_out_,ET=>_time_out_);	TP 定时器可生成具有预设宽度时间的脉冲
TON_DB —(TON)— "PRESET_Tag"	IEC_Timer_1 TON Time — IN　Q — PT　ET	"IEC_Timer_0_DB".TON(IN:=_bool_in_,PT:=_time_in_,Q=>_bool_out_,ET=>_time_out_);	TON 定时器在预设的延时过后将输出 Q 设置为 ON
TOF_DB —(TOF)— "PRESET_Tag"	IEC_Timer_2 TOF Time — IN　Q — PT　ET	"IEC_Timer_0_DB".TOF(IN:=_bool_in_,PT:=_time_in_,Q=>_bool_out_,ET=>_time_out_);	TOF 定时器在预设的延时过后将输出 Q 重置为 OFF
TON_DB —(PT)— "PRESET_Tag"	PT — PT	PRESET_TIMER(PT:=_time_in_,TIMER:=_iec_timer_in_);	PT（预设定时器）线圈会在指定的 IEC_Timer 中装载新的 PRESET 时间值
TONR_DB —(TONR)— "PRESET_Tag"	IEC_Timer_3 TONR Time — IN　Q — R　ET — PT	"IEC_Timer_0_DB".TONR(IN:=_bool_in_,R:=_bool_in_,PT:=_time_in_,Q=>_bool_out_,ET=>_time_out_);	TONR 定时器在预设的延时过后将输出 Q 设置为 ON。在使用 R 输入重置经过的时间之前，会跨越多个定时时段一直累加经过的时间
TON_DB —(RT)—	RT	RESET_TIMER(_iec_timer_in_);	RT（复位定时器）线圈会复位指定的 IEC_Timer

　　定时器相关参数类型及其说明见表 5-48。PT（预设时间）和 ET（经过的时间）值以表示毫秒时间的有符号双精度整数形式存储在指定的 IEC_Timer DB 数据中。Time 数据使用 T# 标识符，可以简单时间单元（T#200ms 或 200）和复合时间单元（如 T#2s_200ms）的形式输入。负的 PT 值在定时器指令执行时被设置为 0。ET 始终为正值。-(TP)-、-(TON)-、-(TOF)-和-(TONR)-定时器线圈必须是 LAD 网络中的最后一个指令，定时器触点指令也可由定时器线圈 IEC_Timer DB 数据中的 Q 位值求出。同样，如果要在程序中使用经过的时间值，必须访问 IEC_Timer DB 数据中的 ELAPSED 元素。

表 5-48　定时器相关参数类型及其说明

参数	数据类型	说明
功能框：IN 线圈：能流	Bool	TP、TON 和 TONR：功能框，0＝禁用定时器，1＝启用定时器；线圈，无能流＝禁用定时器，能流＝启用定时器。TOF：功能框，0＝启用定时器，1＝禁用定时器；线圈，无能流＝启用定时器，能流＝禁用定时器
R	Bool	仅 TONR 功能框：0＝不重置，1＝将经过的时间和 Q 位重置为 0
功能框：PT 线圈："PRESET_Tag"	Time	定时器功能框或线圈：预设的时间输入
功能框：Q 线圈：DBdata.Q	Bool	定时器功能框：Q 功能框输出或定时器 DB 数据中的 Q 位 定时器线圈：仅可寻址定时器 DB 数据中的 Q 位
功能框：ET 线圈：DBdata.ET	Time	定时器功能框：ET 功能框输出或定时器 DB 数据中的 ET 时间值 定时器线圈：仅可寻址定时器 DB 数据中的 ET 时间值
TP 型定时器	运行期间，更改 PT、IN 没有任何影响	
TON 型定时器	运行期间，更改 PT 没有任何影响；将 IN 更改为 FALSE 会复位并停止定时器	
TOF 型定时器	运行期间，更改 PT 没有任何影响；将 IN 更改为 TRUE 会复位并停止定时器	
TONR 型定时器	运行期间，更改 PT 没有任何影响，但对定时器中断后继续运行会有影响；将 IN 更改为 FALSE 会停止定时器但不会复位定时器，将 IN 设回 TRUE 将使定时器从累积的时间值开始定时	
Time（32 位 DInt 型）	T#-24d_20h_31m_23s_648ms～T#24d_20h_31m_23s_647ms，以 ms 的形式存储	

（一）重置定时器-(RT)-和预设定时器-(PT)-线圈

　　若-(RT)-线圈激活，指定 IEC_Timer DB 数据中的 ELAPSED 时间元素将重置为 0。若-(PT)-线圈激活，使用所分配的时间间隔值加载指定 IEC_Timer DB 数据中的 PRESET 时间元素。说明：选择"多重背景数据块"（Multi-Instance DB）选项时，各定时器结构名称可以对应不同的数据结构，但定时器数据包含在同一个 DB 中，因此无须为每个定时器都使用一个独立的 DB。这样可减少处理定时器所需的处理时间和数据存储空间。在共享的多重背景 DB 中的定时器数据结构之间不存在交互作用。

（二）定时器的运行

　　各类 IEC 定时器工作时序图示例如图 5-4 所示。

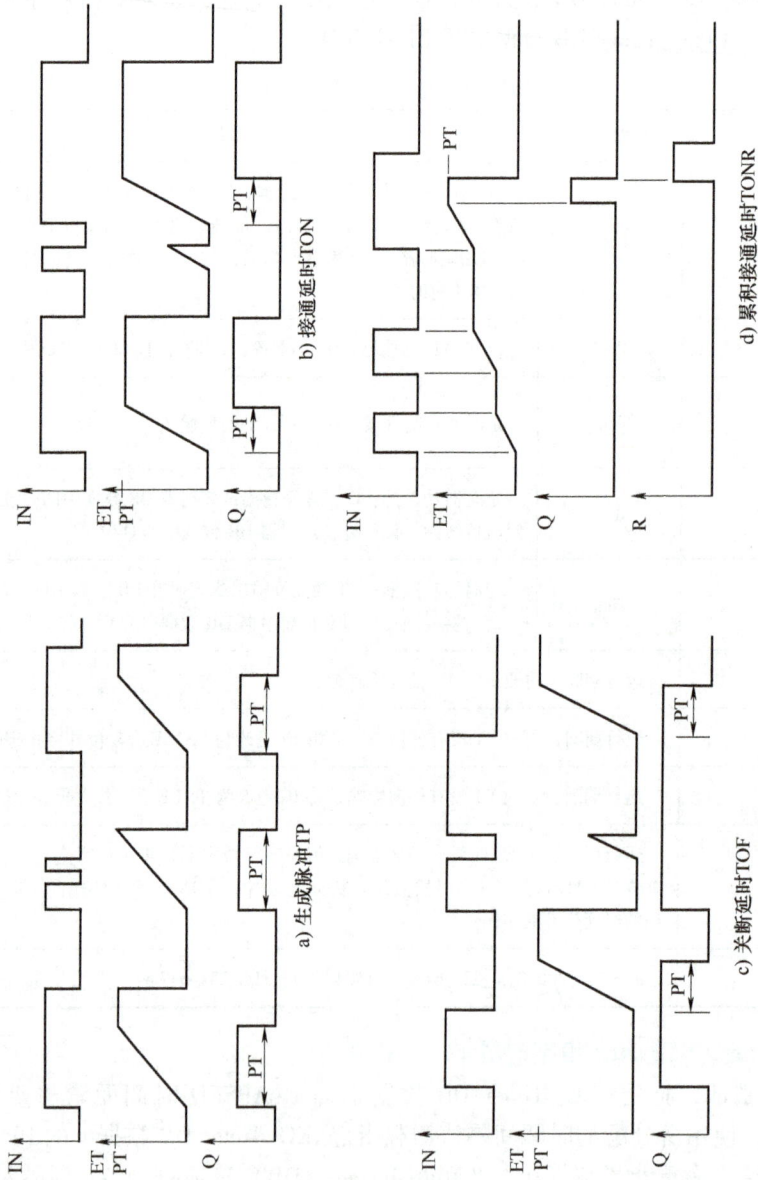

图 5-4　**IEC 定时器工作时序图**

a) 生成脉冲TP

b) 接通延时TON

c) 关断延时TOF

d) 累积接通延时TONR

CPU 没有给定时器指令分配专门的资源，使用定时器结构的 DB 存储器和连续运行的内部 CPU 定时器来执行定时。TP、TON、TOF 或 TONR 指令的输入上出现沿跳变而启动定时器时，连续运行的内部 CPU 定时器的值将被复制到该定时器指令分配的 DB 结构的 START 成员中。该起始值在定时器继续运行期间将保持不变，随后在每次更新定时器时，从内部 CPU 定时器的当前值中减去上述起始值确定经过的时间。再将经过的时间与预设值进行比较以确定定时器 Q 位的状态，在为该定时器分配的 DB 结构中，更新 ELAPSED 和 Q 成员。达到预设值后定时器便不会继续累加经过的时间，经过的时间将停留在预设值上，定时器 Q 位的状态指示到达预设定时时间。

（三）定时器编程

1）同一个扫描周期内，每次执行定时器指令（TP、TON、TOF 和 TONR）和每次将定时器结构的 ELAPSED 或 Q 成员用作其他执行指令的参数时，都会更新定时器。这在需要最新时间数据（本质上是立即读取定时器）时会是一项优点。但是，如果希望在整个程序扫描周期内保持一致的值，要将定时器指令放置在需要这些值的其他所有指令之前，并使用定时器指令的 Q 和 ET 输出中的变量而不是定时器 DB 结构的 ELAPSED 和 Q 成员。

2）扫描期间，在函数中启动定时器，然后在一个或多个扫描周期内不再调用该函数，不执行定时器更新。

3）尽管并不常见，但同一个 DB 定时器结构可以分配给多个定时器指令。通常，为避免意外交互作用，应当使每个 DB 定时器结构仅对应一个定时器指令（TP、TON、TOF 和 TONR）。

4）自复位定时器适合用于触发需要周期性发生的动作。通常，将引用定时器位的常闭触点放置在定时器指令前面可创建自复位定时器。当定时器时间已到（经过的时间达到预设值）时，定时器位将在一个扫描周期内为 ON。下次执行定时器网络时，常闭触点将为 OFF，从而复位定时器并清除定时器位。下次扫描期间，常闭触点将为 ON，因此将重启定时器。创建此类自复位定时器时，不要将定时器 DB 结构的"Q"成员用作该定时器指令前面常闭触点的参数，而是要使用与该定时器指令的"Q"输出相连的变量。

（四）RUN-STOP-RUN 切换或 CPU 循环上电后保留时间数据

如果从运行模式阶段切换到停止模式或 CPU 循环上电并启动新运行模式阶段，则存储在之前运行模式阶段中的定时器数据将丢失，除非将定时器数据结构指定为具有保持性（TP、TON、TOF 和 TONR 定时器）。要使定时器数据具有保持性，必须使用全局 DB 或多重背景 DB。

（五）指定全局 DB 将定时器数据存储为保持性数据

每个定时器结构可以放置在每个独立的全局 DB 中，多个定时器结构也可以放置在同一个全局 DB 中，多个定时器结构放置在同一个全局 DB 中可减少总的块数。全局 DB 的所有数据元素可设置为具有保持性。全局 DB 中，添加具有保持性的 IEC_Timer 数据类型静态变量，也可选择定时器结构具有保持性，在定时器指令上方，输入全局 DB 和定时器结构的名称（例如："Data_block_3.Static_1"）。

（六）指定多重背景 DB 以将定时器数据存储为保持性数据

该选项仅对于将定时器放置在 FB 中有效。如果 FB 指定"优化块访问"（Optimized Block Access），仅允许符号访问，定时器结构选择"保持性"（Retain），只要从另一程序块调用此 FB，都将利用包含标有保持性的定时器结构创建背景 DB。如果 FB 未指定"优化块访问"，则块访问类型为标准访问，允许符号访问和直接访问，通过 IEC_Timer 结构"静态"（Static）变量选择"保持性"可以使该定时器结构具有保持性。

三、计数器指令

计数器相关指令见表 5-49，可以使用的计数器数仅受 CPU 存储器容量限制。对于 SInt 或 USInt 数据类型，计数器指令占用 3B；对于 Int 或 UInt 数据类型，计数器指令占用 6B；对于 DInt 或 UDInt 数据类型，计数器指令占用 12B。计数器指令使用软件计数，最大计数速率受其所在的 OB 的执行速率限制。指令所在的 OB 的执行频率必须足够高，以检测 CU 或 CD 输入的所有跳变。

各计数器结构名称可以对应不同的数据结构，但计数器数据包含在同一个 DB 中，无须每个计数器都使用一个单独的 DB，这减少了计数器所需的处理时间和数据存储空间。在共享的多重背景 DB 中的计数器数据结构之间不存在交互作用。

表 5-49　计数器相关指令

LAD/ FBD	SCL	说明
"Counter name" CTU Int CU　Q R　CV PV	"IEC_Counter_0_DB". CTU (CU: =_bool_in, R: =_bool_in, PV: =_in, Q =>_bool_out, CV =>_out);	使用计数器指令对内部程序事件和外部过程事件进行计数。每个计数器都使用 DB 中存储的结构来保存计数器数据。用户在编辑器中放置计数器指令时分配相应的 DB。CTU 是加计数器，CTD 是减计数器，CTUD 是加减计数器。对于 LAD 和 FBD：从指令名称下的下拉列表中选择计数值数据类型。STEP 7 会在插入指令时自动创建 DB。SCL 中，"IEC_Counter_0_DB"是背景 DB 的名称
"Counter name" CTD Int CD　Q LD　CV PV	"IEC_Counter_0_DB". CTD (CD: =_bool_in, LD: =_bool_in, PV: =_in, Q =>_bool_out, CV =>_out);	CU、CD（Bool）：加计数或减计数，按加或减一计数 R（CTU、CTUD）（Bool）：将计数值重置为零 LD（CTD、CTUD）（Bool）：预设值的装载控制 PV（SInt、Int、DInt、USInt、UInt、UDInt）：预设计数值 Q、QU（Bool）：CV >=PV 时为真 QD（Bool）：CV<=0 时为真 CV（SInt、Int、DInt、USInt、UInt、UDInt）：当前计数值
"Counter name" CTUD Int CU　QU CD　QD R　CV LD PV	"IEC_Counter_0_DB". CTUD (CU: =_bool_in, CD: =_bool_in, R: =_bool_in, LD: =_bool_in, PV: =_in_, QU =>_bool_out, QD =>_bool_out, CV =>_out_);	计数值的数值范围取决于所选的数据类型。如果计数值是无符号整型数，则可以减计数到零或加计数到范围限值。如果计数值是有符号整数，则可以减计数到负整数限值或加计数到正整数限值

（一）计数器的运行

计数器 CTU、CTD 和 CTUD 工作时序如图 5-5 所示。

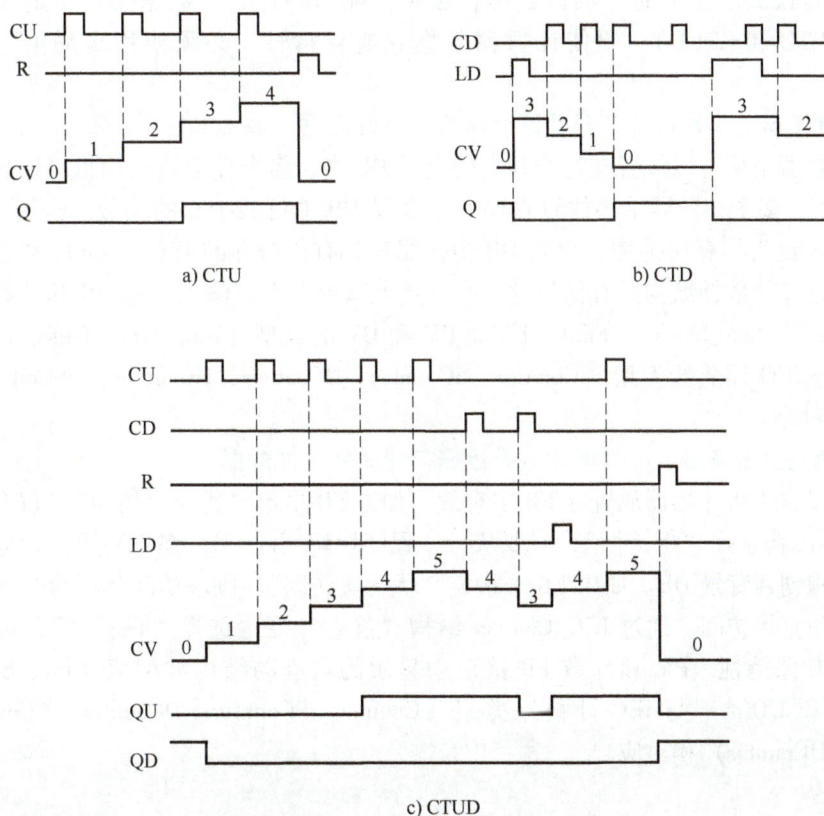

a) CTU

b) CTD

c) CTUD

图 5-5　计数器工作时序图

1）CTU 运算（加计数）。当参数 CU 的值从 0 变为 1 时，CTU 会使计数值加 1。CTU 时序图显示了计数值为无符号整数时的运行（其中，PV = 3）。如果参数 CV（当前计数值）的值大于或等于参数 PV（预设计数值）的值，则计数器输出参数 Q = 1。如果复位参数 R 的值从 0 变为 1，则当前计数值重置为 0。

2）CTD 运算（减计数）。当参数 CD 的值从 0 变为 1 时，CTD 会使计数值减 1。CTD 时序图显示了计数值为无符号整数时的运行（其中，PV = 3）。如果参数 CV 的值小于或等于 0，则计数器输出参数 Q = 1。如果参数 LD 的值从 0 变为 1，则参数 PV 的值将作为新的 CV 装载到计数器。

3）CTUD 运算（加计数和减计数）。当加计数（CU）输入或减计数（CD）输入从 0 转换为 1 时，CTUD 将加 1 或减 1。CTUD 时序图显示了计数值为无符号整数时的运行（其中，PV = 4）。如果参数 CV 的值大于或等于参数 PV 的值，则计数器输出参数 QU = 1。如果参数 CV 的值小于或等于零，则计数器输出参数 QD = 1。如果参数 LD 的值从 0 变为 1，则参数 PV 的值将作为新的 CV 装载到计数器。如果复位参数 R 的值从 0 变为 1，则当前计数值重置为 0。

145

（二）RUN-STOP-RUN 切换或 CPU 循环上电后保留计数器数据

如果从运行模式阶段切换到停止模式或 CPU 循环上电并启动新运行模式阶段，则存储在之前运行模式阶段中的计数器数据将丢失，除非将计数器数据结构指定为具有保持性（CTU、CTD 和 CTUD）。要使计数器数据具有保持性，必须使用全局 DB 或多重背景 DB。

（三）指定全局 DB 将计数器数据存储为保持性数据

每个计数器结构可以放置在每个独立的全局 DB 中，多个计数器结构也可以放置在同一个全局 DB 中，多个计数器结构放置在同一个全局 DB 中可减少总的块数。全局 DB 的所有数据元素可设置为具有保持性。全局 DB 中，添加具有保持性的 IEC_Counter 数据类型静态变量，也可选择计数器结构具有保持性，在计数器指令上方，输入全局 DB 和计数器结构的名称（例如："Data_block_3. Static_1"）。PV 和 CV 的类型（Int、SInt、DInt、UInt、USInt 和 UDInt）与 IEC 计数器类型（Counter、SCounter、DCounter、UCounter、USCounter 和 UD-Counter）相对应。

（四）指定多重背景 DB 以将计数器数据存储为保持性数据

该选项仅对于将计数器放置在 FB 中有效。如果 FB 指定"优化块访问"（仅允许符号访问），计数器结构选择"保持性"，只要从另一程序块调用此 FB，都将利用包含标有保持性的计数器结构创建背景 DB。如果 FB 未指定"优化块访问"，则块访问类型为标准访问，允许符号访问和直接访问。通过 IEC_Counter 结构"静态"变量选择"保持性"，可以使该计数器结构具有保持性。PV 和计数 FB 接口中显示的对应的结构类型值（Int、SInt、DInt、UInt、USInt 和 UDInt）与 IEC 计数器类型（Counter、SCounter、DCounter、UCounter、US-Counter 和 UDCounter）相对应。

第六节　S7-1200 PLC 常规基本指令编程示例

一、延时断开电路

时序要求如图 5-6a 所示，应用程序如图 5-6b 所示。DB1 为对应 TON 定时器"IEC_Timer_1"定义的 DB，辅助继电器 M0.0 线圈与 TON 定时器输出 Q 相连（DB1. MyIEC_Timer. Q），辅助继电器组合双字 MD10 存储 TON 定时器当前 ET 值（DB1. MyIEC_Timer. ET），T# 5s 为 TON 定时器预设 PT 值。I0.0 = ON、M0.0 = OFF 时，Q0.0 = ON，并且 Q0.0 的常开触点使 Q0.0 自锁保持接通；Q0.0 = ON、I0.0 = OFF 时，TON 定时器"IEC_Timer_1"开始定时，5s 后，"IEC_Timer_1"的输出 Q 使 M0.0 接通，M0.0 的常闭触点断开使 Q0.0 自锁解除断开。

二、二分频电路

图 5-7a 所示为二分频时序图，应用程序如图 5-7b 所示。

待分频的脉冲信号加在输入 I0.0 上，在第一个脉冲信号到来时，M0.0 产生一个扫描周期的单脉冲，使 M0.0 常开触点闭合一个扫描周期。Q0.0 工作条件的两个支路中 1#支路接通，2#支路断开，Q0.0 接通；第一个脉冲到来一个扫描周期后，M0.0 断开，Q0.0 接通，

2#支路使 Q0.0 保持接通。当第二个脉冲到来时，M0.0 再产生一个扫描周期的单脉冲，使得 Q0.0 的状态由接通变为断开；第二个脉冲到来一个扫描周期后，Q0.0 保持断开。第三个脉冲到来时，Q0.0 与 M0.0 的状态和第一个脉冲到来时完全相同，因此 Q0.0 状态的变化将重复前面的过程。通过分析可知，I0.0 每送入两个脉冲，Q0.0 产生一个脉冲，完成对输入 I0.0 信号的二分频。

程序段1：Q0.0自锁得电，延时断开

程序段2：5s接通延时定时器

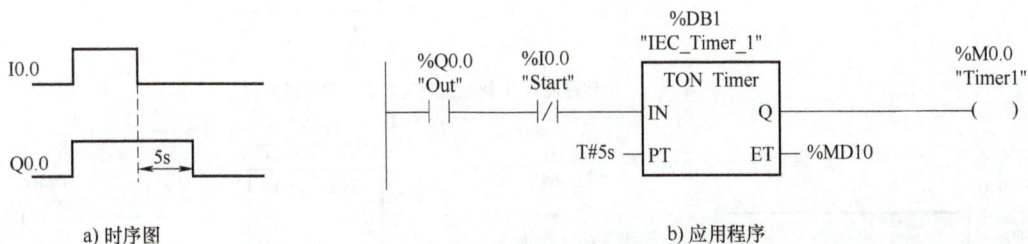

a) 时序图　　　　　　　　　b) 应用程序

图 5-6　延时断开电路

程序段1：M0.0脉冲

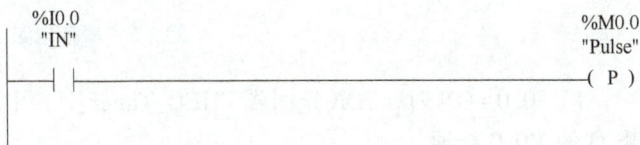

程序段2：Q0.0二分频

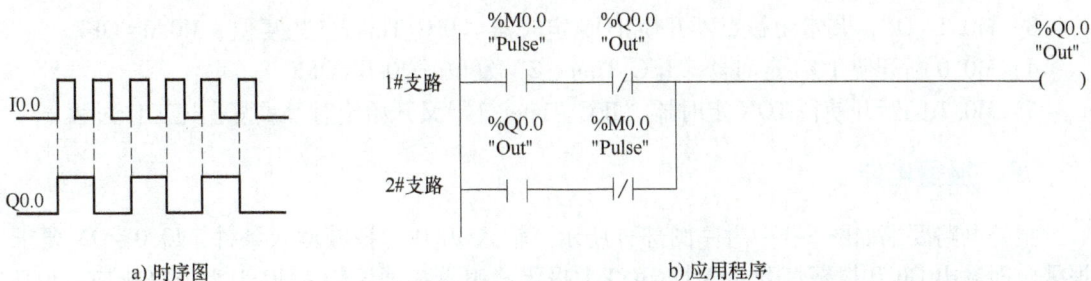

a) 时序图　　　　　　　　　b) 应用程序

图 5-7　二分频电路

三、振荡电路

时序要求如图 5-8a 所示，应用程序如图 5-8b 所示。DB1 为对应 TON 定时器 "IEC_Timer_1" 定义的 DB，辅助继电器 M0.0 线圈与 "IEC_Timer_1" 输出 Q 相连（DB1.MyIEC_Timer.Q），辅助继电器组合双字 MD10 存储 "IEC_Timer_1" 当前 ET 值（DB1.MyIEC_Timer.ET），T# 2s 为 "IEC_Timer_1" 预设 PT 值。DB2 为对应 TON 定时器 "IEC_Timer_2" 定义的 DB，辅助继电器 M0.1 线圈与 "IEC_Timer_2" 输出 Q 相连（DB2.MyIEC_Timer.Q），辅助继电器组合双字 MD20 存储 "IEC_Timer_2" 当前 ET 值（DB2.MyIEC_Timer.ET），T# 1s 为 "IEC_Timer_2" 预设 PT 值。

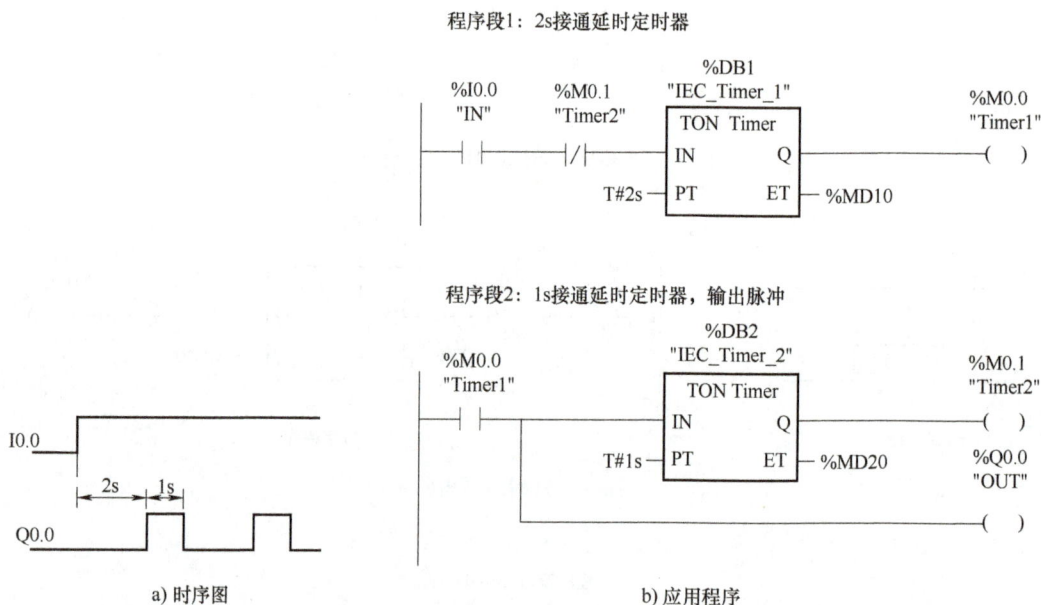

图 5-8　振荡电路

1）I0.0=ON 时，TON 定时器 "IEC_Timer_1" 开始定时，2s 后，"IEC_Timer_1" 的输出 Q 使 M0.0 接通。

2）M0.0=ON，使 Q0.0=ON，TON 定时器 "IEC_Timer_2" 开始定时，1s 后，"IEC_Timer_2" 的输出 Q 使 M0.1 接通。

3）M0.1=ON，其常闭触点断开使 TON 定时器 "IEC_Timer_1" 复位、M0.0=OFF。

4）M0.0 断开使 TON 定时器 "IEC_Timer_2" 复位、Q0.0=OFF。

5）M0.1 的断开使得 TON 定时器 "IEC_Timer_1" 又开始定时，重复上述工作过程。

四、报警电路

报警电路要求如图 5-9 中时序图部分所示。输入 I0.0 为报警输入条件，I0.0=ON 要求报警，即输出 Q0.0 报警灯开始闪烁，Q0.1 报警蜂鸣器接通。输入 I0.1 为报警响应，I0.1 接通后，Q0.0 报警灯由闪烁变为常亮，同时 Q0.1 报警蜂鸣器关闭。输入 I0.2 为报警灯测试，I0.2 接通则 Q0.0 接通。图 5-9 中应用程序段 1、2，组成 0.5s 接通、0.5s 断开的振荡电路。图 5-9 中程序段 3 为 Q0.0 报警灯控制,程序段 4 为报警响应信号 M0.2,程序段 5 为报警蜂鸣器 Q0.1 控制。

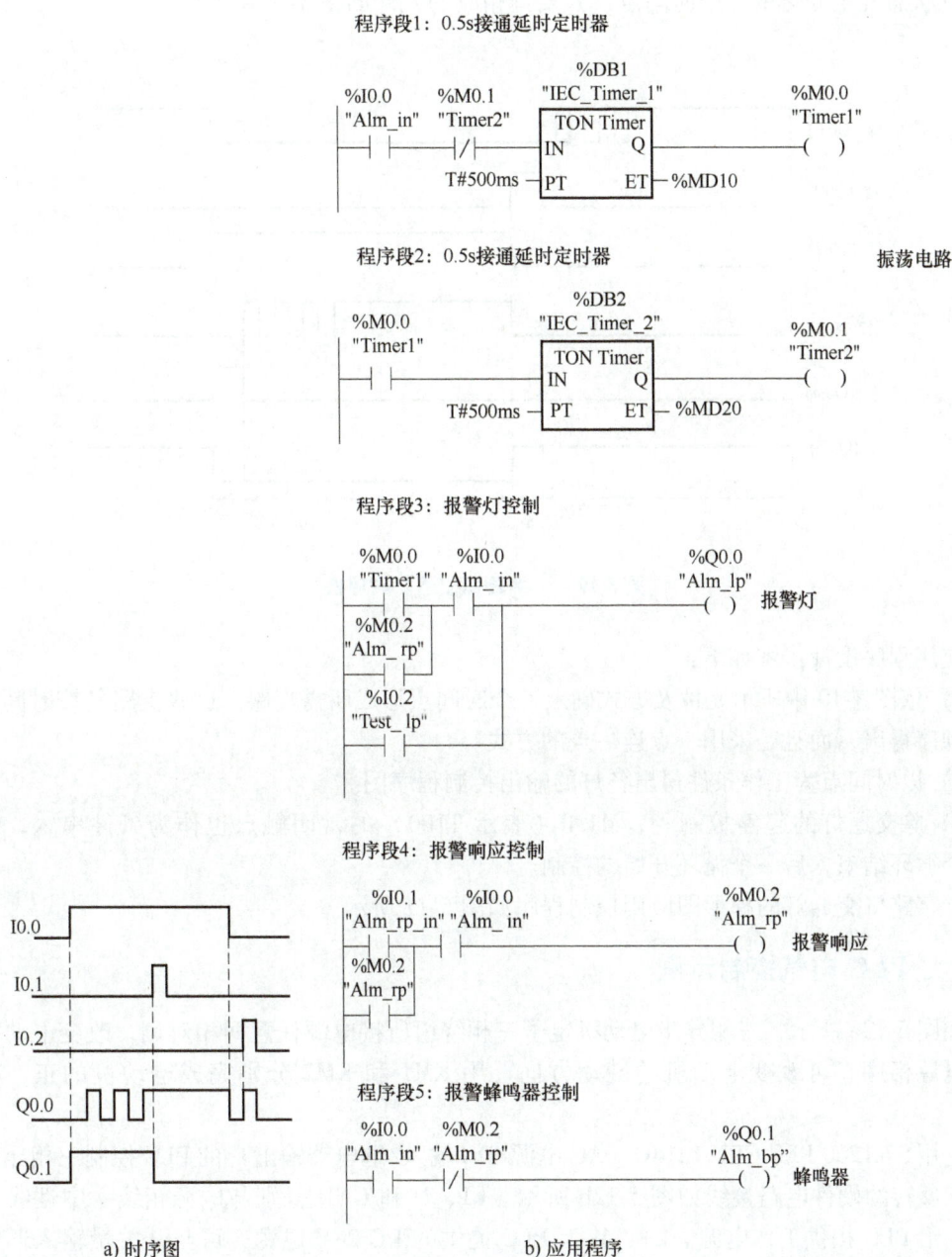

图 5-9 报警电路

五、十字路口交通灯控制

十字路口南北向及东西向均设有红、黄和绿三只信号灯,交通信号灯起动时(输入 I0.0 控制起动,输入 I0.1 控制停止),6 只灯依一定的时序循环往复工作。交通信号灯的时序图如图 5-10 所示。

本例也是一个时序控制问题，关键是要将灯状态变化的时间点表示出来。分析时序图，找出灯状态发生变化的每个时间点，并安排相应的元件如图 5-10 中所示。

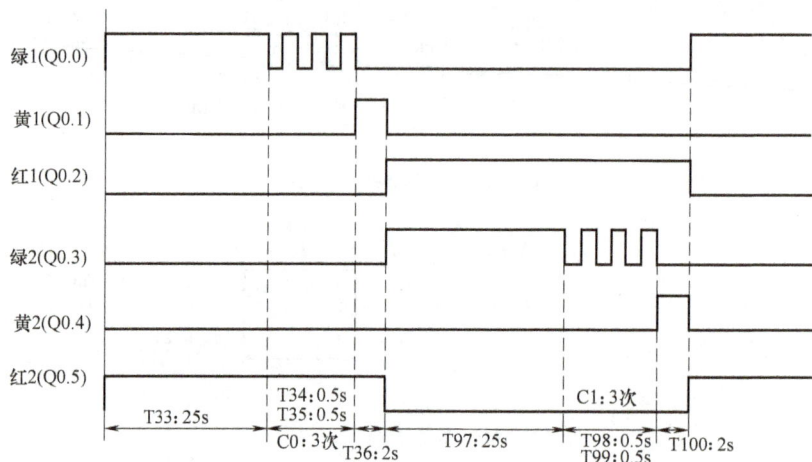

图 5-10　十字路口交通灯时序图

150

应用程序设计步骤如下：

1）依图 5-10 中所示元件及方式确定各个时间点形成所需支路。这些支路是按时间点的先后顺序得出，而且是采用一点连一点的方式。

2）以时间点为工作条件得出各灯的输出控制程序图。

3）除交通灯的起停控制外，M1.0（表示 T100）的常闭触点也作为条件串入，作为前一个循环结束，后一个循环开始的控制。

十字路口交通灯的梯形图应用控制程序如图 5-11 所示。

六、PLC 电气控制示例

如图 5-12a 所示，三相异步电动机定子三相绕组所接电源任意两相对调，改变电动机的定子电源相序，可改变电动机的转动方向。用 KM1 和 KM2 分别完成电动机的正、反转控制。

选用 S7-1200 PLC CPU 1214C（AC 电源/DC 输入/继电器输出）的 PLC 控制三相异步电动机正反转的硬件电路接线如图 5-12b 所示。L1、N 和 GND 分别与电源相线、中性线与地相连，给 PLC 提供工作电源。L+、M 为 PLC 提供的 DC 24V 电源，可与开关量输入形成回路采集信号，若 DIa 配置为 I0、DIb 配置为 I1，则 PLC 的 DI 输入 I0.0 采集停止按钮 SB1 信号、I0.1 采集正转起动按钮 SB2 信号、I0.2 采集反转起动按钮 SB3 信号、I0.3 采集过载保护热继电器 FR 信号。开关量输出通过电源和 1L、2L 等形成回路控制目标对象，若 DQa 配置为 Q0、DQb 配置为 Q1，则 PLC 输出 Q0.0 控制正转接触器 KM1 线圈、Q0.1 控制反转接触器 KM2 线圈。KM1 与 KM2 线圈通过与对方常闭触点的硬连接实现互锁，确保 KM1 与 KM2 不能同时得电。

程序段1：起停控制

%I0.0 %I0.1 %M0.0
"Start" "Stop" "On-Off"
( )

%M0.0
"On-Off"

程序段2：25s接通延时定时器T33
%DB33
"IEC_Timer_1"
%M0.0 %M1.0 TON Timer %M0.1
"On-Off" "T100" IN Q "T33"
( )
PT ET —%MD10
T#25s

程序段3：0.5s接通延时定时器T34
%DB34
"IEC_Timer_2"
%M0.1 %M0.3 %M1.0 TON Timer %M0.2
"T33" "T35" "T100" IN Q "T34"
( )
%M1.1 PT ET —%MD20
"C0" T#500ms

程序段4：0.5s接通延时定时器T35
%DB35
"IEC_Timer_3"
%M0.2 %M1.0 TON Timer %M0.3
"T34" "T100" IN Q "T35"
( )
PT ET —%MD30
T#500ms

程序段5：3次增计数器C0
%DB37
"Counter 1"
%M0.3 CTU %M1.1
"T35" Counter "C0"
IN Q ( )
%M1.0 R
"T100" PV CV—%MB50
3

程序段6：2s接通延时定时器T36
%DB36
"IEC_Timer_4"
%M1.1 %M1.0 TON Timer %M0.4
"C0" "T100" IN Q "T36"
( )
PT ET —%MD40
T#2s

程序段7：25s接通延时定时器T97
%DB97
"IEC_Timer_5"
%M0.4 %M1.0 TON Timer %M0.5
"T36" "T100" IN Q "T97"
( )
PT ET —%MD14
T#25s

程序段8：0.5s接通延时定时器T98
%DB98
"IEC_Timer_6"
%M0.5 %M0.7 %M1.0 TON Timer %M0.6
"T97" "T99" "T100" IN Q "T98"
( )
%M1.2 PT ET —%MD24
"C1" T#500ms

程序段9：0.5s接通延时定时器T99
%DB99
"IEC_Timer_7"
%M0.6 %M1.0 TON Timer %M0.7
"T98" "T100" IN Q "T99"
( )
PT ET —%MD34
T#500ms

程序段10：3次增计数器C0
%DB101
"Counter 2"
%M0.7 CTU %M1.2
"T99" Counter "C1"
IN Q ( )
%M1.0 R
"T100" PV CV—%MB52
3

程序段11：2s接通延时定时器T100
%DB100
"IEC_Timer_8"
%M1.2 %M1.0 TON Timer %M1.0
"C1" "T100" IN Q "T100"
( )
PT ET —%MD44
T#2s

程序段12：Q0.0南北向绿灯控制

%M0.0 %M0.1 %Q0.0
"On-Off" "T33" "NS_Green"
( )
%M0.2 %M1.1
"T34" "T33"

程序段13：Q0.1南北向黄灯控制
%M1.1 %M0.4 %Q0.1
"C0" "T36" "NS_Yellow"
( )

程序段14：Q0.2南北向红灯控制
%M0.4 %M1.0 %Q0.2
"C0" "T100" "NS_Red"
( )
%M0.4 %M1.1
"T36" "C0"

程序段15：Q0.3东西向绿灯控制
%M0.4 %M0.5 %Q0.3
"T97" "T97" "EW_Green"
( )
%M0.4 %M1.2
"T36" "C1"

程序段16：Q0.4东西向黄灯控制
%M1.2 %M1.0 %Q0.4
"C1" "T100" "EW_Yellow"
( )
%M1.2 %M1.0
"C1" "T100"

程序段17：Q0.5东西向红灯控制
%M0.0 %M0.4 %Q0.5
"On-Off" "T36" "EW_Red"
( )

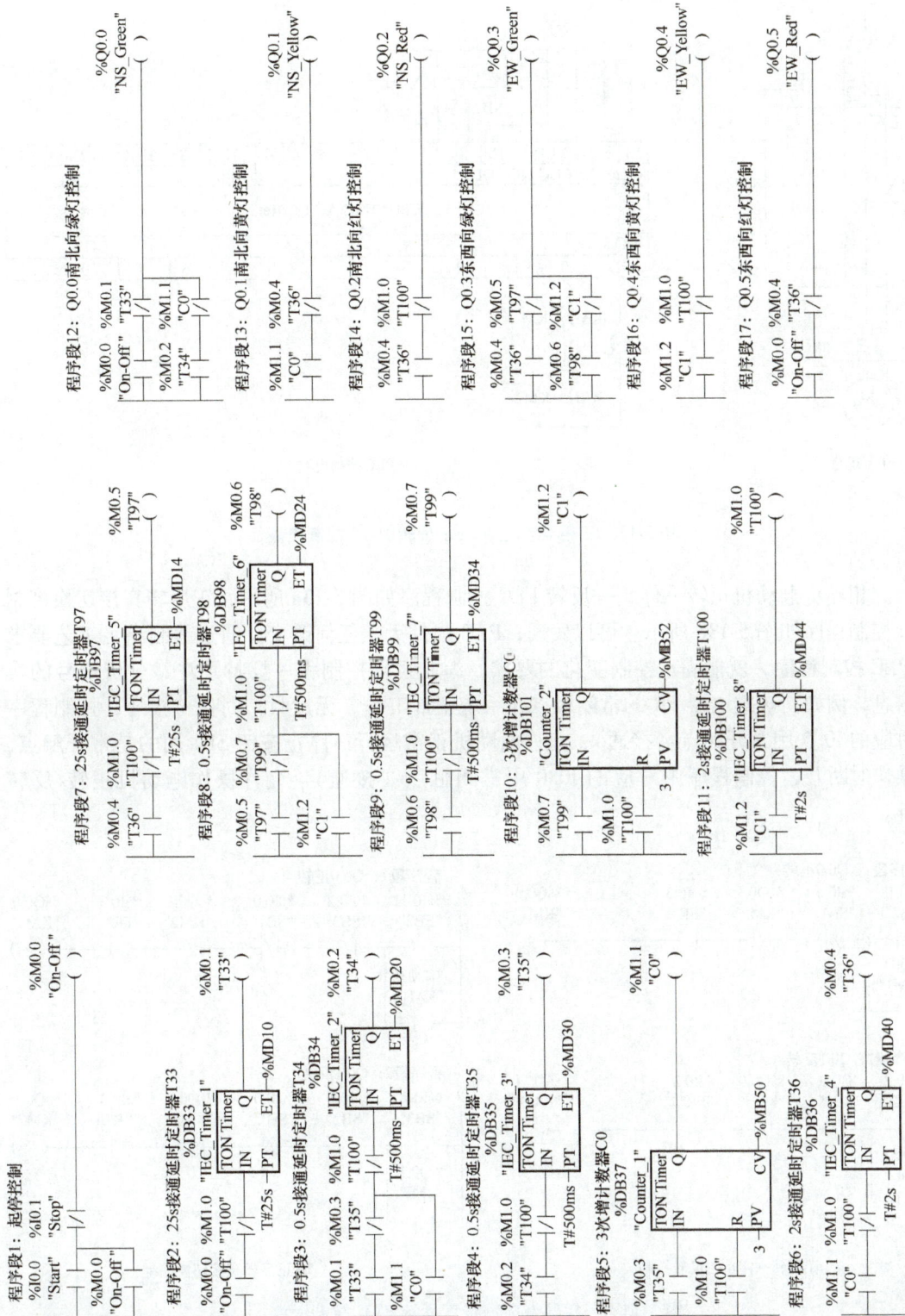

图 5-11　十字路口交通信号灯的梯形图应用控制程序

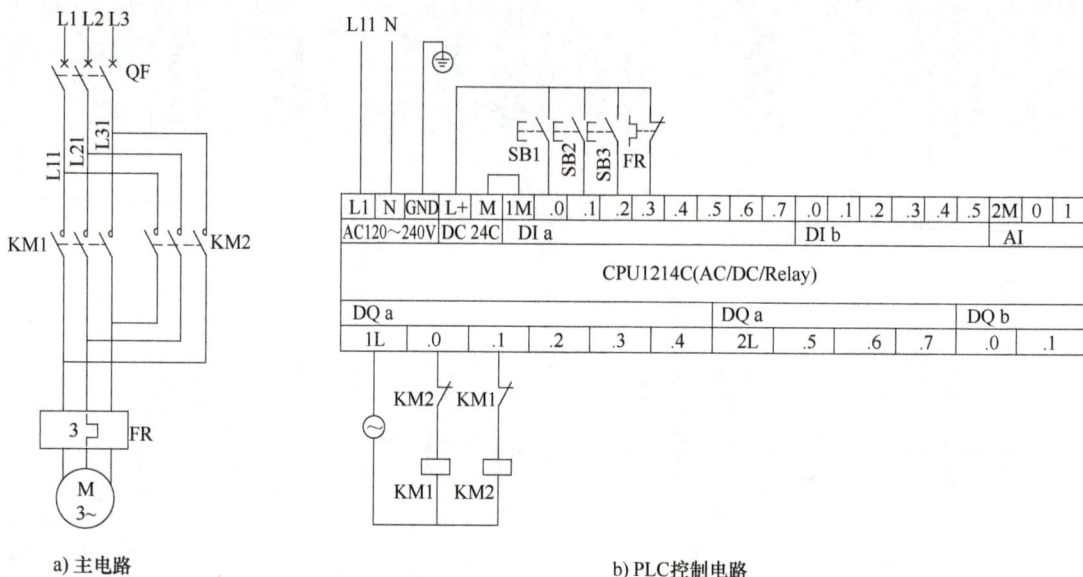

a) 主电路　　　　　　　　　　　　　　　　b) PLC 控制电路

图 5-12　三相异步电动机正反转 PLC 控制电路

三相异步电动机正转—停止—反转 PLC 控制程序如图 5-13a 所示，正反转直接切换控制 PLC 控制程序如图 5-13b 所示。可以发现，PLC 硬件无须任何改变，通过编制满足工艺要求的 PLC 控制程序，就能满足控制变化的要求。编制逻辑控制程序要特别注意分析信号的实际信息，例如：热继电器 FR 的常闭触点在系统正常工作（无过载）时保持接通，控制程序中对应的 I0.3 用常开触点（接通），允许电动机正常运行；停止按钮 SB1 用的是常开触点，未操作时断开，控制程序中对应的 I0.0 用常闭触点（接通），允许操作电动机正转/反转运行。

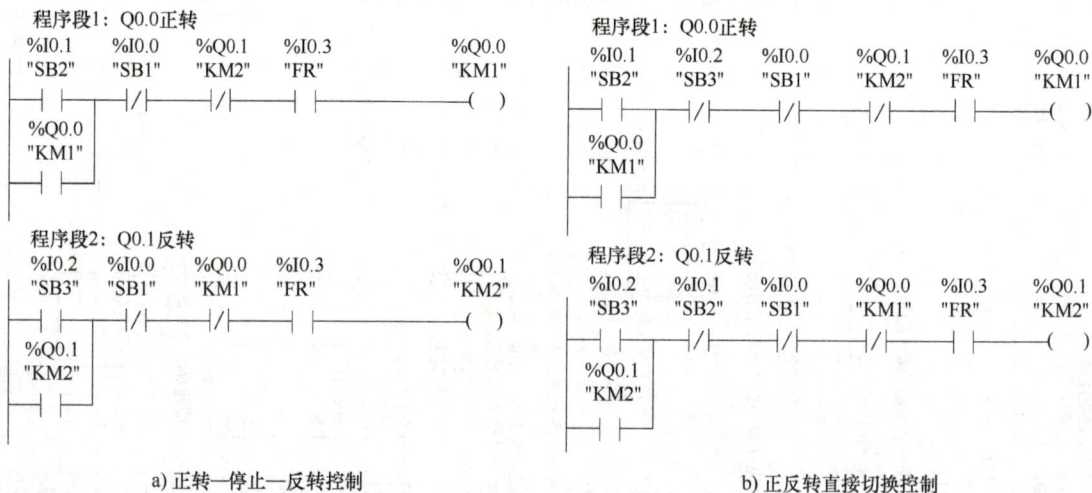

a) 正转—停止—反转控制　　　　　　　　　　b) 正反转直接切换控制

图 5-13　三相异步电动机正反转 PLC 控制程序

第七节 S7-1200 PLC 顺序控制编程示例

一、状态编程思想

在介绍状态编程思想前，先来看一个小车运动控制的实例，如图 5-14 所示。

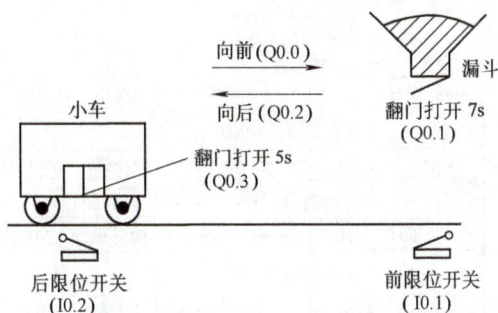

图 5-14 小车运动控制实例

小车手动控制运行包括以下过程：

1）手动操作小车向前运动控制按钮（I0.4 接通），并且小车底门关闭（Q0.3 断开）时，小车向前运动（Q0.0 接通），停止在最前端位置（Q0.0 断开，前限位开关 I0.1 接通）。

2）手动操作漏斗翻门打开控制按钮（I0.6 接通），漏斗翻门打开（Q0.1 接通），货物通过漏斗卸下，7s 后自动关闭漏斗翻门（Q0.1 断开）。

3）手动操作小车向后运动控制按钮（I0.5 接通），小车向后运动（Q0.2 接通），至后限位开关位置停止（Q0.2 断开，后限位开关 I0.2 接通）。

4）手动操作小车底门打开控制按钮（I0.7 接通），小车底门打开（Q0.3 接通），将小车中货物取下，5s 后自动关闭小车翻门（Q0.3 断开）。

图 5-15 为根据上述工艺要求，编制的小车手动控制运行的梯形图程序。

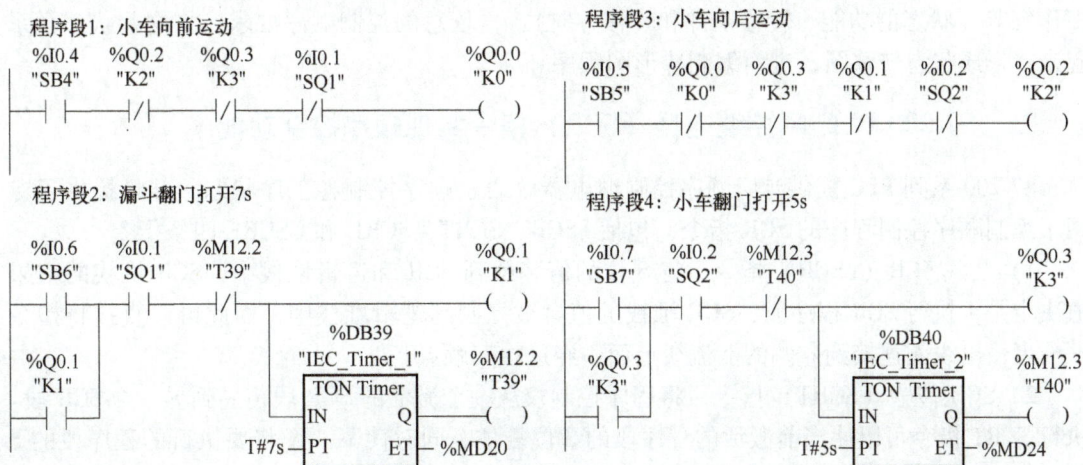

图 5-15 小车手动控制运行的梯形图程序

从上面小车手动控制运行的工艺要求和梯形图程序中，小车每一个运动过程都需要人为手动操作。为了提高生产效率，往往要求在满足初始条件时，小车能够按照工艺要求顺序地自动循环各个生产步骤。将小车的各个工作步骤用工序状态表示，并依工作顺序将工序状态连接成图 5-16 所示，得到小车运动顺序控制状态转移图。

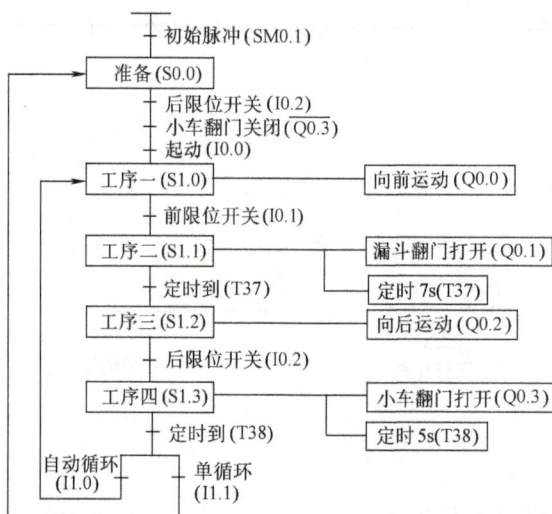

图 5-16　小车运动顺序控制状态转移图

图 5-16 有以下特点：

1）将复杂的任务或过程分解成若干个工序状态。无论多复杂的顺序控制过程均能分化成小的工序，有利于程序的结构化设计。

2）相对某个具体的工序来说，控制任务实现了简化，给局部程序的编制带来了方便。

3）整体程序是局部程序的综合，只要弄清楚各工序成立的条件、工序转移的条件和转移的方向，就可以进行这类图形的设计。

4）这种图很容易理解，可读性强，能清楚地反映全部控制工艺过程。

状态编程的一般思想为：将一个复杂的控制过程分解为若干个工作状态，弄清各状态的工作细节（状态的功能、转移条件和转移方向），再依总的控制顺序要求，将这些状态联系起来，形成状态转移图，进而编制梯形图程序。

二、S7-200 PLC 顺控继电器（SCR）指令实现顺序控制功能

S7-200 系列 PLC 提供专门顺序控制继电器 S 表示顺序控制各工序状态，并且提供了专用于编制顺序控制程序的 SCR 指令，包括 LSCR、SCRT、SCRE 和 CSCRE 四条指令。

1）装载 SCR（LSCR）指令，将 S 位的值装载到 SCR 和逻辑堆栈中，SCR 堆栈的结果值决定是否执行 SCR 程序段，SCR 堆栈的值会被复制到逻辑堆栈中，因此可以直接将指令框或者输出线圈连接到左侧的能流线上而不经过中间触点。

2）SCR 传输（SCRT）指令，将程序控制权从一个激活的 SCR 段传递到另一个 SCR 段。执行 SCRT 指令可以使当前激活的程序段的 S 位复位，同时使下一个将要执行的程序段的 S 位置位。在 SCRT 指令执行时，复位当前激活的程序段的 S 位并不会影响 S 堆栈，SCR 段

会一直保持能流直到退出。

3）SCR 结束（SCRE）指令，标志着 SCR 段的结束。在 LSCR 指令与 SCRE 指令之间的所有逻辑操作的执行取决于 S 堆栈的值，而在 SCRE 指令和下一条 LSCR 指令之间的逻辑操作则不依赖于 S 堆栈的值。

4）SCR 条件结束（CSCRE）指令，使程序退出一个激活的程序段而不执行 CSCRE 与 SCRE 之间的指令，CSCRE 指令不影响任何 S 位，也不影响 S 堆栈。

S7-200 PLC 的 SCR 指令示例如图 5-17 所示，首次扫描 SM0.1 脉冲置位激活状态 S0.1。在状态 S0.1，利用 SM0.0 始终接通的功能，置位 Q0.4、复位 Q0.5 和 Q0.6、启动定时器 T37；延时 2s 后，T37 触点接通，激活状态 S0.2，状态 S0.1 自动复位。在状态 S0.2，利用 SM0.0 始终接通的功能，置位 Q0.2、启动定时器 T38；延时 25s 后，T38 触点接通，激活状态 S0.3，状态 S0.2 自动复位。

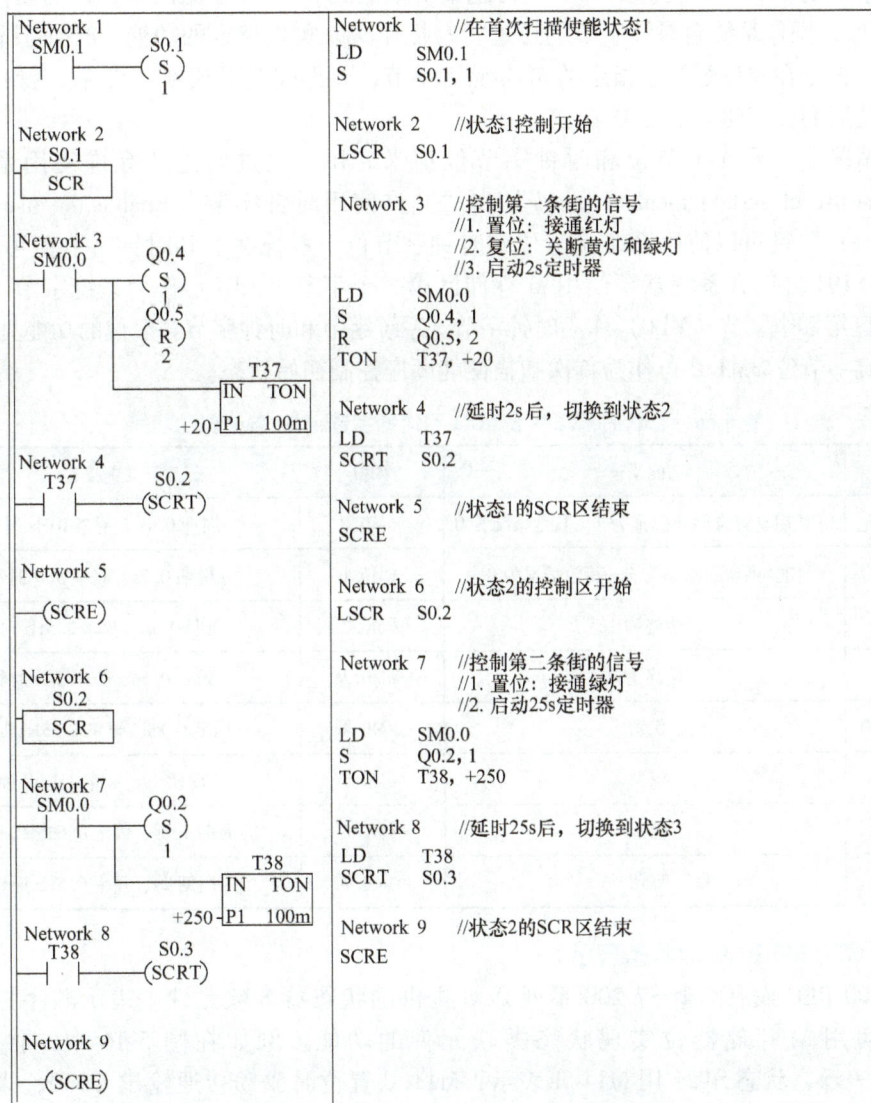

图 5-17　S7-200 PLC 的 SCR 指令示例

155

每个工序状态提供了三个功能：驱动处理、转移条件及相继状态。例如图 5-16 中，在状态 S1.0，驱动接通输出 Q0.0，当转移条件 I0.1 接通后，工作状态从 S1.0 转移到相继状态 S1.1，转移源状态 S1.0 自动复位。S7-200 PLC 利用顺控继电器 S 和 SCR 类指令，可比较方便地实现顺序控制功能。

三、S7-1200 PLC 常规基本指令实现顺序控制功能

S7-1200 系列 PLC 没有专门的顺序控制继电器 S，也没有专门的 SCR 指令用于直接编制顺序控制程序。根据状态转移图实现顺序控制功能的思想，把握每个工序状态的三个功能和转移源状态自动复位的特点，利用 S7-1200 PLC 的置位/复位基本指令，也可以比较方便地编制顺序控制功能应用程序。

（一）S7-1200 PLC 的系统与时钟字节位

系统字节是 S7-1200 PLC 在 CPU 硬件配置中指定的一个 M 存储区字节，当硬件配置下载到 CPU 后，操作系统会对该字节的位进行写操作，以实现特定的功能。时钟字节与系统字节类似，也是在硬件配置中指定的 M 存储区字节，硬件配置下载到 CPU 后，操作系统使该字节的位周期性变化。

默认情况下，系统字节位和时钟字节位都未启用，通过勾选"允许使用系统字节（Enable the use of system memory byte）"和"允许使用时钟字节（Enable the use of clock memory byte）"就可以使用系统字节位和时钟字节位。系统字节和时钟字节值可以修改，范围在 0~8191 之间，系统默认使用 M 存储区第一个字节（MB1）作为系统字节，默认使用 M 存储区第零个字节（MB0）作为时钟字节。系统字节和时钟字节各个位的功能见表 5-50，默认的系统字节位%M1.0 可作为首次扫描使能顺序控制初始状态。

表 5-50   默认的系统字节 MB1 和时钟字节 MB0 各个位的功能

MB1	功能描述	MB0	功能描述
%M1.0	CPU 启动首次循环扫描为 1，其他情况为 0	%M0.0	周期 0.1s、频率 10Hz 时钟
%M1.1	切换到诊断状态为 1，其他情况为 0	%M0.1	周期 0.2s、频率 5Hz 时钟
%M1.2	始终为 1	%M0.2	周期 0.4s、频率 2.5Hz 时钟
%M1.3	始终为 0	%M0.3	周期 0.5s、频率 2Hz 时钟
%M1.4	保留	%M0.4	周期 0.8s、频率 1.25Hz 时钟
%M1.5	保留	%M0.5	周期 1s、频率 1Hz 时钟
%M1.6	保留	%M0.6	周期 1.6s、频率 0.625Hz 时钟
%M1.7	保留	%M0.7	周期 2s、频率 0.5Hz 时钟

（二）S7-1200 PLC 的状态表示

S7-1200 PLC 没有类似 S7-200 系列 PLC 提供的状态器 S 软元件来表示顺序控制各工序状态，可用 M 存储器位实现状态类软元件的功能。例如在图 5-16 中，状态 S1.0 用 M11.0 表示，状态 S1.1 用 M11.1 表示，M11.0 置位时驱动接通输出 Q0.0；当转移条件 I0.1 接通后，复位 M11.0、置位 M11.1，工作状态从 M11.0 表示的状态 S1.0 转移

到 M11.1 表示的相继状态 S1.1，转移源 M11.0 表示的状态 S1.0 复位。这样，M 存储器位模拟状态器 S 软元件的功能，也可提供驱动处理、转移条件及相继状态的三个功能，以及转移源自动复位功能。

（三）S7-1200 PLC 常规基本指令实现小车顺序控制

S7-1200 PLC 常规基本指令实现小车顺序控制应用程序如图 5-18 所示，说明如下。

程序段1：进入初始状态S0.0
```
 %M1.0                                    %M10.0
 "SM0.1"                                  "S0.0"
 ──┤├──────────────────────────────────( S )
```

程序段2：等待状态转移至S1.0
```
 %M10.0  %I0.0   %Q0.3   %I0.2            %M11.0
 "S0.0"  "SB0"   "K3"    "SQ2"            "S1.0"
 ──┤├────┤├──────┤/├─────┤├──────┬──────( S )
                                 │        %M10.0
                                 │        "S0.0"
                                 └──────( R )
```

程序段3：小车向前运动至前限位后，状态转移至S1.1
```
 %M11.0  %I0.1                            %Q0.0
 "S1.0"  "SQ1"                            "K0"
 ──┤├────┤/├──────────────────────────( )
         %I0.1                            %M11.1
         "SQ1"                            "S1.1"
         ──┤├──────────────────┬───────( S )
                               │         %M11.0
                               │         "S1.0"
                               └───────( R )
```

程序段4：漏斗翻门打开7s后，状态转移至S1.2
```
 %M11.1  %M12.0                           %Q0.1
 "S1.1"  "T37"                            "K1"
 ──┤├────┤/├──────────────────────────( )
              %DB37
              "IEC_Timer_3"
              ┌─────────────┐            %M12.0
              │  TON Timer  │            "T37"
              │ IN        Q ├──────────( )
      T#7s ───┤ PT       ET ├── %MD28
              └─────────────┘
 %M12.0                                   %M11.2
 "T37"                                    "S1.2"
 ──┤├──────────────────────────┬───────( S )
                               │         %M11.1
                               │         "S1.1"
                               └───────( R )
```

程序段5：小车向后运动至后限位后，状态转移至S1.3
```
 %M11.2  %I0.2                            %Q0.2
 "S1.2"  "SQ2"                            "K2"
 ──┤├────┤/├──────────────────────────( )
         %I0.2                            %M11.3
         "SQ2"                            "S1.3"
         ──┤├──────────────────┬───────( S )
                               │         %M11.2
                               │         "S1.2"
                               └───────( R )
```

程序段6：小车翻门打开5s后，状态转移至S1.0或S0.0
```
 %M11.3  %M12.1                           %Q0.3
 "S1.3"  "T38"                            "K3"
 ──┤├────┤/├──────────────────────────( )
              %DB38
              "IEC_Timer_4"
              ┌─────────────┐            %M12.1
              │  TON Timer  │            "T38"
              │ IN        Q ├──────────( )
      T#5s ───┤ PT       ET ├── %MD32
              └─────────────┘
 %M12.1  %I1.1                            %M10.0
 "T38"   "SB2"                            "S0.0"
 ──┤├────┤├────────────────────┬───────( S )
                               │         %M11.3
                               │         "S1.3"
                               └───────( R )
 %I1.0                                    %M11.0
 "SB1"                                    "S1.0"
 ──┤├──────────────────────────┬───────( S )
                               │         %M11.3
                               │         "S1.3"
                               └───────( R )
```

图 5-18　小车顺序控制应用程序

1）程序段 1：首次循环扫描 M1.0 信号脉冲使能 M10.0 表示的顺序控制初始状态 S0.0。

2）程序段 2：在 M10.0 表示的初始状态 S0.0，当起动按钮 I0.0 接通，小车处于后限位位置（I0.2＝ON），小车翻门关闭（Q0.3＝OFF）时，置位 M11.0，工作状态从 M10.0 表示的状态 S0.0 转移到 M11.0 表示的状态 S1.0，随后复位 M10.0 表示的状态 S0.0。

3）程序段 3：在 M11.0 表示的状态 S1.0，驱动接通输出 Q0.0，小车向前运动，直至前限位（I0.1＝ON），置位 M11.1，工作状态从 M11.0 表示的状态 S1.0 转移到 M11.1 表示的状态 S1.1，随后复位 M11.0 表示的状态 S1.0。

4）程序段 4：在 M11.1 表示的状态 S1.1，驱动接通输出 Q0.1，漏斗翻门打开，同时驱动定时器 T37，7s 后，定时器 T37 触点（M12.0）接通，置位 M11.2，工作状态从 M11.1 表示的状态 S1.1 转移到 M11.2 表示的状态 S1.2，随后复位 M11.1 表示的状态 S1.1。

5）程序段 5：在 M11.2 表示的状态 S1.2，驱动接通输出 Q0.2，小车向后运动，直至后限位（I0.2＝ON），置位 M11.3，工作状态从 M11.2 表示的状态 S1.2 转移到 M11.3 表示的状态 S1.3，随后复位 M11.2 表示的状态 S1.2。

6）程序段 6：在 M11.3 表示的状态 S1.3，驱动接通输出 Q0.3，小车翻门打开，同时驱动定时器 T38，5s 后，定时器 T38 触点（M12.1）接通。此时，如果小车运行工作方式处于单循环方式（I1.1 接通），置位 M10.0、复位 M11.3，工作状态从 M11.3 表示的状态 S1.3 转移到 M10.0 表示的状态 S0.0，小车回到原初始状态，等待起动按钮重新按下再开始下一次循环；如果小车运行工作方式处于自动循环方式（I1.0 接通），置位 M11.0、复位 M11.3，工作状态从 M11.3 表示的状态 S1.3 转移到 M11.0 表示的状态 S1.0，小车重复 3）～6）的工作过程。

四、S7-1200 PLC 常规基本指令实现顺序控制功能注意事项

1）模拟状态器 S 软元件的 M 存储器位编号不要重复使用。

2）状态转移过程中，在一个扫描周期内两种状态同时接通，因此为了避免不能同时接通的一对输出同时接通，除了在 PLC 外部设置互锁外，在相应的程序上也应设置互锁。

3）与输出驱动一样，不同状态可对同一定时器编程，但是，在相邻状态下对同一定时器编程时，则同一扫描周期状态转移时定时器不能复位，因此在相邻状态不要对同一定时器编程。

4）在中断程序与子程序内不要编制顺序控制程序。

5）顺序控制程序内不禁止使用跳转指令，但由于动作复杂，建议不要使用。

6）顺序控制程序各状态之间不要使用 JMP、JMPN、Label 以及 GOTO、JumpLabel 等跳转类指令。

7）顺序控制程序中不能使用 END 指令。

第六章　西门子 S7-1200 PLC 扩展指令与功能指令

第一节　S7-1200 PLC 扩展基本指令

一、比较运算

（一）比较值指令

比较值指令相关说明见表 6-1，参数 IN1、IN2 的数据类型包括 Byte、Word、DWord、SInt、Int、DInt、USInt、UInt、UDInt、Real、LReal、String、WString、Char、Time、Date、TOD、DTL 和常数。关系类型包括：=（等于）、<>（不等于）、>=（大于或等于）、<=（小于或等于）、>（大于）和<（小于）。

表 6-1　比较值指令

LAD	FBD	SCL	说明
"IN1" == **Byte** "IN2"	== Byte "IN1"—IN1 "IN2"—IN2	OUT：= IN1 = IN2；或者 IF IN1 = IN2 THEN OUT：= 1； ELSE OUT：= 0；END_IF；	比较数据类型相同的两个值。该 LAD 触点比较结果为 TRUE 时，则该触点会被激活。如果该 FBD 功能框比较结果为 TRUE，则功能框输出为 TRUE

（二）范围内值和范围外值指令

范围内值 IN_RANGE 和范围外值 OUT_RANGE 指令说明见表 6-2，输入参数 MIN、VAL 和 MAX 的数据类型必须相同，包括：SInt、Int、DInt、USInt、UInt、UDInt、Real、LReal 和常数。MIN<=VAL<=MAX 时，IN_RANGE 比较结果为 TRUE；VAL<MIN 或 VAL>MAX 时，OUT_RANGE 比较结果为 TRUE。

表 6-2　范围内值和范围外值指令

LAD/FBD	SCL	LAD/FBD	SCL	说明
IN_RANGE ??? MIN VAL MAX	OUT：= IN_RANGE （MIN，VAL，MAX）；	OUT_RANGE ??? MIN VAL MAX	OUT：= OUT_RANGE （MIN，VAL，MAX）；	测试输入值是在指定的值范围之内还是之外。如果比较结果为 TRUE，则功能框输出为 TRUE

159

（三）检查有效性和检查无效性指令

检查有效性 OK 和检查无效性 NOT_OK 指令说明见表 6-3，参数 IN 的类型包括 Real 和 LReal，OK 表示输入值为有效实数，NOT_OK 表示输入值不是有效实数。

表 6-3　检查有效性和检查无效性指令

LAD	FBD	LAD	FBD	SCL	说明
"IN" ─┤OK├─	"IN" OK	"IN" ─┤NOT_OK├─	"IN" NOT_OK	不提供	测试输入数据参考是否为符合 IEEE 规范 754 的有效实数

对于 LAD 和 FBD：如果该 LAD 触点为 TRUE，则激活该触点并传递能流；如果该 FBD 功能框为 TRUE，则功能框输出为 TRUE。如果 Real 或 LReal 类型的值为 +/- INF（无穷大）、NaN（不是数字）或者非标准化的值，则其无效。非标准化的值是非常接近于 0 的数字，CPU 在计算中用 0 替换非标准化的值。

（四）变型和数组比较指令

变型和数组比较指令包括相同和不同比较、空比较、检查数组指令，变型和数组比较指令说明见表 6-4。

160

表 6-4　变型和数组比较指令

LAD	FBD	SCL	说明
#Operand1 ─┤EQ_Type├─ "Operand2"	#Operand1 EQ_Type "Operand2"—IN2　OUT	不可用	测试 Operand1 处的变型所指向的变量是否与 Operand2 处的变量具备相同的数据类型
#Operand1 ─┤NE_Type├─ "Operand2"	#Operand1 NE_Type "Operand2"—IN2　OUT	不可用	测试 Operand1 处的变型所指向的变量是否与 Operand2 处的变量具备不同的数据类型
#Operand1 ─┤EQ_ElemType├─ "Operand2"	#Operand1 EQ_ElemType "Operand2"—IN2　OUT	不可用	测试 Operand1 处的变型所指向的数组元素是否与 Operand2 处的变量具备相同的数据类型
#Operand1 ─┤NE_ElemType├─ "Operand2"	#Operand1 NE_ElemType "Operand2"—IN2　OUT	不可用	测试 Operand1 处的变型所指向的数组元素是否与 Operand2 处的变量具备不同的数据类型
#Operand ─┤IS_NULL├─	#Operand IS_NULL OUT	不提供	测试 Operand 的 Variant 所指向的变量是否为空，即不指向任何对象
#Operand ─┤NOT_NULL├─	#Operand NOT_NULL OUT	不提供	测试 Operand 的 Variant 所指向的变量是否不为空，即指向一个对象
#Operand ─┤IS_ARRAY├─	#Operand IS_ARRAY OUT	IS_ARRAY （_variant_in_）	测试 Operand 的 Variant 所指向的变量是否为数组

1）相同和不同比较指令是查询 Variant 操作数所指向的变量的数据类型是否与另一个操作数的数据类型相同的指令，以及查询数组元素的数据类型是否与另一个操作数的数据类型

相同的指令。Operand1 的数据类型必须为 Variant；Operand2 的数据类型，包括位字符串、整数、浮点数、定时器、日期和时间、字符串、Array、PLC 数据类型；将 Operand1 与 Operand2 进行比较。如果比较结果为相同或不同，则 RLO 为 1（TRUE），否则为 0（FALSE）。相同和不同类型比较指令包括：EQ_Type，比较数据类型与变量数据类型是否"相等"；NE_Type，比较数据类型与变量数据类型是否"不相等"；EQ_ElemType，比较 Array 元素数据类型与变量数据类型是否"相等"；NE_ElemType，比较 Array 元素数据类型与变量数据类型是否"不相等"。

2）空比较指令。指令 IS_NULL 和 NOT_NULL 确定输入是否实际指向对象，Operand 必须为 Variant 数据类型。

3）检查数组指令。指令 IS_ARRAY 查询 Variant 是否指向 ARRAY 数据类型的变量。Operand 必须为 Variant 数据类型。如果操作数是数组，则指令返回 1（TRUE）。

二、数学函数

数学函数相关指令见表 6-5。

表 6-5　数学函数相关指令

LAD/FBD	SCL	说明
CALCULATE ??? EN ENO OUT:=<???> IN1 OUT IN2	使用标准 SCL 数学表达式创建等式	CALCULATE 指令可用于创建作用于多个输入上的数学函数（IN1，IN2，…INn），并根据定义的等式在 OUT 处生成结果。首先选择数据类型。所有输入和输出的数据类型必须相同。要添加其它输入，请单击最后一个输入处的图标
ADD ??? EN ENO IN1 OUT IN2	OUT：=IN1+IN2； OUT：=IN1−IN2； OUT：=IN1 * IN2； OUT：=IN1/IN2；	ADD：加法（IN1+IN2=OUT）；SUB：减法（IN1−IN2=OUT）；MUL：乘法（IN1 * IN2=OUT）；DIV：除法（IN1/IN2=OUT），整数除法运算会截去商的小数部分以生成整数输出
MDD ??? EN ENO IN1 OUT IN2	OUT：=IN1 MOD IN2；	可以使用 MOD 指令返回整数除法运算的余数。用输入 IN1 的值除以输入 IN2 的值，在输出 OUT 中返回余数
NEG ??? EN ENO IN OUT	-(IN)；	使用 NEG 指令可将参数 IN 的值的算术符号取反并将结果存储在参数 OUT 中
INC ??? EN ENO IN/OUT	IN/OUT：=IN/OUT+1；	递增有符号或无符号整数值：IN/OUT 值+1=IN/OUT 值
DEC ??? EN ENO IN/OUT	IN/OUT：=IN/OUT−1；	递减有符号或无符号整数值：IN/OUT 值−1=IN/OUT 值
ABS ??? EN ENO IN OUT	OUT：=ABS(IN)；	计算参数 IN 的有符号整数或实数的绝对值并将结果存储在参数 OUT 中

（续）

LAD/FBD	SCL	说明
MIN ??? EN　　ENO IN1　　OUT IN2	OUT:=MIN(IN1:=_variant_in_, IN2:=_variant_in_[,...in32]);	MIN 指令用于比较两个参数 IN1 和 IN2 的值并将最小（较小）值分配给参数 OUT
MAX ??? EN　　ENO IN1　　OUT IN2	OUT:=MAX(IN1:=_variant_in_, IN2:=_variant_in_[,...in32]);	MAX 指令用于比较两个参数 IN1 和 IN2 的值并将最大（较大）值分配给参数 OUT
LIMIT ??? EN　　ENO MN　　OUT IN MX	LIMIT(MN:=_variant_in_,IN:= _variant_in_,MX:=_variant_in_, OUT:=_variant_out_);	Limit 指令用于测试参数 IN 的值是否在参数 MN 和 MX 指定的值范围内
SQR Real EN　　ENO IN　　OUT	OUT:=SQR(IN); 或 OUT:=IN * IN;	平方：IN^2=OUT，例如：如果 IN=9，则 OUT=81
EXPT Real**??? EN　　ENO IN1　　OUT IN2	OUT:=IN1 ** IN2;	综合指数：$IN1^{IN2}$=OUT，例如：如果 IN1=3 且 IN2=2，则 OUT=9

（一）CALCULATE 计算指令

IN 和 OUT 参数必须具有相同的数据类型，包括：SInt、Int、DInt、USInt、UInt、UDInt、Real、LReal、Byte、Word 和 DWord。当执行 CALCULATE 并成功完成计算中的所有单个运算时，ENO=1，否则 ENO=0。

（二）加法 ADD、减法 SUB、乘法 MUL 和除法 DIV 指令

参数 IN1、IN2（可以是常数）和 OUT 的数据类型必须相同，包括 SInt、Int、DInt、USInt、UInt、UDInt、Real 和 LReal。启用数学指令（EN=1）后，指令会对输入值（IN1 和 IN2）执行指定的运算并将结果存储在通过输出参数（OUT）指定的存储器地址。运算成功完成后，指令会设置 ENO=1。ENO=0 的情况包括：数学运算结果值可能超出所选数据类型的有效数值范围，返回适合目标大小的结果的最低有效部分；除数为 0（IN2=0），结果未定义，返回 0；Real/LReal，如果其中一个输入值为 NaN，则返回 NaN；Real/LReal 数 ADD，如果两个 IN 值均为 INF，但符号不同，则这是非法运算并返回 NaN；Real/LReal 数 SUB，如果两个 IN 值均为 INF，且符号相同，则这是非法运算并返回 NaN；Real/ LReal 数 MUL，如果一个 IN 值为零而另一个为 INF，则这是非法运算并返回 NaN；Real/LReal 数 DIV，如果两个 IN 值均为零或 INF，则这是非法运算并返回 NaN。

（三）求模（返回除法的余数）MOD 指令

参数 IN1、IN2（可以是常数）和 OUT 的数据类型必须相同，包括：SInt、Int、DInt、USInt、UInt 和 UDInt。ENO=1 表示无错误；ENO=0 表示值 IN2=0，OUT 被赋零值。

（四）取反 NEG 指令

参数 IN（可以是常数）和 OUT 的数据类型必须相同，包括：SInt、Int、DInt、Real 和

LReal。ENO = 1 表示无错误，ENO = 0 表示结果值超出所选数据类型的有效数值范围。以 SInt 为例：NEG (-128) 的结果为+128，超出该数据类型的最大值。

（五）递增 INC 和递减 DEC 指令

参数 IN/OUT 的数据类型包括：SInt、Int、DInt、USInt、UInt 和 UDInt。ENO = 1 表示无错误，ENO = 0 表示结果值超出所选数据类型的有效数值范围。SInt 示例：INC (+127) 的结果为+128，超出该数据类型的最大值。

（六）计算绝对值 ABS 指令

参数 IN/OUT 的数据类型必须相同，包括：SInt、Int、DInt、Real 和 LReal。ENO = 1 表示无错误，ENO = 0 表示数学运算结果值超出所选数据类型的有效数值范围。SInt 示例：ABS (-128) 的结果为+128，超出该数据类型的最大值。

（七）获取最小值 MIN 和获取最大值 MAX 指令

参数 IN1、IN2、[... IN32]（可以是常数）和 OUT 的数据类型必须相同，包括：SInt、Int、DInt、USInt、UInt、UDInt、Real、LReal、Time、Date 和 TOD。ENO = 1 表示无错误；ENO = 0 仅适用于 Real 数据类型，表示至少一个输入不是实数（NaN），或者结果 OUT 为+/-INF。

（八）设置限值 LIMIT 指令

参数 MN、IN、MX（可以是常数）和 OUT 的数据类型必须相同，包括：SInt、Int、DInt、USInt、UInt、UDInt、Real、LReal、Time、Date 和 TOD。如果参数 IN 的值在指定的范围内，则 IN 的值将存储在参数 OUT 中。如果参数 IN 的值超出指定的范围，则 OUT 值为参数 MN 的值（如果 IN 值小于 MN 值）或参数 MX 的值（如果 IN 值大于 MX 值）。ENO = 1 表示无错误；ENO = 0：如果 MN、IN 和 MX 的一个或多个值是 NaN，则返回 NaN；如果 MN 大于 MX，则将值 IN 分配给 OUT。

（九）指数、对数及三角函数指令

Real 或 LReal 数据类型浮点数学运算指令包括：SQR 计算二次方、SQRT 计算二次方根、LN 计算自然对数、EXP 计算自然指数值、EXPT 取幂（IN1 的 IN2 次幂，IN1 和 OUT 总是为同一数据类型）、FRAC 提取小数（浮点数 IN 的小数部分）、SIN 计算正弦值、ASIN 计算反正弦值、COS 计算余弦、ACOS 计算反余弦值、TAN 计算正切值、ATAN 计算反正切值。参数 IN、IN1 数据类型：Real、LReal 和常数。参数 IN2 数据类型：SInt、Int、DInt、USInt、UInt、UDInt、Real、LReal 和常数。参数 OUT 数据类型：Real、LReal。

ENO = 1 表示无错误。ENO = 0 含义：

1) 对于 SQR，结果超出有效 Real/LReal 范围时，OUT = + INF；IN 为 +/- NaN 时，OUT = +NaN。

2) 对于 SQRT，IN 为负数时，OUT = -NaN；IN 为+/-INF 或+/-NaN 时，OUT = +/-INF 或+/-NaN。

3) 对于 LN，IN 为 0.0、负数、-INF 或-NaN 时，OUT = -NaN；IN 为+INF 或+NaN 时，OUT = +INF 或+NaN。

4) 对于 EXP，结果超出有效 Real/LReal 范围时，OUT = + INF；IN 为 +/- NaN 时，OUT = +/-NaN。

5) 对于 SIN、COS 和 TAN，IN 为+/-INF 或+/-NaN 时，OUT = +/-INF 或+/-NaN。

6）对于 ASIN、ACOS，IN 超出 $-1.0 \sim +1.0$ 的有效范围时，OUT $= +NaN$；IN 为 $+/-NaN$ 时，OUT $= +/-NaN$。

7）对于 ATAN，IN 为 $+/-NaN$ 时，OUT $= +/-NaN$。

8）对于 FRAC，IN 为 $+/-INF$ 或 $+/-NaN$ 时，OUT $= +NaN$。

9）对于 EXPT，IN1 为 $+INF$ 且 IN2 不是 $-INF$ 时，OUT $= +INF$；IN1 为负数或 $-INF$ 时，如果 IN2 为 Real/LReal，则 OUT 为 $+NaN$，否则为 $-INF$；IN1 或 IN2 为 $+/-NaN$ 时，OUT $= +NaN$；IN1 为 0.0 且 IN2 为 Real/LReal（只能为 Real/LReal）时，OUT $= +NaN$。

三、移动操作

（一）MOVE、MOVE_BLK、UMOVE_BLK 和 MOVE_BLK_VARIANT 指令

移动值 MOVE、移动块 MOVE_BLK、无中断移动块 UMOVE_BLK 和 Variant 类型移动块 MOVE_BLK_VARIANT 指令说明见表6-6。使用移动指令将数据元素复制到新的存储器地址并从一种数据类型转换为另一种数据类型，移动过程不会更改源数据。

表6-6　移动相关指令

LAD/ FBD	SCL	说明
MOVE EN　　ENO IN　　OUT1	OUT1: =IN;	将存储在指定地址的数据元素复制到新地址或多个地址
MOVE_BLK EN　　ENO IN　　OUT COUNT	MOVE_BLK(IN: =_variant_in, COUNT: =_uint_in, OUT=>_variant_out);	将数据元素块复制到新地址的可中断移动
UMOVE_BLK EN　　ENO IN　　OUT COUNT	UMOVE_BLK(IN: =_variant_in, COUNT: =_uint_in, OUT=>_variant_out);	将数据元素块复制到新地址的不可中断移动
MOVE_BLK_VARIANT EN　　ENO SRC　　Ret_Val COUNT　　DEST SRC_INDEX DEST_INDEX	MOVE_BLK(SRC: =_variant_in, COUNT: =_udint_in, SRC_INDEX: =_dint_in, DEST_INDEX: =_dint_in, DEST=>_variant_out);	将源存储区域的内容移动到目标存储区域。可以将一个完整的数组或数组中的元素复制到另一个具有相同数据类型的数组中。源数组和目标数组的大小（元素数量）可以不同。可以复制数组中的多个或单个元素。源数组和目标数组都可以用 Variant 数据类型来指代

MOVE 指令：参数 IN（源地址）、OUT（目的地址）的数据类型包括 SInt、Int、DInt、USInt、UInt、UDInt、Real、LReal、Byte、Word、DWord、Char、WChar、Array、Struct、DTL、Time、Date、TOD、IEC 数据类型和 PLC 数据类型。

MOVE_BLK 和 UMOVE_BLK 指令：参数 IN（源起始地址）、OUT（目的起始地址）的数据类型包括 SInt、Int、DInt、USInt、UInt、UDInt、Real、LReal、Byte、Word、DWord、Time、Date、TOD、WChar；参数 COUNT（要复制的数据元素数）的数据类型为 UInt。

MOVE_ BLK _VARIANT 指令：参数 SRC（欲进行复制操作的源块）数据类型为

Variant（指向数组或单独的数组元素），参数 COUNT 的数据类型为 UDInt，SRC_INDEX（SRC 数组的零基索引）参数的数据类型为 DInt，参数 DEST_INDEX（DEST 数组的零基索引）的数据类型为 DInt，参数 RET_VAL（错误信息）的数据类型为 Int，参数 DEST（源块内容所要复制到的目标区域）的数据类型为 Variant（指向数组或单独的数组元素）。

数据复制操作规则：复制 Bool 数据类型，使用 SET_BF、RESET_BF、R、S 或输出线圈；复制单个基本数据类型，使用 MOVE；复制基本数据类型数组，使用 MOVE_BLK 或 UMOVE_BLK；复制结构，使用 MOVE；复制字符串，使用 S_MOVE；复制字符串中的单个字符，使用 MOVE；MOVE_BLK 和 UMOVE_BLK 指令不能用于将数组或结构复制到 I、Q 或 M 存储区。

MOVE_BLK 和 UMOVE_BLK 指令在处理中断的方式上有所不同：

1）在 MOVE_BLK 执行期间排队并处理中断事件。中断 OB 子程序中未使用移动目标地址的数据时，或者虽然使用了该数据，但目标数据不必一致时，使用 MOVE_BLK 指令。如果 MOVE_BLK 操作被中断，则最后移动的一个数据元素在目标地址中是完整并且一致的。MOVE_BLK 操作会在中断 OB 执行完成后继续执行。

2）在 UMOVE_BLK 完成执行前排队但不处理中断事件。如果在执行中断 OB 子程序前移动操作必须完成且目标数据必须一致，则使用 UMOVE_BLK 指令。

执行 MOVE 指令之后，ENO 始终为真，表示成功复制了全部的 COUNT 个元素。源（IN）范围或目标（OUT）范围超出可用存储区时，ENO = 0，表示复制适当的元素，不复制部分元素。

（二）序列化和取消序列化指令

序列化 Serialize 和取消序列化 Deserialize 指令说明见表 6-7，参数 SRC_VARIABLE 为 IN 类 Variant 型，参数 DEST_ARRAY 为 InOut 类 Variant 型，参数 POS 为 InOut 类 DInt 型，参数 RET_VAL 为 OUT 类 Int 型。

表 6-7 序列化和取消序列化指令

LAD/FBD	SCL	说明
Serialize EN ENO SRC_VARIABLE Ret_Val POS DEST_ARRAY	Ret_Val：=Serialize(SRC_VARIABLE=>_variant_in_, DEST_ARRAY：=_variant_out_, POS：=_dint_inout_)；	将 PLC 数据类型（UDT）转换为按顺序表达的版本
Deserialize EN ENO SRC_ARRAY Ret_Val POS DEST_VARIABLE	Ret_Val：=Deserialize(SRC_ARRAY：=_variant_in_, DEST_VARIABLE=>_variant_out_, POS：=_dint_inout_)；	将按顺序表达的 PLC 数据类型（UDT）转换回 PLC 数据类型，并填充整个内容

Serialize 指令将多个 PLC 数据类型（UDT）转换成按顺序表达的版本，并且不丢失结构。存储已转换的 PLC 数据类型的存储区必须采用 Array of Byte 数据类型，并且声明为标准访问方式。转换前要确保有足够的存储空间。POS 参数包含有关已转换的 PLC 数据类型所占字节数的信息。

Deserialize 指令将顺序表达的 PLC 数据类型（UDT）块转换回 PLC 数据类型并填充所有

内容。如果比较结果为 TRUE，则功能框输出为 TRUE。按顺序表达的 PLC 数据类型所对应的存储区必须采用 Array of Byte 数据类型，并且为 DB 声明标准的访问方式，而不是优化访问方式。转换前要确保有足够的存储空间。该指令可以将多个按顺序表达的已转换 PLC 数据类型重新转换回之前的原始数据类型。

（三）填充块和无中断填充块指令

填充块 FILL_BLK 和无中断填充块 UFILL_BLK 指令说明见表 6-8，参数 IN、OUT 的数据类型包括 SInt、Int、DInt、USInt、UInt、UDInt、Real、LReal、Byte、Word、DWord、Time、Date、TOD、Char 和 WChar，参数 COUNT 的数据类型包括 UDInt、USInt 和 UInt。FILL_BLK 和 UFILL_BLK 指令将源数据元素 IN 复制到通过参数 OUT 指定初始地址的目标中，复制过程不断重复并填充相邻的一组地址，直到副本数等于 COUNT 参数。ENO = 1 表示无错误，IN 元素成功复制到全部的 COUNT 个目标中；ENO = 0 表示目标范围超出可用存储区，复制适当的元素，不复制部分元素。

表 6-8　填充块和无中断填充块指令

LAD/ FBD	SCL	说明
FILL_BLK —EN　　ENO— —IN　　OUT— —COUNT	FILL_BLK(IN : =_variant_in, COUNT : = int, OUT = >_variant_out) ;	可中断填充指令：使用指定数据元素的副本填充地址范围
UFILL_BLK —EN　　ENO— —IN　　OUT— —COUNT	UFILL_BLK(IN : =_variant_in, COUNT : = int, OUT = >_variant_out) ;	不中断填充指令：使用指定数据元素的副本填充地址范围

数据填充操作规则：Bool 数据类型填充，使用 SET_BF、RESET_BF、R、S 或输出线圈；单个基本数据类型填充，使用 MOVE；基本数据类型填充数组，使用 FILL_BLK 或 UFILL_BLK；填充字符串中的单个字符，使用 MOVE；FILL_BLK 和 UFILL_BLK 指令不能用于将数组填充到 I、Q 或 M 存储区。

FILL_BLK 和 UFILL_BLK 指令在处理中断的方式上有所不同：

1）FILL_BLK 执行期间排队并处理中断事件。中断 OB 子程序中未使用移动目标地址的数据时，或者虽然使用了该数据，但目标数据不必一致时，使用 FILL_BLK 指令；在 UFILL_BLK 完成执行前排队但不处理中断事件。

2）如果在执行中断 OB 子程序前移动操作必须完成且目标数据必须一致，则使用 UFILL_BLK 指令。

（四）交换字节指令

交换字节 SWAP 指令说明见表 6-9。参数 IN、OUT 的数据类型包括：Word、DWord。

表 6-9　交换字节指令

LAD/ FBD	SCL	说明
SWAP ??? —EN　　ENO— —IN　　OUT—	OUT : = SWAP(IN) ;	用于反转二字节和四字节数据元素的字节顺序。不改变每个字节中的位顺序。执行 SWAP 指令之后，ENO 始终为 TRUE

（五）读取 Array 下限/上限指令

读取 Array 下限/上限 LOWER_BOUND 和 UPPER_BOUND 指令说明见表6-10。使能输入 EN 为 Input 类 Bool 型，可用 I、Q、M、D、L 存储区；使能输出 ENO 为 Output 类 Bool 型，可用 I、Q、M、D、L 存储区。如果使能输入 EN 的信号状态为"0"或输入 DIM 处指定的维数不存在，则 ENO 的信号状态为"0"；参数 ARR 为 Input 类 Array［＊］型，可用 FB 的 InOut 部分以及 FC 的 Input 和 InOut 部分，表示待读取可变下限/上限的 Array；参数 DIM 为 Input 类 UDInt 型，可用 I、Q、M、D、L 存储区或常数，表示待读取可变下限/上限的 Array 维度；参数 OUT 为 Output 类 DInt 型，可用 I、Q、M、D、L 存储区，表示结果。

表 6-10　读取 Array 下限/上限指令

LAD/FBD	SCL	说明
LOWER_BOUND EN　　ENO ARR　　OUT DIM	OUT:=LOWER_BOUND(ARR:=_variant_in_, DIM:=_udint_in_);	在块接口中，可声明 ARRAY［＊］的变量。这些局部变量可读取 ARRAY 限值。此时，需要在 DIM 参数中指定维数。LOWER_ BOUND（读取 ARRAY 下限）指令允许读取 ARRAY 的变量下限
UPPER_BOUND EN　　ENO ARR　　OUT DIM	OUT:=UPPER_BOUND(ARR:=_variant_in_, DIM:=_udint_in_);	在块接口中，可声明 ARRAY［＊］的变量。这些局部变量可读取 ARRAY 限值。此时，需要在 DIM 参数中指定维数。UPPER_BOUND（读取 ARRAY 上限）指令允许读取 ARRAY 的变量上限

（六）读/写存储器指令（仅 SCL）

SCL 提供读 PEEK 和写 POKE 存储器指令，用来根据操作中具体字节偏移量或位偏移量的参数，从 DB I/O 或存储器中读取内容或是向其中写入内容。与 DB 一起使用 PEEK 和 POKE 指令时，必须使用标准（未优化的）DB，同时需要注意 PEEK 和 POKE 指令仅用于传输数据，无法识别地址中的数据类型。PEEK 和 POKE 指令只适用于 SCL 编程方式，说明示例见表6-11。PEEK 和 POKE 指令的 area、area_src 和 area_dest 参数可以使用 16#81 表示 I、16#82 表示 Q、16#83 表示 M、16#84 表示 DB。对于 DB 以外的其他区域，dbNumber 参数必须为 0。

表 6-11　读/写存储器指令

SCL	说明	SCL	说明
PEEK(area:=_in_, dbNumber:=_in_, byteOffset:=_in_);	读取引用 DB、I/O 或存储区中由 byteOffset 引用的字节	POKE(area:=_in_,dbNumber:= _in_,byteOffset:=_in_, value:=_in_);	向引用 DB、I/O 或存储区中引用的 byteOffset 写入值（Byte、Word 或 DWord）
PEEK_WORD(area:=_in_, dbNumber:=_in_, byteOffset:=_in_);	读取引用 DB、I/O 或存储区中由 byteOffset 引用的字	POKE_BOOL(area:=_in_, dbNumber:=_in_,byteOffset:= _in_,bitOffset:=_in_,value:= _in_);	向引用 DB、I/O 或存储区中引用的 bitOffset 和 byteOffset 写入布尔值

167

（续）

SCL	说明	SCL	说明
PEEK_DWORD(area: =_in_, dbNumber: =_in_, byteOffset: =_in_);	读取引用 DB、I/O 或存储区中由 byteOffset 引用的双字	POKE_BLK(area_src: =_in_, dbNumber_src: =_in_, byteOffset_src: =_in_, area_dest: =_in_, dbNumber_dest: =_in_, byteOffset_dest: =_in_, count: =_in_);	将引用源 DB、I/O 或存储区从引用字节偏移量开始的共 "count" 个字节写入引用目标 DB、I/O 或存储区中引用的 byteOffset 区域
PEEK_BOOL(area: =_in_, dbNumber: =_in_, byteOffset: =_in_, bitOffset: =_in_);	读取引用 DB、I/O 或存储区中由 bitOffset 和 byteOffset 引用的布尔值		

（七）读取和写入大尾和小尾指令（SCL）

S7-1200 PLC CPU 提供以小尾（LITTLE）格式和大尾（BIG）格式读取（READ）和写入（WRITE）数据的 SCL 指令。小尾格式是指最低有效位所在的字节是存储器的最低地址。大尾格式是指最高有效位所在的字节是存储器的最低地址。以小尾格式和大尾格式读取和写入数据的四个 SCL 指令为：READ_LITTLE 以小尾格式读取数据、WRITE_LITTLE 以小尾格式写入数据、READ_BIG 以大尾格式读取数据、WRITE_BIG 以大尾格式写入数据。说明示例见表 6-12。

表 6-12　读取和写入大尾和小尾指令

SCL	说明	SCL	说明
READ_LITTLE(src_array: =_variant_in_, dest_Variable => _out_, pos: =_dint_inout)	以小尾字节格式从存储区读取数据并写入到单个变量中	READ_BIG(src_array: =_variant_in_, dest_Variable => _out_, pos: =_dint_inout)	以大尾字节格式从存储区读取数据并写入到单个变量中
WRITE_LITTLE(src_variable: =_in_, dest_array =>_variant_inout_, pos: =_dint_inout)	以小尾字节形式将单个变量的数据写入到存储区	WRITE_BIG(src_variable: =_in_, dest_array =>_variant_inout_, pos: =_dint_inout)	以大尾字节形式将单个变量的数据写入到存储区

READ_LITTLE 和 READ_BIG 指令：参数 src_array 的数据类型为 Array of Byte，表示欲进行数据读取的目标存储区；参数 dest_Variable 的数据类型为位字符串、整数、浮点数、定时器、日期和时间、字符串，表示欲进行数据写入的目标变量；参数 pos 的数据类型为 DInt，表示从零开始算起，在 src_array 输入中开始读取数据的位置。

WRITE_LITTLE 和 WRITE_BIG 指令：参数 src_variable 的数据类型为位字符串、整数、浮点数、TOD、Data、Char 和 WChar，表示来自变量的源数据；参数 dest_array 的数据类型为 Array of Byte，表示数据写入的目标存储区；参数 pos 的数据类型为 DInt，表示从零开始算起，在 dest_array 输出中开始写入数据的位置。

（八）Variant 指令

包括读取 Variant 变量值 VariantGet、写入 Variant 变量值 VariantPut、获取 Array 元素数目 CountOfElements，说明示例见表 6-13。

168

表 6-13　Variant 指令

LAD/FBD	SCL	说明
VariantGet — EN　　ENO — — SRC　　DST —	VariantGet(SRC: =_variant_in_, DST = >_variant_out_);	读取 SRC 参数所指向的变量，并将其写入到 DST 参数的变量中
VariantPut — EN　　ENO — — SRC — DST	VariantPut(SRC: =_variant_in_, DST = >_variant_in_);	将 SRC 参数所引用的变量写入到 DST 参数所指向的变量中
CountOfElements — EN　　ENO — — IN　　RET_VAL —	Result: =CountOfElements(_variant_in_);	计算 IN 参数指向的数组中所含数组元素的数目

"读取 Variant 变量值"指令读取 SRC 参数的 Variant 所指向的变量，并将其写入到 DST 参数的变量中。SRC 参数的数据类型为 Variant。除了 Variant 之外，所有数据类型都可为 DST 参数指定。DST 参数的变量所用的数据类型必须与 Variant 所指向的数据类型相匹配。

"写入 Variant 变量值"指令将 SRC 参数中变量的值写入到 Variant 所指向的 DST 参数的变量中。DST 参数的数据类型为 Variant。除了 Variant 之外，所有数据类型都可为 SRC 参数指定。SRC 参数的变量所用的数据类型必须与 Variant 所指向的数据类型相匹配。ENO = 1 表示无错误，指令会将 SRC 所指向的变量数据复制到 DST 变量中。ENO = 0 表示使能输入 EN 的信号状态为"0"或数据类型不匹配，指令不复制任何数据。想要复制结构和数组，可以使用 MOVE_BLK_VARIANT 指令。

"获取 Array 元素数目"指令用来查询 Variant 指向的变量中所含有的 Array 元素数目。如果是一维 Array，指令将返回上限和下限间之差+1。如果是多维 Array，指令返回所有维度的结果。如果 Variant 指向 Array of Bool，指令的计数范围将包含填充元素（至最接近的字节边界）。参数 IN 的数据类型为 Variant，表示待计算数组元素个数的变量；参数 RET_VAL 数据类型为 UDInt，为指令结果。ENO = 1 表示无错误，指令将返回数组元素的数目；ENO = 0 表示使用输入 EN 的信号状态为"0"或变量未指向数组，指令返回 0。

（九）读取域和写入域指令

读取域 FieldRead 和写入域 FieldWrite 指令用于为一维数组提供变量数组索引操作，说明见表 6-14。INDEX 为输入类 DInt 型参数，表示要读取或写入的数组元素的索引号；MEMBER 为输入类二进制数、整数、浮点数、定时器、Date、TOD 以及作为 Array 变量元素的 Char 和 WChar 型数据，表示在全局 DB 或块接口中定义的一维数组的第一个元素的位置；VALUE 为 OUT 类二进制数、整数、浮点数、定时器、Date、TOD、Char 和 WChar 型数据，表示指定数组元素复制到的 FieldRead 位置被复制到指定数组元素值的 FieldWrite 位置。MEMBER 参数和 VALUE 参数指定的数组元素的数据类型必须相同。如果 EN 输入的信号状态为 0、MEMBER 参数引用的数组中未定义 INDEX 参数指定的数组元素、处理过程中发生溢出之类的错误，使能输出 ENO = 0。

169

表 6-14　读取域和写入域指令

LAD/FBD	SCL	说明
FieldRead ??? — EN　ENO — — INDEX　VALUE — — MEMBER	VALUE：=MEMBER[INDEX]；	FieldRead 用于从第一个元素由 MEMBER 参数指定的数组中读取索引值为 INDEX 的数组元素。数组元素的值将传送到 VALUE 参数指定的位置
FieldWrite ??? — EN　ENO — — INDEX　MEMBER — — VALUE	MEMBER[INDEX]：=VALUE；	FieldWrite 用于将 VALUE 参数指定的位置上的值传送给第一个元素由 MEMBER 参数指定的数组。该值将传送给由 INDEX 参数指定数组索引的数组元素

（十）将位序列或位序列 Array 的元素解析为单个位指令

将位序列或位序列 Array 的元素解析为单个位 SCATTER 和 SCATTER_BLK 指令说明见表 6-15。

表 6-15　将位序列或位序列 Array 的元素解析为单个位指令

LAD/FBD	SCL	说明
SCATTER WORD — EN　ENO — — IN　OUT —	SCATTER（IN：=#SourceWord，OUT=>#DestinationArray）；	用于将数据类型为 BYTE、WORD 或 DWORD 的变量解析为单个位，并保存在仅包含布尔型元素的 ARRAY of BOOL、匿名 STRUCT 或 PLC 数据类型中
SCATTER_BLK WORD — EN　ENO — — IN　OUT — — COUNT_IN	SCATTER_BLK（IN：=_byte_in_，COUNT_IN：=_uint_in_，OUT=>_bool_out_）；	用于将 ARRAY of BYTE、WORD 或 DWORD 的一个或多个元素解析为单个位，并保存在仅包含布尔型元素的 ARRAY of BOOL、匿名 STRUCT 或 PLC 数据类型中

SCATTER 指令：不支持多维 Array of Bool，Array、匿名 Struct 或 PLC 数据类型中包含的元素数目必须恰好等于位序列指定的数量。通过这种方式可以解析状态字，并使用索引读取和改变单个位的状态。使能输入 EN 为 Input 类 Bool 型数据，可用 I、Q、M、D、L 存储区或常量；使能输出 ENO 为 Output 类 Bool 型数据，可用 I、Q、M、D、L 存储区；参数 IN 为 Input 类 Byte、Word 和 DWord 数据，可用 I、Q、M、D、L 存储区，所解析的位序列这些值不得位于 I/O 区域或工艺对象的 DB 内；参数 OUT 为 Output 类 Array[*] of Bool、Struct 或 PLC 数据类型的 8、16、32 或 64 个元素，可用 I、Q、M、D、L 存储区，用来保存 Array、Struct 或 PLC 数据类型中的各个位。如果使能输入 EN 的信号状态为"0"，或者 Array、Struct 或 PLC 数据类型中包含的 Bool 元素数目不足时，使能输出 ENO 将返回信号状态"0"。使用 GATHER，可再次将各个位组合为位序列。

SCATTER_BLK 指令：如果 Array 是一个多维 Array of Bool，即使未显式声明，也将对所包含维度的填充位进行计数；如果目标 Array 的 Array 下限不是"0"，索引必须始终以 Byte、Word 或 DWord 限值开始，意味着索引必须从 Array 的下限处开始计算。通过这种方式可以解析状态字，并使用索引读取和改变单个位的状态。使能输入 EN 为 Input 类 Bool 型数据，可用 I、Q、M、D、L 存储区或常量；使能输出 ENO 为 Output 类 Bool 型数据，可用 I、Q、M、D、L 存储区；参数 IN 为 Input 类 Array［＊］of<位序列> 的元素，可用 I、Q、M、D、L 存储区，所解析的 Array of<位序列>这些值不得位于 I/O 区域或工艺对象的 DB 内；参数 COUNT_IN 是 Input 类 USInt、UInt 和 UDInt 型数据，可用 I、Q、M、D、L 存储区，对待解析源 Array 中的元素数量进行计数，该值不得位于 I/O 区域或工艺对象的 DB 内；参数 OUT 为 Output 类 Array［＊］of Bool、Struct 或 PLC 数据类型的元素，可用 I、Q、M、D、L 存储区，用来保存 Array、Struct 或 PLC 数据类型中的各个位。在 COUNT_IN 参数中，可指定待解析源 Array 中的元素数目。IN 参数中源 Array 的元素数量可能多于 COUNT_IN 参数中的指定数量。如果使能输入 EN 的信号状态为 “0”；或者源 Array 中的元素数量少于 COUNT_IN 参数中的指定数量；或者目标 Array 的索引不以 Byte、Word 或 DWord 限值开始，不向 Array of Bool 中写入任何结果；或者 Array［＊］of Bool、Struct 或 PLC 数据类型未提供所需的元素数量，不含复制过程，使能输出 ENO 将返回信号状态 “0”，不会将任何数据写入输出。要保存所解析位序列的各个位，Array of Bool、匿名 Struct 或 PLC 数据类型中必须包含足够的元素数量，但可能会增加目标存储区空间。使用 GATHER，可再次将各个位组合为位序列。

（十一）将各个位组合为位序列或 Array of<位序列>的多个元素指令

将各个位组合为位序列或 Array of<位序列>多个元素的 GATHER 和 GATHER_BLK 说明见表 6-16。

表 6-16　将各个位组合为位序列或 Array of<位序列>的多个元素指令

LAD/ FBD	SCL	说明
GATHER WORD EN　　ENO IN　　OUT	GATHER(IN: =#SourceArray, OUT=>#DestinationArray);	用于将仅包含布尔型元素的 ARRAY of BOOL、匿名 STRUCT 或 PLC 数据类型中的各个位组合为一个位序列。位序列保存在数据类型为 BYTE、WORD 或 DWORD 的变量中
GATHER_BLK WORD EN　　ENO IN　　OUT COUNT_OUT	GATHER_BLK(IN: = #SourceArrayBool[0], COUNT_OUT: = #CounterOutput,OUT=> #DestinationArrayWord[2]);	用于将仅包含布尔型元素的 ARRAY of BOOL、匿名 STRUCT 或 PLC 数据类型中的各个位组合为 ARRAY of <位序列>中的一个或多个元素

GATHER 指令：不支持多维 Array of Bool；Array、Struct 或 PLC 数据类型中包含的元素数目必须恰好等于位序列指定的数量。使能输入 EN 为 Input 类 Bool 型数据，可用 I、Q、M、D、L 存储区或常量；使能输出 ENO 为 Output 类 Bool 型数据，可用 I、Q、M、D、L 存储区；参数 IN 为 Input 类 Array［＊］of Bool、Struct 或 PLC 数据类型的 8、16、32 或 64 个元素，可用 I、Q、M、D、L 存储区，Array、Struct 或 PLC 数据类型的各个位将组合为一个位序列，这些值不得位于 I/O 区域或工艺对象的 DB 内。参数 OUT 为 Output 类 Byte、Word 和 DWord 型数据，可用 I、Q、M、D、L 存储区，组合后的位序列，保存在一个变量中。如果使能输入 EN 的信号状态为 “0”；或者 Array、匿名 Struct 或 PLC 数据类型（UDT）中 Bool

元素的数量少于或多于位序列所指定的数量，系统不传送 Bool 元素；或者可用的元素数少于所需的位数量，使能输出 ENO 将返回信号状态"0"。

GATHER_BLK 指令：如果 Array 是一个多维 Array of Bool，即使未显式声明，也将对所包含维度的填充位进行计数；如果源 Array 的 Array 下限不是"0"，索引必须始终以 Byte、Word 或 DWord 限值开始，意味着索引必须从 Array 的下限处开始计算。使能输入 EN 为 Input 类 Bool 型数据，可用 I、Q、M、D、L 存储区或常量；使能输出 ENO 为 Output 类 Bool 型数据，可用 I、Q、M、D、L 存储区；参数 IN 为 Input 类 Array［＊］of Bool、Struct 或 PLC 数据类型的元素，可用 I、Q、M、D、L 存储区，表示 Array of Bool、Struct 或 PLC 数据类型各个位待组合（源 Array），这些值不得位于 I/O 区域或工艺对象的 DB 内；参数 COUNT_OUT 是 Input 类 USInt、UInt 和 UDInt 型数据，可用 I、Q、M、D、L 存储区，表示计数目标 Array 的元素数量，该值不得位于 I/O 区域或工艺对象的 DB 内；参数 OUT 为 Output 类 Array［＊］of<位序列>的元素，可用 I、Q、M、D、L 存储区，用来保存各个位的 Array of<位序列>（目标 Array）。可以在 COUNT_OUT 参数中指定要写入的目标 Array 元素数量。还可隐式指定 Array of Bool、匿名 Struct 或 PLC 数据类型中所需的元素数量。OUT 参数中目标 Array 的元素数量可能多于 COUNT_OUT 参数中的指定数量。要保存待组合的各个位，Array of<位序列>中必须包含足够的元素数目，但目标 Array 可能更大。如果使能输入 EN 的信号状态为"0"；或者源 Array 的索引不以 Byte、Word 或 DWord 限值开始，不向 Array of<位序列>中写入任何结果；或者 Array［＊］of<位序列>中未提供所需的元素数量，不含复制过程，使能输出 ENO 将返回信号状态"0"。

四、转换操作

（一）转换值指令

转换值 CONV 指令说明见表 6-17。参数 IN、OUT 的数据类型包括位串、SInt、USInt、Int、UInt、DInt、UDInt、Real、LReal、BCD16、BCD32、Char 和 WChar，实现输入值转换为新数据类型，不允许选择位串（Byte、Word 和 DWord）。要为指令参数输入数据类型 Byte、Word 或 DWord 的操作数，选择位长度相同的无符号整型。与 BCD16 进行转换仅限于 Int 数据类型。与 BCD32 进行转换仅限于 DInt 数据类型。ENO＝1 表示无错误，结果有效。ENO＝0：IN 为 +/- INF 或 +/- NaN，结果为 +/- INF 或 +/- NaN；或者结果超出 OUT 数据类型的有效范围，结果 OUT 设置为 IN 值。

表 6-17　转换值 CONV 指令

LAD/FBD	SCL	说明
CONV ??? to ??? EN　ENO IN　OUT	OUT: =<data type in>_TO_<data type out>(IN)；	将数据元素从一种数据类型转换为另一种数据类型

（二）SCL 的转换指令

SCL 的转换指令说明见表 6-18。

表 6-18　SCL 的转换指令

指令	说明
BOOL_TO_BYTE, BOOL_TO_WORD, BOOL_TO_DWORD, BOOL_TO_INT, BOOL_TO_DINT	值被传送到目标数据类型的最低有效位
BYTE_TO_BOOL	最低有效位被传送到目标数据类型
BYTE_TO_WORD, BYTE_TO_DWORD	值被传送到目标数据类型的最低有效字节
BYTE_TO_SINT, BYTE_TO_USINT	值被传送到目标数据类型
BYTE_TO_INT, BYTE_TO_UINT, BYTE_TO_DINT, BYTE_TO_UDINT	值被传送到目标数据类型的最低有效字节
WORD_TO_BOOL	最低有效位被传送到目标数据类型
WORD_TO_BYTE	源值的最低有效字节被传送到目标数据类型
WORD_TO_DWORD	值被传送到目标数据类型的最低有效字
WORD_TO_SINT, WORD_TO_USINT	源值的最低有效字节被传送到目标数据类型
WORD_TO_INT, WORD_TO_UINT	值被传送到目标数据类型
WORD_TO_DINT, WORD_TO_UDINT	值被传送到目标数据类型的最低有效字
DWORD_TO_BOOL	最低有效位被传送到目标数据类型
DWORD_TO_BYTE, DWORD_TO_WORD, DWORD_TO_SINT	源值的最低有效字节被传送到目标数据类型
DWORD_TO_USINT, DWORD_TO_INT, DWORD_TO_UINT	源值的最低有效字被传送到目标数据类型
DWORD_TO_DINT, DWORD_TO_UDINT, DWORD_TO_REAL	值被传送到目标数据类型
SINT_TO_BOOL	最低有效位被传送到目标数据类型
SINT_TO_BYTE	值被传送到目标数据类型
SINT_TO_WORD, SINT_TO_DWORD	值被传送到目标数据类型的最低有效字节
SINT_TO_INT, SINT_TO_DINT, SINT_TO_USINT, SINT_TO_UINT, SINT_TO_UDINT, SINT_TO_REAL, SINT_TO_LREAL, SINT_TO_CHAR, SINT_TO_STRING	值被转换
USINT_TO_BOOL	最低有效位被传送到目标数据类型
USINT_TO_BYTE	值被传送到目标数据类型
USINT_TO_WORD, USINT_TO_DWORD, USINT_TO_INT, USINT_TO_UINT, USINT_TO_DINT, USINT_TO_UDINT	值被传送到目标数据类型的最低有效字节
USINT_TO_SINT, USINT_TO_REAL, USINT_TO_LREAL, USINT_TO_CHAR, USINT_TO_STRING	值被转换
INT_TO_BOOL	最低有效位被传送到目标数据类型
INT_TO_BYTE, INT_TO_DWORD, INT_TO_SINT, INT_TO_USINT, INT_TO_UINT, INT_TO_UDINT, INT_TO_REAL, INT_TO_LREAL, INT_TO_CHAR, INT_TO_STRING	值被转换

（续）

指令	说明
INT_TO_WORD	值被传送到目标数据类型
INT_TO_DINT	值被传送到目标数据类型的最低有效字节
UINT_TO_BOOL	最低有效位被传送到目标数据类型
UINT_TO_BYTE, UINT_TO_SINT, UINT_TO_USINT, UINT_TO_INT, UINT_TO_REAL, UINT_TO_LREAL, UINT_TO_CHAR, UINT_TO_STRING	值被转换
UINT_TO_WORD, UINT_TO_DATE	值被传送到目标数据类型
UINT_TO_DWORD, UINT_TO_DINT, UINT_TO_UDINT	值被传送到目标数据类型的最低有效字节
DINT_TO_BOOL	最低有效位被传送到目标数据类型
DINT_TO_BYTE, DINT_TO_WORD, DINT_TO_SINT, DINT_TO_USINT, DINT_TO_INT, DINT_TO_UINT, DINT_TO_UDINT, DINT_TO_REAL, DINT_TO_LREAL, DINT_TO_CHAR, DINT_TO_STRING	值被转换
DINT_TO_DWORD, DINT_TO_TIME	值被传送到目标数据类型
UDINT_TO_BOOL	最低有效位被传送到目标数据类型
UDINT_TO_BYTE, UDINT_TO_WORD, UDINT_TO_SINT, UDINT_TO_USINT, UDINT_TO_INT, UDINT_TO_UINT, UDINT_TO_DINT, UDINT_TO_REAL, UDINT_TO_LREAL, UDINT_TO_CHAR, UDINT_TO_STRING	值被转换
UDINT_TO_DWORD, UDINT_TO_TOD	值被传送到目标数据类型
REAL_TO_DWORD, REAL_TO_LREAL	值被传送到目标数据类型
REAL_TO_SINT, REAL_TO_USINT, REAL_TO_INT, REAL_TO_UINT, REAL_TO_DINT, REAL_TO_UDINT, REAL_TO_STRING	值被转换
LREAL_TO_SINT, LREAL_TO_USINT, LREAL_TO_INT, LREAL_TO_UINT, LREAL_TO_DINT, LREAL_TO_UDINT, LREAL_TO_REAL, LREAL_TO_STRING	值被转换
TIME_TO_DINT	值被传送到目标数据类型
DTL_TO_DATE, DTL_TO_TOD	值被转换
TOD_TO_UDINT	值被转换
DATE_TO_UINT	值被转换
CHAR_TO_SINT, CHAR_TO_USINT, CHAR_TO_INT, CHAR_TO_UINT, CHAR_TO_DINT, CHAR_TO_UDINT	值被转换

（续）

指令	说明
CHAR_TO_STRING	值被传送到字符串的第一个字符
STRING _ TO _ SINT, STRING _ TO _ USINT, STRING _ TO _ INT, STRING_ TO_ UINT, STRING _ TO _ DINT, STRING _ TO _ UDINT, STRING_TO_REAL, STRING_TO_LREAL	值被转换
STRING_TO_CHAR	字符串的第一个字符被复制到 Char

（三）取整和截尾取整指令

取整 ROUND 和截尾取整 TRUNC 指令说明见表 6-19。对于 SCL，ROUND 指令的默认输出数据类型为 DInt，要舍入为另一种输出数据类型，输入具有数据类型的显式名称的指令名称。浮点型输入 IN 的数据类型为 Real、LReal，参数 OUT 的数据类型包括 SInt、Int、DInt、USInt、UInt、UDInt、Real 和 LReal，表示取整或截取后的输出。ENO = 1 表示无错误，结果有效；ENO = 0 表示 IN 为 +/- INF 或 +/- NaN，结果 OUT 为 +/- INF 或 +/- NaN。

表 6-19　取整和截尾取整指令

LAD/FBD	SCL	说明
ROUND Real to DInt EN　　ENO IN　　OUT	OUT: = ROUND (IN);	将实数转换为整数。实数的小数部分舍入为最接近的整数值。如果该数值刚好是两个连续整数的一半（例如，10.5），则将其取整为偶数。例如：ROUND (10.5) = 10，ROUND (11.5) = 12
TRUNC Real to DInt EN　　ENO IN　　OUT	OUT: = TRUNC(IN);	TRUNC 用于将实数转换为整数。实数的小数部分被截成零

（四）浮点数向上和向下取整指令

浮点数向上 CEIL 和向下 FLOOR 取整指令说明见表 6-20。浮点型输入 IN 的数据类型为 Real、LReal，参数 OUT 的数据类型包括 SInt、Int、DInt、USInt、UInt、UDInt、Real 和 LReal，表示转换后的输出。ENO = 1 表示无错误，结果有效；ENO = 0 表示 IN 为 +/- INF 或 +/- NaN，结果 OUT 为 +/- INF 或 +/- NaN。

表 6-20　浮点数向上和向下取整指令

LAD/FBD	SCL	说明
CEIL Real to DInt EN　　ENO IN　　OUT	OUT: = CEIL(IN);	将实数（Real 或 LReal）转换为大于或等于所选实数的最小整数（IEEE"向正无穷取整"）
FLOOR Real to DInt EN　　ENO IN　　OUT	OUT: = FLOOR(IN);	将实数（Real 或 LReal）转换为小于或等于所选实数的最大整数（IEEE"向负无穷取整"）

175

（五）标定和标准化指令

标定 SCALE_X 和标准化 NORM_X 指令说明见表 6-21。参数 MIN 的数据类型包括 SInt、Int、DInt、USInt、UInt、UDInt、Real 和 LReal，表示输入范围的最小值；参数 VALUE，对于 SCALE_X 指令的数据类型包括 Real、LReal，对于 NORM_X 指令的数据类型包括 SInt、Int、DInt、USInt、UInt、UDInt、Real 和 LReal，表示要标定或标准化的输入值；参数 MAX 的数据类型包括 SInt、Int、DInt、USInt、UInt、UDInt、Real 和 LReal，表示输入范围的最大值；参数 OUT，对于 SCALE_X 指令的数据类型包括 SInt、Int、DInt、USInt、UInt、UDInt、Real 和 LReal，对于 NORM_X 指令的数据类型包括 Real、LReal，表示标定或标准化后的输出值。对于 SCALE_X 指令：参数 MIN、MAX 和 OUT 的数据类型必须相同。对于 NORM_X 指令：参数 MIN、VALUE 和 MAX 的数据类型必须相同。

表 6-21　标定和标准化指令

LAD/FBD	SCL	说明
SCALE_X Real to ??? EN ENO MIN OUT VALUE MAX	OUT:=SCALE_X(MIN:=_in_, VALUE:=_in_, MAX:=_in_);	按参数 MIN 和 MAX 所指定的数据类型和值范围对标准化的实参数 VALUE（其中，$0.0 <= VALUE <= 1.0$）进行标定：$OUT = VALUE(MAX-MIN)+MIN$
NORM_X ??? To Real EN ENO MIN OUT VALUE MAX	OUT:=NORM_X(MIN:=_in_, VALUE:=_in_, MAX:=_in_);	标准化通过参数 MIN 和 MAX 指定的值范围内的参数 VALUE：$OUT=(VALUE-MIN)/(MAX-MIN)$，其中（$0.0 <= OUT <= 1.0$）

SCALE_X 参数 VALUE 应限制为 $0.0 <= VALUE <= 1.0$，如果参数 VALUE 小于 0.0 或大于 1.0，线性标定运算会生成一些小于 MIN 参数值或大于 MAX 参数值的 OUT 值，作为 OUT 值，这些数值在 OUT 数据类型值范围内。此时，SCALE_X 执行会设置 ENO=TRUE；还可能会生成一些不在 OUT 数据类型值范围内的标定数值，此时，OUT 参数值会被设置为一个中间值，该中间值等于被标定实数在最终转换为 OUT 数据类型之前的最低有效部分，在这种情况下，SCALE_X 执行会设置 ENO=FALSE。NORM_X 参数 VALUE 应限制为 $MIN <= VALUE <= MAX$，如果参数 VALUE 小于 MIN 或大于 MAX，线性标定运算会生成小于 0.0 或大于 1.0 的标准化 OUT 值，在这种情况下，NORM_X 执行会设置 ENO=TRUE。ENO=1 表示无错误，结果有效。ENO=0：表示结果超出 OUT 数据类型的有效范围，中间结果实数在最终转换为 OUT 数据类型前的最低有效部分；或者参数 MAX<=MIN，对于 SCALE_X 指令，结果用实数 VALUE 的最低有效部分填充 OUT 大小，对于 NORM_X 指令，结果扩展 VALUE 数据类型中的 VALUE 来填充双字大小；或者参数 VALUE = +/- INF 或 +/- NaN，结果将 VALUE 写入 OUT。

（六）变量转换指令

包括将 Variant 转换为 DB_ANY 的 VARIANT_TO_DB_ANY 指令和将 DB_ANY 转换为 Variant 的 DB_ANY_TO_VARIANT 指令，说明见表 6-22。

表 6-22　Variant 与 DB_ANY 相互转换指令

LAD/FBD	SCL	说明
不提供	RET_VAL: = VARIANT_TO_DB_ANY (IN: =_variant_in_, ERR => _int_out_);	从 Variant IN 参数读取操作数，并将其存储到函数结果中（采用 DB_ ANY 类型）
不提供	RET_VAL: = DB_ANY_TO_VARIANT (IN: =_db_any_in_, ERR => _int_out_);	从 Variant IN 参数中读取 DB 编号，并将其存储到函数结果中（采用 Variant 类型）

VARIANT_TO_DB_ANY 指令读取 IN 参数处的操作数，然后将其转化为数据类型 DB_ANY。IN 参数属于 Variant 数据类型，代表实例 DB 或者 ARRAY DB。参数 RET_VAL 为 DB_ANY 类型，包含已转换 DB 编号的 DB_ANY 数据类型输出；参数 ERR 数据类型为 Int，表示错误信息，ERR（W#16#...）的错误输出代码。ENO = 1 表示无错误，指令会对输入 Variant 进行转换，并将其存储到 DB_ANY 函数输出中；ENO = 0 表示使能输入 EN 的信号状态为 "0" 或 IN 参数无效，指令不起任何作用。

DB_ANY_TO_VARIANT 指令读取符合要求的 DB 编号，并通过 Variant 指针将其写入函数结果 RET_VAL 中。参数 IN 为 DB_ANY 类型，包含 DB 编号的变量；参数 RET_VAL 为 Variant 类型，包含已转换 DB 编号的 DB_ANY 数据类型输出；参数 ERR 数据类型为 Int，表示错误信息。ENO = 1 表示无错误，指令将转换变量中的 DB 编号，并将其存储到 DB_ANY 函数输出中；ENO = 0 表示使能输入 EN 的信号状态为 "0" 或 IN 参数无效，指令不起任何作用。

五、程序控制操作

（一）跳转和跳转标签指令

跳转 JMP、JMPN 和跳转标签 Label_name 指令说明见表 6-23。通过在 LABEL 指令中直接键入来创建标签名称。参数 Label_name 为标签标识符，表示跳转指令以及相应跳转目标程序标签。各标签在代码块内必须唯一；可以在代码块中进行跳转，但不能从一个代码块跳转到另一个代码块；可以向前或向后跳转；可以在同一代码块中从多个位置跳转到同一标签。

表 6-23　跳转和跳转标签指令

LAD	FBD	SCL	说明
Label_name ┤JMP├	Label_name **JMP**	参见 GOTO 语句	RLO（逻辑运算结果）= 1 时跳转：程序将从指定标签后的第一条指令继续执行
Label_name ┤JMPN├	Label_name **JMPN**		RLO = 0 时跳转：程序将从指定标签后的第一条指令继续执行
Label_name	Label_name		JMP 或 JMPN 跳转指令的目标标签

（二）定义跳转列表指令

定义跳转列表 JMP_LIST 指令说明见表 6-24。参数 K 为 UInt 型，表示跳转分配器控制

177

值。参数 DEST0、DEST1、…、DEST*n* 是程序标签，表示与特定 K 参数值对应的跳转目标标签。如果 K 值等于 0，跳转到分配给 DEST0 输出的程序标签；如果 K 值等于 1，跳转到分配给 DEST1 输出的程序标签，以此类推。如果 K 值超过（标签数-1），则不进行跳转，继续处理下一程序段。

表 6-24　定义跳转列表指令

LAD/FBD	SCL	说明
JMP_LIST EN K DEST0 DEST1 DEST2 DEST3	CASE K OF 0: GOTO DEST0; 1: GOTO DEST1; 2: GOTO DEST2; [n: GOTO DE-STn;] END_CASE;	JMP_LIST 指令用作程序跳转分配器，控制程序段的执行。根据 K 输入的值跳转到相应的程序标签。程序从目标跳转标签后面的程序指令继续执行。如果 K 输入的值超过（标签数-1），则不进行跳转，继续处理下一程序段

（三）跳转分配器指令

跳转分配器 SWITCH 指令说明见表 6-25。比较值输入 K 参数和比较输入（= =、<>、<、<=、>、>=）的数据类型必须相同，包括 SInt、Int、DInt、USInt、UInt、UDInt、Real、LReal、Byte、Word、DWord、Time、TOD 和 Date。DEST0、DEST1、…、DEST*n* 和 ELSE 是与特定比较对应的跳转目标标签：首先处理 K 输入下面的第一个比较输入，如果 K 值与该输入的比较结果为"真"，则跳转到分配给 DEST0 的标签；下一比较测试使用接下来的下一个输入，如果比较结果"真"，则跳转到分配给 DEST1 的标签；依次对其他比较进行类似的处理，如果比较结果都不为"真"，则跳转到分配给 ELSE 输出的标签。

表 6-25　跳转分配器指令

LAD/FBD	SCL	说明
SWITCH ??? EN DEST0 K DEST1 == DEST2 <> ELSE >=	不提供	SWITCH 指令用作程序跳转分配器，控制程序段的执行。根据 K 输入的值与分配给指定比较输入的值的比较结果，跳转到与第一个为"真"的比较测试相对应的程序标签。如果比较结果都不为 TRUE，则跳转到分配给 ELSE 的标签。程序从目标跳转标签后面的程序指令继续执行

（四）返回指令

返回 RET 指令用于终止当前块的执行，指令说明见表 6-26。参数 Return_Value 数据类型为 Bool 型，表示 RET 指令的 Return_Value 参数被分配给调用块中块调用功能框的 ENO 输出。当且仅当有能流通过 RET 线圈（LAD），或者当 RET 功能框的输入为真（FBD）时，则当前块的程序执行将在该点终止，并且不执行 RET 指令以后的指令。如果当前块为 OB，则参数 Return_Value 被忽略。如果当前块为 FC 或 FB，则参数 Return_Value 的值作为被调用功能框的 ENO 值传回到调用例程。不要求用户将 RET 指令用作块中的最后一个指令，该操作是自动完成的。一个块中可以有多个 RET 指令。有关 SCL，参见 RETURN 语句。

表 6-26　返回指令

LAD	FBD	SCL	说明
"Return_Value" —[RET]—	"Return_Value" RET	RETURN;	终止当前块的执行

（五）启用/禁用 CPU 密码指令

启用/禁用 CPU 密码 ENDIS_PW 指令说明见表 6-27。参数 REQ 为 IN 类 Bool 型，如果 REQ=1，执行函数；参数 F_PWD 为 IN 类 Bool 型，是故障安全密码，允许（=1）或禁止（=0）；参数 FULL_PWD 为 IN 类 Bool 型，是完全访问密码，允许（=1）或禁止（=0）；参数 R_PWD 为 IN 类 Bool 型，是读访问密码，允许（=1）或禁止（=0）；参数 HMI_PWD 为 IN 类 Bool 型，HMI 密码是允许（=1）或禁止（=0）；参数 F_PWD_ON 为 OUT 类 Bool 型，为故障安全密码状态，已允许（=1）或已禁止（=0）；参数 FULL_PWD_ON 为 OUT 类 Bool 型，是完全访问密码状态，已允许（=1）或已禁止（=0）；参数 R_PWD_ON 为 OUT 类 Bool 型读密码状态，已允许（=1）或已禁止（=0）；参数 HMI_PWD_ON 为 OUT 类 Bool 型，是 HMI 密码状态，已允许（=1）或已禁止（=0）；参数 Ret_Val 是 OUT 类 Word 型，表示函数结果。

表 6-27　启用/禁用 CPU 密码指令

LAD/FBD	SCL	说明
ENDIS_PW EN　　　　　ENO REQ　　　　Ret_Val F_PWD　　　F_PWD_ON FULL_PWD　FULL_PWS_ON R_PWD　　　R_PWD_ON HMI_PWD　　HMI_PWD_ON	ENDIS_PW（REQ：=_bool_in_，F_PWD：=_bool_in_，FULL_PWD：=_bool_in_，R_PWD：=_bool_in_，HMI_PWD：=_bool_in_，F_PWD_ON=>_bool_out_，FULL_PWD_ON=>_bool_out_，R_PWD_ON=>_bool_out_，HMI_PWD_ON=>_bool_out_）；	即使客户端能够提供正确的密码，ENDIS_PW 指令也可以允许或禁止客户端连接到 S7-1200 CPU。此指令不会禁止 Web 服务器密码

（六）重置周期监视时间指令

重置周期监视时间 RE_TRIGR 指令，用于在单个扫描循环期间重新启动扫描循环监视定时器，结果是从最后一次执行 RE_TRIGR 功能开始，使允许的最大扫描周期延长一个最大循环时间段。指令说明见表 6-28。循环时间（Cycle Time）最小 1ms，最大 6000ms，默认值 150ms。如果最大扫描循环定时器在扫描循环完成前达到预置时间，则会生成错误。如果用户程序中包含时间错误中断 OB（OB 80），则 CPU 将执行时间错误中断 OB，该中断可包含程序逻辑以创建具体响应。如果用户程序不包含时间错误中断 OB，则忽略第一个超时条件并且 CPU 保持在 RUN 模式。如果在同一程序扫描中第二次发生最大扫描时间超时（2 倍的最大循环时间值），则触发错误会导致切换到 STOP 模式，用户程序停止执行，而 CPU 系统通信和系统诊断仍继续执行。

表 6-28　重置周期监视时间指令

LAD/FBD	SCL	说明
RE_TRIGR EN　　　　ENO	RE_TRIGR（）；	RE_TRIGR（重新触发扫描时间监视狗）用于延长扫描循环监视狗定时器生成错误前允许的最大时间

(七) 退出程序指令

退出程序 STP 指令说明见表 6-29。如果 EN = TRUE，CPU 将进入 STOP 模式，程序执行停止，并且 ENO 状态无意义。否则，EN = ENO = 0。

表 6-29　退出程序指令

LAD/FBD	SCL	说明
STP　EN　ENO	STP( );	STP 可将 CPU 置于 STOP 模式。CPU 处于 STOP 模式时，将停止程序执行并停止过程映像的物理更新

(八) 获取本地错误信息和获取本地 ID 错误指令

获取本地错误信息 GET_ERROR 和获取本地 ID 错误 GET_ERR_ID 指令说明见表 6-30。参数 ERROR 为 ErrorStruct 数据结构，可以重命名该结构，但不能重命名结构中的成员。ErrorStruct 数据结构的元素见表 6-31。GET_ERR_ID 指令参数 ID 为 Word 型，表示 ErrorStruct ERROR_ID 成员的错误标识符值。

表 6-30　获取本地错误信息和获取本地 ID 错误指令

LAD/FBD	SCL	说明
GET_ERROR　EN　ENO　ERROR	GET_ERROR(_out_);	指示发生本地程序块执行错误，并用详细错误信息填充预定义的错误数据结构
GET_ERR_ID　EN　ENO　ID	GET_ERR_ID( );	指示发生程序块执行错误，并报告错误的 ID（标识符代码）

表 6-31　ErrorStruct 数据结构的元素

结构元件	数据类型	说明
ERROR_ID	Word	错误 ID
FLAGS	Byte	显示块调用期间是否出错。16#01：块调用期间出错。16#00：块调用期间未出错
REACTION	Byte	默认响应，0：忽略（写入错误）。1：以替代值"0"继续（读取错误）。2：跳转指令（系统错误）
CODE_ADDRESS	CREF	有关块地址和类型的信息
BLOCK_TYPE	Byte	出错块的类型，1：OB。2：FC。3：FB
CB_NUMBER	UInt	代码块的编号
OFFSET	UDInt	对内部存储器的引用
MODE	Byte	访问模式，0：无输出。1：输出（E）。2：输出（C）。3：输出（A）、（B）、（D）。4：输出（C）、（E）。5：输出（C）、（D）、（E）。6：输出（A）、（C）、（D）、（E）。7：输出（A）、（B）、（C）、（D）、（E）

（续）

结构元件	数据类型	说明
OPERAND_NUMBER	UInt	机器命令的操作数
POINTER_NUMBER_LOCATION	UInt	（A）内部指针
SLOT_NUMBER_SCOPE	UInt	（B）内部存储器中的存储区
DATA_ADDRESS	NREF	有关操作数地址的信息
AREA	Byte	（C）存储区，L：16#40～4E、86、87、8E、8F、C0～CE。I：16#81。Q：16#82。M：16#83。DB：16#84、85、8A、8B
DB_NUMBER	UInt	（D）数据块编号
OFFSET	UDInt	（E）操作数的相对地址

默认情况下，CPU 通过将错误记录到诊断缓冲区来响应块执行错误。但是，如果在代码块中放置一个或多个 GET_ERROR 或 GET_ERR_ID 指令，即将该块设置为在块内处理错误，在这种情况下，CPU 不在诊断缓冲区中记录错误，而是在 GET_ERROR 或 GET_ERR_ID 指令的输出中报告错误信息。可以使用 GET_ERROR 指令读取详细错误信息，或使用 GET_ERR_ID 指令只读取错误标识符。因为后续错误往往只是第一个错误的结果，所以第一个错误通常最重要。在块内第一次执行 GET_ERROR 或 GET_ERR_ID 指令将返回块执行期间检测到的第一个错误，在块启动到执行 GET_ERROR 或 GET_ERR_ID 期间随时都可能发生该错误，随后执行 GET_ERROR 或 GET_ERR_ID 将返回上次执行 GET_ERROR 或 GET_ERR_ID 以来发生的第一个错误。不保存错误历史，执行任一指令都将使 PLC 系统重新捕捉下一个错误。

如果 EN＝TRUE 且 GET_ERROR 或 GET_ERR_ID 执行，则：ENO＝TRUE 表示发生代码块执行错误并提供错误数据，ENO＝FALSE 表示未发生代码块执行错误。可以将错误响应程序逻辑连接到在发生错误后激活的 ENO。如果存在错误，该输出参数会将错误数据存储在程序能够访问这些数据的位置。GET_ERROR 和 GET_ERR_ID 可用来将错误信息从当前执行块（被调用块）发送到调用块。将该指令放置在被调用块程序的最后一个程序段中可以报告被调用块的最终执行状态。

（九）测量程序运行时间指令

测量程序运行时间 RUNTIME 指令说明见表 6-32。参数 MEM 的数据类型为 LReal，表示运行时间测量的起点；参数 Ret_Val 的数据类型为 LReal，表示测得的运行时间（以 s 为单位）。

表 6-32　测量程序运行时间指令

LAD/FBD	SCL	说明
RUNTIME EN　ENO MEM　Ret_Val	Ret_Val := RUNTIME（_lread_inout_）；	测量整个程序、各个块或命令序列的运行时间

如果要测量整个程序的运行时间，在 OB1 中调用指令"测量程序运行时间"。运行时间

181

的测量从第一次调用指令开始，输出 Ret_Val 将在第二次调用后返回程序的运行时间。测得的运行时间包括程序执行期间可能发生的所有 CPU 进程。测量程序运行时间指令读取 CPU 的内部计数器并将值写入 InOut 参数 MEM。该指令根据内部计数器频率计算当前程序运行时间并将其写入输出 Ret_Val。如果要测量单个块或单个命令序列的运行时间，需要三个单独的程序段。在程序内的单个程序段内分别调用指令"测量程序运行时间"。在首次调用该指令时设置运行时间测量的起点。然后在下一程序段中调用所要测量的程序块或命令序列。在另一个程序段中，第二次调用测量程序运行时间指令，然后如同在第一次调用该指令那样，为 InOut 参数 MEM 分配相同的内存。在第三个程序段中，测量程序运行时间指令读取内部 CPU 计数器，然后根据内部计数器频率计算程序块或命令序列的当前运行时间并将其写入输出 Ret_Val。测量程序运行时间指令使用内部高频计数器来计算时间。如果计数器溢出，该指令返回值<=0.0。CPU 不能准确确定某个命令序列的运行时间，因为在程序的优化编译期间，命令序列内的指令序列会发生变化。

（十）SCL 程序控制语句指令

SCL 提供三类用于结构化用户程序的程序控制语句：①选择语句，选择语句可将程序执行转移到备选语句序列；②循环，可以使用迭代语句控制循环执行，迭代语句指定应根据某些条件重复执行的程序部分；③程序跳转，程序跳转是指立刻跳转到特定的跳转目标，因而跳转到同一块内的其他语句。这些程序控制语句都使用 PASCAL 编程语言的语法，指令说明见表 6-33。

表 6-33　SCL 程序控制语句指令

SCL	描述
IF "condition" THEN statement_A; statement_B; statement_C;; ［ELSIF "condition-n" THEN statement_N;;］ ［ELSE statement_X;;］ END_IF;	如果 "condition" 为 TRUE 或 1，则执行后面的语句，直到遇到 END_IF 语句为止。如果 "condition" 为 FALSE 或 0，则跳转到 END_IF 语句（除非程序包含可选的 ELSIF 或 ELSE 语句） 　可选的 ELSIF 语句提供其他要评估的条件。例如：如果 IF-THEN 语句中的 "condition" 为 FALSE，则程序将评估 "condition-n"。如果 "condition-n" 为 TRUE，则执行 "statement_N"。可选的 ELSE 语句提供 IF-THEN 语句的 "condition" 为 FALSE 时将要执行的语句 　END_IF 语句用于终止 IF-THEN 指令
CASE "Test_Value" OF "ValueList"：Statement［； Statement，…］"ValueList"：Statement ［；Statement，…］［ELSE Else-statement ［；Else-statement，…］］END_CASE;	CASE 语句根据表达式的值来选择执行多组语句中的一组
FOR "control_variable"：="begin" TO "end" ［BY "increment"］ DO statement;; END_FOR;	FOR 语句用于在控制变量处于指定的值范围内时重复执行某一语句序列。使用 FOR 定义循环时需要指定初始值和最终值。这两个值的数据类型必须与控制变量的相同。可以嵌套使用 FOR 循环。END_FOR 语句与最后执行的 FOR 指令配对
WHILE "condition" DO Statement；Statement； …；END_WHILE;	WHILE 语句执行一系列语句，直到给定条件为 TRUE。可以嵌套使用 WHILE 循环。END_WHILE 语句与最后执行的 WHILE 指令配对

（续）

SCL	描述
REPEAT Statement；；UNTIL"condition" END_REPEAT；	REPEAT 语句执行一组语句，直到给定条件为 TRUE。REPEAT 循环可以嵌套。END_REPEAT 语句始终与最后执行的 REPEAT 指令配对
CONTINUE Statement；；	CONTINUE 语句跳过程序循环（FOR、WHILE、REPEAT）后面的语句，并在检查终止条件后决定是否继续循环。不满足，则继续循环
EXIT；	EXIT 语句用于随时退出循环而不考虑是否满足终止条件
GOTO JumpLabel；Statement； …；JumpLabel；Statement；	GOTO 语句通过跳转到同一块中的某个标签来跳过语句。跳转标签（"JumpLabel"）和 GOTO 语句必须在同一个块中。跳转标签的名称只能在块中分配一次。每个跳转标签都可以是多条 GOTO 语句的目标
RETURN；	RETURN 指令用于无条件退出正在执行的代码块。程序执行返回到调用块或操作系统（退出 OB 时）

1）IF-THEN 条件语句，可控制程序流，根据逻辑表达式的 Bool 值的结果决定是否执行一组语句。还可以使用括号嵌套或结构化多条 IF-THEN 语句的执行。变量 "condition" 必需，逻辑表达式为 TRUE（1）或 FALSE（0）；变量 "statement_A" 可选，"condition" 为 TRUE 时要执行的一条或多条语句；变量 "condition-n" 可选，可选 ELSIF 语句要评估的逻辑表达式；变量 "statcment_N" 可选，ELSIF 语句的 "condition-n" 为 TRUE 时要执行的一条或多条语句；变量 "statement_X" 可选，IF-THEN 语句的 "condition" 为 FALSE 时要执行的一条或多条语句。

IF 语句按照下列规则执行：执行第一个逻辑表达式为 TRUE 的语句序列，不执行其余语句序列；如果无布尔型表达式为 TRUE，则执行 ELSE 引入的语句序列（或者，如果 ELSE 分支不存在，则不执行语句序列）；不限制 ELSIF 语句的数量。说明：与 IF 语句相比，使用一个或多个 ELSIF 分支存在一定的优势，就是不用再评估有效表达式后面的逻辑表达式。从而，可缩短程序的运行时间。

2）CASE 语句，参数 "Test_Value" 必需，可以是任何 Int 数据类型的数字表达式；参数 "ValueList" 必需，是单个值、逗号分隔的值或值范围的列表（使用两个句点定义值范围）；statement 必需，是 "Test_Value" 与值列表中任何一个值匹配时执行的一条或多条语句；Else-statement 可选，是与 "ValueList" 中的任何一个值都不匹配时执行的一条或多条语句。

CASE 语句按照下列规则执行：Test_Value 表达式必须返回一个 Int 类型的值；处理 CASE 语句时，程序会检查 Test_Value 表达式的值是否包含在指定的值列表中；如果找到匹配项，则执行分配给该列表的语句成分；如果未找到匹配项，则执行 ELSE 后面的程序段；如果不存在 ELSE 分支，则不执行任何语句。

3）FOR 语句，参量 "control_variable" 必需，整型（Int 或 DInt），用作循环计数器；参量 "begin" 必需，指定控制变量初始值的简单表达式；参量 "end" 必需，确定控制变量最终值的简单表达式；参量"increment"可选，每次循环后"control_variable"的变化量。"increment"与"control_variable"具有相同的数据类型。如果未指定"increment"的值，则每次循环之后，运行变量的值加 1。不能在执行 FOR 语句期间更改"increment"。

FOR 语句的执行方式如下：循环开始时，控制变量设置为初始值（初始分配），每次重复进行循环时，控制变量会增加指定增量（正增量）或减少指定增量（负增量），直至达到最终值；每次执行完循环之后，会检查该条件（达到最终值）以确定是否满足该条件。如果没有满足结束条件，则重新执行语句序列，否则循环将终止并继续执行循环后面的语句。定义 FOR 语句的规则：控制变量的数据类型只能是 Int 或 DInt，可以省略语句 [BY "increment"]。如果未指定增量，则自动默认为 +1。要结束循环而不考虑"condition"表达式的状态，使用 EXIT 语句。EXIT 语句将执行紧随 END_FOR 语句之后的语句。使用 CONTINUE 语句可跳过某个 FOR 循环的后续语句，并继续执行循环，同时检查是否满足终止条件。

4）WHILE-DO 语句，参量"condition"必需，值为 TRUE 或 FALSE 的逻辑表达式（"null"条件被视为 FALSE）；参数 Statement 可选，表示在条件值为 TRUE 之前执行的一条或多条语句。WHILE 语句先评估"condition"的状态，然后执行语句。要执行语句一次或多次而不考虑"condition"的状态，使用 REPEAT 语句。WHILE 语句按照下列规则执行：每次循环执行循环体之前，评估执行条件；只要执行条件的值为 TRUE，就重复执行 DO 后面的循环体；一旦值变为 FALSE，则立即跳过循环，去执行循环后面的语句。要结束循环而不考虑"condition"表达式的状态，使用 EXIT 语句。EXIT 语句将执行紧随 END_WHILE 语句之后的语句。使用 CONTINUE 语句可跳过 WHILE 循环后面的语句，并在检查是否满足终止条件后决定是否继续执行循环。

5）REPEAT-UNTIL 语句，参数 Statement 可选，是在条件值为 TRUE 之前执行的一条或多条语句；参量"condition"必需，一个或多个用以下两种方式表达的表达式：值为 TRUE 或 FALSE 的数字表达式或字符串表达式，"null"条件被视为 FALSE。在循环的首次迭代过程中，REPEAT 语句在执行相关语句（即使"condition"为 FALSE）后评估"condition"的状态。要在执行这些语句前查看"condition"的状态，使用 WHILE 语句。要结束循环而不考虑"condition"表达式的状态，使用 EXIT 语句。EXIT 语句将执行紧随 END_REPEAT 语句之后的语句。使用 CONTINUE 语句可跳过 REPEAT 循环的后续语句，并继续执行循环，同时检查是否满足终止条件。

6）CONTINUE 语句，按照下列规则执行：该语句立即终止循环体的执行；根据是否满足重复执行循环的条件，决定是再次执行循环体还是退出迭代语句而去执行紧随其后的语句；在 FOR 语句中，在执行 CONTINUE 语句后控制变量立即增加指定的增量。只能在循环中使用 CONTINUE 语句。在嵌套循环中，CONTINUE 始终与直接包含它的循环相关。CONTINUE 通常与 IF 语句一起使用。如果要退出循环而不考虑终止测试情况，使用 EXIT 语句。

7）EXIT 语句，按照下列规则执行：该语句会立即退出该退出语句所处的重复语句，继续执行该循环后面（例如 END_FOR 之后）的程序。在循环中使用 EXIT 语句。在嵌套循环中，EXIT 语句将处理权返回到下一更高嵌套级。

8）GOTO 语句，在循环中进行跳转，不能跳转到循环部分（FOR、WHILE 或 REPEAT）。

9）RETURN 语句，表示执行最后一条指令后，代码块自动返回到调用块。不要在代码块末尾插入 RETURN 指令。

第二节　S7-1200 PLC 其他扩展指令

一、日期、时间和时钟功能

S7-1200 PLC 日期、时间和时钟功能相关指令 LAD/FBD 和相应的 SCL 见表 6-34。

表 6-34　S7-1200 PLC 日期、时间和时钟功能相关指令

LAD/FBD	SCL
T_CONV ??? TO ??? EN　　ENO IN　　OUT	OUT：=DINT_TO_TIME(IN：=_variant_in)； OUT：=TIME_TO_DINT(IN：=_variant_in)；
T_ADD ??? PLUS Time EN　　ENO IN1　　OUT IN2	OUT：=T_ADD(IN1：=_variant_in,IN2：=_time_in)；
T_SUB ??? MINUS Time EN　　ENO IN1　　OUT IN2	OUT：=T_SUB(IN1：=_variant_in,IN2：=_time_in)；
T_DIFF DTL TO Time EN　　ENO IN1　　OUT IN2	OUT：=T_DIFF(IN1：=_DTL_in,IN2：=_DTL_in)；
T_COMBINE Time_of_Day TO DTL EN　　ENO IN1　　OUT IN2	OUT：=CONCAT_DATE_TOD(IN1：=_date_in,IN2：=_tod_in)；
WR_SYS_T DTL EN　　ENO IN　　RET_VAL	RET_VAL：=WR_SYS_T(IN：=_DTL_in_)；
RD_SYS_T DTL EN　　ENO 　　RET_VAL 　　OUT	RET_VAL：=RD_SYS_T(OUT=>_DTL_out)；
RD_LOC_T DTL EN　　ENO 　　RET_VAL 　　OUT	RET_VAL：=RD_LOC_T(OUT=>_DTL_out)；

（续）

LAD/FBD	SCL
WR_LOC_T DTL EN　　　ENO LOCTIME　Ret_Val DST	Ret_Val：=WR_LOC_T（LOCTIME：=dtl_in_，DST：=_bool_in）；
%DB1 "SET_TIMEZONE_DB" **SET_TIMEZONE** EN　　　ENO REQ　　　DONE TimeZone　BUSY 　　　　ERROR 　　　　STATUS	"SET_TIMEZONE_DB"（REQ：=_bool_in，TimeZone：=_struct_in，DONE=>_bool_ out_，BUSY=>_bool_out_，ERROR=>_bool_out_，STATUS=>_word_out_）；
RTM EN　　　ENO NR　　　RET_VAL MODE　　CQ PV　　　CV	RTM（NR：=_uint_in_，MODE：=_byte_in_，PV：=_dint_in_，CQ=>_bool_out_， CV=>_dint_out_）；

186

　　1）转换时间并提取 T_CONV 指令，将值在"日期和时间数据类型"以及"字节、字和双字大小数据类型"之间进行转换。

　　2）时间相加 T_ADD 指令，将输入 IN1 的值（DTL 或 Time 数据类型）与输入 IN2 的 Time 值相加。参数 OUT 提供 DTL 或 Time 值结果。允许以下两种数据类型的运算：Time+Time=Time，DTL+Time=DTL。

　　3）时间相减 T_SUB 指令，从 IN1（DTL 或 Time 值）中减去 IN2 的 Time 值。参数 OUT 以 DTL 或 Time 数据类型提供差值。可进行两种数据类型操作：Time-Time=Time，DTL-Time=DTL。

　　4）时差 T_DIFF 指令，从 DTL 值（IN1）中减去 DTL 值（IN2）。参数 OUT 以 Time 数据类型提供差值：DTL-DTL=Time。

　　5）组合时间 T_COMBINE 指令，将 Date 值和 Time_Of_Day 值组合在一起生成 DTL 值。

　　6）设置系统时钟 WR_SYS_T 指令，使用参数 IN 中的 DTL 值设置 CPU 时钟。该时间值不包括本地时区或夏令时偏移量。

　　7）读取系统时间 RD_SYS_T 指令，从 CPU 中读取当前系统时间。该时间值不包括本地时区或夏令时偏移量。

　　8）读取本地时间 RD_LOC_T 指令，以 DTL 数据类型提供 CPU 的当前本地时间。该时间值反映了就夏令时（如果已经组态）进行过适当调整的本地时区。

　　9）写入本地时间 WR_LOC_T 指令，设置 CPU 时钟的日期与时间。可使用 DTL 数据类型在 LOCTIME 中将日期和时间信息指定为本地时间。该指令使用"TimeTransformationRule"DB 结构计算系统时间。本地时间和系统时间的时间信息间隔至少为 1ms。如果 LOCTIME 参数的输入值小于 CPU 支持的输入值，则这些值在系统时间计算期间将进位。

10）设置时区 SET_TIMEZONE 指令，设置本地时区和夏令时参数，以用于将 CPU 系统时间转换为本地时间。

11）运行时间计时器 RTM 指令，设置、启动、停止和读取 CPU 中的运行时间小时计时器。

二、字符串和字符

S7-1200 PLC 字符串和字符相关指令 LAD/FBD 和相应的 SCL 见表 6-35。

表 6-35　S7-1200 PLC 字符串和字符相关指令

LAD/FBD	SCL
S_MOVE EN　　ENO IN　　OUT	OUT：=IN；
S_CONV ??? TO ??? EN　　ENO IN　　OUT	OUT：=<Type>_TO_<Type>（IN）；
STRG_VAL String TO ??? EN　　ENO IN　　OUT FORMAT P	"STRG_VAL"（IN：=_string_in，FORMAT：=_word_in，P：=uint_in，OUT=>_variant_out）；
VAL_STRG ??? TO String EN　　ENO IN　　OUT SIZE PREC FORMAT P	"VAL_STRG"（IN：=_variant_in，SIZE：=_usint_in，PREC：=_usint_in，FORMAT：=_word_in，P：=uint_in，OUT=>_string_out）；
Strg_TO_Chars EN　　ENO Strg　　Cnt pChars Chars	Strg_TO_Chars（Strg：=_string_in_，pChars：=_dint_in_，Cnt=>_uint_out_，Chars：=_variant_inout_）
Chars_TO_Strg EN　　ENO Chars　　Strg pChars Cnt	Chars_TO_Strg（Chars：=_variant_in_，pChars：=_dint_in_，Cnt：=_uint_in_，Strg=>_string_out_）；
ATH Int EN　　ENO IN　　RET_VAL N　　OUT	RET_VAL：=ATH（IN：=_variant_in_，N：=_int_in_，OUT=>_variant_out_）；

（续）

LAD/FBD	SCL
HTA EN　　ENO IN　　RET_VAL N　　OUT	RET_VAL: = HTA(IN: = _variant_in_, N: = _uint_in_, OUT = >_variant_out_) ;
MAX_LEN String EN　　ENO IN　　OUT	OUT: = MAX_LEN(IN) ;
LEN String EN　　ENO IN　　OUT	OUT: = LEN(IN) ;
CONCAT String EN　　ENO IN1　　OUT IN2	OUT: = CONCAT(IN1, IN2) ;
LEFT String EN　　ENO IN　　OUT L	OUT: = LEFT(IN, L) ;
MID String EN　　ENO IN　　OUT L P	OUT: = MID(IN, L, P) ;
RIGHT String EN　　ENO IN　　OUT L	OUT: = RIGHT(IN, L) ;
DELETE String EN　　ENO IN　　OUT L P	OUT: = DELETE(IN, L, P) ;
INSERT String EN　　ENO IN1　　OUT IN2 P	OUT: = INSERT(IN1, IN2, P) ;

（续）

LAD/FBD	SCL
REPLACE String EN　ENO IN1　OUT IN2 L P	OUT：=REPLACE(IN1：=_string_in_，IN2：=_string_in_，L：=_int_in_，P：=_int_in)；
FIND String EN　ENO IN1　OUT IN2	OUT：=FIND(IN1：=_string_in_，IN2：=_string_in)；

1）移动字符串 S_MOVE 指令，将源 IN 字符串复制到 OUT 位置。S_MOVE 的执行并不影响源字符串的内容。

2）转换字符串 S_CONV 指令，将字符串转换成相应的值，或将值转换成相应的字符串。S_CONV 指令没有输出格式选项。因此，S_CONV 指令比 STRG_VAL 指令和 VAL_STRG 指令更简单，但灵活性更差。

3）将字符串转换为数值 STRG_VAL 指令，将数字字符串转换为相应的整型或浮点型表示法。

4）将数值转换为字符串 VAL_STRG 指令，将整数值、无符号整数值或浮点值转换为相应的字符串表示法。

5）字符串转换字符数组 Strg_TO_Chars 指令，将整个输入字符串 Strg 复制到 InOut 参数 Chars 的字符数组中。该操作会从 pChars 参数指定的数组元素编号开始覆盖字节。可以使用所有受支持的最大长度（1~254）的字符串。结束分隔符不会被写入，这由用户负责。要在最后写入的数组字符后面设置结束分隔符，应使用下一数组元素编号［pChars+Cnt］。

6）字符数组转换字符串 Chars_TO_Strg 指令，将字符数组的全部或一部分复制到字符串。执行 Chars_TO_Strg 之前必须声明输出字符串。之后，Chars_TO_Strg 操作会覆盖该字符串。可以使用所有受支持的最大长度（1~254）的字符串。Chars_TO_Strg 操作不会更改字符串的最大长度值。达到最大字符串长度后，将停止从数组复制到字符串。字符数组中的 nul 字符"＄00"或 16#00 值起分隔符的作用，用于结束向字符串复制字符的操作。

7）ASCII 字符串转换十六进制数 ATH 指令，将 ASCII 字符转换为压缩的十六进制数。

8）十六进制数转换 ASCII 字符串 HTA 指令，将压缩的十六进制数转换为相应的 ASCII 字符字节。

9）字符串的最大长度 MAX_LEN 指令，提供了在输出 OUT 中分配给字符串 IN 的最大长度值。如果处理指令期间出错，则输出空字符串长度。String 和 WString 数据类型包含两个长度：第一个字节（或字）指定最大长度，第二个字节（或字）指定当前长度（当前有效字符的数量）。在方括号中指定每个 String 或 WString 声明的字符串最大长度。String 占用的字节数超过最大长度 2 字节。WString 占用的字数超过最大长度 2 个字。当前长度表示实际使用的字符数。当前长度必须小于或等于最大长度。对于 String，当前长度以字节为单位，对于 WString，当前长度以字为单位。使用 MAX_LEN 指令获取字符串的最大长度，使用 LEN 指令获取字符串的当前长度。

10）确定字符串的长度 LEN 指令，提供输出 OUT 处的字符串 IN 的当前长度。空字符串的长度为零。

11）合并字符串 CONCAT 指令，将字符串参数 IN1 和 IN2 连接成一个字符串，并在 OUT 输出。连接后，字符串 IN1 是组合字符串的左侧部分，而 IN2 是其右侧部分。

12）读取左侧子串 LEFT 指令，提供由字符串参数 IN 的前 L 个字符所组成的子串。如果 L 大于 IN 字符串的当前长度，则在 OUT 中返回整个 IN 字符串。如果输入是空字符串，则在 OUT 中返回空字符串。

13）读取中间子串 MID 指令，提供字符串的中间部分。中间子串为 L 个字符长，并从字符位置 P（包括 P）开始算起，如果 L 和 P 的和超出字符串参数 IN 的当前长度，则返回从字符位置 P 开始并一直到 IN 字符串结尾的子串。

14）读取右侧子串 RIGHT 指令，提供字符串的最后 L 个字符。如果 L 大于 IN 字符串的当前长度，则在参数 OUT 中返回整个 IN 字符串。如果输入是空字符串，则在 OUT 中返回空字符串。

15）从字符串 IN 中删除 L 个字符。从字符位置 P（包括该位置）处开始删除字符，剩余字符串在参数 OUT 中输出。如果 L 等于零，则在 OUT 中返回输入字符串。如果 L 与 P 的和大于输入字符串的长度，则一直删除到该字符串的末尾。

16）在字符串中插入字符 INSERT 指令，将字符串 IN2 插入字符串 IN1。在位置 P 的字符后开始插入。

17）替换字符串中的字符 REPLACE 指令，替换字符串参数 IN1 中的 L 个字符。使用字符串参数 IN2 中的替换字符，从字符串 IN1 的字符位置 P（包括该位置）开始替换。

18）在字符串中查找字符 FIND 指令，提供由 IN2 指定的子串在字符串 IN1 中的字符位置。从左侧开始搜索。在 OUT 中返回 IN2 字符串第一次出现的字符位置。如果在字符串 IN1 中没有找到字符串 IN2，则返回零。

三、运行系统信息

S7-1200 PLC 运行系统信息相关指令 LAD/FBD 和相应的 SCL 见表 6-36。

表 6-36　S7-1200 PLC 运行系统信息相关指令

LAD/FBD	SCL
GetSymbolName EN ENO variable OUT size	OUT：=GetSymbolName（variable：=_parameter_in_, size：=_dint_in_）;
GetSymbolPath EN ENO variable OUT size	OUT：=GetSymbolPath（variable：=_parameter_in_, size：=_dint_in_）;

（续）

LAD/FBD	SCL
GetInstanceName EN　　ENO size　　OUT	OUT：=GetInstanceName（size：=_dint_in_）；
GetInstancePath EN　　ENO size　　OUT	OUT：=GetInstancePath（size：=_dint_in_）；
GetBlockName EN　　ENO SIZE　　RET_VAL	RET_VAL：=GetBlockName（SIZE：=_dint_in_）；

1）读取输入参数的变量 GetSymbolName 指令，返回对应来自块接口的变量名称的字符串。程序可以使用不同变量多次调用指令，与变量的过程值无关，指令返回和 OUT 参数处读取的名称相同的名称。

2）查询输入参数分配的复合全局名称 GetSymbolPath 指令，用于读取块（FB 或 FC）本地接口处输入参数的复合全局名称。此名称包含存储路径与变量名。程序可以使用不同变量多次调用指令，与变量的过程值无关，指令返回和 OUT 参数处读取的名称相同的名称。

3）读取块实例的名称 GetInstanceName 指令，在函数块中读取实例 DB 的名称。

4）查询块实例的复合全局名称 GetInstancePath 指令，在函数块中读取块实例的组合全局名称。当程序调用多个实例时，块实例的组合全局名称是完整调用层级的路径。

5）读取块名称 GetBlockName 指令，读取在其中调用指令的块的名称。

四、分布式 I/O（PROFINET、PROFIBUS 或 AS-Interface）

S7-1200 PLC 分布式 I/O 相关指令 LAD/FBD 和相应的 SCL 见表 6-37。

表 6-37　S7-1200 PLC 分布式 I/O 相关指令

LAD/FBD	SCL
"RDREC_DB" RDREC Variant EN　　ENO REQ　　VALID ID　　BUSY INDEX　　ERROR MLEN　　STATUS RECORD　　LEN	"RDREC_DB"（REQ：=_bool_in_，ID：=_word_in_，INDEX：=_dint_in_，MLEN：=_uint_in_，VALID=>_bool_out_，BUSY=>_bool_out_，ERROR=>_bool_out_，STATUS=>_dword_out_，LEN=>_uint_out_，RECORD：=_variant_inout_）；
"WRREC_DB" WRREC Uint to Dint EN　　ENO REQ　　DONE ID　　BUSY INDEX　　ERROR LEN　　STATUS RECORD	"WRREC_DB"（REQ：=_bool_in_，ID：=_word_in_，INDEX：=_dint_in_，LEN：=_uint_in_，DONE=>_bool_out_，BUSY=>_bool_out_，ERROR=>_bool_out_，STATUS=>_dword_out_，RECORD：=_variant_inout_）；

191

（续）

LAD/FBD	SCL
%DB1 "GETIO_DB" **GETIO** EN　　　ENO ID　　　STATUS INPUTS　　LEN	"GETIO_DB"(ID:=_uint_in_, STATUS=>_dword_out_, LEN=>_int_out_, INPUTS:=_variant_inout_);
%DB1 "SETIO_DB" **SETIO** EN　　　ENO ID　　　STATUS OUTPUTS	"SETIO_DB"(ID:=_uint_in_, STATUS=>_dword_out_, OUTPUTS:=_variant_inout_);
%DB1 "GETIO_PART_DB" **GETIO_PART** EN　　　ENO ID　　　STATUS OFFSET　　ERROR LEN INPUTS	"GETIO_PART_DB"(ID:=_uint_in_, OFFSET:=_int_in_, LEN:=_int_in_, STATUS=>_dword_out_, ERROR=>_bool_out_, INPUTS:=_variant_inout_);
%DB1 "SETIO_PART_DB" **SETIO_PART** EN　　　ENO ID　　　STATUS OFFSET　　ERROR LEN OUTPUTS	"SETIO_PART_DB"(ID:=_uint_in_, OFFSET:=_int_in_, LEN:=_int_in_, STATUS=>_dword_out_, ERROR=>_bool_out_, OUTPUTS:=_variant_inout_);
RALRM_DB **RALRM** EN　　　ENO MODE　　NEW F_ID　　STATUS MLEN　　ID TINFO　　LEN AINFO	"RALRM_DB"(MODE:=_int_in_, F_ID:=_word_in_, MLEN:=_uint_in_, NEW=>_bool_out_, STATUS=>_dword_out_, ID=>_word_out_, LEN=>_uint_out_, TINFO:=_variant_inout_, AINFO:=_variant_inout_);
D_AVT_DP EN　　　ENO REQ　　RET_VAL MODE　　BUSY LADDR	"D_ACT_DP_DB"(REQ:=_bool_in_, MODE:=_usint_in_, LADDR:=_uint_in_, RET_VAL=>_int_out_, BUSY=>_bool_out_);
DPRD_DAT EN　　　ENO LADDR　　RET_VAL RECORD	RET_VAL:=DPRD_DAT(LADDR:=_word_in_, RECORD=>_variant_out_);
DPWR_DAT EN　　　ENO LADDR　　RET_VAL RECORD	RET_VAL:=DPWR_DAT(LADDR:=_word_in_, RECORD:=_variant_in_);

（续）

LAD/FBD	SCL
%DB1 "RCVREC_SFB_DB" **RCVREC** EN　ENO MODE　NEW F_ID　STATUS MLEN　SLOT CODE1　SUBSLOT CODE2　INDEX RECORD　LEN	"RCVREC_SFB_DB"（MODE：=_int_in_，F_ID：=_uint_in_，MLEN：=_uint_in_，CODE1：=_byte_in_，CODE2：=_byte_in_，NEW=>_bool_out_，STATUS=>_dword_out_，SLOT=>_uint_out_，SUBSLOT=>_uint_out_，INDEX=>_uint_out_，LEN=>_uint_out_，RECORD：=_variant_inout_）；
%DB1 "RRVREC_SFB_DB" **RRVREC** EN　ENO MODE　NEW F_ID　STATUS MLEN　SLOT CODE1　SUBSLOT CODE2　INDEX RECORD　RLEN	"PRVREC_SFB_DB"（MODE：=_int_in_，F_ID：=_uint_in_，CODE1：=_byte_in_，CODE2：=_byte_in_，LEN：=_uint_in_，NEW=>_bool_out_，STATUS=>_dword_out_，SLOT=>_uint_out_，SUBSLOT=>_uint_out_，INDEX=>_uint_out_，RLEN=>_uint_out_，RECORD：=_variant_inout_）；
DPNRM_DG EN　ENO REQ　RECORD LADDR　BUSY 　RET_VAL	RET_VAL：=DPNRM_DG（REQ：=_bool_in_，LADDR：=_word_in_，RECORD=>_variant_out_，BUSY=>_bool_out_）；

193

1）读数据记录 RDREC 指令，从通过 ID 寻址的组件，如中央机架或分布式组件（PROFIBUS DP 或 PROFINET IO），读取编号为 INDEX 的数据记录。在 MLEN 中分配要读取的最大字节数。目标区域 RECORD 的选定长度至少应该为 MLEN 个字节。

2）写数据记录 WRREC 指令，将记录号为 INDEX 的数据 RECORD 传送到通过 ID 寻址的 DP 从站/PROFINET IO 设备组件，如中央机架上的模块或分布式组件（PROFIBUS DP 或 PROFINET IO）。分配要传送的数据记录的字节长度。因此，源区域 RECORD 选定长度至少应该为 LEN 个字节。

3）读取过程映像 GETIO 指令，一致性地读取 DP 标准从站/PROFINET IO 设备的所有输入。

4）传送过程映像 SETIO 指令，一致性地从参数 OUTPUTS 定义的源范围传输数据到寻址的 DP 标准从站/PROFINET IO 设备中。

5）读取过程映像区域 GETIO_PART 指令，一致性地读取 IO 模块输入的相关部分。

6）传送过程映像区域 SETIO_PART 指令，一致性地将数据从 OUTPUTS 覆盖的源区域写入到 IO 模块的输出中。

7）接收中断 RALRM 指令，从 PROFIBUS 或 PROFINET IO 模块/设备读取诊断中断信息。输出参数中的信息包含被调用 OB 的启动信息以及中断源的信息。在中断 OB 中调用 RALRM，可返回导致中断的事件的相关信息。在 S7-1200 PLC 中，支持以下诊断 OB 中断：状态、更新、配置文件、诊断错误中断、拔出或插入模块、机架或站故障。

8）启用/禁用 PROFINET IO 设备 D_ACT_DP 指令，禁用和启用组态的 PROFINET IO 设

备并确定每个指定的 PROFINET IO 设备当前处于激活还是取消激活状态。

9）读一致性数据 DPRD_DAT 指令，从以下其中一个位置的模块或子模块中读取一个或多个字节的数据：本地基本 I/O、DP 从站、PROFINET IO 设备，CPU 传送一致读取的数据。如果数据传送过程中未出错，则 CPU 会将读取的数据输入到通过 RECORD 参数设置的目标区域中。目标区域的长度必须与通过 STEP 7 为所选模块组态的长度相同。执行 DPRD_DAT 指令时，只能访问一个模块或子模块的数据。传送开始于组态的起始地址。

10）写一致性数据 DPWR_DAT 指令，将 RECORD 中的数据一致性地传送到以下位置：本地基站中的已寻址模块或子模块、DP 标准从站和 PROFINET IO 设备。源区域的长度必须与通过 STEP 7 为所选模块或子模块组态的长度相同。

11）智能设备/智能从站接收数据记录 RCVREC 指令，从更高等级控制器接收数据记录。

12）智能设备/智能从站使数据记录可用 PRVREC 指令，从上一级控制器接收请求，以使数据记录可用。

13）读取 PROFIBUS DP 从站的诊断数据 DPNRM_DG 指令，以"EN 50170 第 2 卷 PRO-FIBUS"所指定的格式来读取 DP 从站的当前诊断数据。在顺利完成数据传输后，已读取的数据被输入到由 RECORD 指定的目标区域。

194

五、中断

S7-1200 PLC 中断相关指令 LAD/FBD 和相应的 SCL 见表 6-38。

表 6-38　S7-1200 PLC 中断相关指令

LAD/FBD	SCL
ATTACH EN　　ENO OB_NR　RET_VAL EVENT ADD	RET_VAL: =ATTACH(OB_NR: =_int_in_,EVENT: =_event_att_in_, ADD: =_bool_in_);
DETACH EN　　ENO OB_NR　RET_VAL EVENT	RET_VAL: = DETACH(OB_NR: =_int_in_,EVENT: =_event_att_in);
SET_CINT EN　　ENO OB_NR　RET_VAL CYCLE PHASE	RET_VAL: =SET_CINT(OB_NR: =_int_in_,CYCLE: =_udint_in_, PHASE: =_udint_in_);
QRY_CINT EN　　ENO OB_NR　RET_VAL 　　　CYCLE 　　　PHASE 　　　STATUS	RET_VAL: =QRY_CINT(OB_NR: =_int_in_,CYCLE =>_udint_out_, PHASE =>_udint_out_,STATUS =>_word_out_);

（续）

LAD/FBD	SCL
SET_TINTL EN　　　　ENO OB_NR　RET_VAL SDT LOCAL PERIOD ACTIVATE	RET_VAL: = SET_TINTL (OB_NR: = _int_in_, SDT: = _dtl_in_, LOCAL: = _bool_in_, PERIOD: = _word_in_, ACTIVATE: = _bool_in_) ;
CAN_TINT EN　　　　ENO OB_NR　RET_VAL	RET_VAL: = CAN_TINT(_int_in) ;
ACT_TINT EN　　　　ENO OB_NR　RET_VAL	RET_VAL: = ACT_TINT(_int_in_) ;
QRY_TINT EN　　　　ENO OB_NR　RET_VAL 　　　　STATUS	RET_VAL: = QRY_TINT(OB_NR: = _int_in_, STATUS = >_word_out_) ;
SRT_DINT EN　　　　ENO OB_NR　RET_VAL DTIME SIGN	RET_VAL: = SRT_DINT(OB_NR: = _int_in_, DTIME: = _time_in_, SIGN: = _word_in_) ;
CAN_DINT EN　　　　ENO OB_NR　RET_VAL	RET_VAL: = CAN_DINT(OB_NR: = _int_in_) ;
QRY_DINT EN　　　　ENO OB_NR　RET_VAL 　　　　STATUS	RET_VAL: = QRY_DINT(OB_NR: = _int_in_, STATUS = >_word_out_)
DIS_AIRT EN　　　　ENO 　　　　RET_VAL	DIS_AIRT( ) ;
EN_AIRT EN　　　　ENO 　　　　RET_VAL	EN_AIRT( ) ;

1）附加 OB 和中断事件 ATTACH 指令，启用响应硬件中断事件的中断 OB 子程序执行。

2）分离 OB 和中断事件 DETACH 指令，禁用响应硬件中断事件的中断 OB 子程序执行。

3）设置循环中断参数 SET_CINT 指令，设置特定的中断 OB 以开始循环中断程序扫描过程。

4）查询循环中断参数 QRY_CINT 指令，获取循环中断 OB 的参数和执行状态。返回的值早在执行 QRY_CINT 时便已存在。

5）设置时钟中断 SET_TINTL 指令，设置日期和时钟中断。程序中断 OB 可以设置为执行一次，或者在分配的时间段内多次执行。

6）取消时钟中断 CAN_TINT 指令，为指定的中断 OB 取消起始日期和时钟中断事件。

7）激活时钟中断 ACT_TINT 指令，为指定的中断 OB 激活起始日期和时钟中断事件。

8）查询时钟中断状态 QRY_TINT 指令，为指定的中断 OB 查询日期和时钟中断状态。

9）启动延时中断 SRT_DINT 指令，在参数 DTIME 指定的延迟过后执行 OB。

10）取消已启动的延时中断 CAN_DINT 指令，在这种情况下，将不执行延时中断 OB。

11）查询中断状态 QRY_DINT 指令，通过 OB_NR 参数指定的延时中断的状态。

12）延迟较高优先级的中断和异步错误事件 DIS_AIRT 指令，延迟新中断事件的处理。可在 OB 中多次执行 DIS_AIRT。

13）启用较高优先级的中断和异步错误事件 EN_AIRT 指令，对先前使用 DIS_AIRT 指令禁用的中断事件处理，可使用 EN_AIRT 来启用。每一次 DIS_AIRT 执行都必须通过一次 EN_AIRT 执行来取消。必须在同一个 OB 中或从同一个 OB 调用的任意 FC 或 FB 中完成 EN_AIRT 执行后，才能再次启用此 OB 的中断。

六、报警

S7-1200 PLC Gen_UsrMsg 指令生成用户诊断报警，将用户条目写入诊断缓冲区并发送相应报警。条目在诊断缓冲区中同时创建，而报警将进行异步传送，可以是到达的报警也可以是离去的报警。如果指令在执行过程中出错，则将在参数 RET_VAL 处输出该错误。其 LAD/FBD 和相应的 SCL 见表 6-39。

表 6-39　S7-1200 PLC 报警指令

LAD/FBD	SCL
Gen_UsrMsg EN　　ENO Mode　Ret_Val TextID TextListID AssocValues	Ret_Val：=Gen_UsrMsg（Mode：=_uint_in_，TextID：=_uint_in_，Text-ListID：=_uint_in_，AssocValues：=_struct_inout_）；

七、诊断

S7-1200 PLC 诊断相关指令 LAD/FBD 和相应的 SCL 见表 6-40。

表 6-40　S7-1200 PLC 诊断相关指令

LAD/FBD	SCL
RD_SINFO EN　　　ENO 　　　RET_VAL 　　　TOP_SI 　　　START_UP_SI	RET_VAL:=RD_SINFO(TOP_SI=>_variant_out_,START_UP_SI=>_variant_out_);
LED EN　　　ENO LADDR　RET_VAL LED	RET_VAL:=LED(LADDR:=_word_in_,LED:=_uint_in_);
"GET_IM_DATA_DB" Get_IM_Data EN　　　ENO LADDR　DONE IM_TYPE　BUSY DATA　ERROR 　　　STATUS	"GET_IM_DATA_DB"(LADDR:=16#0,IM_TYPE:=0,DONE=>_bool_out_,BUSY=>_bool_out_,ERROR=>_bool_out_,STATUS=>_word_out_,DATA:=_variant_inout_);
%DB1 "Get_Name_DB" Get_Name EN　　　ENO LADDR　DONE STATION_NR　BUSY DATA　ERROR 　　　LEN 　　　STATUS	"Get_Name_DB"(LADDR:=_uint_in_,STATION_NR:=_uint_in_,DONE=>_bool_out_,BUSY=>_bool_out_,ERROR=>_bool_out_,LEN=>_dint_out_,STATUS=>_word_out_,DATA:=_variant_inout_);
%DB1 "GetStationInfo_SFB_DB" GetStationInfo EN　　　ENO REQ　DONE LADDR　BUSY DETAIL　ERROR MODE　STATUS DATA	"GetStationInfo_SFB_DB"(REQ:=_bool_in_,LADDR:=_uint_in_,DETAIL:=_uint_in_,MODE:=_uint_in_,DONE=>_bool_out_,BUSY=>_bool_out_,ERROR=>_bool_out_,STATUS=>_word_out_,DATA:=_variant_inout_);
DeviceStates EN　　　ENO LADDR　RET_VAL MODE STATE	RET_VAL:=DeviceStates(LADDR:=_word_in_,MODE:=_uint_in_,STATE:=_variant_inout_);
ModuleStates EN　　　ENO LADDR　RET_VAL MODE STATE	RET_VAL:=ModuleStates(LADDR:=_word_in_,MODE:=_uint_in,STATE:=_variant_inout);

（续）

LAD/FBD	SCL
GET_DIAG EN　　ENO MODE　RET_VAL LADDR　CNT_DIAG DIAG DETAIL	RET_VAL：=GET_DIAG（MODE：=_uint_in_，LADDR：=_word_in_，CNT_DIAG=>_uint_out_，DIAG：=_variant_inout_，DETAIL：=_variant_inout_）；
#GetSMCInfo_Instance **GetSMCinfo** EN　　ENO REQ　　Done Mode　　Busy Info　　Error 　　　　Status	GetSMCinfo（Mode：=_uint_in_，Info：=_variant_inout_）；

1）读取当前 OB 启动信息 RD_SINFO 指令，读取上一次调用的但尚未执行完成的 OB；或者上一次 CPU 启动的启动 OB。两种情况下都没有时间戳。如果在 OB 100、OB 101 或 OB 102 中进行调用，则将返回两个相同的启动信息。

2）读取 LED 状态 LED 指令，读取 CPU 上 LED 的状态。通过 RET_VAL 输出返回指定 LED 的状态。

3）读取标识和维护数据 Get_IM_Data 指令，检查指定模块或子模块的标识和维护数据。

4）读取 PROFINET I/O 设备的名称 Get_Name 指令，读取 PROFINET I/O 设备或 PROFIBUS 从站的名称。

5）读取 PROFINET I/O 设备的 IP 或 MAC 地址 GetStationInfo 指令，读取 PROFINET I/O 设备的 IP 或 MAC 地址。通过该指令，还可以读取下级 I/O 系统中 I/O 设备的 IP 或 MAC 地址（使用 CP/CM 模块连接）。

6）设备状态 DeviceStates 指令，获取 I/O 子系统的 I/O 设备运行状态。指令执行后，STATE 参数以位列表形式包含各个 I/O 设备的错误状态（针对分配的 LADDR 和 MODE）。DeviceStates 的 LADDR 输入使用分布式 I/O 接口的硬件标识符。

7）模块状态 ModuleStates 指令，获取 I/O 模块的运行状态。指令执行后，STATE 参数以位列表形式包含各个 I/O 模块的错误状态（针对分配的 LADDR 和 MODE）。ModuleStates 的 LADDR 输入使用的是分布式 I/O 站的硬件标识符而非前端模块本身的硬件标识符。

8）读取诊断信息 GET_DIAG 指令，从分配的硬件设备读取诊断信息。

9）读取存储卡信息 GetSMCinfo 指令，读取当前所插入存储卡的相关信息。如果未插入任何存储卡，则指令返回错误代码 W#16#8081。通过"Mode"参数，选择要读取的信息。

八、脉冲

S7-1200 PLC 脉冲相关指令 LAD/FBD 和相应的 SCL 见表 6-41。

表 6-41　S7-1200 PLC 脉冲相关指令

LAD/FBD	SCL
"CTRL_PWM_DB" **CTRL_PWM** EN　　　ENO PWM　　BUSY ENABLE　STATUS	" CTRL_PWM_DB " (PWM: = _uint_in_, ENABLE: = _bool_in_, BUSY => _bool_out_, STATUS => _word_out_);
%DB2 "CTRL_PTO_DB" **CTRL_PTO** EN　　　　ENO REQ　　　DONE PTO　　　BUSY FREQUENCY　ERROR 　　　　　STATUS	" CTRL_PTO_DB " (REQ: = _bool_in_, PTO: = _uint_in_, FREQUEN-CY: = _udint_in_, DONE => _bool_out_, BUSY => _bool_out_, ERROR => _bool_out_, STATUS => _word_out_);

1）脉宽调制 CTRL_PWM 指令，提供占空比可变的固定循环时间输出。PWM 输出以指定频率（循环时间）启动之后将连续运行。脉冲宽度会根据需要进行变化以影响所需的控制。

2）脉冲串输出 CTRL_PTO 指令，允许用户控制方波（50% 占空比）输出的频率。

九、配方和数据日志

S7-1200 PLC 配方和数据日志相关指令 LAD/FBD 和相应的 SCL 见表 6-42。

表 6-42　S7-1200 PLC 配方和数据日志相关指令

LAD/FBD	SCL
"RecipeExport_DB" **RecipeExport** EN　　　　ENO REQ　　　DONE RECIPE_DB　BUSY 　　　　　ERROR 　　　　　STATUS	" RecipeExport_DB " (REQ: = _bool_in_, DONE => _bool_out_, BUSY => _bool_out_, ERROR => _bool_out_, STATUS => _word_out_, RECIPE_DB: = _variant_inout_);
"RecipeImport_DB" **RecipeImport** EN　　　　ENO REQ　　　DONE RECIPE_DB　BUSY 　　　　　ERROR 　　　　　STATUS	" RecipeImport_DB " (REQ: = _bool_in_, DONE => _bool_out_, BUSY => _bool_out_, ERROR => _bool_out_, STATUS => _word_out_, RECIPE_DB: = _variant_inout_);
"DataLogCreate_DB" **DataLogCreate** EN　　　　ENO REQ　　　DONE RECORDS　BUSY FORMAT　ERROR TIMESTAMP　STATUS NAME ID HEADER DATA	" DataLogCreate_DB " (REQ: = _bool_in_, RECORDS: = _udint_in_, FORMAT: = _uint_in_, TIMESTAMP: = _uint_in_, DONE => _bool_out_, BUSY => _bool_out_, ERROR => _bool_out_, STATUS => _word_out_, NAME: = _string_inout_, ID: = _dword_inout_, HEADER: = _variant_inout_, DATA: = _variant_inout_);

（续）

LAD/FBD	SCL
"DataLogOpen_DB" **DataLogOpen** EN　　　ENO REQ　　DONE MODE　BUSY NAME　ERROR ID　　STATUS	" DataLogOpen _ DB " (REQ：= _bool _ in _, MODE：= _uint _ in _, DONE => _bool _out_, BUSY => _bool_out_, ERROR => _bool_out_, STATUS => _word_out_, NAME：= _string_inout_, ID：= _dword_inout_)；
"DataLogWrite_DB" **DataLogWrite** EN　　　ENO REQ　　DONE ID　　　BUSY 　　　ERROR 　　　STATUS	" DataLogWrite _ DB " (REQ：= _bool _ in _, DONE = > _bool _ out_, BUSY => _bool_out_, ERROR => _bool_out_, STATUS => _word_out_, ID：= _dword_inout_)；
"DataLogClear_DB" **DataLogClear** EN　　　ENO REQ　　DONE ID　　　BUSY 　　　ERROR 　　　STATUS	" DataLogClear_DB " (REQ：= _bool_in_, DONE => _bool_out_, USY => _bool_out_, ERROR => _bool_out_, STATUS => _word_out_, ID：= _dword_inout_)；
"DataLogClose_DB" **DataLogClose** EN　　　ENO REQ　　DONE ID　　　BUSY 　　　ERROR 　　　STATUS	" DataLogClose _ DB " (REQ：= _bool _ in _, DONE = > _bool _ out_, BUSY => _bool_out_, ERROR => _bool_out_, STATUS => _word_out_, ID：= _dword_inout_)；
"DataLogDelete_DB" **DataLogDelete** EN　　　ENO REQ　　DONE NAME　BUSY DelFile　ERROR ID　　STATUS	" DataLogDelete _ DB " (REQ：= _bool _ in _, NAME：= _variant _ in _, DelFile：= _bool _ in _, DONE = > _bool _ out_, BUSY = > _bool _ out_, ERROR => _bool_out_, STATUS => _word_out_, ID：= _dword_inout_)；
"DataLogNewFile_DB" **DataLogNewFile** EN　　　ENO REQ　　DONE RECORDS　BUSY NAME　ERROR ID　　STATUS	" DataLogNewFile_DB " (REQ：= _bool_in_, RECORDS = ：_udint_in_, DONE => _bool_out_, BUSY => _bool_out_, ERROR => _bool_out_, STATUS => _word_out_, NAME = ：_DataLog_out_, ID：= _dword_inout_)；

1）导出配方 RecipeExport 指令，将所有配方记录从配方 DB 导出到 CSV 文件格式，包含产品名称、成分名称和起始值。CSV 文件存储在内部装载存储器中，如果安装了可选的外

部"程序"存储器卡，则 CSV 文件也可以存储在外部装载存储器中。导出操作由 REQ 参数触发，BUSY 参数在导出处理期间会设置为"1"。RecipeExport 的执行停止后，BUSY 复位为"0"，并且在 DONE 参数中用"1"表示操作完成。如果执行期间发生错误，则参数 ERROR 和 STATUS 会指示结果。

2）导入配方 RecipeImport 指令，将配方数据从 CPU 装载存储器中的 CSV 文件导入到 RECIPE_DB 参数引用的配方 DB 中。导入过程中，配方 DB 中的起始值被覆盖。导入操作由 REQ 参数触发。BUSY 参数在导入处理期间会设置为"1"。RecipeImport 的执行停止后，BUSY 复位为"0"，并且在 DONE 参数中用"1"表示操作完成。如果执行期间发生错误，则参数 ERROR 和 STATUS 会指示结果。

3）创建数据日志 DataLogCreate 指令，创建和初始化数据日志文件将运行系统过程数据存入 CPU 的闪存或存储卡中。STEP 7 会在插入指令时自动创建关联的背景 DB。

4）打开数据日志 DataLogOpen 指令，打开已有数据日志文件。必须先打开数据日志，才能向该日志写入新记录。可单独打开或关闭各个数据日志。最多可同时打开八个数据日志。STEP 7 会在插入指令时自动创建关联的背景 DB。

5）写入数据日志 DataLogWrite 指令，将数据记录写入指定的数据日志。必须先打开已有目标数据日志，才能使用 DataLogWrite 指令对其执行写入操作。STEP 7 会在插入指令时自动创建关联的背景 DB。

6）清空数据日志 DataLogClear 指令，删除现有数据记录中的所有数据记录。该指令不会删除 CSV 文件的可选标题。参数 ID 表示数字数据日志标识符。

7）关闭数据日志 DataLogClose 指令，关闭打开的数据日志文件。对已关闭的数据日志执行 DataLogWrite 操作将导致错误。再次执行 DataLogOpen 操作之前，禁止对此数据日志执行写操作。切换到 STOP 模式时将关闭所有已打开的数据日志文件。STEP 7 会在插入指令时自动创建关联的背景 DB。

8）删除数据日志 DataLogDelete 指令，删除数据日志文件。仅当通过指令 DataLogCreate 或 DataLogNewFile 创建数据记录的情况下才能删除该日志及其所含数据记录。

9）新文件中的数据日志 DataLogNewFile 指令，允许程序根据现有数据日志文件创建新的数据日志文件。STEP 7 会在插入指令时自动创建关联的背景 DB。

十、DB 控制

S7-1200 PLC DB 控制相关指令 LAD/FBD 和相应的 SCL 见表 6-43。

表 6-43　S7-1200 PLC DB 控制相关指令

LAD/FBD	SCL
CREATE_DB EN　ENO REQ　RET_VAL LOW_LIMIT　BUSY UP_LIMIT　DB_NUM COUNT ATTRIB SRCBLK	RET_VAL:= CREATE_DB(REQ:=_bool_in_,LOW_LIMIT:=_uint_in_, UP_LIMIT:=_uint_in_,COUNT:=_udint_in_,ATTRIB:=_byte_in_, BUSY=>_bool_out_,DB_NUM=>_uint_out_);

201

（续）

LAD/FBD	SCL
READ_DBL Variant — EN　　ENO — — REQ　RET_VAL — — SRCBLK　BUSY — DSTBLK —	READ_DBL(REQ: = _bool_in_, SRCBLK: = _variant_in_, BUSY => _ bool_out_, DSTBLK => _variant_out_) ;
WRIT_DBL Variant — EN　　ENO — — REQ　RET_VAL — — SRCBLK　BUSY — DSTBLK —	WRIT_DBL(REQ: = _bool_in_, SRCBLK: = _variant_in_, BUSY => _ bool_out_, DSTBLK => _variant_out_) ;
ATTR_DB — EN　　ENO — — REQ　RET_VAL — — DB_NUMBER　DB_LENGTH — ATTRIB —	RET_VAL: = ATTR_DB (REQ: = _bool_in_, DB_NUMBER: = _uint_ in_, DB_LENGTH => _udint_out_, ATTRIB => _byte_out_) ;
DELETE_DB — EN　　ENO — — REQ　RET_VAL — — DB_NUMBER　BUSY —	RET_VAL: = DELETE_DB (REQ: = _bool_in_, DB_NUMBER: = _ uint_in_, BUSY => _bool_out_) ;

1）创建 DB CREATE_DB 指令，在装载存储器和/或工作存储器中创建新的 DB，不会更改用户程序的校验和。对于在工作存储器中生成的数据模块，在存储器复位或电源断开/接通后此 DB 不再存在；当下载时或从停止模式切换到运行模式时，其内容保持不变。

2）读取装载存储器中的 DB READ_DBL 指令，将 DB 的全部或部分起始值从装载存储器复制到工作存储器的目标 DB 中。在复制期间，装载存储器的内容不变。

3）写入装载存储器中的 DB WRIT_DBL 指令，将 DB 全部当前值或部分值从工作存储器复制到装载存储器的目标 DB 中。在复制期间，工作存储器的内容不变。

4）读取 DB 属性 ATTR_DB 指令，获取有关 CPU 的工作存储器中某个 DB 的信息。该指令可决定所选 DB 的 ATTRIB 参数中的属性集。对于优化访问类型的 DB 和仅位于装载存储器中的 DB，其长度无法读取。此时，参数 DB_LENGTH 的值为"0"。勿将 ATTR_DB 应用于具有优化访问且激活了预留存储空间的 DB。不要通过 ATTR_DB 指令读取运动控制的 DB，否则，将输出错误代码 80B2。

5）删除 DB DELETE_DB 指令，用于删除通过调用 CREATE_DB 指令由用户程序创建的 DB。如果 DB 不是通过 CREATE_DB 创建的，DELETE_DB 将通过参数 RET_VAL 返回错误代码 W#16#80B5。DELETE_DB 调用不会立即删除选定的 DB，而是在执行循环 OB 后的循环控制点处删除。

十一、处理地址

S7-1200 PLC 处理地址相关指令 LAD/FBD 和相应的 SCL 见表 6-44。

表 6-44 S7-1200 PLC 处理地址相关指令

LAD/FBD	SCL
GEO2LOG EN ENO GEOADDR RET_VAL LADDR	RET_VAL: = GEO2LOG(GEOADDR: =_variant_in_out_, LADDR: =_word_out_);
LOG2GEO EN ENO LADDR RET_VAL GEOADDR	RET_VAL: = LOG2GEO(LADDR: =_word_in_, GEOADDR: =_variant_in_out_);
IO2MOD EN ENO ADDR RET_VAL LADDR	RET_VAL: = IO2MOD(ADDR: =_word_in_, LADDR: =_word_out_);
RD_ADDR EN ENO LADDR Ret_Val PIADDR PICount PQADDR PQCount	Ret_Val: = RD_ADDR(LADDR: =_word_in_, PIADDR => _udint_out_, PICount => _uint_out_, PQADDR => _udint_out_, PQCount => _uint_out_,);

1）根据插槽确定硬件标识符 GEO2LOG 指令，根据插槽信息确定硬件标识符。

2）根据硬件标识符确定插槽 LOG2GEO 指令，从逻辑地址中确定属于硬件标识符的模块插槽。

3）根据 I/O 地址确定硬件标识符 IO2MOD 指令，根据 I/O 地址确定该模块的硬件标识符。

4）根据硬件标识符确定 I/O 地址 RD_ADDR 指令，获取子模块的 I/O 地址。

十二、文件

S7-1200 PLC 文件相关指令 LAD/FBD 和相应的 SCL 见表 6-45。

表 6-45 S7-1200 PLC 文件相关指令

LAD/FBD	SCL
FileReadC EN ENO REQ Done Name Busy Offset Error Length Status Data ResultLength	"FileReadC_SFB_DB_2"(REQ: =_bool_in_, Name: =_string_in_, Offset: =_udint_in_, Length: =_udint_in_, Done => _bool_out_, Busy => _bool_out_, Error => _bool_out_, Status => _word_out_, ResultLength => _udint_out_, Data: =_variant_inout_);
FileWriteC EN ENO REQ Done Name Busy Offset Error Length Status Data ResultLength	"FileWriteC_SFB_DB_1"(REQ: =_bool_in_, Name: =_string_in_, Offset: =_udint_in_, Length: =_udint_in_, Done => _bool_out_, Busy => _bool_out_, Error => _bool_out_, Status => _word_out_, ResultLength => _udint_out_, Data: =_variant_inout_);

（续）

LAD/FBD	SCL
FileDelete EN　　ENO REQ　　Done Name　　Busy 　　　　Error 　　　　Status	"FileDelete_DB_1" (REQ：=_bool_in_, Name：=_string_in_, Done=>_bool_out_, Busy=>_bool_out_, Error=>_bool_out_, Status=>_word_out_)

1）从存储卡读取文件 FileReadC 指令，读取存储卡内文件的数据，然后将其写入 CPU 中的目标区域。

2）在存储卡上写入文件 FileWriteC 指令，用于将 CPU 源区域中的数据写入存储卡 "UserFiles" 文件夹中的文件。通过输入文件名和完整路径即可指定该文件。如果该文件不存在，则会由 CPU 在 "UserFiles" 文件夹中创建。如果 "UserFiles" 文件夹不存在，它也会由 CPU 创建；但这种情况下不会创建子文件夹，"状态"（Status）参数中将输出 W#16#8091。

3）删除存储卡上的文件 FileDelete 指令，删除存储卡上的现有文件。

第三节　S7-1200 PLC 工艺指令

一、高速计数器指令

S7-1200 PLC 高速计数器指令 LAD/FBD 和相应的 SCL 见表 6-46。

表 6-46　S7-1200 PLC 高速计数器指令

LAD/FBD	SCL
%DB1 "CTRL_HSC_EXT_DB" **CTRL_HSC_EXT** EN　　ENO HSC　　DONE CTRL　　BUSY 　　　　ERROR 　　　　STATUS	"CTRL_HSC_1_DB" (HSC：=_hw_hsc_in_, DONE：=_done_out_, BUSY：=_busy_out_, ERROR：=_error_out_, STATUS：=_status_out_, CTRL：=_variant_in_) ;
"Counter name" **CTRL_HSC** EN　　ENO HSC　　BUSY DIR　　STATUS CV RV PERIOD NEW_DIR NEW_CV NEW_RV NEW_PERIOD	"CTRL_HSC_1_DB" (HSC：=W#16#0, DIR：=False, CV：=False, RV：=False, PERIOD：=False, NEW_DIR：=0, NEW_CV：=L#0, NEW_RV：=L#0, NEW_PERIOD：=0, BUSY=>_bool_out_, STATUS=>_word_out_) ;

1）控制高速计数器 CTRL_HSC_EXT 指令，使用系统定义的数据结构（存储在用户自定义的全局背景 DB 中）存储计数器数据。将 HSC_Count、HSC_Period 或 HSC_Frequency 数

据类型作为输入参数分配到 CTRL_HSC_EXT 指令。

2）早期的控制高速计数器 CTRL_HSC 指令，使用 DB 中存储的结构来保存计数器数据。在编辑器中放置 CTRL_HSC 指令后分配 DB。

二、运动控制指令

S7-1200 PLC 运动控制指令 LAD/FBD 和相应的 SCL 见表 6-47。

表 6-47　S7-1200 PLC 运动控制指令

LAD/FBD	SCL
%DB1 "MC_Power_DB" MC_Power — EN ENO — Axis Status — Enable Busy — StartMode Error — StopMode ErrorID / ErrorInfo	" MC_Power_DB"（Axis：=_multi_fb_in_，Enable：=_bool_in_，Start-Mode：=_int_in_，StopMode：=_int_in_，Status =>_bool_out_，Busy =>_bool_out_，Error =>_bool_out_，ErrorID =>_word_out_，ErrorInfo =>_word_out_）;
"MC_Reset_DB" MC_Reset — EN ENO — Axis Done — Exoouto Dusy — Restart Error ErrorID / ErrorInfo	" MC_Reset_DB"（Axis：=_multi_fb_in_，Execute：=_bool_in_，Restart：=_bool_in_，Done =>_bool_out_，Busy =>_bool_out_，Error =>_bool_out_，ErrorID =>_word_out_，ErrorInfo =>_word_out_）;
%DB1 "MC_Home_DB" MC_Home — EN ENO — Axis Done — Execute Busy — Position CommandAborted — Mode Error ErrorID / ErrorInfo / ReferenceMarkPosition	" MC_Home_DB"（Axis：=_multi_fb_in_，Execute：=_bool_in_，Position：=_real_in_，Mode：=_int_in_，Done =>_bool_out_，Busy =>_bool_out_，CommandAborted =>_bool_out_，Error =>_bool_out_，ErrorID =>_word_out_，ErrorInfo =>_word_out_，ReferenceMarkPosition =>_real_out_）;
"MC_Halt_DB" MC_Halt — EN ENO — Axis Done — Execute Busy CommandAborted Error ErrorID / ErroeInfo	" MC_Halt_DB"（Axis：=_multi_fb_in_，Execute：=_bool_in_，Done =>_bool_out_，Busy =>_bool_out_，CommandAborted =>_bool_out_，Error =>_bool_out_，ErrorID =>_word_out_，ErrorInfo =>_word_out_）;

（续）

LAD/FBD	SCL
%DB1 "MC_MoveAbsolute_DB" **MC_MoveAbsolute** EN　　　　　　ENO Axis　　　　　　Done Execute　　　　　Busy Position　　CommandAborted Velocity　　　　　Error Direction　　　　ErrorID 　　　　　　　ErrorInfo	"MC_MoveAbsolute_DB" (Axis: = _multi_fb_in_, Execute: = _bool_in_, Position: = _real_in_, Velocity: = _real_in_, Direction: = _int_in_, Done = >_bool_out_, Busy = >_bool_out_, CommandAborted = >_bool_out_, Error = >_bool_out_, ErrorID = >_word_out_, ErrorInfo = >_word_out_) ;
"MC_MoveRelative_DB" **MC_MoveRelative** EN　　　　　　ENO Axis　　　　　　Done Execute　　　　　Busy Direction　CommandAborted Velocity　　　　　Error 　　　　　　　ErrorID 　　　　　　　ErrorInfo	"MC_MoveRelative_DB" (Axis: = _multi_fb_in_, Execute: = _bool_in_, Distance: = _real_in_, Velocity: = _real_in_, Done = >_bool_out_, Busy = >_bool_out_, CommandAborted = >_bool_out_, Error = >_bool_out_, ErrorID = >_word_out_, ErrorInfo = >_word_out_) ;
%DB1 "MC_MoveVelocity_DB" **MC_MoveVelocity** EN　　　　　　ENO Axis　　　　　InVelocity Execute　　　　　Busy Velocity　CommandAborted Direction　　　　Error Current　　　　ErrorID PositionControlled　ErrorInfo	"MC_MoveVelocity_DB" (Axis: = _multi_fb_in_, Execute: = _bool_in_, Velocity: = _real_in_, Direction: = _int_in_, Current: = _bool_in_, PositionControlled: = _bool_in_, InVelocity = >_bool_out_, Busy = >_bool_out_, CommandAborted = >_bool_out_, Error = >_bool_out_, ErrorID = >_word_out_, ErrorInfo = >_word_out_) ;
%DB1 "MC_MoveJog_DB" **MC_MoveJog** EN　　　　　　ENO Axis　　　　　InVelocity JogForward　　　Busy JogBackward　CommandAborted Velocity　　　　Error PositionControlled　ErrorID 　　　　　　　ErrorInfo	"MC_MoveJog_DB" (Axis: = _multi_fb_in_, JogForward: = _bool_in_, JogBackward: = _bool_in_, Velocity: = _real_in_, PositionControlled: = _bool _ in _, InVelocity = > _ bool _ out _, Busy = > _ bool _ out _, CommandAborted = >_bool_out_, Error = >_bool_out_, ErrorID = >_word_out_, ErrorInfo = >_word_out_) ;
"MC_CommandTable_DB" **MC_CommandTable** EN　　　　　　ENO Axis　　　　　　Done CommandTable　　Busy Execute　　CommandAborted StartIndex　　　Error EndIndex　　　　ErrorID 　　　　　　　ErrorInfo 　　　　　　CurrentIndex 　　　　　　　Code	"MC_CommandTable_DB" (Axis: = _multi_fb_in_, CommandTable: = _multi_fb_in_, Execute: = _bool_in_, StartStep: = _uint_in_, EndStep: = _uint_in_, Done = >_bool_out_, Busy = >_bool_out_, CommandAborted = >_bool_out_, Error = >_bool_out_, ErrorID = >_word_out_, ErrorInfo = >_word_out_, CurrentIndex = >_uint_out_, Code = >_word_out_) ;

（续）

LAD/FBD	SCL
"MC_WriteParam_DB" **MC_WriteParam** Bool —EN　　　　ENO— —Execute　　　Done— —Parameter　　Busy— —Value　　　　Error— 　　　　　　　ErrorID— 　　　　　　ErrorInfo—	"MC_WriteParam_DB" (Parameter：=_variant_in_，Value：=_variant_in_，Execute：=_bool_in_，Done：=_bool_out_，Error：=_real_out_，ErrorID：=_word_out_，ErrorInfo：=_word_out_）；
"MC_ReadParam_DB" **MC_ReadParam** Real —EN　　　　ENO— —Enable　　　Valid— —Parameter　　Busy— —Value　　　　Error— 　　　　　　　ErrorID— 　　　　　　ErrorInfo—	"MC_ReadParam_DB" (Enable：=_bool_in_，Parameter：=_variant_in_，Value：=_variant_in_out_，Valid：=_bool_out_，Busy：=_bool_out_，Error：=_real_out_，ErrorID：=_word_out_，ErrorInfo：=_word_out_）；
"MC_ChangeDynamic_DB" **MC_ChangeDynamic**　⬛⬚ —EN　　　　　　ENO— —Axis　　　　　Done— —Execute　　　　Error— —ChangeRampUp　ErrorID— —RampUpTime　ErrorInfo— —ChangeRampDown —RampDownTime —ChangeEmergency —EmergencyRampTime —ChangeJerkTime —JerkTime	"MC_ChangeDynamic_DB" (Axis：=_param_fb_in_，Execute：=_bool_in_，ChangeRampUp：=_bool_in_，RampUpTime：=_real_in_，ChangeRampDown：=_bool_in_，RampDownTime：=_real_in_，ChangeEmergency：=_bool_in_，EmergencyRampTime：=_real_in_，ChangeJerkTime：=_bool_in_，JerkTime：=_real_in_，Done=>_bool_out_，Error=>_bool_out_，ErrorID=>_word_out_，ErrorInfo=>_word_out_）；

207

1）释放/阻止轴 MC_Power 指令，启用或禁用轴。在启用或禁用轴之前，应确保以下条件：已正确组态工艺对象，没有未决的启用-禁止错误。运动控制任务无法中止 MC_Power 的执行。禁用轴（输入参数 Enable=FALSE）将中止相关工艺对象的所有运动控制任务。

2）确认错误 MC_Reset 指令，确认"导致轴停止的运行错误"和"组态错误"。使用 MC_Reset 指令前，必须已将需要确认的未决组态错误的原因消除（例如，通过将"轴"工艺对象中的无效加速度值更改为有效值）。

3）使轴归位 MC_Home 指令，将轴坐标与实际物理驱动器位置匹配。轴的绝对定位需要回原点，为了使用 MC_Home 指令，必须先启用轴。

4）暂停轴 MC_Halt 指令，停止所有运动并将轴切换到停止状态。停止位置未定义。为了使用 MC_Halt 指令，必须先启用轴。

5）以绝对方式定位轴 MC_MoveAbsolute 指令，启动轴到绝对位置的定位运动。为了使用 MC_MoveAbsolute 指令，必须先启用轴，同时必须使其回原点。

6）以相对方式定位轴 MC_MoveRelative 指令，启动相对于起始位置的定位运动。为了使用 MC_MoveRelative 指令，必须先启用轴。

7）以预定义速度移动轴 MC_MoveVelocity 指令，以指定的速度持续移动轴。为了使用 MC_MoveVelocity 指令，必须先启用轴。

8）在点动模式下移动轴 MC_MoveJog 指令，以指定的速度在点动模式下持续移动轴。该指令通常用于测试和调试。为了使用 MC_MoveJog 指令，必须先启用轴。

9）按运动顺序运行轴命令 MC_CommandTable 指令，针对电动机控制轴执行一系列单个运动，这些运动可组合成一个运动序列。在脉冲串输出的工艺对象命令表（TO_CommandTable_PTO）中，可以组态这些单个的运动。

10）写入工艺对象的参数 MC_WriteParam 指令，写入公共参数（例如，加速度值和用户 DB 值）。

11）读取工艺对象的参数 MC_ReadParam 指令，读取单个状态值，与周期控制点无关。

12）更改轴的动态设置 MC_ChangeDynamic 指令，更改运动控制轴的动态设置：更改加速时间（加速度）值，更改减速时间（减速度）值，更改急停减速时间（急停减速度）值，更改平滑时间（冲击）值。

三、PID 控制

S7-1200 PLC PID 控制相关指令 LAD/FBD 和相应的 SCL 见表 6-48。

表 6-48 S7-1200 PLC PID 控制相关指令

LAD/FBD	SCL
%DB2 "PID_Compact_1" **PID_Compact** EN — ENO Setpoint — ScaleInput Input — Output Input_PER — Output_PER Disturbance — Output_PWM MannualEnable — SetpointLimit_H ManualValue — SetpointLimit_L ErrorAck — InputWarning_H Reset — InputWarning_L ModeActivate — State Mode — Error — ErrorBits	"PID_Compact_1"（Setpoint：=_real_in_, Input：=_real_in_, Input_PER：=_word_in_, Disturbance：=_real_in_, ManualEnable：=_bool_in_, ManualValue：=_real_in_, ErrorAck：=_bool_in_, Reset：=_bool_in_, ModeActivate：=_bool_in_, Mode：=_int_in_, ScaledInput=>_real_out_, Output=>_real_out_, Output_PER=>_word_out_, Output_PWM=>_bool_out_, SetpointLimit_H=>_bool_out_, SetpointLimit_L=>_bool_out_, InputWarning_H=>_bool_out_, InputWarning_L=>_bool_out_, State=>_int_out_, Error=>_bool_out_, ErrorBits=>_dword_out_)；
%DB3 "PID_3Step_1" **PID_3Step** EN — ENO Setpoint — ScaledInput Input — ScaledFeedback Input_PER — Output_UP Actuator_H — Output_DN Actuator_L — Output_PER Feedback — SetpointLimit_H Feedback_PER — SetpointLimit_L Disturbance — InputWarning_H ManualEnable — InputWarning_L ManualValue — State Manual_UP — Error Manual_DN — ErrotBits ErrorAck Reset ModeActivate Mode	"PID_3Step_1"（SetpoInt：=_real_in_, Input：=_real_in_, ManualValue：=_real_in_, Feedback：=_real_in_, Input_PER：=_word_in_, Feedback_PER：=_word_in_, Disturbance：=_real_in_, ManualEnable：=_bool_in_, Manual_UP：=_bool_in_, Manual_DN：=_bool_in_, Actuator_H：=_bool_in_, Actuator_L：=_bool_in_, ErrorAck：=_bool_in_, Reset：=_bool_in_, ModeActivate：=_bool_in_, Mode：=_int_in_, ScaledInput=>_real_out_, ScaledFeedback=>_real_out_, ErrorBits=>_dword_out_, Output_PER=>_word_out_, State=>_int_out_, Output_UP=>_bool_out_, Output_DN=>_bool_out_, SetpoIntLimit_H=>_bool_out_, SetpoIntLimit_L=>_bool_out_, InputWarning_H=>_bool_out_, InputWarning_L=>_bool_out_, Error=>_bool_out_, ErrorBits=>_dword_out_)；

208

（续）

LAD/FBD	SCL
%DB2 "PID_Temp_1" PID_Temp EN　　　　　　　　ENO Setpoint　　　　ScaledInput Input　　　　　OutputHeat Input_PER　　　OutputCool Disturbance　OutputHeat_PER ManualEnable　OutputCool_PER ManualValue　OutputHeat_PWM ErroeAck　　OutputCool_PWM Reset　　　SetpointLimit_H ModeActivate　SetpointLimit_L Mode　　　InputWarning_H Master　　InputWarning_L Slave　　　　　State 　　　　　　　　Error 　　　　　　ErrorBits	"PID_Temp_1" (Setpoint : = _real_in_, Input : = _real_in_, Input_ PER : = _int_in_, Disturbance : = _real_in_, ManualEnable : = _bool_in_, Manu- alValue : = _real_in_, ErrorAck : = _bool_in_, Reset : = _bool_in_, ModeActi- vate : = _bool_in_, Mode : = _int_in_, Master : = _dword_in Save : = _dword_ in, ScaledInput = > _real_out_, OutputHeat = > _real_out_, OutputCool = > _ real_out_, OutputHeat_PER = > _int_out_, OutputCool_PER = > _int_out_, OutputHeat_PWM = > _bool_out_, OutputCool_PWM = > _bool_out_, Set- pointLimit_H = > _bool_out_, SetpointLimit_L = > _bool_out_, InputWarning_ H = > _bool _out_, InputWarning _ L = > _ bool _out_, State = > _int _out_, Error = > _bool_out_, ErrorBits = > _dword_out_) ;

1）PID_Compact 指令，提供可在自动模式和手动模式下自我调节的 PID（比例积分微分）控制器。PID_Compact 是具有抗积分饱和功能且对 P 分量和 D 分量加权的 PID T1 控制器。

2）PID_3Step 指令，用于组态具有自调节功能的 PID 控制器，这样的控制器已针对通过电动机控制的阀门和执行器进行过优化。它提供两个布尔型输出。PID_3Step 是具有抗积分饱和功能且对 P 分量和 D 分量加权的 PID T1 控制器。

3）PID_Temp 指令，具有以下功能：使用不同执行器加热或冷却此过程，用于处理温度过程的集成式自动调节功能，级联处理取决于同一执行器的多个温度。

第四节　S7-1200 PLC 通信与服务器指令

一、PROFINET

S7-1200 PLC PROFINET 通信相关指令 LAD/FBD 和相应的 SCL 见表 6-49。

表 6-49　S7-1200 PLC PROFINET 通信相关指令

LAD/FBD	SCL
%DB1 "TSEND_C_DB" TSEND_C EN　　　　ENO REQ　　　DONE CONT　　BUSY LEN　　　ERROR CONNECT　STATUS DATA ADDR COM_RST	"TSEND_C_DB" (REQ : = _bool_in_, CONT : = _bool_in_, LEN : = _ uint_in_, DONE = > _bool_out_, BUSY = > _bool_out_, ERROR = > _bool_ out_, STATUS = > _word_out_, CONNECT : = _struct_inout_, DATA : = _va- riant_inout_, COM_RST : = _bool_inout_) ;

209

（续）

LAD/FBD	SCL
%DB12 "TRCV_C_DB" **TRCV_C** EN　　　ENO EN_R　　DONE CONT　　BUSY LEN　　ERROR ADHOC　STATUS CONNECT RCVD_LEN DATA ADDR COM_RST	"TRCV_C_DB"（EN_R：=_bool_in_，CONT：=_bool_in_，LEN：=_uint_in_，adhoc：=_bool_in_，DONE=>_bool_out_，BUSY=>_bool_out_，ERROR=>_bool_out_，STATUS=>_word_out_，RCVD_LEN=>_uint_out_，CONNECT：=_struct_inout_，DATA：=_variant_inout_，COM_RST：=_bool_inout_）；
"T_CON_DB" **TCON** TCON_PARAM EN　　　ENO REQ　　DONE ID　　　BUSY CONNECT ERROR 　　　　STATUS	"TCON_DB"（REQ：=_bool_in_，ID：=_undef_in_，DONE=>_bool_out_，BUSY=>_bool_out_，ERROR=>_bool_out_，STATUS=>_word_out_，CONNECT：=_struct_inout_）；
"T_DISCON_DB" **TDISCON** EN　　　ENO REQ　　DONE ID　　　BUSY 　　　　ERROR 　　　　STATUS	"TDISCON_DB"（REQ：=_bool_in_，ID：=_word_in_，DONE=>_bool_out_，BUSY=>_bool_out_，ERROR=>_bool_out_，STATUS=>_word_out_）；
%DB1 "TSEND_DB" **TSEND** EN　　　ENO REQ　　DONE ID　　　BUSY LEN　　ERROR DATA　　STATUS	"TSEND_DB"（REQ：=_bool_in_，ID：=_word_in_，LEN：=_udint_in_，DONE=>_bool_out_，BUSY=>_bool_out_，ERROR=>_bool_out_，STATUS=>_word_out_，DATA：=_variant_inout_）；
%DB2 "TRCV_DB" **TRCV** EN　　　ENO EN_R　　DONE ID　　　BUSY LEN　　ERROR ADHOC　STATUS DATA　RCVD_LEN	"TRCV_DB"（EN_R：=_bool_in_，ID：=_word_in_，LEN：=_udint_in_，ADHOC：=_bool_in_，NDR=>_bool_out_，BUSY=>_bool_out_，ERROR=>_bool_out_，STATUS=>_word_out_，RCVD_LEN=>_udint_out_，DATA：=_variant_inout_）；
%DB5 "T_RESET_DB" **T_RESET** EN　　　ENO REQ　　DONE ID　　　BUSY 　　　　ERROR 　　　　STATUS	"T_RESET_DB"（REQ：=_bool_in_，ID：=_word_in_，DONE=>_bool_out_，ERROR=>_bool_out_，STATUS=>_word_out_）；

（续）

LAD/FBD	SCL
%DB6 "T_DIAG_DB" **T_DIAG** EN　　　　ENO REQ　　　DONE ID　　　　BUSY RESULT　　ERROR 　　　　　STATUS	"T_DIAG_DB" (REQ：=_bool_in_, ID：=_word_in_, DONE =>_bool_out_, ERROR =>_bool_out_, STATUS =>_dword_out_) ;
%DB5 "TMAIL_C_DB" **TMAIL_C** EN　　　　ENO REQ　　　DONE TO_S　　　BUSY CC　　　　ERROR SUBJECT　STATUS TEXT ATTACHMENT ATTACHMENT_NAME MAIL_ADDR_PARAM	"TMAIL_C_DB" (REQ：=_bool_in_, TO_S：=_string_in_, CC：=_string_in_, SUBJECT：=_string_in_, TEXT：=_string_in_, ATTACHMENT：=_variant_in_, ATTACHMENT_NAME：=_string_in_, MAIL_ADDR_PARAM：=_string_in_, DONE =>_bool_out_, BUSY =>_bool_out_, ERROR =>_bool_out_, STATUS =>_word_out_) ;
"TUSEND_DB" **TUSEND** EN　　　　ENO REQ　　　DONE ID　　　　BUSY LEN　　　ERROR DATA　　　STATUS ADDR	"TUSEND_DB" (REQ：=_bool_in_, ID：=_word_in_, LEN：=_udint_in_, DONE =>_bool_out_, BUSY =>_bool_out_, ERROR =>_bool_out_, STATUS =>_word_out_, DATA：=_variant_inout_) ;
"TURCV_DB" **TURCV** EN　　　　ENO REQ　　　DONE ID　　　　BUSY LEN　　　ERROR DATA　　　STATUS ADDR　　RCVD_LEN	"TURCV_DB" (EN_R：=_bool_in_, ID：=_word_in_, LEN：=_udint_in_, NDR =>_bool_out_, BUSY =>_bool_out_, ERROR =>_bool_out_, STATUS =>_word_out_, RCVD_LEN =>_udint_out_, DATA：=_variant_inout_) ;
"T_Config_DB" **T_CONFIG** EN　　　　ENO Req　　　Done Interface　Busy Conf_Data　Error 　　　　　Status 　　　　　Err_Loc	"T_CONFIG_DB" (Req：=_bool_in_, Interface：=_uint_in_, Conf_Data：=_variant_in_, Done =>_bool_out_, Busy =>_bool_out_, Error =>_bool_out_, Status =>_dword_out_, Err_Loc =>_dword_out_) ;

1）使用以太网发送数据 TSEND_C 指令，与伙伴站建立 TCP 或 ISO on TCP 通信连接、发送数据，并且可以终止该连接。设置并建立连接后，CPU 会自动保持和监视该连接。

2）使用以太网接收数据 TRCV_C 指令，与伙伴 CPU 建立 TCP 或 ISO on TCP 通信连接，

211

可接收数据，并且可以终止该连接。设置并建立连接后，CPU 会自动保持和监视该连接。

3）TCP 通信 TCON 指令，启动从 CPU 到通信伙伴的通信连接。

4）TCP 通信 TDISCON 指令，终止从 CPU 到通信伙伴的通信连接。

5）TCP 或 ISO on TCP 通信 TSEND 指令，通过从 CPU 到伙伴站的通信连接发送数据。

6）TCP 或 ISO on TCP 通信 TRCV 指令，通过从伙伴站到 CPU 的通信连接接收数据。

7）终止和重新建立现有连接 T_RESET 指令，终止并重新建立现有连接。

8）检查连接状态和读取信息 T_DIAG 指令，检查连接的状态并读取有关该连接本地端点信息。

9）通过 CPU 的以太网接口发送电子邮件 TMAIL_C 指令，通过以太网接口发送电子邮件。

10）UDP 通信 TUSEND 指令，通过 UDP 将数据发送到参数 ADDR 指定的远程伙伴。要启动用于发送数据的作业，调用 REQ＝1 的 TUSEND 指令。

11）UDP 通信 TURCV 指令，通过 UDP 接收数据。参数 ADDR 显示发送方地址。TURCV 成功完成后，参数 ADDR 将包含远程伙伴（发送方）的地址。TURCV 不支持特殊模式。要启动用于接收数据的作业，调用 EN_R＝1 的 TURCV 指令。

12）更改组态参数 T_CONFIG 指令，在用户程序中使用 T_CONFIG 指令可更改 IP 组态参数。T_CONFIG 异步运行。执行作业时需要多次调用指令。

二、PROFIBUS

PROFIBUS 系统使用总线主站来轮询 RS485 串行总线上以多点方式分布的从站设备。PROFIBUS 从站可以是任何处理信息并将其输出发送到主站的外围设备（I/O 传感器、阀门、电动机驱动器或其他测量设备）。该从站构成网络上的被动站，因为它没有总线访问权限，只能确认接收到的消息或根据请求将响应消息发送给主站。所有 PROFIBUS 从站具有相同的优先级，并且所有网络通信都源于主站。PROFIBUS 主站构成网络的"主动站"。PROFIBUS DP 定义两类主站。第 1 类主站（通常是中央 PLC 或运行特殊软件的 PC）处理与分配给它的从站之间的常规通信或数据交换。第 2 类主站（通常是组态设备，如用于调试、维护或诊断的笔记本计算机或编程控制台）是主要用于调试从站和诊断的特殊设备。S7-1200 PLC 可通过 CM1242-5 通信模块作为从站连接到 PROFIBUS 网络。CM1242-5（DP 从站）模块可以是 DP V0/V1 主站的通信伙伴。如果想在第三方系统中组态模块，可使用适合 CM1242-5（DP 从站）的 GSD 文件。

PROFIBUS CM 使用 PROFIBUS DP-V1 协议，实现以下类型的通信：

1）周期性通信（CM1242-5 和 CM1243-5），两个 PROFIBUS 模块支持周期性通信，因而可在 DP 从站和 DP 主站之间传送过程数据。周期性通信由 CPU 的操作系统进行处理。此时不需要软件块，直接在 CPU 的过程映像中读取或写入 I/O 数据。

2）非周期性通信（仅限 CM1243-5），DP 主站模块还支持使用软件块进行非周期性通信：RALRM 指令可用于处理中断，RDREC 和 WRREC 指令可用于传送组态和诊断数据。CM1243-5 不支持 SYNC/FREEZE 和 Get_Master_Diag。

CM1243-5 DP 主站模块另外还支持以下 S7 通信服务：

1）PUT/GET 服务，DP 主站起客户机和服务器的作用，可通过 PROFIBUS 对其他 S7 控制器或 PC 进行查询。

2）PG/OP 通信，通过 PG 功能，可以从 PG 下载组态数据和用户程序，以及将诊断数据传送到 PG。进行 OP 通信时，可用的通信伙伴有 HMI 面板、装有 WinCC flexible 的 SI-MATIC 面板 PC 或者支持 S7 通信的 SCADA（数据采集与监视控制）系统。

配置 DP 主站和从站设备步骤：

1）添加 CM1243-5（DP 主站）模块和 DP 从站。

2）组态两台 PROFIBUS 设备之间的逻辑网络连接。

3）给 CM1243-5 模块和 DP 从站分配 PROFIBUS 地址，包括：组态 PROFIBUS 接口、分配 PROFIBUS 地址。

分布式 I/O（PROFINET、PROFIBUS 或 AS-i）指令、诊断（PROFINET 或 PROFIBUS）指令可以用于这些通信网络。

三、AS-i

通过 S7-1200 PLC AS-i 主站 CM1243-2 可将 AS-i 网络连接到 S7-1200 PLC CPU。执行器/传感器接口（或者说 AS-i）是自动化系统中最低级别的单一主站网络连接系统。CM1243-2 作为网络中的 AS-i 主站，仅需一条 AS-i 电缆，即可将传感器和执行器（AS-i 从站设备）经由 CM1243-2 连接到 CPU。CM1243-2 可处理所有 AS-i 网络协调事务，并通过为其分配的 I/O 地址中继传输从执行器和传感器到 CPU 的数据和状态信息。根据从站类型，可以访问二进制值或模拟值。AS-i 从站是 AS-i 系统的输入和输出通道，并且只有在由 CM1243-2 调用时才会激活。

组态 AS-i 主站和从站设备步骤：

1）添加 AS-i 主站 CM1243-2 和 AS-i 从站。

2）组态两个 AS-i 设备之间的逻辑网络连接。

3）组态 AS-i 主站 CM1243-2 的属性。

4）为 AS-i 从站分配 AS-i 地址，包括：组态 AS-i 从站接口、分配 AS-i 从站地址。

分布式 I/O（PROFINET、PROFIBUS 或 AS-i）指令可以用于这些通信网络。

四、S7 通信

S7-1200 PLC S7 通信相关指令 LAD/FBD 和相应的 SCL 见表 6-50。

213

表 6-50　S7-1200 PLC S7 通信相关指令

LAD/FBD	SCL
"GET_SFB_DB_1" **GET** Remote_Variant EN　ENO REQ　NOR ID　ERROR ADDR_1　STATUS ADDR_2 ADDR_3 ADDR_4 RD_1 RD_2 RD_3 RD_4	"GET_DB"（REQ:=_bool_in_,ID:=_word_in_,NDR=>_bool_out_,ERROR=>_bool_out_,STATUS=>_word_out_,ADDR_1:=_remote_in-out_,[...ADDR_4:=_remote_inout_,] RD_1:=_variant_inout_,[,...RD_4:=_variant_inout_]);

（续）

LAD/FBD	SCL
"PUT_SFB_DB" **PUT** Remote_Variant EN ENO REQ DONE ID ERROR ADDR_1 STATUS ADDR_2 ADDR_3 ADDR_4 RD_1 RD_2 RD_3 RD_4	"PUT_DB"（REQ: =_bool_in_, ID: =_word_in_, DONE = >_bool_out_, ERROR = >_bool_out_, STATUS = >_word_out_, ADDR_1: =_remote_in- out_, [...ADDR_4: =_remote_inout_,] SD_1: =_variant_inout_, [....SD_4: =_variant_inout_]）;

1) 从远程 CPU 读取 GET 指令，从远程 S7 CPU 中读取数据。远程 CPU 可处于 RUN 或 STOP 模式下。STEP 7 会在插入指令时自动创建该 DB。

2) 从远程 CPU 写入 PUT 指令，将数据写入远程 S7 CPU。远程 CPU 可处于 RUN 或 STOP 模式下。STEP 7 会在插入指令时自动创建该 DB。

五、OPC UA 服务器

S7-1200 PLC CPU 支持 OPC UA Micro-Embedded Profile。此外，S7-1200 PLC CPU 支持 OPC UA 用户认证、通信安全性、订阅以及程序变量的读取和写入。不保证支持不由 OPC UA 微型嵌入式配置指示的或由其他方式指定的 OPC UA 功能。OPC UA 服务器组态包括：

1) 激活 OPC UA 服务器。

2) 设置 OPC UA 服务器。

3) 将 S7-1200 PLC 用作 OPC UA 服务器。

六、Web 服务器

借助 S7-1200 PLC 的 Web 服务器，用户可经由 Web 页面来访问 CPU 相关数据以及过程数据。可通过 PC 或移动设备访问 S7-1200 PLC Web 页面。对于小屏幕设备，Web 服务器支持一系列基本页面。使用 Web 浏览器通过 CPU 建立连接可访问 S7-1200 PLC CPU 的 IP 地址，或访问本地机架中已启用 Web 服务器的 CP（通信处理器）模块的 IP 地址。S7-1200 PLC 支持多个并发连接：S7-1200 PLC Web 服务器允许 30 个并发连接（假设具有足够的动态连接）。每个打开的浏览器实例可以占用 2~8 个连接。Web 服务器最多允许 7 个登录用户，但建议尽可能地减少并发用户的数量。在平均工作负载下，通常平均一次登录 7 个用户是正常的。

S7-1200 PLC 包括标准 Web 页面，可以从 PC 的 Web 浏览器或一台移动设备进行访问，S7-1200 PLC 还支持创建可访问 CPU 数据的用户定义的 Web 页面。可以使用所选的 HTML 创作软件来开发这类页面，并且可将预定义的 AWP（Automation Web Programming，自动化 Web 编程）命令包含在 HTML 代码中以访问 CPU 数据。可以通过标准或基本 Web 页面从 PC 或移动设备访问用户自定义页面。还可以为 Web 服务器组态其中一个用户自定义 Web 页面为入口页面。S7-1200 PLC CPU 还提供了 Web API（应用程序接口），作为供用户读取和写入过程数据的接口。

七、点对点（PtP）串行通信

S7-1200 PLC 点对点串行通信相关指令 LAD/FBD 和相应的 SCL 见表 6-51。

表 6-51　S7-1200 PLC 点对点串行通信相关指令

LAD/FBD	SCL
"Port_Config_DB" **Port_Config** EN　ENO REQ　DONE PORT　ERROR PROTOCOL　STATUS BAUD PARITY DATABITS STOPBITS FLOWCTRL XONCHAR XOFFCHAR WAITTIME MODE LINE_PRE BRK_DET	"Port_Config_DB"（REQ：=_bool_in_，PORT：=_word_in_，PROTO-COL：=_uint_in_，BAUD：=_uint_in_，PARITY：=_uint_in_，DATABITS：=_uint_in_，STOPBITS：=_uint_in_，FLOWCTRL：=_uint_in_，XONCHAR：=_char_in_，XOFFCHAR：=_char_in_，WAITTIME：=_uint_in_，MODE：=_uint_in_，LINE_PRE：=_uint_in_，BRK_DET：=_uint_in_，DONE=>_bool_out_，ERROR=>_bool_out_，STATUS=>_word_out_）；
"PORT_CFG_DB" **PORT_CFG** EN　ENO REQ　DONE PORT　ERROR PROTOCOL　STATUS BAUD PARITY DATABITS STOPBITS FLOWCTRL XONCHAR XOFFCHAR WAITTIME	"PORT_CFG_DB"（REQ：=_bool_in_，PORT：=_uint_in_，PROTO-COL：=_uint_in_，BAUD：=_uint_in_，PARITY：=_uint_in_，DATABITS：=_uint_in_，STOPBITS：=_uint_in_，FLOWCTRL：=_uint_in_，XONCHAR：=_char_in_，XOFFCHAR：=_char_in_，WAITTIME：=_uint_in_，DONE=>_bool_out_，ERROR=>_bool_out_，STATUS=>_word_out_）；
"Send_Config_DB" **Send_Config** EN　ENO REQ　DONE PORT　ERROR RTSONDLY　STATUS RTSOFFDLY BREAK IDLELINE USR_END APP_END	"Send_Config_DB"（REQ：=_bool_in_，PORT：=_word_in_，RT-SONDLY：=_uint_in_，RTSOFFDLY：=_uint_in_，BREAK：=_uint_in_，IDLELINE：=_uint_in_，USR_END：=_string_in_，APP_END：=_string_in_，DONE=>_bool_out_，ERROR=>_bool_out_，STATUS=>_word_out_）；
"SEND_CFG_DB" **SEND_CFG** EN　ENO REQ　DONE PORT　ERROR RTSONDLY　STATUS RTSOFFDLY BREAK IDLELINE	"SEND_CFG_DB"（REQ：=_bool_in_，PORT：=_uint_in_，RTSOND-LY：=_uint_in_，RTSOFFDLY：=_uint_in_，BREAK：=_uint_in_，IDLE-LINE：=_uint_in_，DONE=>_bool_out_，ERROR=>_bool_out_，STATUS=>_word_out_）；

215

（续）

LAD/FBD	SCL
"Receive_Config_DB" **Receive_Config** EN　　　　ENO REQ　　　　DONE PORT　　　ERROR Receive_　STATUS Conditions	"Receive_Config_DB" (REQ: = _bool_in_, PORT: = _uint_in_, Receive_ Conditions: = _struct_in_, DONE = >_bool_out_, ERROR = >_bool_out_, STATUS = >_word_out_) ;
"RCV_CFG_DB" **RCV_CFG** EN　　　　ENO REQ　　　　DONE PORT　　　ERROR CONDITIONS STATUS	"RCV_CFG_DB" (REQ: = _bool_in_, PORT: = _uint_in_, CONDI- TIONS: = _struct_in_, DONE = >_bool_out_, ERROR = >_bool_out_, STA- TUS = >_word_out_) ;
"P3964_Config_DB" **P3964_Config** EN　　　　ENO REQ　　　　DONE PORT　　　ERROR BCC　　　STATUS PRIORITY CHARACTER DELARTIME ACKNDELEYTIME BUILDUPATTEMPTS REPETITION ATTEMPTS	"P3964_Config_DB" (REQ: = _bool_in_, PORT: = _uint_in_, BCC: = _ usint_in, Priority: = _usint_in, CharacterDelayTime: = _uint_in, AcknDelay- Time: = _uint_in, BuildupAttempts: = _usint_in_, RepetitionAttempts: = _ usint_in_, DONE = >_bool_out_, ERROR = >_bool_out_, STATUS = >_ word_out_) ;
"Send_P2P_DB" **Send_P2P** EN　　　　ENO REQ　　　　DONE PORT　　　ERROR BUFFER　STATUS LENGTH	" Send _ P2P _ DB " (REQ: = _ bool _ in _, PORT: = _ word _ in _, BUFFER: = _variant_in_, LENGTH: = _uint_in_, DONE = >_bool_out_, ERROR = >_bool_out_, STATUS = >_word_out_) ;
"SEND_PTP_DB" **SEND_PTP** EN　　　　ENO REQ　　　　DONE PORT　　　ERROR BUFFER　STATUS LENGTH PTRCL	"SEND _ PTP _ DB " (REQ: = _ bool _ in _, PORT: = _ uint _ in _, BUFFER: = _variant_in_, LENGTH: = _uint_in_, PTRCL: = _bool_in_, DONE = >_bool_out_, ERROR = >_bool_out_, STATUS = >_word_out_) ;
"Receive_P2P_DB" **Receive_P2P** EN　　　　ENO PORT　　　NDR BUFFER　ERROR 　　　　STATUS 　　　　LENGTH	"Receive_P2P_DB" (PORT: = _word_in_, BUFFER: = _variant_in_, NDR = >_bool_out_, ERROR = >_bool_out_, STATUS = >_word_out_, LENGTH = >_uint_out_) ;
"RCV_PTP_DB" **RCV_PTP** EN　　　　ENO EN_R　　　NDR PORT　　　ERROR BUFFER　STATUS 　　　　LENGTH	" RCV _ PTP _ DB " (EN _ R: = _ bool _ in _, PORT: = _ uint _ in _, BUFFER: = _variant_in_, NDR = >_bool_out_, ERROR = >_bool_out_, STATUS = >_word_out_, LENGTH = >_uint_out_) ;

（续）

LAD/FBD	SCL
"Receive_Reset_DB" Receive_Reset EN　　ENO REQ　　DONE PORT　　ERROR 　　　STATUS	" Receive_ Reset _ DB " (REQ：= _bool _in _ , PORT：= _ word _ in _ , DONE =>_bool_out_ , ERROR =>_bool_out_ , STATUS =>_word_out_) ;
"RCV_RST_DB" RCV_RST EN　　ENO REQ　　DONE PORT　　ERROR 　　　STATUS	" RCV_RST_DB " (REQ：=_bool_in_ , PORT：= _uint_in_ , DONE =>_ bool_out_ , ERROR =>_bool_out_ , STATUS =>_word_out_) ;
"Signal_Get_DB" Signal_Get EN　　ENO REQ　　NDR PORT　　ERROR 　　　STATUS 　　　DTR 　　　DSR 　　　RTS 　　　CTS 　　　DCD 　　　RING	" Signal_Get_DB " (REQ：=_bool_in_ , PORT：= _uint_in_ , NDR =>_ bool_out_ , ERROR =>_bool_out_ , STATUS =>_word_out_ , DTR =>_bool_ out_ , DSR =>_bool_out_ , RTS =>_bool_out_ , CTS =>_bool_out_ , DCD =>_ bool_out_ , RING =>_bool_out_) ;
"SGN_GET_DB" SGN_GET EN　　ENO REQ　　NDR PORT　　ERROR 　　　STATUS 　　　DTR 　　　DSR 　　　RTS 　　　CTS 　　　DCD 　　　RING	" SGN_GET_DB " (REQ：=_bool_in_ , PORT：= _uint_in_ , NDR =>_ bool_out_ , ERROR =>_bool_out_ , STATUS =>_word_out_ , DTR =>_bool_ out_ , DSR =>_bool_out_ , RTS =>_bool_out_ , CTS =>_bool_out_ , DCD =>_ bool_out_ , RING =>_bool_out_) ;
"Signal_Set_DB" Signal_Set EN　　ENO REQ　　DONE PORT　　ERROR SIGNAL　　STATUS RTS DTR DSR	" Signal_Set_DB " (REQ：=_bool_in_ , PORT：=_word_in_ , SIGNAL：=_ byte_in_ , RTS：= _bool_in_ , DTR：= _bool_in_ , DSR：= _bool_in_ , DONE =>_bool_out_ , ERROR =>_bool_out_ , STATUS =>_word_out_) ;
"SGN_SET_DB" SGN_SET EN　　ENO REQ　　DONE PORT　　ERROR SIGNAL　　STATUS RTS DTR DSR	" SGN_SET_DB " (REQ：=_bool_in_ , PORT：=_uint_in_ , SIGNAL：=_ byte_in_ , RTS：= _bool_in_ , DTR：= _bool_in_ , DSR：= _bool_in_ , DONE =>_bool_out_ , ERROR =>_bool_out_ , STATUS =>_word_out_) ;

217

（续）

LAD/FBD	SCL
"Get_Features_DB" **Get_Features** EN　　　　ENO REQ　　　　NDR PORT　　　ERROR 　　　　　STATUS 　　　MODBUS_CRC 　　　DIAG_ALARM 　　　SUPPLY_VOLT	"Get_Features_DB"（REQ：=_bool_in_，PORT：=_word_in_，NDR：=_bool_out_，ERROR=>_bool_out_，STATUS=>_word_out_，MODBUS_CRC=>_bool_out_，DIAG_ALARM=>_bool_out_，SUPPLY_VOLT=>_bool_out_）;
"Set_Features_DB" **Set_Features** EN　　　　ENO REQ　　　　DONE PORT　　　ERROR EN_MODBUS_CRC　STATUS EN_DIAG_ALARM EN_SUPPLY_VOLT	"Set_Features_DB"（REQ：=_bool_in_，PORT：=_word_in_，EN_MODBUS_CRC：=_bool_in_，EN_DIAG_ALARM：=_bool_in_，EN_SUP-PLY_VOLT：=_bool_in_，DONE=>_bool_out_，ERROR=>_bool_out_，STATUS=>_word_out_）;

1）动态组态通信参数 Port_Config 指令，允许从用户程序更改端口参数，如波特率。可以在设备配置属性中设置端口的初始静态组态，或者仅使用默认值。可以在用户程序中执行 Port_Config 指令来更改组态。早期动态组态通信参数指令为 PORT_CFG。

2）动态组态串行传输参数 Send_Config 指令，可用于动态组态 PtP 通信端口的串行传输参数。执行 Send_Config 时，将放弃 CM 或 CB 内所有排队的消息。早期动态组态串行传输参数指令为 SEND_CFG。

3）动态组态串行接收参数 Receive_Config 指令，可用于动态组态 PtP 通信端口的串行接收方参数。该指令可组态表示接收消息开始和结束的条件。执行 Receive_Config 时，将放弃 CM 或 CB 内所有排队的消息。早期动态组态串行接收参数指令为 RCV_CFG。

4）组态 3964（R）协议 P3964_Config 指令，允许在运行期间更改优先级和协议参数。可以在设备配置属性中设置端口的初始静态组态，或者仅使用默认值。可以在用户程序中执行 P3964_Config 指令来更改组态。

5）传输发送缓冲区数据 Send_P2P 指令，用于启动数据传输，并将分配的缓冲区传送到通信接口。在 CM 或 CB 以指定波特率发送数据的同时，CPU 程序会继续执行。仅一个发送操作可以在某一给定时间处于未决状态。如果在 CM 或 CB 已经开始传送消息时执行第二个 Send_P2P，CM 或 CB 将返回错误。早期传输发送缓冲区数据指令为 SEND_PTP。

6）启用消息接收 Receive_P2P 指令，用于检查 CM 或 CB 中已接收的消息。如果有消息，则会将其从 CM 或 CB 传送到 CPU。如果发生错误，则会返回相应的 STATUS 值。早期启用消息接收指令为 RCV_PTP。

7）删除接收缓冲区 Receive_Reset 指令，可清空 CM 或 CB 中的接收缓冲区。早期删除接收缓冲区指令为 RCV_RST。

8）查询 RS232 信号 Signal_Get 指令，用于读取 RS232 通信信号的当前状态。该功能仅对 RS232 CM 有效。早期查询 RS232 信号指令为 SGN_GET。

9）设置 RS232 信号 Signal_Set 指令，用于设置 RS232 通信信号的状态。该功能仅对 RS232 CM 有效。早期设置 RS232 信号指令为 SGN_SET。

10）获取高级功能 Get_Features 指令，读取模块的高级功能。

11）设置高级功能 Set_Features 指令，设置模块支持的高级功能。

八、通用串行接口（USS）通信

S7-1200 PLC 通用串行接口通信相关指令 LAD/FBD 和相应的 SCL 见表 6-52。

表 6-52　S7-1200 PLC 通用串行接口通信相关指令

LAD/FBD	SCL
%DB3 "USS_Port_Scan_DB" USS_Port_Scan EN ENO PORT ERROR BAUD STATUS USS_DB	USS_Port_Scan(PORT：=_uint_in_, BAUD：=_dint_in_, ERROR =>_ bool_out_, STATUS =>_word_out_, USS_DB：=_fbtref_inout_)；
"USS_PORT" EN ENO PORT ERROR BAUD STATUS USS_DB	USS_PORT(PORT：=_uint_in_, BAUD：=_dint_in_, ERROR =>_bool_ out_, STATUS =>_word_out_, USS_DB：=_fbtref_inout_)；
%DB4 "USS_Drive_Control_DB" USS_Drive_Control EN ENO RUN NDR OFF2 ERROR OFF3 STATUS F_ACK RUN_EN DIR D_DIR DIRVE INHIBIT PZD_LEN FAULT SPEED_SP SPEED CTRL_3 STATUS1 CTRL_4 STATUS3 CTRL_5 STATUS4 CTRL_6 STATUS5 CTRL_7 STATUS6 CTRL_8 STATUS7 STATUS8	"USS_Drive_Control_DB"(RUN：=_bool_in_, OFF2：=_bool_in_, OFF3：=_bool_in_, F_ACK：=_bool_in_, DIR：=_bool_in_, DRIVE：=_ usint_in_, PZD_LEN：=_usint_in_, SPEED_SP：=_real_in_, CTRL_3：=_ word_in_, CTRL_4：=_word_in_, CTRL_5：=_word_in_, CTRL_6：=_ word_in_, CTRL_7：=_word_in_, CTRL_8：=_word_in_, NDR =>_bool_ out_, ERROR =>_bool_out_, STATUS =>_word_out_, RUN_EN =>_bool_ out_, D_DIR =>_bool_out_, INHIBIT =>_bool_out_, FAULT =>_bool_out_, SPEED =>_real_out_, STATUS1 =>_word_out_, STATUS3 =>_word_out_, STATUS4 =>_word_out_, STATUS5 =>_word_out_, STATUS6 =>_word_ out_, STATUS7 =>_word_out_, STATUS8 =>_word_out_)；
"USS_DRV_DB" "USS_DRV" EN ENO RUN NDR OFF2 ERROR OFF3 STATUS F_ACK RUN_EN DIR D_DIR DIRVE INHIBIT PZD_LEN FAULT SPEED_SP SPEED CTRL_3 STATUS1 CTRL_4 STATUS3 CTRL_5 STATUS4 CTRL_6 STATUS5 CTRL_7 STATUS6 CTRL_8 STATUS7 STATUS8	"USS_DRV_DB"(RUN：=_bool_in_, OFF2：=_bool_in_, OFF3：=_ bool_in_, F_ACK：=_bool_in_, DIR：=_bool_in_, DRIVE：=_usint_in_, PZD_LEN：=_usint_in_, SPEED_SP：=_real_in_, CTRL_3：=_word_in_, CTRL_4：=_word_in_, CTRL_5：=_word_in_, CTRL_6：=_word_in_, CTRL_7：=_word_in_, CTRL_8：=_word_in_, NDR =>_bool_out_, ER-ROR =>_bool_out_, STATUS =>_word_out_, RUN_EN =>_bool_out_, D_ DIR =>_bool_out_, INHIBIT =>_bool_out_, FAULT =>_bool_out_, SPEED =>_real_out_, STATUS1 =>_word_out_, STATUS3 =>_word_out_, STATUS4 =>_word_out_, STATUS5 =>_word_out_, STATUS6 =>_word_ out_, STATUS7 =>_word_out_, STATUS8 =>_word_out_)；

（续）

LAD/FBD	SCL
USS_Read_Param EN　　　ENO REQ　　DONE DRIVE　ERROR PARAM　STATUS INDEX　VALUE USS_DB	USS _ Read _ Param (REQ：= _bool _ in _, DRIVE：= _usint _ in _, PARAM：= _uint _ in _, INDEX：= _uint _ in _, DONE =>_bool _ out _, ERROR =>_bool_out_, STATUS =>_word_out_, VALUE =>_variant_out_, USS_DB：=_fbtref_inout_)；
"USS_RPM" EN　　　ENO REQ　　DONE DRIVE　ERROR PARAM　STATUS INDEX　VALUE USS_DB	USS_RPM（REQ：= _bool_in_, DRIVE：=_usint_in_, PARAM：=_uint_in_, INDEX：=_uint_in_, DONE =>_bool_out_, ERROR =>_bool_out_, STATUS =>_word_out_, VALUE =>_variant_out_, USS_DB：=_fbtref_inout_)；
USS_Write_Param EN　　　ENO REQ　　DONE DRIVE　ERROR PARAM　STATUS INDEX EEPROM VALUE USS_DB	USS_ Write _ Param (REQ：= _ bool _ in _, DRIVE：= _ usint _ in _, PARAM：=_uint_in_, INDEX：=_uint_in_, EEPROM：=_bool_in_, VALUE：=_variant_in_, DONE =>_bool_out_, ERROR =>_bool_out_, STATUS =>_word_out_, USS_DB：=_fbtref_inout_)；
"USS_WPM" EN　　　ENO REQ　　DONE DRIVE　ERROR PARAM　STATUS INDEX EEPROM VALUE USS_DB	USS_WPM（REQ：=_bool_in_, DRIVE：=_usint_in_, PARAM：=_uint_in_, INDEX：=_uint_in_, EEPROM：=_bool_in_, VALUE：=_variant_in_, DONE =>_bool_out_, ERROR =>_bool_out_, STATUS =>_word_out_, USS_DB：=_fbtref_inout_)；

220

1）USS 网络编辑通信 USS_Port_Scan 指令，用于处理 USS 网络上的通信。早期使用 USS 网络编辑通信指令为 USS_PORT。

2）与驱动器交换数据 USS_Drive_Control 指令，通过创建请求消息和解释驱动器响应消息与驱动器交换数据。每个驱动器应使用一个单独的函数块，但与一个 USS 网络和 PtP 通信端口相关的所有 USS 函数必须使用同一个背景 DB。必须在放置第一个 USS_Drive_Control 指令时创建 DB 名称，然后引用初次指令使用时创建的 DB。STEP 7 会在插入指令时自动创建该 DB。早期与驱动器交换数据指令为 USS_DRV。

3）从驱动器读取参数 USS_Read_Param 指令，用于从驱动器读取参数。与同一个 USS 网络和 PtP 通信端口相关的所有 USS 功能都必须使用同一个 DB。必须从主程序循环 OB 调用该指令。早期从驱动器读取参数指令为 USS_RPM。

4）修改驱动器中的参数 USS_Write_Param 指令，用于修改驱动器中的参数。与同一个 USS 网络和 PtP 通信端口相关的所有 USS 功能都必须使用同一个 DB。必须从主程序循环 OB 中调用 USS_Write_Param。早期更改驱动器中的参数指令为 USS_WPM。

九、Modbus 通信

S7-1200 PLC Modbus 通信相关指令 LAD/FBD 和相应的 SCL 见表 6-53。

表 6-53 S7-1200 PLC Modbus 通信相关指令

LAD/FBD	SCL
"MB_CLIENT_DB" MB_CLIENT EN　ENO REQ　DONE DISCONNECT　BUSY MB_MODE　ERROR MB_DATA_ADDR　STATUS MB_DATA_LEN RD_MB_DATA_ADDR RD_MB_DATA_LEN WR_MB_DATA_ADDR WR_MB_DATA_ADDR MB_DATA_PTR CONNECT RD_MB_DATA_PTR WR_MB_DATA_PTR	"MB_CLIENT_DB" (REQ: =_bool_in_, DISCONNECT: =_bool_in_, MB_MODE: =_usint_in_, MB_DATA_ADDR: =_udint_in_, MB_DATA_LEN: =_uint_in_, RD_MB_DATA_ADDR: =_uint_in_, RD_MB_DATA_LEN: =_uint_in_, WR_MB_DATA_ADDR: =_uint_in_, WR_MB_DATA_LEN: =_uint_in_, DONE =>_bool_out_, BUSY =>_bool_out_, ERROR =>_bool_out_, STATUS =>_word_out_, MB_DATA_PTR: =_variant_inout_, CONNECT: =_variant_inout_, RD_MB_DATA_PTR: =_variant_inout_, WR_MB_DATA_PTR: =_variant_inout_) ;
"MB_CLIENT_DB" MB_CLIENT EN　ENO REQ　DONE DISCONNECT　BUSY CONNECT_ID　ERROR IP_OCTET_1　STATUS IP_OCTET_2 IP_OCTET_3 IP_OCTET_4 IP_PORT MB_MODE MB_DATA_ADDR MB_DATA_LEN MB_DATA_PTR	"MB_CLIENT_DB" (REQ: =_bool_in_, DISCONNECT: =_bool_in_, CONNECT_ID =_uint_in_, IP_OCTET_1: =_byte_in_, IP_OCTET_2: =_byte_in_, IP_OCTET_3: =_byte_in_, IP_OCTET_4: =_byte_in_, IP_PORT: =_uint_in_, MB_MODE: =_usint_in_, MB_DATA_ADDR: =_udint_in_, MB_DATA_LEN: =_uint_in_, DONE =>_bool_out_, BUSY =>_bool_out_, ERROR =>_bool_out_, STATUS =>_word_out_, MB_DATA_PTR: =_variant_inout_) ;
"MB_SERVER_DB" MB_SERVER EN　ENO DISCONNECT　NDR CONNECT　DR MB_HOLD_REG　ERROR STATUS	"MB_SERVER_DB" (DISCONNECT: =_bool_in_, CONNECT: =_variant_in_, NDR =>_bool_out_, DR =>_bool_out_, ERROR =>_bool_out_, STATUS =>_word_out_, MB_HOLD_REG: =_variant_inout_) ;
"MB_SERVER_DB" MB_SERVER EN　ENO DISCONNECT　NDR CONNECT_ID　DR IP_PORT　ERROR MB_HOLD_REG　STATUS	"MB_SERVER_DB" (DISCONNECT: =_bool_in_, CONNECT_ID: =_uint_in_, IP_PORT: =_uint_in_, NDR =>_bool_out_, DR =>_bool_out_, ERROR =>_bool_out_, STATUS =>_word_out_, MB_HOLD_REG: =_variant_inout_) ;

221

（续）

LAD/FBD	SCL
%DB4 "MB_RED_CLIENT_DB_1" **MB_RED_CLIENT** EN　　　　　　　ENO REG_KEY　　　LICENSED USE_ALL_CONN　IDENT_CODE REQ　　　　　　DONE DISCONNECT　　BUSY MB_MODE　　　　ERROR MB_DATA_ADDR　STATUS_0A MB_DATA_LEN　　STATUS_1A MB_DATA_PTR　　STATUS_0B 　　　　　　　STATUS_1B 　　　　　　　RED_ERR_S7 　　　　　　　RED_ERR_DEV 　　　　　　　TOT_COM_ERR	"MB_RED_CLIENT_DB" (REG_KEY:=_string_in_, USE_ALL_CONN:=_bool_in_, REQ:=_bool_in_, DISCONNECT:=_bool_in_, MB_MODE:=_usint_in_, MB_DATA_ADDR:=_udint_in_, MB_DATA_LEN:=_uint_in_, LICENSED=>_bool_out_, IDENT_CODE=>_string_out_, DONE=>_bool_out_, BUSY=>_bool_out_, ERROR=>_bool_out_, STATUS_0A=>_word_out_, STATUS_1A=>_word_out_, STATUS_0B=>_word_out_, STATUS_1B=>_word_out_, RED_ERR_S7=>_bool_out_, RED_ERR_DEV=>_bool_out_, TOT_COM_ERR=>_bool_out_, MB_DATA_PTR:=_variant_inout_);
%DB5 "MB_RED_SERVER_DB" **MB_RED_SERVER** EN　　　　　　ENO REG_KEY　　　LICENSED DISCONNECT　IDENT_CODE MB_HPLD_REG　DR_NDR_0A 　　　　　　ERROR_0A 　　　　　　STATUS_0A 　　　　　　DR_NDR_1A 　　　　　　ERROR_1A 　　　　　　STATUS_1A 　　　　　　DR_NDR_0B 　　　　　　ERROR_0B 　　　　　　STATUS_0B 　　　　　　DR_NDR_1B 　　　　　　ERROR_1B 　　　　　　STATUS_1B 　　　　　　RED_ERR_S7 　　　　　　RED_ERR_DEV 　　　　　　TOT_COM_ERR	"MB_RED_SERVER_DB" (DISCONNECT:=_bool_in_, LICENSED=>_bool_out_, IDENT_CODE=>_string_out_, DR_NDR_0A=>_bool_out, ERROR_0A=>_bool_out, STATUS_0A=>_word_out_, DR_NDR_1A=>_bool_out, ERROR_1A=>_bool_out, STATUS_1A=>_word_out_, DR_NDR_0B=>_bool_out, ERROR_0B=>_bool_out, STATUS_0B=>_word_out_, DR_NDR_1B=>_bool_out, ERROR_1B=>_bool_out, STATUS_1B=>_word_out_, RED_ERR_S7=>_bool_out_, RED_ERR_DEV=>_bool_out_, TOT_COM_ERR=>_bool_out_, MB_HOLD_REG:=_variant_inout_);
%DB6 "Modbus_Comm_Load_DB" **Modbus_Comm_Load** EN　　　　ENO REQ　　　DONE PORT　　ERROR BAUD　　STATUS PARITY FLOW_CTRL RTS_ON_DLY RTS_OFF_DLY RESP_TO MB_DB	"Modbus_Comm_Load_DB" (REQ:=_bool_in, PORT:=_uint_in_, BAUD:=_udint_in_, PARITY:=_uint_in_, FLOW_CTRL:=_uint_in_, RTS_ON_DLY:=_uint_in_, RTS_OFF_DLY:=_uint_in_, RESP_TO:=_uint_in_, DONE=>_bool_out_, ERROR=>_bool_out_, STATUS=>_word_out_, MB_DB:=_fbtref_inout_);

（续）

LAD/FBD	SCL
"MB_COMM_LOAD_DB" **MB_COMM_LOAD** EN　　ENO REQ　　DONE PORT　　ERROR BAUD　　STATUS PARITY FLOW_CTRL RTS_ON_DLY RTS_OFF_DLY RESP_TO MB_DB	"MB_COMM_LOAD_DB"（REQ：=_bool_in_,PORT：=_uint_in_,BAUD：=_udint_in_,PARITY：=_uint_in_,FLOW_CTRL：=_uint_in_,RTS_ON_DLY：=_uint_in_,RTS_OFF_DLY：=_uint_in_,RESP_TO：=_uint_in_,DONE=>_bool_out_,ERROR=>_bool_out_,STATUS=>_word_out_,MB_DB：=_fbtref_inout_);
%DB6 "Modbus_Master_DB" **Modbus_Master** EN　　ENO REQ　　DONE MB_ADDR　　BUSY MODE　　ERROR DATA_ADDR　　STATUS DATA_LEN DATA_PTR	"Modbus_Master_DB"（REQ：=_bool_in_,MB_ADDR：=_uint_in_,MODE：=_usint_in_,DATA_ADDR：=_udint_in_,DATA_LEN：=_uint_in_,DONE=>_bool_out_,BUSY=>_bool_out_,ERROR=>_bool_out_,STATUS=>_word_out_,DATA_PTR：=_variant_inout_);
"MB_MASTER_DB" **MB_MASTER** EN　　ENO REQ　　DONE MB_ADDR　　BUSY MODE　　ERROR DATA_ADDR　　STATUS DATA_LEN DATA_PTR	"MB_MASTER_DB"（REQ：=_bool_in_,MB_ADDR：=_uint_in_,MODE：=_usint_in_,DATA_ADDR：=_udint_in_,DATA_LEN：=_uint_in_,DONE=>_bool_out_,BUSY=>_bool_out_,ERROR=>_bool_out_,STATUS=>_word_out_,DATA_PTR：=_variant_inout_);
%DB6 "Modbus_Slave_DB" **Modbus_Slave** EN　　ENO MB_ADDR　　NDR MB_HOLD_REG　　DR 　　ERROR 　　STATUS	"Modbus_Slave_DB"（MB_ADDR：=_uint_in_,NDR=>_bool_out_,DR=>_bool_out_,ERROR=>_bool_out_,STATUS=>_word_out_,MB_HOLD_REG：=_variant_inout_);
"MB_SLAVE_DB" **MB_SLAVE** EN　　ENO MB_ADDR　　NDR MB_HOLD_REG　　DR 　　ERROR 　　STATUS	"MB_SLAVE_DB"（MB_ADDR：=_uint_in_,NDR=>_bool_out_,DR=>_bool_out_,ERROR=>_bool_out_,STATUS=>_word_out_,MB_HOLD_REG：=_variant_inout_);

223

1）作为 Modbus TCP 客户端使用 PROFINET 进行通信 MB_CLIENT 指令，MB_CLIENT 作为 Modbus TCP 客户端，通过 S7-1200 PLC CPU 上的 PROFINET 端口进行通信，不需要额外的通信硬件模块。MB_CLIENT 可进行客户端-服务器连接、发送 Modbus 功能请求、接收响应以及控制 Modbus TCP 服务器的断开。早期将 PROFINET 用作 Modbus TCP 客户端进行通信指令名也为 MB_CLIENT。

2）作为 Modbus TCP 服务器通过 PROFINET 进行通信 MB_SERVER 指令，MB_SERVER 作为 Modbus TCP 服务器，通过 S7-1200 PLC CPU 上的 PROFINET 端口进行通信，不需要额外的通信硬件模块。MB_SERVER 可接收与 Modbus TCP 客户端的连接请求、接收 Modbus 功能请求并发送响应消息。早期将 PROFINET 用作 Modbus TCP 客户端进行通信指令名也为 MB_SERVER。

3）作为 Modbus TCP 客户端通过 PROFINET 进行冗余通信 MB_RED_CLIENT 指令，作为 Modbus TCP 客户端通过 PROFINET 连接进行通信。可使用指令 MB_RED_CLIENT 在客户端和服务器之间建立冗余连接、发送 Modbus 请求、接收响应并通过 Modbus TCP 客户端控制连接终止。

4）作为 Modbus TCP 服务器通过 PROFINET 进行通信 MB_RED_SERVER 指令，作为 Modbus TCP 服务器通过 PROFINET 连接进行通信。MB_RED_SERVER 指令将处理 Modbus TCP 客户端的连接请求、接收并处理 Modbus 请求并发送响应。

5）组态 Modbus RTU（远程终端）的 PtP 模块上的 SIPLUS I/O 或端口 Modbus_Comm_Load 指令，可组态用于 Modbus RTU 协议通信的 SIPLUS I/O 或 PtP 端口。Modbus RTU 端口硬件选项：最多安装三个 CM（RS485 或 RS232）及一个 CB（RS485）。Modbus RTU SIPLUS I/O 选项：安装 ET200MP S7-1500 PLC CM PtP（RS485/422 或 RS232）或 ET200SP S7-1500 PLC CM PtP（RS485/422 或 RS232）。将 Modbus_Comm_Load 指令放入程序时自动分配背景 DB。早期针对 Modbus RTU 组态 PtP 模块上的端口指令为 MB_COMM_LOAD。

6）作为 Modbus RTU 主站通过 SIPLUS I/O 或 PtP 端口通信 Modbus_Master 指令，作为 Modbus 主站利用之前执行 Modbus_Comm_Load 指令组态的端口进行通信。将 Modbus_Master 指令放入程序时自动分配背景 DB。指定 Modbus_Comm_Load 指令的 MB_DB 参数时将使用该 Modbus_Master 背景 DB。早期作为 Modbus RTU 主站使用 PtP 端口通信指令为 MB_MASTER。

7）作为 Modbus RTU 从站通过 SIPLUS I/O 或 PtP 端口进行通信 Modbus_Slave 指令，允许用户程序用以下两种方式进行通信：作为 Modbus RTU 从站通过 CM（RS485 或 RS232）和 CB（RS485）上的 PtP 端口进行通信，作为 Modbus RTU 从站通过 Modbus RTU SIPLUS I/O 选项（安装 ET200MP S7-1500 PLC CM PtP、安装 ET200SP S7-1500 PLC CM PtP）进行通信。远程 Modbus RTU 主站发出请求时，用户程序会通过执行 Modbus_Slave 进行响应。STEP 7 在插入指令时自动创建背景 DB。在为 Modbus_Comm_Load 指令指定 MB_DB 参数时使用此 Modbus_Slave_DB 名称。早期作为 Modbus RTU 从站使用 PtP 端口通信指令为 MB_SLAVE。

十、工业远程通信

工业远程通信提供对分布广泛的机器、设备和尺寸不尽相同的应用程序的安全、经济的访问权限。工业远程通信包括通过 CP 模块的通信方式：

1）TeleControl：遥控用于将分布在广泛地理区域的各个过程站（RTU 单元）连接至一个或多个集中过程控制系统，以便进行监视和控制。远程网络产品频谱中的各种传输组件支持通过一系列公共和专用网络进行远程通信。特殊远程通信协议执行事件驱动或周期性交换过程数据，从而实现对总体过程的有效控制。

2）TeleService：远程服务包括和远距离技术系统（机器、设备和计算机等）进行数据交换，从而实现发现错误、诊断、维护、修理或优化的目的。

3）远程通信的附加应用，如监视、智能电网应用和条件监视。

对于 TeleControl 应用，提供以下通信处理器，这些处理器大部分提供对 S7-1200 PLC Web 服务器的访问权限：

1）CP1243-1：用于 SIMATIC S7-1200 PLC 连接到控制中心（采用公共基础设施，例如 DSL（数字用户线），并通过 TeleControl Server Basic（TCSB）版本 V3）的通信处理器；借助于 VPN（虚拟专用网络）技术和防火墙，可通过通信处理器以受保护的方式访问 S7-1200 PLC；可将通信处理器用作 CPU 进行 S7 通信的附加以太网接口；通信处理器与 CPU 之间的通信通过可访问 PLC 变量的可组态数据点进行。

2）CP1243-1 DNP3：用于通过 DNP3 协议将 SIMATIC S7-1200 PLC 连接到控制中心的通信处理器，通信处理器与 CPU 之间的通信通过可访问 PLC 变量的可组态数据点进行。

3）CP1243-1 IEC：用于通过 IEC 60870#5 协议将 SIMATIC S7-1200 PLC 连接到控制中心的通信处理器，通信处理器与 CPU 之间的通信通过可访问 PLC 变量的可组态数据点进行。

4）CP1243-1 PCC：用于通过设备云通信（PCC）将 SIMATIC S7-1200 PLC 连接到控制中心的通信处理器，通信处理器与 CPU 之间的通信通过可访问 PLC 变量的可组态数据点进行。

5）CP1242-7：用于通过移动无线（GPRS，通用分组无线服务）和公共基础设施（DSL）以及 TeleControl Server Basic 将 SIMATIC S7-1200 PLC 连接到控制中心的通信处理器。

6）CP1242-7 GPRS V2：用于通过移动无线（GPRS）和公共基础设施（DSL）以及 Tele-Control Server Basic（TCSB V3）将 SIMATIC S7-1200 PLC 连接到控制中心的通信处理器；借助于 VPN 技术和防火墙，可通过通信处理器以受保护的方式访问 S7-1200 PLC；可将通信处理器用作 CPU 进行 S7 通信的附加以太网接口；通信处理器与 CPU 之间的通信通过可访问 PLC 变量的可组态数据点进行。

7）CP1243-7 LTE-xx：用于通过移动无线（GPRS）和公共基础设施（DSL）以及 Tele-Control Server Basic（TCSB V3）将 SIMATIC S7-1200 PLC 连接到控制中心的通信处理器；支持 GSM（全球移动通信系统）/GPRS、通用移动通信业务即 UMTS（G3）、LTE（长期演进技术）移动无线规范；为了覆盖采用不同移动无线规范的国家/地区，此通信处理器提供北美标准 CP1243-7 LTE US 和西欧标准 CP1243-7 LTE EU 两个型号；借助于 VPN 技术和防火墙，可通过通信处理器以受保护的方式访问 S7-1200 PLC；可将通信处理器用作 CPU 进行 S7 通信的附加以太网接口；通信处理器与 CPU 之间的通信通过可访问 PLC 变量的可组态数据点进行。

8）CP1243-8 IRC：用于 SIMATIC S7-1200 PLC 连接 ST7 网络、数据点组态和 VPN 的通信处理器。

必须将 TeleControl Server Basic 软件用于除 CP1243-1 之外 CP 的 TeleControl 应用程序。详细使用及注意事项描述参阅相关手册。

对于 TeleService 应用，发送电子邮件 TM_MAIL 指令，通过 CPU 工业以太网连接使用 TCP/IP 上的 SMTP（Simple Mail Transfer Protocol，简单邮件传送协议）发送电子邮件消息。其中基于以太网的 Internet 连接性不可用，可选的 TeleService 适配器可用于与电话陆线的连接。TM_MAIL 会异步执行，并且该作业会持续多次 TM_MAIL 调用。调用 TM_MAIL 时，必须分配背景 DB。绝不可设置该背景 DB 的保持性属性。如此可以确保背景 DB 在 CPU 由 STOP 模式切换到 RUN 模式时初始化，以及可以触发新的 TM_MAIL 操作。其 LAD/FBD 和相应的 SCL 见表 6-54。

表 6-54　S7-1200 PLC TeleService 通信相关指令

LAD/FBD	SCL
"TM_MAIL_DB" TM_MAIL EN　　　ENO REQ　　BUSY ID　　　DONE TO_S　　ERROR CC　　STATUS SUBJECT TEXT ATTACHMENT	"TM_MAIL_DB" (REQ: = _bool_in_, ID: = _int_in_, TO_S: = _string_ in_, CC: = _string_in_, SUBJECT: = _string_in_, TEXT: = _string_in_, ATTACHMENT: = _variant_in_, BUSY = >_bool_out_, DONE = >_bool_out_, ERROR = >_bool_out_, STATUS = >_word_out_,) ;

第三篇　应用与实践

第七章　PLC 电气控制系统设计

第一节　PLC 电气控制系统的设计原则与内容

一、PLC 电气控制系统的设计原则

随着 PLC 功能的不断提高和完善，PLC 几乎可以完成工业控制领域的所有任务，但 PLC 还是有其最适合的应用场合。PLC 最适合的控制对象是：工业环境较差，对安全性、可靠性要求较高，系统工艺复杂，输入/输出以开关量为主的工业自动控制系统或装置。现在的 PLC 不仅能处理开关量，对模拟量的处理能力也很强，所以在很多情况下，PLC 可以取代工业控制机算机，作为主控制器来完成复杂的工业自动控制任务。

应用 PLC 来设计电气控制系统，主要应遵循以下原则：

1）应能满足控制对象的工艺要求，保证能按照工艺流程准确、可靠地工作。

2）系统构成应力求简单、实用，系统易操作、调整，检修方便。

3）设计合理、经济，能发挥 PLC 控制的优点。

二、PLC 控制系统的设计内容

PLC 控制系统的设计步骤如图 7-1 所示。

1. 工艺分析

进行控制系统设计之前，首先必须对控制对象进行调查，搞清楚控制对象的工艺过程、工作特点，明确划分控制的各个阶段的特点和各个阶段的转换条件，画出完整的功能图或控制流程图。

2. 机型选择

机型选择包括功能选择、I/O 点数确定和内存估计等内容。

1）功能选择。对于单机控制系统，一般的小型机均已经能适用，选择时主要考虑 I/O 扩展、A/D 和 D/A 转换模块、特殊功能模块的配置，指令功能、中断能力和外设通信功能。选择机型时应根据实际需要选用合适的型号，切忌"大材小用"。

2）I/O 点数确定。根据控制系统所需要的开关量、模拟量的 I/O 点数，选择 PLC 的 I/O 点数和种类（包括开关量、模拟量和输出规格）。要尽量简化系统的 I/O 点数，选择 I/O 点数较少的机型可以降低费用，但应适当留有余量，供系统增加功能时使用。

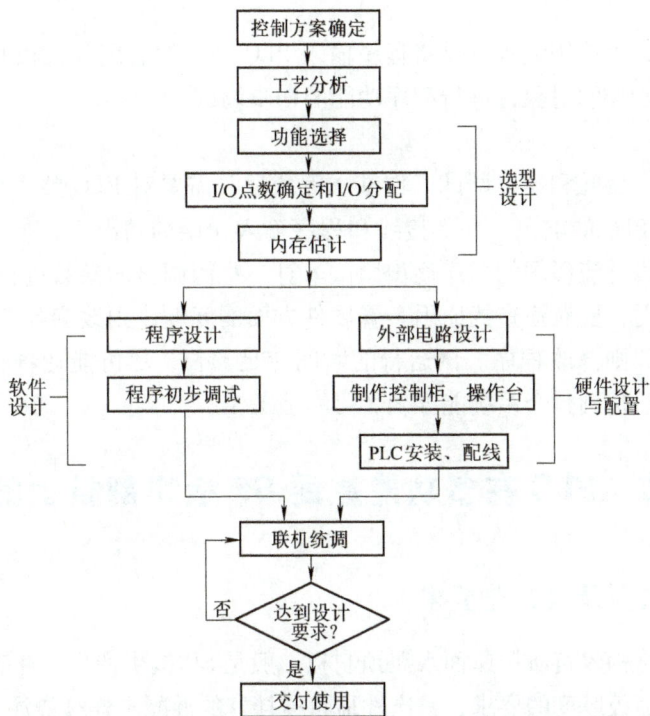

图 7-1　PLC 控制系统的设计步骤

3）内存估计。用户程序所需要的内存容量主要与系统的 I/O 点数、控制难度和编程者的水平有关。大多数情况下，PLC 的内存容量均能满足用户需要，因此不必进行内存估计，当控制难度很大，控制程序可能要使用很多高级应用指令，程序容量很大时，才需要进行内存估计。

3. 外部电路设计

硬件部分的设计和配置包括外部电路设计、电气控制系统接线图、设计组件装配图和外部电气原理图，并在此基础上设计制作电气控制柜、操作台，进行 PLC 的安装和配线。PLC 的外围电路包括 I/O 接口电路、电源电路和接地电路、执行电路（电动机、电磁阀等）的主电路和一些不经过 PLC 的控制电路、保护电路等。

不经过 PLC 的控制电路、保护电路包括为提高控制可靠性的一些互锁、限位、零电压和过载等控制与保护环节，以及一些由非继电器组成的电路。采用 PLC 控制后，大部分联锁、互锁环节已纳入 PLC 的软件中，但从安全可靠的角度考虑，外围电路中还需保留一些必要的互锁。

4. 程序设计

在进行硬件配置的同时，可同步进行 PLC 控制软件的设计工作，主要任务是根据控制要求把工艺流程图转换成梯形图控制程序。应在熟练掌握 PLC 指令系统的基础上，充分合理地应用 PLC 指令，最大限度地发挥 PLC 控制的优点。在设计控制程序时，要注意将所使用到的软继电器（内部辅助继电器、定时器、计数器和数据寄存器等）列表，标明用途，作为系统设计的资料，以便在程序设计、调试和系统运行维护、检修时查阅。

229

5. 程序初调

程序编制好后，可使用编程工具将程序输入 PLC 中，然后用开关板和 PLC 上的输出指示灯模拟输入信号和控制对象，进行程序功能的初步调试。

6. 联机统调

软硬件的设计、装配和模拟调试工作基本完成后，需要对 PLC 整个控制系统进行一次全面检查。在确认 PLC 的电源、外部接线和程序输入无误的情况下，便可接通电源，开始试运行，按照程序设计流程图的顺序逐步调试。对一些待调整的参数进行现场整定和调整。对调试中出现的问题，要对症查找原因。属硬件方面的问题，则改变配置、排除电路故障；属软件方面的问题，则修改程序。试运行的时间应足够长，尽可能让各种异常情况充分暴露、得到纠正，最后达到整个系统能准确、可靠地工作。

第二节　PLC 在多功能屋面 SP 板切割机上的应用

一、切割机装置及其工艺要求

建筑行业钢混结构建筑所用屋面水泥预制板一般是 SP 板生产厂家生产的，其生产过程是：根据用户对屋面板厚度的要求，一次性地将搅拌好的混凝土连续浇注在预先拉好的几百米长的钢丝上，通过模具直接成型几百米长的屋面 SP 板，根据产量的要求，最多可连续浇注 5 层；当所有层 SP 板自然风干达到强度要求后，用切割机将其切割成用户所需不同长度以及形状等的屋面 SP 板。因此，SP 板切割机是与 SP 板生产线配套，切割成型不同规格形状 SP 板的关键设备，装置如图 7-2 所示。

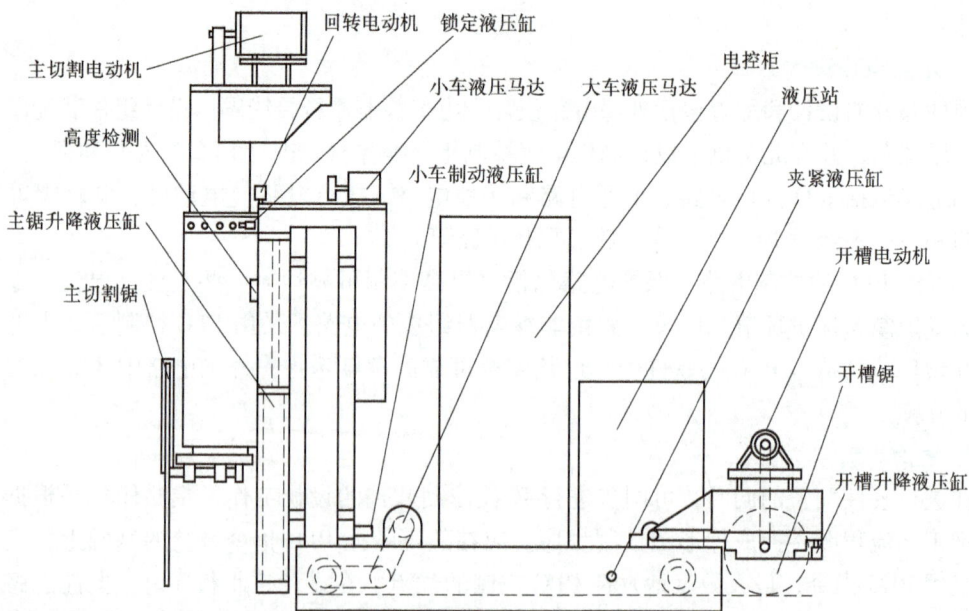

图 7-2　多功能屋面 SP 板切割机

（一）横向切割

1）初始条件：①夹紧液压缸最大夹紧；②主切割锯转至与水泥板纵向垂直位置；③锁定液压缸锁定；④小车制动液压缸开启；⑤主锯升降液压缸处于最高位置。

2）起动小车液压马达，使主锯以 0～2000mm/min 的速度行驶至主锯左起始切割位置（限位开关位置）。

3）起动主切割电动机，起动冷却水系统。

4）主锯升降液压缸以 0～600mm/min 的速度下降至设定规格切割位置，锁定主锯升降液压缸。

5）起动小车液压马达，主切割锯以 0～600mm/min 的速度向右切割至右限位开关位置，小车液压马达停止。

6）主锯升降液压缸以 0～2000mm/min 的速度将主锯升至最高位置，然后锁定主锯升降液压缸，完成一个横向切割工艺。

（二）大车快速纵向行走

1）初始条件：①夹紧液压缸最小夹紧；②主锯升降液压缸处于最高位置。

2）起动大车液压马达，使大车以 0～5000mm/min 的速度行驶至新切割位置前约 200mm。

3）切换大车液压马达速度，使大车以 0～1000mm/min 的速度行驶至新的切割位置。

4）夹紧液压缸最大夹紧，准备进入新的横向切割工艺。

（三）纵向切割

1）初始条件：①夹紧液压缸最小夹紧；②主锯升降液压缸处于最高位置；③锁定液压缸开启。

2）起动回转电动机，使主切割锯旋转至与水泥板纵向平行的位置。

3）停止回转电动机，锁定液压缸锁定，小车制动液压缸开启。

4）起动小车液压马达，使小车以 0～2000mm/min 的速度行驶至纵向切割位置，小车制动液压缸制动。

5）起动主切割电动机，起动冷却水系统。

6）主锯升降液压缸以 0～600mm/min 的速度下降至设定规格切割位置，锁定主锯升降液压缸。

7）起动大车液压马达，主切割锯以 0～600mm/min 的速度纵向切割至终点位置，大车液压马达停止。

8）主锯升降液压缸以 0～2000mm/min 的速度将主切割锯升至最高位置，然后锁定主锯升降液压缸，完成一个纵向切割工艺。

（四）斜向切割

1）初始条件：①夹紧液压缸最小夹紧；②主锯升降液压缸处于最高位置；③锁定液压缸开启。

2）起动回转电动机，使主切割锯旋转至斜切的角度上。

3）停止回转电动机，锁定液压缸锁定，小车制动液压缸开启。

4）起动小车液压马达，使小车以 0～2000mm/min 的速度行驶至斜向切割位置，小车制动液压缸制动，夹紧液压缸最大夹紧。

5）起动主切割电动机，起动冷却水系统。

6）主锯升降液压缸以 0~600mm/min 的速度下降至设定规格切割位置。

7）主锯升降液压缸以 0~2000mm/min 的速度将主切割锯升至最高位置，然后锁定主锯升降液压缸。

8）小车制动液压缸开启，夹紧液压缸最小夹紧。

9）起动大车和小车液压马达，使大车和小车以 0~2000mm/min 的速度移动，并保证主切割锯在上次切口的延长线上且与上次切口衔接。

10）小车制动液压缸制动，夹紧液压缸最大夹紧。

11）重复 6）~10）的工艺，直至完成一次斜向切割。

（五）开槽切割

1）初始条件：①夹紧液压缸最小夹紧；②开槽升降液压缸处于最高位置。

2）起动开槽电动机，起动冷却水系统。

3）开槽升降液压缸以 0~600mm/min 的切割速度下降至最低点。

4）起动大车液压马达，开槽锯以 0~600mm/min 的速度纵向切割至终点位置，大车液压马达停止。

5）开槽升降液压缸升至最高位置，关闭开槽电动机和冷却水系统，完成开槽切割。

（六）自动横向切割

切割机最常完成的工艺是横向切割，为了提高切割效率，要求具有自动横向切割功能。在满足横向切割初始条件时，将小车移至横向切割起点位置，起动主切割锯和冷却水系统后，小车按横向切割工艺，自动顺序完成一次横向切割功能。

二、切割机装置电控设备及要求

1）主切割电动机 M1，正反转运行，实现 SP 板横向、纵向及斜向切割功能。

2）开槽电动机 M2，单向运行，实现 SP 板表面开槽功能。

3）液压泵电动机 M3，单向运行，给液压系统提供动力。

4）回转电动机 M4，正反转运行，调整切割头角度。

5）液压马达及电磁铁 YA，实现切割机装置的各种动作及速度调节，电磁铁标准动作表见表 7-1。

表 7-1　电磁铁标准动作表

标准动作	电磁铁																			
	1YA	2YA	3YA	4YA	5YA	6YA	7YA	8YA	9YA	10YA	11YA	12YA	13YA	14YA	15YA	16YA	17YA	18YA	19YA	20YA
开槽升降液压缸上升	+																			+
开槽升降液压缸下降		+																		+
小车制动液压缸制动			+																	+
小车制动液压缸开启				+																+

（续）

标准动作	电磁铁																			
	1YA	2YA	3YA	4YA	5YA	6YA	7YA	8YA	9YA	10YA	11YA	12YA	13YA	14YA	15YA	16YA	17YA	18YA	19YA	20YA
锁定液压缸锁定					+															+
锁定液压缸开启						+														+
小车快速左移							+		+											+
小车慢速右移								+												+
主锯升降液压缸上升										+										+
主锯升降液压缸下降											+									+
大车高速前进													+		+	+				+
大车中速前进													+		+					+
大车慢速前进													+							+
大车慢速后退														+						+
大车快速后退												+		+						+
大车最大夹紧																	+		+	+
大车最小夹紧																	+			+
大车夹紧松开																		+		+
泵站卸荷																				

注："+"号表示电磁铁通电。

6）旋转编码器，实现切割机切割深度的实时检测。

7）数码管（带译码器），实现切割机切割规格及切割深度的实时显示。

8）直流开关电源，为 PLC 输入信号提供电源，同时为 PLC 输出驱动提供电源。

三、设计过程

1. 电控系统原理图

根据切割机装置设备及其对电控的要求，设计电控系统原理图。图 7-3 为切割机装置电气控制主电路原理图，图 7-4 为相应要求的交流控制电路原理图。

2. PLC 控制电路原理图

根据切割机装置操作控制要求，设计 PLC 控制电路原理图。切割机装置动作复杂，功能较多，采用 PLC 控制需要的输入输出点数较多，选用 S7-1200 PLC CPU1214C 以及 3 个 SM1223（16 点 DC 开关量输入，16 点继电器开关量输出），PLC 控制系统配置如图 7-5 所示，得到的 PLC 开关量输入/输出接口功能表见表 7-2 和表 7-3。

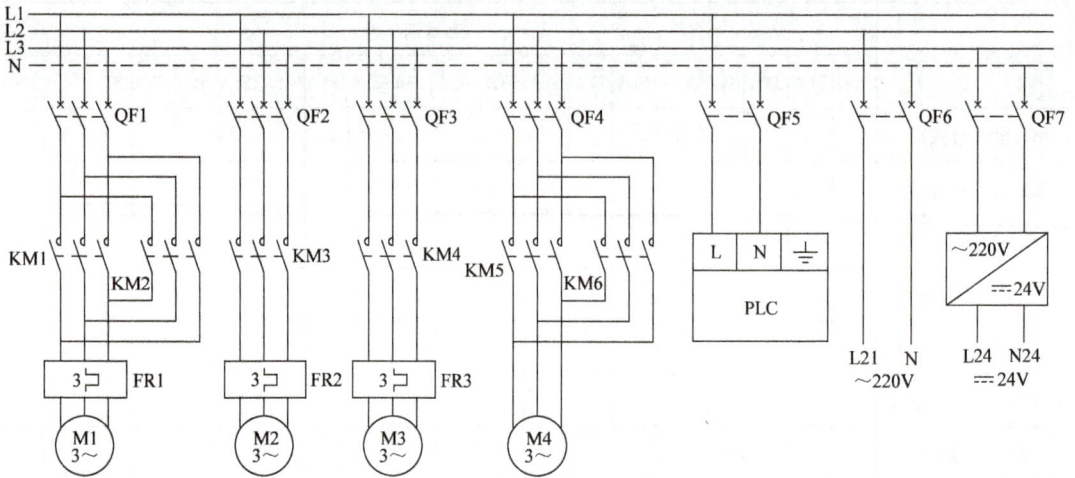

图 7-3　切割机装置电气控制主电路原理图

234

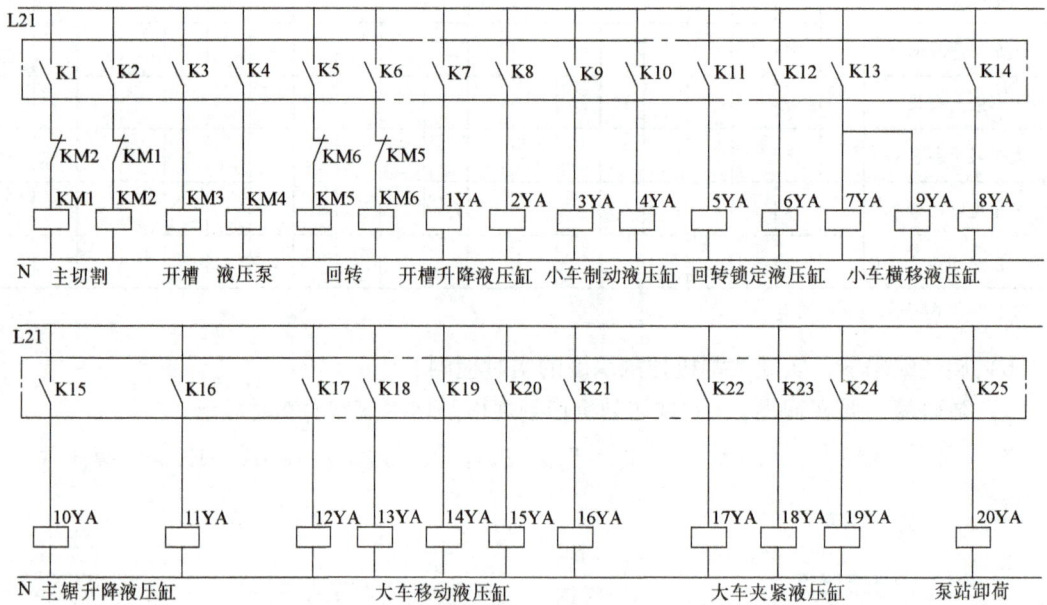

图 7-4　切割机装置交流控制电路原理图

AC 电源	DC 24V	I0.0~I1.5	AIW0~2	I2.0~I2.7	I3.0~I3.7	I4.0~ I4.7	I5.0~I5.7	I6.0~I6.7	I7.0~I7.7
CPU1214C (AC/DC/Relay)				SM1223 (DC 16x24V, 16xRelay)		SM1223 (DC 16x24V, 16xRelay)		SM1223 (DC 16x24V, 16xRelay)	
Q0.0~Q1.1				Q2.0~Q2.7	Q3.0~Q3.7	Q4.0~Q4.7	Q5.0~Q5.7	Q6.0~Q6.7	Q7.0~Q7.7

图 7-5　PLC 控制系统配置示意图

表 7-2　PLC 开关量输入接口功能表

序号	输入口	说明	序号	输入口	说明
1	I0.0	输入点备用	33	I4.0	小车左限位 SQ4
2	I0.1	主切割电动机正转信号 KM1	34	I4.1	小车右终点限位 SQ5
3	I0.2	主切割电动机反转信号 KM2	35	I4.2	小车右限位 SQ6
4	I0.3	主切割电动机过载信号 FR1（常闭）	36	I4.3	切割头慢降转换开关 SA2-1
5	I0.4	主切割电动机正转按钮 SB1	37	I4.4	切割头快升转换开关 SA2-2
6	I0.5	主切割电动机停止按钮 SB2（常闭）	38	I4.5	切割头下限位 SQ7
7	I0.6	主切割电动机反转按钮 SB3	39	I4.6	切割头上限位 SQ8
8	I0.7	输入点备用	40	I4.7	回转制动液压缸开启转换开关 SA3-1
9	I1.0	开槽电动机运行信号 KM3	41	I5.0	回转制动液压缸制动转换开关 SA3-2
10	I1.1	开槽电动机过载信号 FR2（常闭）	42	I5.1	输入点备用
11	I1.2	开槽电动机起动按钮 SB4	43	I5.2	大车最大夹紧转换开关 SA4-1
12	I1.3	开槽电动机停止按钮 SB5（常闭）	44	I5.3	大车最小夹紧转换开关 SA4-2
13	I1.4	输入点备用	45	I5.4	大车夹紧松开转换开关 SA4-3
14	I1.5	液压泵电动机运行信号 KM4	46	I5.5	小车制动液压缸开启转换开关 SA5-1
15			47	I5.6	小车制动液压缸制动转换开关 SA5-2
16			48	I5.7	开槽机构下降转换开关 SA6-1
17	I2.0	液压泵电动机过载信号 FR3（常闭）	49	I6.0	开槽机构上升转换开关 SA6-2
18	I2.1	液压系统过滤器 1 堵 KP1	50	I6.1	输入点备用
19	I2.2	液压系统液位低 KL1（常闭）	51	I6.2	大车前进转换开关 SA7-1
20	I2.3	液压系统液位高 KL2（常闭）	52	I6.3	大车慢速转换开关 SA7-2
21	I2.4	液压系统过滤器 2 堵 KP2	53	I6.4	大车中速转换开关 SA7-3
22	I2.5	回转电动机反转限位开关 SQ1	54	I6.5	大车快速转换开关 SA7-4
23	I2.6	输入点备用	55	I6.6	大车后退转换开关 SA7-5
24	I2.7	回转电动机正转信号 KM5	56	I6.7	输入点备用
25	I3.0	回转电动机反转信号 KM6	57	I7.0	切割头位置检测旋转编码器
26	I3.1	回转电动机正转限位开关 SQ2	58	I7.1	切割规格设定点动按钮 SB11
27	I3.2	回转电动机正转按钮 SB6	59	I7.2	切割规格设定微调（加）按钮 SB12
28	I3.3	回转电动机停止按钮 SB7（常闭）	60	I7.3	切割规格设定微调（减）按钮 SB13
29	I3.4	回转电动机反转按钮 SB8	61	I7.4	自动横向切割转换开关 SA8
30	I3.5	小车快速左移转换开关 SA1-1	62	I7.5	液压泵电动机起动按钮 SB9
31	I3.6	小车慢速右移转换开关 SA1-2	63	I7.6	液压泵电动机停止按钮 SB10（常闭）
32	I3.7	小车左终点限位 SQ3	64	I7.7	输入点备用

表 7-3　PLC 开关量输出接口功能表

序号	输出口	说明	序号	输出口	说明
1	Q0.0	主切割电动机正转中间继电器 K1	33	Q4.0	主切割电动机运行指示 H16
2	Q0.1	主切割电动机反转中间继电器 K2	34	Q4.1	开槽电动机运行指示 H17
3	Q0.2	开槽电动机运行中间继电器 K3	35	Q4.2	液压泵电动机运行指示 H18
4	Q0.3	液压泵电动机运行中间继电器 K4	36	Q4.3	液压系统液位报警 H19
5	Q0.4	回转电动机正转中间继电器 K5	37	Q4.4	大车高速后退控制 K17
6	Q0.5	回转电动机反转中间继电器 K6	38	Q4.5	液压系统过滤器堵指示 H20
7	Q0.6	开槽液压缸上升控制及指示 K7、H1	39	Q4.6	回转电动机运行指示 H21
8	Q0.7	开槽液压缸下降控制及指示 K8、H2	40	Q4.7	自动横向切割指示 H22
9	Q1.0	小车制动控制及指示 K9、H3	41	Q5.0	
10	Q1.1	小车制动开启控制及指示 K10、H4	42	Q5.1	切割规格及切割深度指示 H 百位
11			43	Q5.2	
12			44	Q5.3	
13			45	Q5.4	
14			46	Q5.5	切割规格及切割深度指示 H 十位
15			47	Q5.6	
16			48	Q5.7	
17	Q2.0		49	Q6.0	
18	Q2.1		50	Q6.1	切割规格及切割深度指示 H 个位
19	Q2.2	回转锁定控制及指示 K11、H5	51	Q6.2	
20	Q2.3	回转锁定开启控制及指示 K12、H6	52	Q6.3	
21	Q2.4	小车左移控制及指示 K13、H7	53	Q6.4	输出点备用
22	Q2.5	小车右移控制及指示 K14、H8	54	Q6.5	输出点备用
23	Q2.6	切割头上升控制及指示 K15、H9	55	Q6.6	输出点备用
24	Q2.7	切割头下降控制及指示 K16、H10	56	Q6.7	输出点备用
25	Q3.0	大车后退控制及指示 K19、H11	57	Q7.0	
26	Q3.1	大车高速前进控制 K20	58	Q7.1	
27	Q3.2	大车中速前进 K21	59	Q7.2	
28	Q3.3	大车最大夹紧控制 K22	60	Q7.3	
29	Q3.4	大车夹紧松开控制及指示 K23、H12	61	Q7.4	输出点备用
30	Q3.5	大车夹紧控制及指示 K24、H13	62	Q7.5	
31	Q3.6	泵站卸荷控制及指示 K25、H14	63	Q7.6	
32	Q3.7	大车前进控制及指示 K18、H15	64	Q7.7	

3. PLC 控制程序设计

根据切割机装置操作控制要求，结合 PLC 控制电路编制 PLC 控制程序（略）。

四、操作说明书

根据切割机装置的设备和电控情况以及所设计的 PLC 控制程序，切割机电控操作说明如下：

本系统采用 PLC 对多功能切割锯进行控制，控制对象包括主切割电动机、开槽电动机、液压泵、回转电动机以及各个电磁铁等。控制功能包括切割规格设定、手动/自动横向切割、手动大车快速纵向行走、手动纵向切割、手动斜向切割和手动开槽切割等。

1. 切割规格设定

1）当切割头处于上极限位置时，按下规格设定点动按钮，点动第一次规格设为 380，第二次为 300，第三次为 250，第四次为 200，第五次为 180，第六次为 150，第七次保持 150，并对设定复位，进入下一次与前相同的规格设定循环，设定结果在数码管上显示。

2）规格设定完成，还可对所设定的规格进行微调，按下规格设定微调（+）点动按钮，在设定规格基础上可累加上主切割锯低部距水泥面的距离，按下规格设定微调（-）点动按钮在设定超过时使设定值减小，设定结果也在数码管上指示，这一功能可保证在锯片磨损时，对切割深度进行补偿设定。

3）切割机各种切割功能均是在设定工作完成后进行的。

2. 手动横向切割

1）大车夹紧/松开转换开关指向左 90°（最大夹紧力）位置，电磁铁 17YA、19YA 得电，18YA 失电，大车夹紧指示灯亮 30s 后熄灭，保持该转换开关在此位置。

2）切割头下降/上升转换开关指向右 45°（切割头上升）位置，电磁铁 10YA 得电，11YA 失电，升降液压缸上升指示灯亮，切割头上升，至最高位置，10YA、11YA 失电，升降液压缸锁定。

3）回转制动液压缸开启/制动转换开关指向左 45°（锁定液压缸开启）位置，电磁铁 5YA 失电，6YA 得电，锁定液压缸开启指示灯亮 5s 后熄灭，保持该转换开关在此位置。

4）按下回转电动机起动按钮（正转或反转），回转电动机带动主切割锯旋转，回转电动机运转指示灯亮，将主切割锯转至与水泥板纵向垂直位置，按下回转电动机停止按钮，主切割锯停止转动。

5）回转制动液压缸开启/制动转换开关指向右 45°（锁定液压缸锁定）位置，电磁铁 5YA 得电，6YA 失电，锁定液压缸锁定指示灯亮 5s 后熄灭，保持该转换开关在此位置。

6）小车制动液压缸开启/制动转换开关指向左 45°（小车制动开启）位置，电磁铁 3YA 失电，4YA 得电，小车制动开启指示灯亮 5s 后熄灭，保持该转换开关在此位置。

7）横移小车左移/右移转换开关指向左 45°（横移小车左移）位置，电磁铁 7YA、9YA 得电，8YA 失电，小车左移指示灯亮，主切割锯向左行驶至左端起始切割位置。

8）按下主切割电动机正转起动按钮，主切割电动机运转指示灯亮，检查锯口方向是否满足要求，检查冷却水是否打开。

9）切割头下降/上升转换开关指向左 45°（切割头下降）位置，电磁铁 10YA 失电，11YA 得电，升降液压缸下降指示灯亮，切割头下降，至切割位置，10YA、11YA 失电，升降液压缸锁定，该转换开关转回中间位置。

10）横移小车左移/右移转换开关指向右 45°（横移小车右移）位置，电磁铁 7YA、

9YA 失电，8YA 得电，小车右移指示灯亮，主锯向右行驶切割水泥板，至右端切割极限位置，7YA、8YA、9YA 失电。

11）切割头下降/上升转换开关指向右 45°（切割头上升）位置，电磁铁 10YA 得电，11YA 失电，升降液压缸上升指示灯亮，切割头上升，至最高位置，10YA、11YA 失电，升降液压缸锁定，完成一次手动横向切割工艺。

3. 大车快速纵向行走

1）大车夹紧/松开转换开关指向左 45°（最小夹紧力）位置，电磁铁 17YA 得电，18YA、19YA 失电，大车夹紧指示灯亮 30s 后熄灭，保持该转换开关在此位置。

2）切割头下降/上升转换开关指向右 45°（切割头上升）位置，电磁铁 10YA 得电，11YA 失电，升降液压缸上升指示灯亮，切割头上升，至最高位置，10YA、11YA 失电，升降液压缸锁定。

3）开槽升降液压缸下降/上升转换开关转至开槽机构上升位置，开槽升降液压缸上升指示灯亮 5s，开槽机构上升，然后指示灯熄灭，开槽升降液压缸锁定，保持该转换开关在此位置。

4）大车前进/后退转换开关逆时针转动（可选择低、中、高三速，分别对应 45°、90° 和 135°位置），大车前进指示灯亮，大车前进至新切割位置，转换开关转回中间位置，准备进入新切割工艺。

4. 手动纵向切割

1）大车夹紧/松开转换开关指向左 45°（最小夹紧力）位置，电磁铁 17YA 得电，18YA、19YA 失电，大车夹紧指示灯亮 30s 后熄灭，保持该转换开关在此位置。

2）切割头下降/上升转换开关指向右 45°（切割头上升）位置，电磁铁 10YA 得电，11YA 失电，升降液压缸上升指示灯亮，切割头上升，至最高位置，10YA、11YA 失电，升降液压缸锁定。

3）回转制动液压缸开启/制动转换开关指向左 45°（锁定液压缸开启）位置，电磁铁 5YA 失电，6YA 得电，锁定液压缸开启指示灯亮 5s 后熄灭，保持该转换开关在此位置。

4）按下回转电动机起动按钮（正转或反转），回转电动机带动主切割锯旋转，回转电动机运转指示灯亮，将主切割锯转至与水泥板纵向平行位置，按下回转电动机停止按钮，主切割锯停止转动。

5）回转制动液压缸开启/制动转换开关指向右 45°（锁定液压缸锁定）位置，电磁铁 5YA 得电，6YA 失电，锁定液压缸锁定指示灯亮 5s 后熄灭，保持该转换开关在此位置。

6）开槽升降液压缸下降/上升转换开关转至开槽机构上升位置，开槽升降液压缸上升指示灯亮，开槽机构上升，5s 后指示灯熄灭，开槽升降液压缸锁定，保持该转换开关在此位置。

7）操作小车左移/右移转换开关，小车左移或右移，相应的指示灯亮，主切割锯向左行驶或向右行驶至纵向起始切割位置。

8）按下主切割电动机起动按钮（正转或反转），主切割电动机运转指示灯亮，检查锯口方向是否满足要求，检查冷却水是否打开。

9）切割头下降/上升转换开关指向左 45°（切割头下降）位置，电磁铁 10YA 失电，11YA 得电，升降液压缸下降指示灯亮，切割头下降，至切割位置，10YA、11YA 失电，升降液压缸锁定，转换开关转回中间位置。

10）大车前进/后退转换开关顺时针（或逆时针）转至 45°（大车低速）位置，大车后退（或前进）指示灯亮，大车后退（或前进）开始纵向切割，至纵向切割终点位置，转换开关转回中间零位，大车停止移动。

11）切割头下降/上升转换开关指向右 45°（切割头上升）位置，电磁铁 10YA 得电，11YA 失电，升降液压缸上升指示灯亮，切割头上升，至最高位置，10YA、11YA 失电，升降液压缸锁定，完成一次手动纵向切割工艺。

5. 手动斜向切割

1）大车夹紧/松开转换开关指向左 45°（最小夹紧力）位置，电磁铁 17YA 得电，18YA、19YA 失电，大车夹紧指示灯亮 30s 后熄灭，保持该转换开关在此位置。

2）切割头下降/上升转换开关指向右 45°（切割头上升）位置，电磁铁 10YA 得电，11YA 失电，升降液压缸上升指示灯亮，切割头上升，至最高位置，10YA、11YA 失电，升降液压缸锁定。

3）回转制动液压缸开启/制动转换开关指向左 45°（锁定液压缸开启）位置，电磁铁 5YA 失电，6YA 得电，锁定液压缸开启指示灯亮 5s 后熄灭，保持该转换开关在此位置。

4）按下回转电动机起动按钮（正转或反转），回转电动机带动主切割锯旋转，回转电动机正转（或反转）指示灯亮，将主切割锯转至斜切水泥板的某一角度，按下回转电动机停止按钮，主切割锯停止转动。

5）回转制动液压缸开启/制动转换开关指向右 45°（锁定液压缸锁定）位置，电磁铁 5YA 得电，6YA 失电，锁定液压缸锁定指示灯亮 5s 后熄灭，保持该转换开关在此位置。

6）小车制动液压缸开启/制动转换开关指向左 45°（小车制动开启）位置，电磁铁 3YA 失电，4YA 得电，小车制动开启指示灯亮 5s 后熄灭，保持该转换开关在此位置。

7）横移小车左移/右移转换开关指向左 45°（横移小车左移）位置，电磁铁 7YA、9YA 得电，8YA 失电，小车左移指示灯亮，主切割锯向左行驶至左端起始切割位置。

8）小车制动液压缸开启/制动转换开关指向右 45°（小车制动）位置，电磁铁 3YA 得电，4YA 失电，小车制动指示灯亮 5s 后熄灭，保持该转换开关在此位置。

9）开槽升降液压缸下降/上升转换开关转至开槽机构上升位置，开槽升降液压缸上升指示灯亮，开槽机构上升，5s 后指示灯熄灭，开槽升降液压缸锁定，保持该转换开关在此位置。

10）大车夹紧/松开转换开关指向左 90°（最大夹紧力）位置，电磁铁 17YA、19YA 得电，18YA 失电，大车夹紧指示灯亮 30s 后熄灭，保持该转换开关在此位置。

11）按下主切割电动机起动按钮（正转或反转），主切割电动机运转指示灯亮，检查锯口方向是否满足要求，检查冷却水是否打开。

12）切割头下降/上升转换开关指向左 45°（切割头下降）位置，电磁铁 10YA 失电，11YA 得电，升降液压缸下降指示灯亮，切割头下降，至切割位置，10YA、11YA 失电，升降液压缸锁定，转换开关转回中间位置。

13）切割头下降/上升转换开关指向右 45°（切割头上升）位置，电磁铁 10YA 得电，11YA 失电，升降液压缸上升指示灯亮，切割头上升，至最高位置，转换开关转回中间位置，10YA、11YA 失电，升降液压缸锁定。

14）小车制动液压缸开启/制动转换开关指向左 45°（小车制动开启）位置，电磁铁 3YA 失电，4YA 得电，小车制动开启指示灯亮 5s 后熄灭，保持该转换开关在此位置。

15）大车夹紧/松开转换开关指向左 45°（最小夹紧力）位置，电磁铁 17YA 得电，18YA、19YA 失电，大车夹紧指示灯亮 30s 后熄灭，保持该转换开关在此位置。

16）操作小车左移/右移转换开关，小车左移或右移，相应的指示灯亮，主切割锯向左行驶或向右行驶，同时操作大车前进/后退转换开关，大车前进或后退，相应的指示灯亮，主切割锯前进或后退，调整主切割锯位置，使其在上次切口的延长线上且与上次切口衔接。

17）重复 8）~16）的切割动作，直至完成全部的斜切任务。

6. 手动开槽切割

1）大车夹紧/松开转换开关指向左 45°（最小夹紧力）位置，电磁铁 17YA 得电，18YA、19YA 失电，大车夹紧指示灯亮 30s 后熄灭，保持该转换开关在此位置。

2）切割头下降/上升转换开关指向右 45°（切割头上升）位置，电磁铁 10YA 得电，11YA 失电，升降液压缸上升指示灯亮，切割头上升，至最高位置，10YA、11YA 失电，升降液压缸锁定。

3）开槽升降液压缸下降/上升转换开关转至开槽机构上升位置，开槽升降液压缸上升指示灯亮，开槽机构上升，5s 后指示灯熄灭，开槽升降液压缸锁定，保持该转换开关在此位置。

4）按下开槽切割电动机起动按钮，开槽切割电动机运转指示灯亮，检查冷却水是否打开。

5）开槽升降液压缸下降/上升转换开关转至开槽机构下降位置，开槽升降液压缸下降指示灯亮，开槽机构下降，5s 后指示灯熄灭，开槽升降液压缸锁定，保持该转换开关在此位置。

6）大车前进/后退转换开关指向右 45°（大车低速后退）位置，大车后退指示灯亮，大车后退开始开槽纵向切割，至开槽纵向切割终点位置，转换开关转回中间零位，大车停止移动。

7）开槽升降液压缸下降/上升转换开关转至开槽机构上升位置，开槽升降液压缸上升指示灯亮，开槽机构上升，5s 后指示灯熄灭，开槽升降液压缸锁定，保持该转换开关在此位置。

8）按下开槽切割电动机停止按钮，开槽切割电动机停止运转。

7. 自动横向切割

1）大车夹紧/松开转换开关指向左 90°（最大夹紧力）位置，电磁铁 17YA、19YA 得电，18YA 失电，大车夹紧指示灯亮 30s 后熄灭，保持该转换开关在此位置。

2）切割头下降/上升转换开关指向右 45°（切割头上升）位置，电磁铁 10YA 得电，11YA 失电，升降液压缸上升指示灯亮，切割头上升，至最高位置，10YA、11YA 失电，升降液压缸锁定，转换开关转回中间零位。

3）回转制动液压缸开启/制动转换开关指向左 45°（锁定液压缸开启）位置，电磁铁 5YA 失电，6YA 得电，锁定液压缸开启指示灯亮 5s 后熄灭，保持该转换开关在此位置。

4）按下回转电动机起动按钮（正转或反转），回转电动机带动主切割锯旋转，回转电动机正转（或反转）指示灯亮，将主切割锯转至与水泥板纵向垂直位置，按下回转电动机停止按钮，主切割锯停止转动。

5）回转制动液压缸开启/制动转换开关指向右 45°（锁定液压缸锁定）位置，电磁铁 5YA 得电，6YA 失电，锁定液压缸锁定指示灯亮 5s 后熄灭，保持该转换开关在此位置。

6）小车制动液压缸开启/制动转换开关指向左 45°（小车制动开启）位置，电磁铁 3YA 失电，4YA 得电，小车制动开启指示灯亮 5s 后熄灭，保持该转换开关在此位置。

7）自动横向切割转换开关指向右 45°（自动横向切割）位置，自动横切指示灯亮，系统以步进方式进入自动横切工艺：

第一步：电磁铁 7YA、9YA 得电，8YA 失电，小车左移指示灯亮，主切割锯向左行驶至左端起始切割位置。

第二步：检查冷却水是否打开，检查锯口方向是否满足要求，按下主切割电动机正转起动按钮，主切割电动机运转指示灯亮。

第三步：电磁铁 10YA 失电，11YA 得电，升降液压缸下降指示灯亮，切割头下降，至切割位置，10YA、11YA 失电，升降液压缸锁定。

第四步：电磁铁 7YA、9YA 失电，8YA 得电，小车右移指示灯亮，主切割锯向右行驶，开始横向切割，至右极限开关位置。

第五步：电磁铁 10YA 得电，11YA 失电，升降液压缸上升指示灯亮，切割头上升，至最高位置，10YA、11YA 失电，升降液压缸锁定，自动完成一个横切工艺流程。

8）需要注意的是：在自动横切工艺进行时，如果出现故障或误操作，将自动横向切割转换开关恢复原位，清除自动横切工艺及指示灯，需要再自动横切时，从第一步开始操作。

241

第三节　PLC 与变频器结合在钢筋调直机上的应用

一、钢筋调直机及其工艺要求

钢筋调直机是一种经济型数控机械装置，用来调直切断圆形盘条钢筋混凝土用钢筋。钢筋经该机械装置调直切断后，钢筋切口断面平整，钢筋的横肋和纵肋表面无划伤、无扭曲，力学性能基本稳定，满足国家标准的使用要求。钢筋调直机的工作过程如下：

1）设定。根据所加工盘条的情况，设定钢筋直径、钢筋定尺切断长度，对钢筋根数进行设定，同时根据生产中钢筋长度的实际需要，设定承料架打开的气阀延时时间。

2）定尺。根据钢筋定尺切断长度，调整定尺挡板的位置。

3）手动。起动牵引辊，将盘条引入调直辊，以固定的速度对盘条进行调直并进行定尺剪切，盘条调直剪切完毕，手动停车。

4）自动。手动起动牵引辊，将盘条引入调直辊后，对盘条进行自动调直并定尺剪切，调直时高速，剪切时低速，同时对剪切的钢筋根数进行自动计数，与设定根数相等时，自动停车。

5）显示。对调直机实际剪切的钢筋根数进行计数并显示；根据数学模型，对每批钢筋不同根数的钢筋质量进行累加计算并显示；对每个班次所加工的钢筋总质量进行累加计算并显示。

二、钢筋调直机电控设备及要求

1）调直电动机 M1：带动调直筒正反转运行，实现钢筋调直。

2）牵引电动机 M2：带动牵引辊正反向运行，辅助钢筋调直。

3）除尘电动机 M3：单向运行，需要时手动起动进行除尘。

4）飞剪：定尺挡板动作时自动对钢筋进行剪切。

5）接近开关：对调直钢筋剪切根数进行计数。

6）限位开关：调直机机盖位置检测，实现安全生产。

7）变频器：对调直机的高速调直与低速剪切进行控制。

8）控制按钮：包括手动/自动选择旋钮开关，两地操作的正转、反转和停止按钮，三地操作的点动正转、反转按钮，承料架打开按钮等。

9）指示灯：两地显示电源指示灯以及调直机运行指示灯。

10）文本显示器：实现调直机的参数设定及相关信息的显示。

三、设计过程

1. 电控系统原理图

根据钢筋调直机装置设备及其对电控的要求，设计电气控制原理图，如图 7-6 所示。三相电源由断路器 QF1 引入。调直电动机 M1、牵引电动机 M2 由同一台变频器控制，具有较完整的保护功能，变频器的控制信号由 PLC 给出。除尘电动机 M3 由断路器 QF2 手动控制，由于是短时工作，不设过载保护。断路器 QF3 为 PLC 电源开关。HL1、HL2 为电源指示信号。

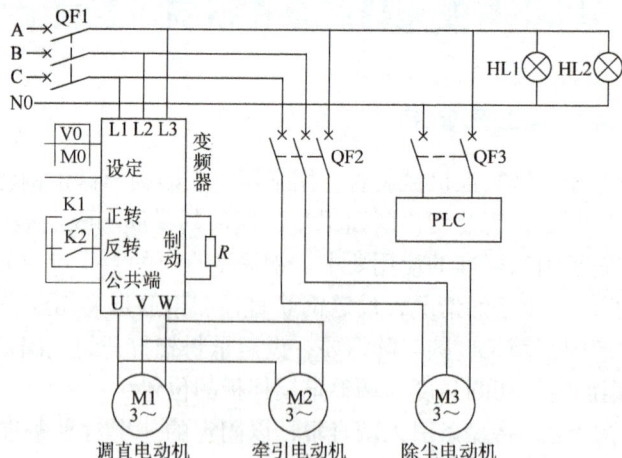

图 7-6　钢筋调直机电气控制原理图

2. PLC 控制电路原理图

根据钢筋调直机装置操作控制要求，选用西门子 S7-1200 PLC CPU1214C 模块及 SB1232

模拟量输出信号板组成 PLC 系统，同时选择 S7-1200 系列 KTP400 Basic PN 精简面板实现设定、显示功能。PLC 控制电路原理图如图 7-7 所示，相应的 PLC 输入/输出接口功能表见表 7-4 和表 7-5。

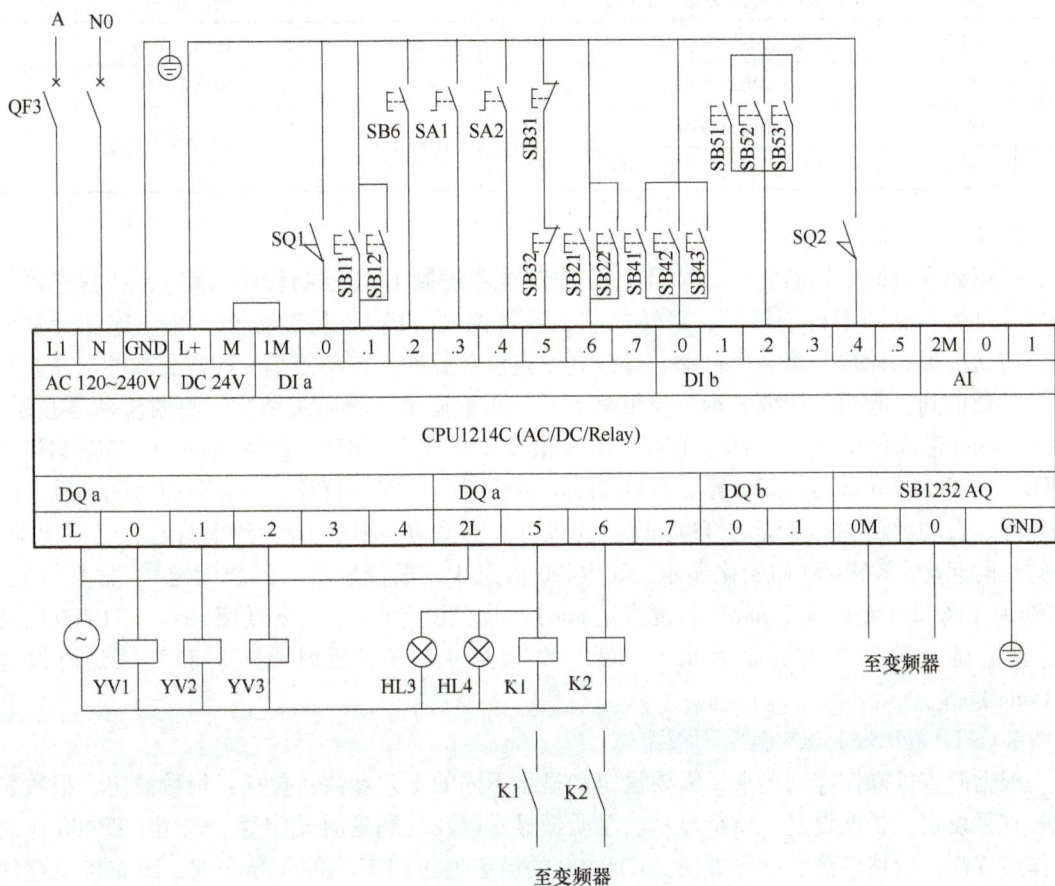

图 7-7　钢筋调直机 PLC 控制电路原理图

表 7-4　PLC 输入接口功能表

序号	输入口	说明	序号	输入口	说明
1	I0.0	接近开关 SQ1	9	I1.0	三地操作正转点动按钮 SB41~SB43
2	I0.1	两地操作正转按钮 SB11、SB12	10	I1.1	输入点备用
3	I0.2	总重量清零按钮 SB6	11	I1.2	三地操作反转点动按钮 SB51~SB53
4	I0.3	承料架打开旋钮开关 SA1	12	I1.3	输入点备用
5	I0.4	手动/自动选择旋钮开关 SA2	13	I1.4	调直机机盖限位开关 SQ2
6	I0.5	两地操作停止按钮 SB31、SB32	14	I1.5	输入点备用
7	I0.6	两地操作反转按钮 SB21、SB22	15	AIW0	模拟量输入备用
8	I0.7	输入点备用	16	AIW2	模拟量输入备用

243

表 7-5　PLC 输出接口功能表

序号	输出口	说明	序号	输出口	说明
1	Q0.0	承料架气阀控制接触器 YV1	7	Q0.6	调直机正转控制 K2
2	Q0.1	承料架气阀控制接触器 YV2	8	Q0.7	输出点备用
3	Q0.2	承料架气阀控制接触器 YV3	9	Q1.0	输出点备用
4	Q0.3	输出点备用	10	Q1.1	输出点备用
5	Q0.4	输出点备用	11	AQW0	变频器模拟量设定
6	Q0.5	调直机正转控制及指示 K1、H3、H4			

3. PLC 控制程序设计

根据调直机操作控制要求，结合 PLC 控制电路编制 PLC 控制程序（略），各程序段的功能分别为：点动不自锁延时、正转控制、反转控制、10min 待料停车、防止连切计数延时、剪切信号、计数、第一根自动、计数到设定值、脉冲、自动停车、计数到脉冲、初始脉冲、计数值到、起动、计数显示、质量显示、总质量显示、总质量清除、总质量清零显示、直径 14mm 最高频率设定 60Hz、直径 12mm 最高频率设定 70Hz、直径 10mm 最高频率设定 70Hz、直径 10mm 剪切时间计算、直径 12mm 剪切时间计算、直径 14mm 剪切时间计算、高速计时、自动剪切频率 35Hz、自动调直最高频率、手动频率 35Hz、频率给定、气阀起动、气阀延时起动、KTP400 初始化显示、KTP400 信息 1（根数显示，根数设定）、根数设定、KTP400 信息 2（直径设定 mm，长度设定 mm）、直径设定 mm、长度设定 mm、KTP400 信息 3（质量显示 kg，总质量显示 kg）、KTP400 信息 4（气阀延时设定）和气阀延时设定（100ms）等。

4. KTP400 Basic PN 精简面板组态

根据调直机操作控制要求，需要设定和显示不同的工艺参数，包括：根数设定、根数显示、直径设定、长度设定、质量显示、总质量显示以及气阀延时设定等。选用 KTP400 作为操作员界面，价格经济、操作方便。KTP400 的组态通过组态软件向导实现，组态信息存储在 CPU 参数块内（略）。在完成选择项的选择和信息建立之后，KTP400 组态向导自动把参数块和信息文本写入数据块，上电后，KTP400 从 CPU 读参数块，主动循环查询读取信息显示。

第八章　电气控制与 PLC 课程设计

第一节　课程设计的目的、要求、任务及方法

要完成好电气控制系统的设计任务，除掌握必要的电气设计基础知识外，还必须经过反复实践，深入生产现场，将不断积累的经验应用到设计中来。课程设计正是为这一目的而安排的实践性教学环节，它是一项初步的工程训练。通过课程设计，了解一般电气控制系统的设计要求、设计内容和设计方法。电气设计包含原理设计和工艺设计两个方面，不能忽视任何一面，对于应用型人才更应重视工艺设计。课程设计属于练习性质，不强调设计结果直接用于生产。

一、设计目的

课程设计的主要目的是通过某一生产设备的电气控制装置的设计实践，了解一般电气控制系统设计过程、设计要求、应完成的工作内容和具体设计方法，通过设计也有助于复习、巩固以往所学的知识，达到灵活应用的目的。电气设计必须满足生产设备和生产工艺的要求，因此，设计之前必须了解设备的用途、结构、操作要求和工艺过程，在此过程中培养从事设计工作的整体观念。

课程设计应强调以能力培养为主，在独立完成设计任务的同时，还要注意其他几方面能力的培养与提高，如独立工作能力与创造力；综合运用专业及基础知识的能力，解决实际工程技术问题的能力；查阅图书资料、产品手册和各种工具书的能力；工程绘图的能力；书写技术报告和编制技术资料的能力。

二、设计要求

在课程设计中，学生是主体，应充分发挥他们的主动性和创造性。教师的主导作用是引导其掌握完成设计内容的方法。

为保证顺利完成设计任务还应做到以下几点：

1）在接受设计任务后，应根据设计要求和应完成的设计内容进度计划，确定各阶段应完成的工作量，妥善安排时间。

2）在方案确定过程中应主动提出问题，以取得指导教师的帮助，同时要广泛讨论，依据充分。在具体设计过程中要多思考，尤其是主要参数，要经过计算论证。

3）所有电气图样的绘制必须符合国家有关规定的标准，包括线条、图形符号、项目代号、回路标号、技术要求、标题栏、元器件明细表以及图样的折叠和装订。

4）说明书要求文字通顺、简练，字迹端正、整洁。

5）应在规定的时间内完成所有的设计任务。

6）如果条件允许，应对自己的设计电路进行试验论证，考虑进一步改进的可能性。

三、设计任务

课程设计要求以设计任务书的形式表达，设计任务书应包括以下内容：①设备的名称、用途、基本结构、动作原理以及工艺过程的简要介绍；②拖动方式、运动部件的动作顺序、各动作要求和控制要求；③联锁、保护要求；④照明、指示和报警等辅助要求；⑤应绘制的图样；⑥说明书要求。

原理设计的中心任务是绘制电气原理图和选用电气元器件。工艺设计的目的是得到电气设备制造过程中需要的施工图样。图样的类型、数量较多，设计中主要以电气设备总体配置图、电气板元器件布置图、控制面板布置图、接线图、电气箱以及主要加工零件（电气安装底板、控制面板等）为练习对象。对于每位设计者只需完成其中一部分。原理图及工艺图样均应按要求绘制，元器件布置图应标注总体尺寸、安装尺寸和相对位置尺寸。接线图的编号应与原理图一致，要标注组件所有进出线编号、配线规格和进出线的连接方式（采用端子板或接插板）。

四、设计方法

在接到设计任务书后，按原理设计和工艺设计两方面进行。

1. 原理图设计的步骤

1）根据要求拟定设计任务。

2）根据拖动要求设计主电路。在绘制主电路时，可考虑以下几个方面：

① 每台电动机的控制方式，应根据其容量及拖动负载性质考虑其起动要求，选择适当的起动电路。对于容量小（7.5kW 以下）、起动负载不大的电动机，可采用直接起动；对于大容量电动机应采用减压起动。

② 根据运动要求决定转向控制。

③ 根据每台电动机的工作制，决定是否需要设置过载保护或过电流控制措施。

④ 根据拖动负载及工艺要求决定停车时是否需要制动控制，并决定采用何种控制方式。

⑤ 设置短路保护及其他必要的电气保护。

⑥ 考虑其他特殊要求：调速要求、主电路参数测量和信号检测等。

3）根据主电路的控制要求设计控制回路，其设计方法是：①正确选择控制电路电压种类及大小；②根据每台电动机的起动、运行、调速、制动及保护要求依次绘制各控制环节（基本单元控制电路）；③设置必要的联锁（包括同一台电动机各动作之间以及各台电动机之间的动作联锁）；④设置短路保护以及设计任务书中要求的位置保护（如极限位、越位和相对位置保护）、电压保护、电流保护和各种物理量保护（温度、压力和流量等）；⑤根据拖动要求，设计特殊要求控制环节，如自动抬刀、变速与自动循环、工艺参数测量等控制；⑥按需要设置应急操作。

4）根据照明、指示和报警等要求设计辅助电路。

5）总体检查、修改、补充及完善。主要内容包括：①校核各种动作控制是否满足要求，是否有矛盾或遗漏；②检查接触器、继电器、主令电器的触点使用是否合理，是否超过电气元器件允许的数量；③检查联锁要求能否实现；④检查各种保护能否实现；⑤检查发生误操作所引起的后果与防范措施。

6）进行必要的参数计算。

7）正确、合理地选择各电气元器件，按规定格式编制元器件目录表。

8）根据完善后的设计草图，按电气制图标准绘制电气原理电路图，按要求标注元器件的项目代号，按 GB/T 4884—1985《绝缘导线的标记》的要求对电路进行统一编号。

2. 工艺设计步骤

1）根据电气设备的总体配置及电气元器件的分布状况和操作要求划分电气组件，绘制电气控制系统的总装配图和接线图。

2）根据电气元器件的型号、外形尺寸和安装尺寸绘制每一组件的元器件布置图（如电气安装板、控制面板、电源和放大器等）。

3）根据元器件布置图及电气原理编号绘制组件接线图，统计组件进出线的数量、编号以及各组件之间的连接方式。

4）绘制并修改工艺设计草图后，便可按机械、电气制图要求绘制工程图。最后按设计过程和设计结果编写设计说明书及使用说明书。

第二节　小型 SBR 废水处理 PLC 电气控制系统课程设计

一、小型 SBR 废水处理电气控制系统设计任务书

1. SBR 废水处理工艺的技术要求

SBR（序批式活性污泥法）废水处理技术是一种高效废水回收利用的处理技术，采用优势菌技术对校园生活污水进行处理，经过处理后的中水可以用来浇灌绿地、花木、冲洗厕所及车辆等，从而达到节约水资源的目的。

SBR 废水处理系统方案要充分考虑现实生活中校园生活区较为狭小的特点，力求达到设备体积小、性能稳定和工程投资少的目的。废水处理过程中环境温度对菌群代谢产生的作用直接影响废水处理效果，因此采用地埋式砖混结构处理池以降低温度对处理效果的影响。同时，SBR 废水处理技术工艺参数变化大，硬件设计选型与设备调试比较复杂，采用先进的 PLC 控制技术可以提高 SBR 废水处理的效率，方便操作和使用。

SBR 废水处理系统分别由污水处理池、清水池、中水箱、电控箱以及水泵、罗茨鼓风机、电动阀和电磁阀等部分组成，在污水处理池、清水池和中水箱中分别设置液位开关，用以检测水池与水箱中的水位。SBR 废水处理系统示意图如图 8-1 所示。

污水处理的第一阶段：当污水池中的水位处于低水位或无水状态时，电动阀会自动开启纳入污水。当污水池纳入的污水至正常高水位时，电动阀自动关闭，污水池中污水呈微氧和厌氧状态。

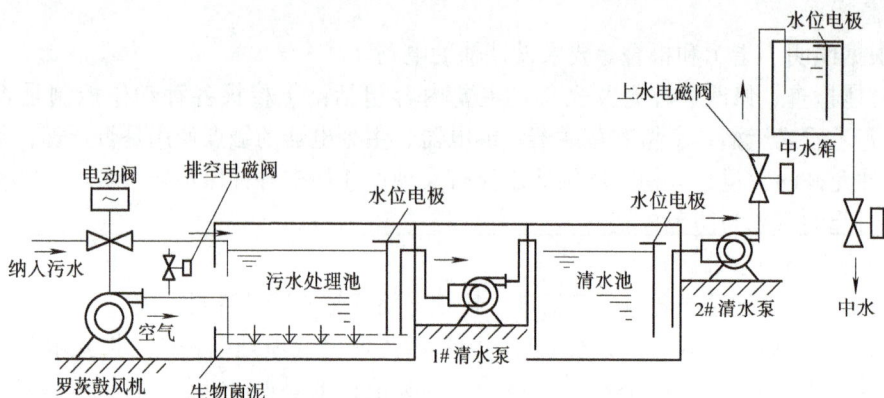

图 8-1 SBR 废水处理系统示意图

污水处理的第二阶段：采用能降解大分子污染物的曝气法，可使污水脱色、除臭、平衡菌群的 pH 值并对污染物进行高效除污，即好氧处理过程。整个好氧（曝气）时间一般需要 6~8h。在曝气管路上安装了排空电磁阀，当电动阀自动关闭后，排空电磁阀开启，罗茨鼓风机延时空载起动，然后排空电磁阀关闭，污水池开始曝气。当曝气处理结束后，排空电磁阀再次开启，罗茨鼓风机空载停机，然后排空电磁阀延时关闭。曝气风机在无负载条件下起动和停止，能起到保护电动机和风机的作用。经过 0.5h 的水质沉淀，PLC 下达起动 1#清水泵指令，将沉淀后的水泵入到清水池。当清水池中的水位升至正常高水位时，1#清水泵自动停止运行。这时 2#清水泵自动起动向中水箱泵水，当水箱内达到正常高水位时，2#清水泵自动停止运行，这时中水箱内的水全部完成处理过程。

如上所示，当中水箱内水位降至低水位时，2#清水泵又自动起动向中水箱泵水。当污水池中的水位降至低水位时，电动阀会自动打开继续向污水池纳入污水，如此循环往复。

SBR 废水处理技术针对污水水质不同选用生物菌群不同，工艺要求有所不同，电气控制系统应有参数可修正功能，以满足废水处理的要求。

2. SBR 废水处理系统动力设备

SBR 废水处理系统中所使用的动力设备（水泵、罗茨鼓风机和电动阀），均采用三相交流异步电动机，电动机和电磁阀（AC 220V 选配）选配防水防潮型。

1#清水泵：立式离心泵 LS50-10-A，扬程 10m，流量 29m³/h，1kW。

2#清水泵：立式离心泵 LS40-32.1，扬程 30m，流量 16m³/h，3kW。

曝气罗茨鼓风机：TSA-40，0.7m³/min，1.1kW。

电动阀：阀体 D97A1X5-10ZB-125mm，电动装置 LQ20-1，AC 380V，60W。

3. SBR 废水处理电气控制系统设计要求

1）控制装置选用 PLC 作为系统的控制核心，根据工艺要求合理选配 PLC 机型和 I/O 接口。

2）可执行手动/自动两种方式，应能按照工艺要求编辑程序并可实时整定参数。

3）电动阀上驱动电动机为正、反转双向运行，因此要在 PLC 控制回路加互锁功能。

4）PLC 的接地应按手册中的要求设计，并在图中表示或说明。

5）为了设备安全运行，考虑必要的保护措施，如电动机过热保护、控制系统短路保护等。

6）绘制电气原理图：包括主电路、控制电路和 PLC 硬件电路，编制 PLC 的 I/O 接口功能表。

7）选择电气元器件、编制元器件目录表。

8）绘制接线图、电控柜布置图和配线图、控制面板布置图和配线图等。

9）采用梯形图或指令表编制 PLC 控制程序。

二、SBR 废水处理电气控制系统总体设计过程

1. 总体方案说明

1）SBR 废水处理系统控制对象电动机均由交流接触器完成起、停控制，电动阀电动机要采用正、反转控制。

2）污水池、清水池和中水箱水位检测开关，选型时考虑抗干扰性能，选用电极考虑耐腐蚀性。

3）电动阀上驱动电动机，其内部设有过载保护开关，为常闭触点，作为电动阀过载保护信号，PLC 控制电路考虑该信号逻辑关系。

4）1#清水泵、2#清水泵、罗茨鼓风机电动机和电动阀电动机分别采用热继电器实现过载保护，其热继电器的常开触点通过中间继电器转换后，作为 PLC 的输入信号，用以完成各个电动机系统的过载保护。

5）罗茨鼓风机的控制要求在无负载条件下起动或停机，需要在曝气管路上设置排空电磁阀。

6）主电路用断路器，各负载回路和控制回路以及 PLC 控制回路采用熔断器，实现短路保护。

7）电控箱设置在控制室内。控制面板与电控箱内的电气板用 BVR 型铜导线连接，电控箱与执行装置之间采用端子板连接。

8）PLC 选用继电器输出型。

9）PLC 自身配有 24V 直流电源，外接负载时考虑其供电容量。PLC 接地端采用第三种接地方式，提高抗干扰能力。

2. SBR 废水处理电气控制原理图设计

（1）主电路设计

SBR 废水处理电气控制系统主电路如图 8-2 所示。

1）主回路中交流接触器 KM1~KM3 分别控制 1#清水泵 M1、2#清水泵 M2 和曝气罗茨鼓风机 M3（图中简写为 1#泵、2#泵，后同）；交流接触器 KM4、KM5 控制电动阀电动机 M4，通过正、反转完成开启和关闭阀门的功能。

2）电动机 M1~M4 由热继电器 FR1~FR4 实现过载保护。电动阀电动机 M4 控制器内还装有常闭热保护开关，对 M4 实现双重保护。

3）QF 为电源总开关，既可完成主电路的短路保护，又起到分断三相交流电源的作用，使用和维修方便。

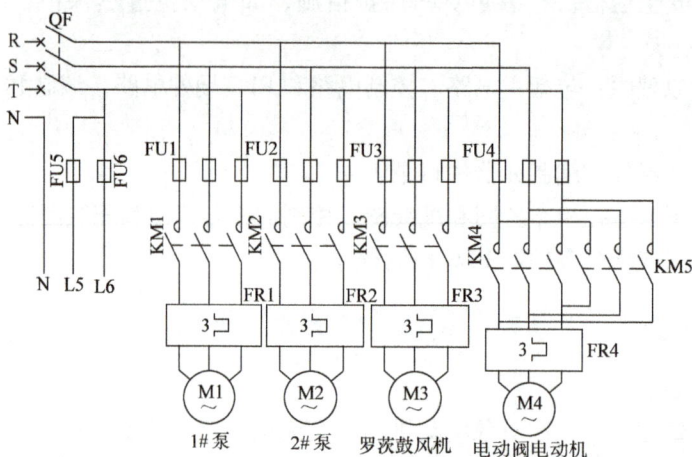

图 8-2　SBR 废水处理电气控制系统主电路

4）熔断器 FU1～FU4 分别实现各负载回路的短路保护。FU5、FU6 分别完成交流控制回路和 PLC 控制回路的短路保护。

（2）交流控制电路设计

SBR 废水处理系统交流控制电路如图 8-3 所示。

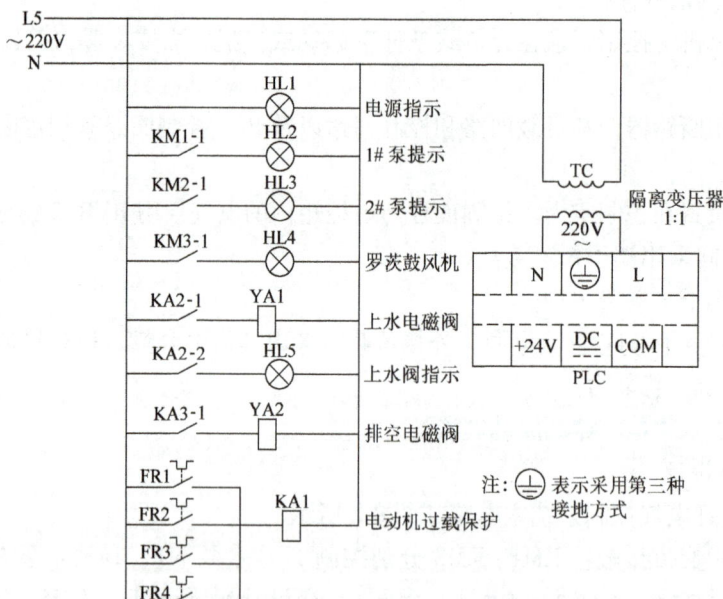

图 8-3　SBR 废水处理系统交流控制电路

1）控制电路有电源指示 HL1。PLC 供电回路采用隔离变压器 TC，以防止电源干扰。

2）隔离变压器 TC 的选用根据 PLC 耗电量配置，可以配置标准型、变比 1：1 和容量 100V·A 隔离变压器。

3）1#清水泵 M1、2#清水泵 M2、曝气罗茨鼓风机 M3 分别有运行指示灯 HL2～HL4，由 KM1～KM3 接触器常开辅助触点控制。

4）4 台电动机 M1～M4 的过载保护，分别由 4 个热继电器 FR1～FR4 实现，将其常开触点并联后与中间继电器 KA1 连接构成过载保护信号，KA1 还起到电压转换的作用，将 220V 交流信号转换成直流 24V 信号送入 PLC 完成过载保护控制功能。

5）上水电磁阀 YA1 和指示灯 HL5 由中间继电器 KA2 触点控制，排空电磁阀 YA2 由中间继电器 KA3 触点控制。

（3）主要参数计算

1）断路器 QF 脱扣电流。断路器为供电系统电源开关，其主回路控制对象为电感性负载交流电动机，断路器过电流脱扣值按电动机起动电流的 1.7 倍整定。SBR 废水处理系统有 3kW 负载电动机一台，起动电流较大，其余三台为 1.1kW 以下，起动电流较小，而且工艺要求 4 台电动机单独起动运行，因此可根据 3kW 电动机选择 QF 脱扣电流 I_{QF}（示例，下同）：$I_{QF} = 1.7I_N = 1.7 \times 6A = 10.2A \approx 10A$，选用 $I_{QF} = 10A$ 的断路器。

2）熔断器 FU 熔体额定电流 I_{FU}。以曝气罗茨鼓风机为例，$I_{FU} \geqslant 2I_N = 2 \times 2.5A = 5A$，选用 5A 的熔体。其余熔体额定电流的选择，按上述方法选配。控制回路熔体额定电流选用 2A。

3）热继电器的选择可参考有关技术手册，自行计算参数。

（4）PLC 控制电路设计

包括 PLC 硬件结构配置及 PLC 控制原理电路设计。

1）硬件结构设计。了解各个控制对象的驱动要求，如：驱动电压的等级、负载的性质等；分析对象的控制要求，确定输入/输出（I/O）接口数量。确定所控制参数的精度及类型，如：对开关量、模拟量的控制，用户程序存储器的存储容量等，选择适合的 PLC 机型及外设，完成 PLC 硬件结构配置。

2）根据上述硬件选型及工艺要求，绘制 PLC 控制电路原理图，绘制 PLC 控制电路，编制 I/O 接口功能表。图 8-4 为 SBR 废水处理系统 PLC 控制系统配置示意图，包括 CPU1214C（AC/DC/Relay）、SM1221（DC 8×24V 开关量输入）和 SM1222（8×Relay 开关量输出）。

AC 电源	DC 24V	I0.0～I1.5	AIW0～2	I2.0～I2.3	Q2.0～I2.2
CPU1214C（AC/DC/Relay）				SM1221（DC 8×24V）	SM1222（8×Relay）
Q0.0～Q1.1				I2.4～I2.7	Q2.3～Q2.7

图 8-4　SBR 废水处理系统 PLC 控制系统配置示意图

3）PLC 输入回路中，信号电源由 PLC 本身的 24V 直流电源提供，所有输入 COM 端短接后接入 PLC 电源 DC 24V 的（+）端。输入口如果有有源信号装置，需要考虑信号装置的电源等级和容量，最好不要使用 PLC 自身的 24V 直流电源，以防止电源过载损坏或影响其他输入口的信号质量。

4）PLC 采用继电器输出，每个输出点额定控制容量为 AC 250V，2A。

251

表 8-1 和表 8-2 分别为 SBR 废水处理系统 PLC 输入和输出接口功能表。

表 8-1　SBR 废水处理系统 PLC 输入接口功能表

序号	工位名称	文字符号	输入口
1	污水池高水位开关信号	H1	I0.0
2	污水池低水位开关信号	L1	I0.1
3	清水池高水位开关信号	H2	I0.2
4	清水池低水位开关信号	L2	I0.3
5	中水箱高水位开关信号	H3	I0.4
6	中水箱低水位开关信号	L3	I0.5
7	起动按钮（绿色）	SB1	I0.6
8	停止按钮（红色）	SB2	I0.7
9	旋钮开关（自动）	SC1-1	I1.0
10	旋钮开关（手动）	SC1-2	I1.1
11	手动开电动阀旋钮开关	SC2	I1.2
12	手动关电动阀旋钮开关	SC3	I1.3
13	1#清水泵手动旋钮开关	SC4	I1.4
14	2#清水泵手动旋钮开关	SC5	I1.5
15	电动阀开启限位开关	SQ1	I2.0
16	电动阀关闭限位开关	SQ2	I2.1
17	电动阀电动机故障报警	FR0	I2.2
18	电动机热保护器报警	KA1	I2.3
19	曝气罗茨鼓风机手动旋钮开关	SC6	I2.4
20	输入点备用		I2.5～I2.7

表 8-2　SBR 废水处理系统 PLC 输出接口功能表

序号	工位名称	文字符号	输出口
1	1#清水泵接触器	KM1	Q0.0
2	2#清水泵接触器	KM2	Q0.1
3	污水池高水位红色指示灯	HL7	Q0.2
4	污水池低水位绿色指示灯	HL8	Q0.3
5	清水池高水位红色指示灯	HL9	Q0.4
6	清水池低水位绿色指示灯	HL10	Q0.5
7	中水箱高水位红色指示灯	HL11	Q0.6
8	中水箱低水位绿色指示灯	HL12	Q0.7

（续）

序号	工位名称	文字符号	输出口
9	电动阀开启绿色指示灯	HL13	Q1.0
10	电动阀关闭黄色指示灯	HL14	Q1.1
11	开电动阀接触器	KM4	Q2.0
12	关电动阀接触器	KM5	Q2.1
13	电动机热保护器报警红色指示灯	HL6	Q2.2
14	罗茨鼓风机接触器	KM3	Q2.3
15	排空电磁阀继电器	KA3	Q2.4
16	上水电磁阀继电器	KA2	Q2.5
17	输出口备用		Q2.6~Q2.7

5）根据上述设计，对照主回路检查交流控制回路、PLC 控制回路、各种保护联锁电路和 PLC 控制程序等，全部符合设计要求后，绘制出最终的电气原理图。

6）根据设计方案选择的电气元器件，编制原理图的元器件目录表，见表 8-3。

表 8-3　SBR 废水处理系统元器件目录表

序号	文字符号	名称	数量	规格型号	备注
1	M1~M4	电动机	4	Y 系列	三相交流异步电动机
2	FR1~FR4	热继电器	4	JR16B-20/3	参照电动机整定电流
3	FU1~FU4	熔断器	12	RL1-15	熔体 2~10A
4	FU5、FU6	熔断器	2	RT16-32X	熔体 2A
5	QF	断路器	1	C45AD	脱扣电流 10A
6	TC	隔离变压器	1	BK-100	电压比 1∶1，AC 220V
7	SB1	起动按钮	1	LAY37	绿色
8	SB2	停止按钮	1	LAY37	红色
9	SC1	转换开关	1	LAY37-D2	手动/自动转换
10	SC2~SC6	手动开关	5	LAY37-D2	黑色
11	KM1~KM4	交流接触器	4	DJX-9	线圈电压：AC 220V
12	KA1~KA3	中间继电器	3	HH52P	线圈电压：AC 220V
13	HL1~HL14	指示灯	14	AD16-22	LED 显示，AC 220V
14	YA1	电磁阀	1	ZCT-50A	线圈电压：AC 220V
15	YA2	电磁阀	1	ZCT-15A	线圈电压：AC 220V
16	YA3	电动阀装置	1	LQA20-1	AC 380V，60W
17	PLC	可编程序控制器	1	FX2N-48MR	继电器输出

（5）PLC 控制程序设计

1）程序设计。根据控制要求，建立 SBR 废水处理系统控制流程图，如图 8-5 所示，表达出各控制对象的动作顺序、相互间的制约关系。在明确 PLC 寄存器空间分配、确定专用寄存器的基础上，进行控制系统的程序设计，包括主程序编制、各功能子程序编制和其他辅助程序的编制等。

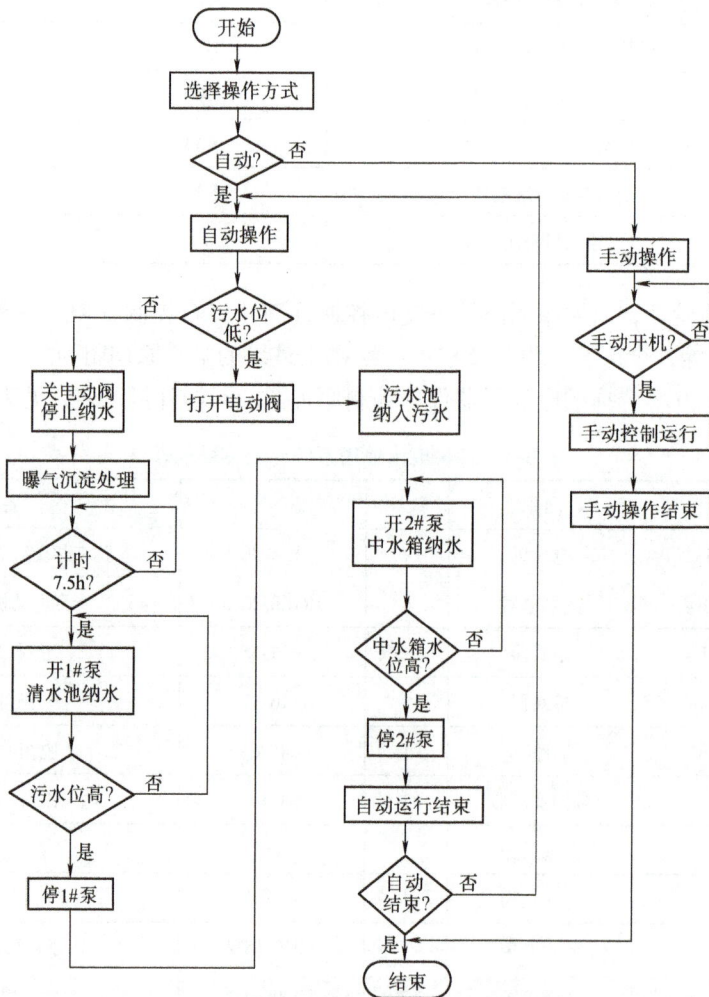

图 8-5　SBR 废水处理系统控制流程图

2）系统静态调试。空载静态调试时，针对运行的程序检查硬件接口电路中各种逻辑关系是否正确，然后先调试子程序或功能模块程序，再调试初始化程序，最后调试主程序。调试过程中尽量接近实际系统，并考虑到各种可能发生的情况，反复调试，出现问题及时分析、调整程序或参数。

3）系统动态调试及运行。在动态带负载状态下调试，密切观察系统的运行状态，采用先手动再自动的调试方法，逐步进行。遇到问题及时停机，分析产生问题的原因，提出解决问题的方法，同时做好详尽记录，以备分析和改进。

SBR 废水处理系统 PLC 控制程序略。

3. SBR 废水处理系统电气工艺设计

按设计要求设计并绘制电气装置总体配置图、电气板电气元器件平面图、控制面板电气平面图及相关电气接线图。

1）先根据控制系统要求和电气设备的结构，确定电气元器件的总体布局以及电控箱内装配板与控制面板上应安装的电气元器件。本系统除电控箱外，在污水处理设备现场设计安装的电气元器件和动力设备有：电磁阀、水位开关、电动机和电动阀（含阀位控制器）等。电控箱内电气板上安装的电气元器件有：断路器、熔断器、隔离变压器、PLC、接触器、中间继电器、热继电器和端子板等。在控制面板上设计安装的电气元器件有：控制按钮、旋钮开关和各色指示灯等。

2）依据用户要求满足操作方便、美观大方和布局均匀对称等设计原则，绘制电控箱电气板元器件布置图、电气面板元器件布置图和电气接线图等，如图 8-6、图 8-7 所示，进出引线采用接线端子板连接，接线图略。

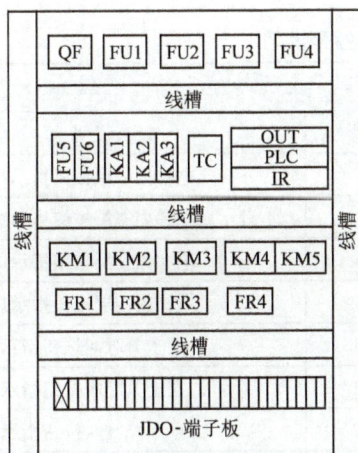

图 8-6　电控箱电气板元器件布置图

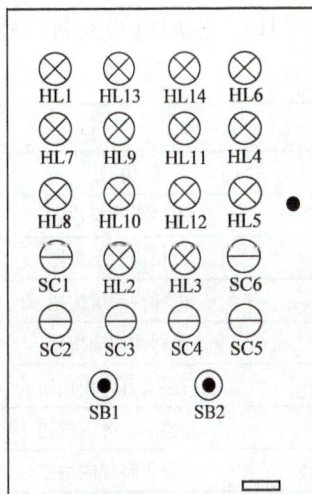

图 8-7　电控箱电气面板元器件布置图

3）依据电气元器件布置图及电气元器件的外形尺寸、安装尺寸，绘制电气板（绝缘板、镀锌铁板或架）、控制面板（有机玻璃板、铝板或铁板等）和垫板（有机械强度的绝缘板或镀锌板）等零部件加工图。图中应注明外形尺寸、安装孔径、定位尺寸与公差、板材厚度以及加工要求等。本设计所涉及的钣金加工技术图从略。

4）依据电气安装板、控制面板尺寸设计电控箱，绘制电控箱安装图。本设计从略。

至此，基本完成了 SBR 废水处理系统要求的电气控制原理设计和工艺设计任务。

4. 编写设计说明书、使用说明书和项目设计小结

1）依据原理设计的过程，编写设计说明书，说明书包括如下主要内容：①总体设计方案的选择说明；②原理电路的设计说明，各控制要求如何实现；③电气系统中主要参数的计算，主要元器件的选择及说明，编制元器件明细表；④附上原理图及规定完成的工艺图。

2）依据原理设计图及控制要求编写使用说明书，说明书包括如下主要内容：①本设备

的实际用途、功能特点；②系统工作原理简介；③使用与维护注意事项。

第三节　电气控制与 PLC 课程设计参考选题

一、四层电梯自动控制

1. 控制要求

1）采用 PLC 构成四层简易电梯电气控制系统。电梯的上、下行由一台电动机拖动，电动机正转为电梯上升，反转为下降。一层有上升呼叫按钮 SB11 和指示灯 H11，二层有上升呼叫按钮 SB21 和指示灯 H21 以及下降呼叫按钮 SB22 和指示灯 H22，三层有上升呼叫按钮 SB31 和指示灯 H31 以及下降呼叫按钮 SB32 和指示灯 H32，四层有下降呼叫按钮 SB41 和指示灯 H41。一至四层有到位行程开关 ST1~ST4。电梯内有一至四层呼叫按钮 SB1~SB4 和指示灯 H1~H4；电梯开门和关门按钮 SB5 和 SB6，电梯开门和关门分别通过电磁铁 YA1 和 YA2 控制，关门到位由行程开关 ST5 检测。此外还有电梯载重超限检测压力继电器 KP 以及故障报警电铃 HA。四层电梯控制信号说明见表 8-4。

表 8-4　四层电梯控制信号说明

输入		输出	
文字符号	说明	文字符号	说明
SB1	电梯内一层按钮	H1	电梯内一层按钮指示灯
SB2	电梯内二层按钮	H2	电梯内二层按钮指示灯
SB3	电梯内三层按钮	H3	电梯内三层按钮指示灯
SB4	电梯内四层按钮	H4	电梯内四层按钮指示灯
SB11	一层上升呼叫按钮	H11	一层上升呼叫按钮指示灯
SB21	二层上升呼叫按钮	H21	二层上升呼叫按钮指示灯
SB22	二层下降呼叫按钮	H22	二层下降呼叫按钮指示灯
SB31	三层上升呼叫按钮	H31	三层上升呼叫按钮指示灯
SB32	三层下降呼叫按钮	H32	三层下降呼叫按钮指示灯
SB41	四层下降呼叫按钮	H41	四层下降呼叫按钮指示灯
SB5	电梯开门按钮	KM1	电动机正转接触器
SB6	电梯关门按钮	KM2	电动机反转接触器
SB7	检修开关	YA1	电梯开门电磁铁
ST1	电梯一层到位限位开关	YA2	电梯关门电磁铁
ST2	电梯二层到位限位开关	HA	电梯故障报警电铃
ST3	电梯三层到位限位开关		
ST4	电梯四层到位限位开关		
ST5	电梯关门到位限位开关		
KP	电梯载重超限检测		
FR	电动机过载保护热继电器		

2）楼层呼叫按钮及电梯内按钮按下，电梯未达到相应楼层或未得到相应的响应时，相应指示灯一直接通指示。

3）电梯运行时，电梯开门与关门按钮不起作用，电梯到达停在各楼层时，电梯开门与关门动作可由电梯开门与关门按钮控制，也可延时控制，但检测到电梯超重时，电梯门不能关闭，并由报警电铃发出报警信号。

4）电梯最大运行区间为三层距离，若一次运行时间超过 30s，则电动机停转，并由 HA 报警。

5）检修开关 SB7 接通时，电梯下行停在一层位置，进行检修，其他所有动作均不响应。

6）电梯拖动电动机控制电路有各种常规电气保护，如短路保护、过载保护和正反转互锁等。

7）相关参数：

① 拖动电动机 M：5.5kW，AC 380V，11.6A，1440r/min。

② 指示灯 H：0.25W，DC 24V。

③ 电铃 HA：8W，AC 220V。

④ 电磁铁 YA：100mA，AC 220V。

2. 设计任务

1）根据控制要求进行电气控制系统硬件电路设计，包括主电路、控制电路及 PLC 硬件电路。

2）分析电梯所有可能运行的方式，并依此编制电梯运行 PLC 控制程序，有条件可以利用电梯模型或模拟开关板调试程序，模拟运行。

3）编写设计说明书，内容包括：①设计过程和有关说明；②基于 PLC 的电梯电气控制系统电路图；③PLC 控制程序（梯形图和指令表）；④电气元器件的选择和有关计算；⑤电气设备明细表；⑥参考资料、参考书及参考手册；⑦其他需要说明的问题，例如操作说明书、程序的调试过程、遇到的问题及解决方法、对课程设计的认识和建议等。

二、十字路口带倒计时显示的交通信号灯控制

1. 控制要求

采用 PLC 构成十字路口带倒计时显示的南北向和东西向交通信号灯的电气控制。系统上电后，交通指挥信号控制系统由一个 3 位转换开关 SA1 控制。SA1 手柄指向左 45°时，接点 SA1-1 接通，交通指挥系统开始按常规正常控制功能工作，按照图 8-8 所示十字路口交通信号灯正常工作时序周而复始，循环往复工作。正常运行时，南北向及东西向均有两位数码管倒计时显示牌同时显示相应的指示灯剩余时间值。SA1 手柄指向中间 0°时，接点 SA1-2 接通，交通指挥系统南北向绿灯常亮，东西向红灯常亮，数码管显示 99 不变。SA1 手柄指向右 45°时，接点 SA1-3 接通，交通指挥系统东西向绿灯常亮，南北向红灯常亮，数码管显示 99 不变。

2. 设计任务

1）根据控制要求，进行电气控制系统硬件电路设计，包括 PLC 硬件配置电路。十字路口交通信号灯控制信号说明见表 8-5。

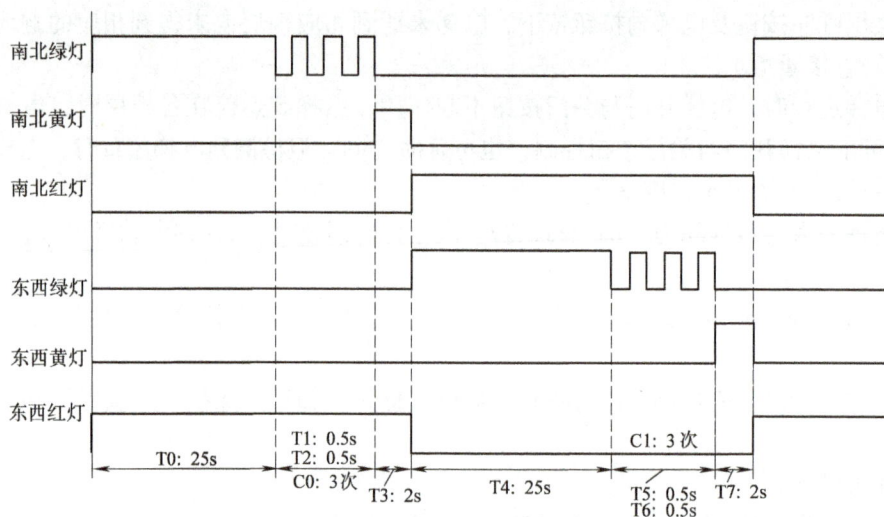

图 8-8　十字路口交通信号灯正常工作时序

表 8-5　十字路口交通信号灯控制信号说明

输入		输出	
文字符号	说明	文字符号	说明
SA1-1	交通信号灯正常工作控制开关	H1	南北向绿灯指示
SA1-2	南北向交通信号灯常绿控制开关	H2	南北向黄灯指示
SA1-3	东西向交通信号灯常绿控制开关	H3	南北向红灯指示
		H4	东西向绿灯指示
		H5	东西向黄灯指示
		H6	东西向红灯指示
		H11	南北向 2 位七段数码显示管
		H12	东西向 2 位七段数码显示管

2）根据控制要求，编制交通信号灯 PLC 控制程序，有条件可以利用交通灯模型或模拟开关板调试程序，模拟运行。

3）编写设计说明书，内容包括：①设计过程和有关说明；②基于 PLC 的十字路口交通信号灯电气控制电路图；③PLC 控制程序（梯形图和指令表）；④电气元器件的选择和有关计算；⑤电气设备明细表；⑥参考资料、参考书及参考手册；⑦其他需要说明的问题，例如操作说明书、程序的调试过程、遇到的问题及解决方法、对课程设计的认识和建议等。

三、锅炉车间输煤机组控制

1. 输煤机组控制系统

输煤机组控制系统示意图如图 8-9 所示。输煤机组的拖动系统由 6 台三相异步电动机 M1~M6 和一台磁选料器 YA 组成。SA1 为手动/自动转换开关，SB1 和 SB2 为自动开车/停车按钮，SB3 为事故紧急停车按钮，SB4~SB9 为 6 个控制按钮，手动时单机操作使用。HA 为开车/停车时讯响器，提示在输煤机组附近的工作人员输煤机准备起动应注意安全。

HL1~HL6 为 M1~M6 电动机运行指示，HL7 为手动运行指示，HL8 为紧急停车指示，HL9 为系统运行正常指示，HL10 为系统故障指示。

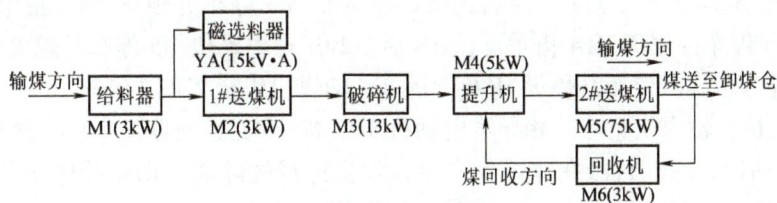

图 8-9 输煤机组控制系统示意图

输煤机组控制信号说明见表 8-6。

表 8-6 输煤机组控制信号说明

输入		输出	
文字符号	说明	文字符号	说明
SA1-1	输煤机组手动控制开关	KM1	给料器和磁选料器接触器
SA1-2	输煤机组自动控制开关	KM2	1#送煤机接触器
SB1	输煤机组自动开车按钮	KM3	破碎机接触器
SB2	输煤机组自动停车按钮	KM4	提升机接触器
SB3	输煤机组紧急停车按钮	KM5	2#送煤机接触器
SB4	给料器和磁选料器手动按钮	KM6	回收机接触器
SB5	1#送煤机手动按钮	HL7	手动运行指示灯
SB6	破碎机手动按钮	HL8	紧急停车指示灯
SB7	提升机手动按钮	HL9	系统正常运行指示灯
SB8	2#送煤机手动按钮	HL10	系统故障指示灯
SB9	回收机手动按钮	HA	报警电铃
KM	M1~M6，YA 运行正常信号	HL1~HL6	输煤机组单机运行指示
FR	M1~M6，YA 过载保护信号		

2. 输煤机组控制要求

1）手动开车/停车功能：SA1 手柄指向左 45°时，接点 SA1-1 接通，通过 SB4~SB9 控制按钮，对输煤机组单台设备独立调试与维护使用，任何一台单机开车/停车时都有音响提示，保证检修和调试时人身和设备安全。

2）自动开车/停车功能：SA1 手柄指向右 45°时，接点 SA1-2 接通，输煤机组自动运行。

① 正常开车：按下自动开车按钮 SB1，音响提示 5s 后，回收电动机 M6 起动运行并点亮 HL6 指示灯；10s 后，2#送煤电动机 M5 电动机起动运行并点亮 HL5 指示灯；10s 后，提升电动机 M4 起动运行并点亮 HL4 指示灯；10s 后，破碎电动机 M3 起动运行并点亮 HL3 指示灯；10s 后，1#送煤电动机 M2 起动运行并点亮 HL2 指示灯；10s 后，给料器电动机 M1 和磁选料器 YA 起动运行并点亮 HL1 指示灯；10s 后，点亮 HL9 系统正常运行指示灯，输煤机组正常运行。

② 正常停车：按下自动停车按钮 SB2，音响提示 5s 后，给料器电动机 M1 和磁选料器 YA 停车并熄灭 HL1 指示灯，同时，熄灭 HL9 系统正常运行指示灯；10s 后，1#送煤电动机 M2 停车并熄灭 HL2 指示灯；10s 后，破碎电动机 M3 停车并熄灭 HL3 指示灯；10s 后，提升电动机 M4 停车并熄灭 HL4 指示灯；10s 后，2#送煤电动机 M5 停车并熄灭 HL5 指示灯；10s 后，回收电动机 M6 停车并熄灭 HL6 指示灯；输煤机组全部正常停车。

③ 过载保护：输煤机组有三相异步电动机 M1~M6 和磁选料器 YA 的过载保护装置热继电器，如果电动机、磁选料器在输煤生产中，发生过载故障需立即全线停车并发出报警指示，系统故障指示灯 HL10 点亮，HA 电铃断续报警 20s，HL10 一直点亮直到事故处理完毕，继续正常开车，恢复生产。

④ 紧急停车：输煤机组正常生产过程中，可能会突发各种事件，因此需要设置紧急停车按钮，实现紧急停车防止事故扩大。紧急停车与正常停车不同，当按下红色蘑菇形紧急停车按钮 SB3 时，输煤机组立即全线停车，HA 警报声持续 10s 停止，紧急停车指示灯 HL8 连续闪亮直到事故处理完毕，恢复正常生产。

⑤ 系统正常运行指示：输煤机组中，拖动电动机 M1~M6 和磁选料器 YA 按照程序全部正常起动运行后，HL9 指示灯点亮。如果有一台电动机或选料器未能正常起动运行，则视为故障，系统故障指示灯 HL10 点亮，输煤机组停车。

3）相关参数：①M1~M6 及磁选料器 YA 功率如图 8-9 所示；②指示灯 HL：0.25W，DC 24V；③电铃 HA：8W，AC 220V。

3. 设计任务

1）根据控制要求，进行电气控制系统硬件电路设计，包括主电路、控制电路及 PLC 硬件配置电路。

2）根据控制要求，编制输煤机组 PLC 控制程序，有条件可以利用模拟开关板调试程序，模拟运行。

3）编写设计说明书，内容包括：①设计过程和有关说明；②基于 PLC 的输煤机组电气控制系统电路图；③PLC 控制程序（梯形图和指令表）；④电气元器件的选择和有关计算；⑤电气设备明细表；⑥参考资料、参考书及参考手册；⑦其他需要说明的问题，例如操作说明书、程序的调试过程、遇到的问题及解决方法、对课程设计的认识和建议等。

四、千斤顶液压缸加工机床电气控制

1. 机床概况

本机床用于千斤顶液压缸两个端面的加工，采用装在动力滑台上的左、右两个动力头同时进行切削。动力头的快进、工进及快退由液压缸驱动。液压系统采用两位四通电磁阀控制，并用调整死挡铁的方法实现位置控制。

机床的工作程序是：

1）工件定位，人工将零件装入夹具后，定位液压缸动作，工件定位。

2）工件夹紧，零件定位后，延时 15s，夹紧液压缸动作使零件固定在夹具内，同时定位液压缸退出以保证滑台入位。

3）滑台入位，滑台带动动力头一起快速进入加工位置。

4）加工零件，左右动力头进行两端面切削加工，动力头到达加工终点位置即停止工进，延时 30s 后停转，快速退回原位。

5）滑台复位，左右动力头退回原位后，滑台复位。

6）夹具松开，当滑台复位后夹具松开，取出零件。

以上各种动作由电磁阀控制，电磁阀动作要求见表 8-7。

表 8-7 电磁阀动作要求

	YV1	YV2	YV3	YV4	YV5
定位	+				
夹紧		+			
入位				+	+
工进				+	
退位			+		
复位放松					

注："+"号表示电磁阀得电。

2. 控制要求

1）左右动力头旋转切削由电动机 M1 集中传动，切削时冷却泵电动机同时运转。

2）只有在液压泵电动机 M3 工作，油压达到一定压力（压力继电器检测）后，才能进行其他的控制。

3）机床既能半自动循环工作，又能对各个动作单独进行调整。

4）要求有必要的电气连锁与保护，还有显示与安全照明。

5）控制信号说明见表 8-8。

表 8-8 控制信号说明

输入		输出	
文字符号	说明	文字符号	说明
SA1-1	机床半自动循环控制转换开关	KM1	动力头 M1、冷却泵 M2 接触器
SA2-1	手动定位控制转换开关	KM2	液压泵 M3 接触器
SA3-1	手动入位控制转换开关	YV1	1#电磁阀
SA3-2	手动工进控制转换开关	YV2	2#电磁阀
SA3-3	手动退位控制转换开关	YV3	3#电磁阀
SB1	动力头 M1、冷却泵 M2 起动按钮	YV4	4#电磁阀
SB2	动力头 M1、冷却泵 M2 停止按钮	YV5	5#电磁阀
SB3	液压泵 M3 起动按钮	HL1	动力头 M1、冷却泵 M2 运行指示
SB4	液压泵 M3 停止按钮	HL2	液压泵 M3 运行指示
KM1	动力头 M1、冷却泵 M2 运行信号	HL3	半自动循环工作指示
KM2	液压泵 M3 运行信号	HL4	定位指示
FR1	动力头 M1、冷却泵 M2 过载信号	HL5	入位指示
KP	压力继电器油压检测信号	HL6	工进指示
SQ	动力头工进终点位置检测信号	HL7	退位指示
		HL8	故障指示

6）相关参数：

① 动力头电动机 M1：Y100L-6，1.5 kW，AC 380V，4.0A。

② 冷却泵电动机 M2：JCB-22，0.15kW，AC 380V，0.43A。

③ 液压泵电动机 M3：Y801-4，0.55kW，AC 380V，1.6A。

④ 电磁阀 YV1～YV5：100mA，AC 220V。

⑤ 指示灯 HL1～HL8：10mA，DC 24V。安全照明：10W，6.3V。

3. 设计任务

1）根据控制要求，进行机床电气控制系统硬件电路设计，包括主电路、控制电路及 PLC 硬件配置电路。

2）根据控制要求，编制机床控制 PLC 应用程序，有条件可以利用模拟开关板调试程序，模拟运行。

3）编写设计说明书，内容包括：①设计过程和有关说明；②基于 PLC 的机床电气控制系统电路图；③PLC 控制程序（梯形图和指令表）；④电气元器件的选择和有关计算；⑤电气设备明细表；⑥参考资料、参考书及参考手册；⑦其他需要说明的问题，例如操作说明书、程序的调试过程、遇到的问题及解决方法、对课程设计的认识和建议等。

五、旋转式滤水器电气控制系统

1. 设备概况

旋转式滤水器主要用于水力发电厂的生产用水过程中，对进入水厂原水中 $2cm^3$ 以上的漂浮杂物进行过滤除杂。该设备安装在水处理车间的进水管道入口处，根据生产用水量的实际需要，既可单台使用，也可多台并联运行。旋转式滤水器的基本工作原理是根据旋转式滤水器进水口、出水口之间的水位压力差来控制旋转式滤水器的除杂排污。旋转式滤水器控制框图如图 8-10 所示。

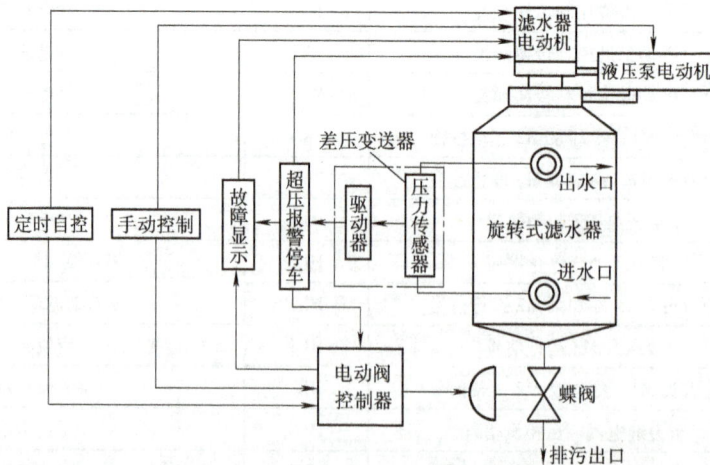

图 8-10　旋转式滤水器控制框图

正常滤水过程：由于旋转式滤水器进水口与出水口的水流正常，产生的压力差低于差压控制器设定值，因此，差压控制器内微动开关无动作输出，原水正常过滤。

除杂排污过程：由于旋转式过滤器长时间过滤原水，势必在滤水器内的过滤孔中阻塞大量的水中漂浮物，使得进水口的水压大于出水口的水压，出水量减少，进、出水口产生的压力差高于差压控制器设定值，这时差压控制器内微动开关动作输出，常开触点闭合，接通控制系统进行除杂排污。除杂排污后旋转式滤水器又恢复正常滤水状态，生产供水系统安全运行。

2. 控制要求

1）手动调试和检修：SA1 手柄指向左 45°时，接点 SA1-1 接通，通过 SB1、SB2 控制按钮，手动开/关电动阀，通过 SB3、SB4 控制按钮，手动开/关滤水器电动机，以便于系统调试和检修。

2）人工除杂排污：SA1 手柄指向右 45°时，接点 SA1-2 接通，人工起动、停止旋转式滤水器进行除杂排污。

3）定时自动除杂排污：SA1 手柄回零位时，若原水中杂物较少，固体漂浮物也较少，因此，水处理车间的旋转式滤水器长时间正常滤水，不能进行差压自动除杂排污。由于旋转式滤水器长时间置于水中，各个机械传动机构会锈蚀，影响过滤和除杂排污或导致旋转式滤水器损坏，因此，需要具有定时自动除杂排污功能。

4）差压自动除杂排污：SA1 手柄回零位时，若滤水器进、出水口产生的压力差高于差压控制器设定值时，旋转式滤水器自动进行除杂排污，直到滤水器进、出水口产生的压力差小于差压控制器设定值时，旋转式滤水器自动停止除杂排污，恢复正常滤水状态。

5）超压停机：旋转式滤水器内部的过滤孔被小颗粒杂物堵死无法排出，进、出水口的压力差较高，虽然进行了除杂排污，但是进、出水口的压力差仍然未能降到正常值，差压控制器内微动开关长时间动作（8~10min），需要立即停车，并发出声光报警。

6）计数功能：该设备不管进行了哪种形式的除杂排污，每次进行除杂排污后都要有记录，因此需要记录除杂排污次数（5 位）。

7）减速机润滑：在旋转式滤水器上装有行星摆线针轮减速机，由输油泵将油室中的润滑油源源地送入减速机，液压泵拖动电动机与滤水器电动机同步运行。

8）除杂排污阀门的电动装置：内设三相交流异步电动机 380V/60W、阀门限位开关和电动机过热保护，通过正、反相运行实现开阀、关阀功能。

9）其他：必要的电气联锁与保护，受控对象运行状态显示等。

10）相关参数：

① 滤水器电动机 M1：Y 系列，AC 380V，1.5kW，6 极。液压泵电动机 M2：Y 系列，AC 380V，70W，4 极；减速机 4 极减速。电动阀电动机 M3：AC 380V，60W，电动阀自带。

② 差压变送器测量范围：0.3~0.8MPa 可调。电感性电接点输出：AC 220V，1A。

③ 指示灯 HL：10mA，DC 24V。

④ 电铃 HA：8W，AC 220V。

11）控制信号说明见表 8-9。

表 8-9 控制信号说明

输入		输出	
文字符号	说明	文字符号	说明
SA1-1	手动控制转换开关	KM1	开电动阀接触器
SA1-2	人工除杂排污控制转换开关	KM2	关电动阀接触器
SB1	手动开电动阀按钮	KM3	滤水器、液压泵运行接触器
SB2	手动关电动阀按钮	HL1	手动控制指示灯
SB3	手动开滤水器、液压泵按钮	HL2	人工除杂排污指示灯
SB4	手动关滤水器、液压泵按钮	HL3	定时自动除杂排污指示灯
KP	差压变送器信号	HL4	差压自动除杂排污指示灯
KM1	开电动阀信号	HL5	故障指示灯
KM2	关电动阀信号	HL6	开电动阀指示灯
KM3	滤水器、液压泵运行信号	HL7	关电动阀指示灯
FR	电动机过载信号	HL8	滤水器、液压泵运行指示灯
SQ1	电动阀打开限位开关	HA	报警电铃
SQ2	电动阀关闭限位开关	H	除杂排污次数显示（5 位）

3. 设计任务

1）根据控制要求，进行旋转式滤水器电气控制系统硬件电路设计，包括主电路、控制电路及 PLC 硬件配置电路。

2）根据控制要求，编制旋转式滤水器控制 PLC 应用程序，有条件可以利用模拟开关板调试程序，模拟运行。

3）编写设计说明书，内容包括：①设计过程和有关说明；②基于 PLC 的旋转式滤水器电气控制系统电路图；③PLC 控制程序（梯形图和指令表）；④电气元器件的选择和有关计算；⑤电气设备明细表；⑥参考资料、参考书及参考手册；⑦其他需要说明的问题，例如操作说明书、程序的调试过程、遇到的问题及解决方法、对课程设计的认识和建议等。

［1］　黎文安. 电气设备手册［M］. 2 版. 北京：中国水利水电出版社，2016.

［2］　王振臣，齐占庆. 机床电气控制技术［M］. 5 版. 北京：机械工业出版社，2013.

［3］　廖常初. S7-1200/1500 PLC 应用技术［M］. 2 版. 北京：机械工业出版社，2021.

［4］　王兆义. 可编程控制器教程［M］. 2 版. 北京：机械工业出版社，2006.

［5］　王兆义，程志华. 可编程序控制器实用技术［M］. 3 版. 北京：机械工业出版社，2019.

［6］　西门子（中国）有限公司数字化工厂集团. SIMATIC S7-1200 可编程控制器产品样本［Z］. 2022.

［7］　西门子（中国）有限公司数字化工厂集团. SIMATIC S7-1200 可编程控制器系统手册［Z］. 2021.